W0195804

dtv

André Postert

KINDERSPIEL
GLÜCKSSPIEL
KRIEGSSPIEL

Große Geschichte in kleinen Dingen

1900–1945

dtv

Ausführliche Informationen über
unsere Autoren und Bücher
www.dtv.de

Bei dtv ist von André Postert außerdem erschienen:
Hitlerjunge Schall. Die Tagebücher eines jungen Nationalsozialisten

Das Manuskript entstand in Zusammenarbeit mit dem Hannah-Arendt-Institut für Totalitarismusforschung e.V. an der TU Dresden.

MIX
Papier aus verantwortungsvollen Quellen
FSC® C014496

© dtv Verlagsgesellschaft mbH & Co.KG, München 2018
Das Werk ist urheberrechtlich geschützt. Jede Verwertung ist nur mit Zustimmung des Verlags zulässig. Das gilt insbesondere für Vervielfältigungen, Übersetzungen und die Einspeicherung und Verarbeitung in elektronischen Systemen.
Für Inhalte von Webseiten Dritter, auf die in diesem Werk verwiesen wird, ist stets der jeweilige Anbieter oder Betreiber verantwortlich, wir übernehmen dafür keine Gewähr. Rechtswidrige Inhalte waren zum Zeitpunkt der Verlinkungen nicht erkennbar.
Das in diesem Buch verwendete Bildmaterial dient ausschließlich themenbezogenen Dokumentationszwecken und wird unter ausdrücklicher Ablehnung der nationalsozialistischen Inhalte veröffentlicht.
Satz: Bernd Schumacher, Friedberg
Gesetzt aus der Minion
Druck und Bindung: GGP Media GmbH, Pößneck
Gedruckt auf säurefreiem, chlorfrei gebleichtem Papier
Printed in Germany · ISBN 978-3-423-28980-1

Inhalt

Vorspiel

Unscheinbare Dinge

Die Vorlesungen sind beendet. Alles strömt aus den Sälen der ehrwürdigen Universität Basel ins Freie. Man geht nicht gleich nach Hause. Eine Weile wird noch geplaudert, man sitzt in der Abendsonne und vertreibt sich die Zeit. Auch Professor Karl Groos, seit gut einem Jahr als Entwicklungspsychologe in Basel tätig, ist nicht in Eile. Auf einer Parkbank am Rheinufer nimmt er noch für ein paar Minuten Platz. Zum Teil beruht sein Tagesgeschäft auch darauf, dass er das Geschehen um sich herum genau beobachtet. In etwa so kann man sich vorstellen, wie der Philosoph und Psychologe zu seinem Lebensthema gefunden hat. Der Blick schweift umher. Irgendwo beugen sich ein paar junge Bücherwürmer, die den Tag ausklingen lassen, über das Schachbrett. Andere spielen Karten. Die jungen Leute messen auf diese Weise ihre Kräfte, glaubt der Professor. Zu Trinkspielen hat er sich selbst früher oft verleiten lassen. Als Student war er Mitglied einer Burschenschaft. Unter den Studenten, schreibt Groos in einem Buch, das 1899 veröffentlicht wird, sei es alte Gepflogenheit, einander unter die Tische zu saufen. Das sei jedoch nicht mit unsinnigem Trinken zu verwechseln, ergänzt der junge Autor. Vielmehr handele es sich um einen spielerischen Wettkampf, stärke das Gemeinschaftsgefühl und sei somit sinnvoll. Mit Vorliebe schwelgt Karl Groos in Erinnerungen: Fechten, Karten- und Würfelspiele, rituelle Streiche, alles schien in seinen Studienjahren durchzogen von Spielen.

Sein Blick fällt auf ein paar Männer, die gerade von der Arbeit gekommen sind. Sie messen ihre Kräfte beim Armdrücken. Und auf den Ausgang dieser Männerprobe wettet wiederum eine kleine Gruppe von Zuschauern. Fast überall, wo Groos hinschaut, sieht er die Menschen spielen. Jenseits der Universität streifen ein paar Kinder am Straßenrand entlang. Für den gewöhnlichen Betrachter sind dies ganz unauffällige Szenen, aber Groos hat einen Blick für die unscheinbaren Phänomene des Alltags. Die Kinder schlagen sich die Mützen vom Kopf, schubsen einander, ziehen sich an den Haaren oder der Kleidung. Es sei eine sehr frühe, harmlose Form des Kampfspiels, wie Karl Groos seinen Studenten bei Gelegenheit erklärt. Von hier aus führe der Weg weiter zum Bierkrug und Armdrücken, dem Schachbrett oder Kartenspiel.[1] Der Basler Professor hat viele Jahre über Spiele und Spielzeug nachgedacht. Seine Erkenntnisse hat er jüngst in einem Buch gebündelt. Es wird ein Standardwerk des 20. Jahrhunderts werden.

Erinnerungen daran, wie wir als Kinder gespielt haben, sind oft verblasst. Doch irgendein Spielzeug, ein Geschenk, das an Weihnachten unter dem Baum lag, taucht bestimmt vor unserem geistigen Auge auf. Spielsachen sind die schönen Relikte unserer Jugend. Karl Groos zufolge ist das erste und früheste Spiel das Spiel mit Gegenständen.[2] An den Spielsachen unserer Kindheit bleiben die Erinnerungen haften: Puppen und kleine Figuren, Baukästen, Autos, Eisenbahnen, vielleicht auch Spielzeugwaffen, ein Brettspiel oder ein hübsches Kostüm, das uns Ritter, Pirat, Prinzessin oder sonst jemand anderer werden ließ. Spielzeug ist uns wichtig gewesen. Viele Menschen verwahren solche liebgewonnenen Schätze auf dem Dachboden oder im Keller. Manche geben sie an ihre Kinder oder Enkel weiter. Ohne sie erscheint eine Kindheit uns nicht kindgerecht.

Spielsachen zeugen von vergangenen Zeiten und sogar von fremden Kulturen: »Es gehört zu den hübschesten Sehenswürdigkeiten der ethnologischen Museen«, meinte Karl Groos, »wenn ihre Direktoren [...] das Kinderspielzeug aus allen Teilen der Erde in besonderen Schränken zusammenstellen.«[3] Aber schon allein vergangene Epochen Europas bieten Staunenswertes genug. Die ersten Kulturwissenschaftler begannen in der Zeit nach 1900 in den Museen zu stöbern und das Spielzeug als Thema zu entdecken. Da gab es Wilhelm Tell oder den schwedischen König Gustav Adolf als herrschaftliche Kriegerpuppe, kleinste Guillotinen aus der Französischen Revolution zum Köpfen von Püppchen. Friedrich der Große reitet als kleine Zinnfigur zu Pferde, ein hölzerner Napoleon berät sich im Kreis seiner Offiziere. Besonders kleine zukünftige Könige und Königinnen besaßen faszinierendes Spielzeug. Fast ganz verschwunden ist heute das religiöse Spielzeug des 18. und 19. Jahrhunderts für den Kirchennachwuchs: kleine Mönche, Priester, Nonnen, Prozessionen und Altäre mit Kruzifixen oder Kelche für die Gottesdienste der Kinderfantasie. Von jeher, selbst in der Steinzeit, haben Menschen ihre Gegenwart im Kinderspielzeug verkleinert nachgestellt. Karl Gröber, ein Kunsthistoriker und Konservator aus Bayern, schrieb 1926: »Schemenhaft und ungreifbar blitzt manchmal im erwachsenen Menschen ein Funken von Erinnerung auf, wenn er wieder ein armseliges Stückchen Spielzeug aus seiner Jugend in der Hand hält. […] Und dennoch spürt er all die Fäden, die ihn zur Vergangenheit zurückziehen, und ein Lächeln, das in der Kinderzeit seine Heimat hat, erhellt selbst die härtesten Gesichter.«[4]

Doch die Menschen hören nicht auf zu spielen, wenn die Kindheit hinter ihnen liegt. Wir spielen bis ins hohe Alter: Rätsel, Bingo, Poker, Roulette oder auch, wie schon in Kindertagen, mit Lokomotiven oder kleinen Figuren auf Spielbrettern. Der Lottoschein verspricht uns stets aufs Neue den Millionengewinn. Ganze Industriezweige und Branchen leben vom sprichwörtlichen Spieltrieb des Menschen.

Begrifflich ist zu unterscheiden: *Spielzeug* kann alles heißen, womit der Mensch spielt – selbst der flache Stein am Ufer, der gezielt über die Wasseroberfläche geworfen wird. Daneben gibt es die *Spielwaren*, die eigens erfunden, produziert und gehandelt werden. Die besten Innovationen der Branche werden Jahr für Jahr mit diversen Preisen ausgezeichnet. Zu solchen klassischen Spielwaren ist in jüngster Zeit der digitale Raum getreten. Grenzenlose Möglichkeiten eröffnet die neue Computertechnik, während sie den Charakter des menschlichen Spielens fundamental zu verändern scheint. In diesen virtuellen Spielwelten sind viele bereits zu Hause, als wären sie in einer zweiten Realität.[5]

Das Spiel ist ein Alltagsphänomen – der Kinder wie der Erwachsenen. Von Friedrich Schiller stammt der berühmte Satz: »Denn, um es endlich auf einmal herauszusagen, der Mensch spielt nur, wo er in voller Bedeutung des Worts Mensch ist, und er ist nur da ganz Mensch, wo er spielt.«[6] Umso verwunderlicher, dass sich über etwas, das jeder Mensch kennt und tut, nicht genau sagen lässt, was es eigentlich ist. Eine Definition von Spiel und Spielzeug, die absolut verbindlich wäre, sucht man vergebens. Je nach wissenschaftlichem Fachgebiet wird sehr unterschiedlich beantwortet, was das Spiel ist oder was es kennzeichnen soll.

Was heißt und was ist Spiel?

Karl Groos war einer der Ersten, die sich um eine universale Spieltheorie bemühten. In ›Die Spiele der Menschen‹, erschienen 1899, hatte er eine Theorie entworfen, die für Kinder und Erwachsene gleichermaßen gültig war. Aus seiner Sicht war Spiel etwas, das der Erprobung und Bewältigung des Lebens diente. Insofern schien es ihm wichtig und nützlich. Alle Fähigkeiten, die das Überleben fördern, eignen sich Menschen bereits im Kindesalter an. Lebenslang, glaubte Groos, trainiere der Mensch, indem er spiele. Die Motorik wird geschult, indem die kleinen Dinge bewegt, gefangen, gerollt oder geworfen werden. Die Sinne werden durch das erste Fühlen, Tasten, Schmecken geschärft. Ferner ist es ein Training für Gedächtnis und Verstand, Dinge zu verstecken und wiederaufzufinden, zu sortieren und zu ordnen – zahlreiche Spielsachen wie Puzzles oder Steckspiele basieren auf diesem Prinzip. Spiel gleicht einem frühen Experimentieren, wie Groos glaubte. Die Spiele des Jugend- und Erwachsenenalters setzen das fort. Kampfspiele fördern die physischen Kräfte. Sie kanalisieren auch Aggressionen. Wir fechten, raufen und kämpfen, spielen Ball um Sieg oder Niederlage. Das wird zum Sport, zu Wettbewerb und Turnier. Die Liebesspiele betten das Werben um einen Partner in ein Geflecht aus Regeln. Nach diesen Regeln können wir uns richten. Zierschmuck, Tänze und sogar die Dichtung bezog Groos in das Liebesspiel mit ein. Nachahmungsspiele verbinden den Nutzen mit dem Schönen. Sie haben mit Geräuschen zu tun. Stimmen oder Klänge werden mit Spielzeug nachgeahmt, entdeckt und später mit Instrumenten bis zum Musizieren verfeinert. Oder es geht beim Nachahmungsspiel um Rollen, in die wir schlüpfen und die eingeübt werden, weil sie auch für das Überleben mithilfe der Lüge, Intrige oder Tarnung wichtig sein können. Erst kleiden wir uns in ein buntes Kostüm, sind in unserer Fantasie Pirat oder Prinzessin, aber im nächsten Schritt sind wir auf der Theaterbühne angelangt, beim Drama oder bei der Komödie. Noch eine weitere Funktion falle dem Spiel zu, glaubte Groos: Wir kompensieren, wofür im Alltag kein Platz ist. Die Menschen leben in Routinen: erst Schule, dann Ausbildung, schließlich Arbeit – ihr Tag ist eine dichte Struktur aus Pflichten, ist ernste Angelegenheit. Das Spiel setzt diesem Ernstleben einen Genuss entgegen oder macht die schnöden Alltagsroutinen ein wenig erträglicher. Bei Rätseln in der Zeitung, die im Wartezimmer oder auf der Zugfahrt die Zeit vertreiben, spricht man von einem Beschäftigungsspiel. Auch das ist nützlich. Geduld ist, indem man mit dem quälend langsamen Verstreichen der Zeit umzugehen lernt, keine ganz unwichtige Eigenschaft im Leben.

Die Idee, dass das Spiel des Menschen stets sinnvoll und zur Entwicklung seiner selbst nützlich ist, trägt bis heute das Fach Pädagogik. Natürlich ist diese Idee sehr alt. Schon der griechische Philosoph Platon vor weit über 2000 Jahren meinte über die erzieherische Funktion von Spielzeug und dessen Bedeutung für die Gesellschaft: Wer Soldat werden solle, dem gebe man Waffen und Reiterfiguren an die Hand, und wer einst auf den Feldern arbeiten müsse, der solle sich mit Miniaturen von Werkzeug früh darin üben.[7] Bis heute gilt Spielzeug als wichtiges Bildungs- oder Erziehungsmittel. Mit Beginn des 20. Jahrhunderts gab es kaum einen Wissenschaftszweig, in dem man sich nicht damit beschäftigte. Manchmal mündete das allerdings in grässlichen Schlussfolgerungen. Heilpädagogen, die mit schwer erziehbaren Kindern umgingen, behaupteten, die Art und Weise, wie Kinder spielten, erlaube Rückschlüsse auf deren Bildungsfähigkeit.

»Schwachsinnige Kinder«, hieß es 1911, »die Interesse am Spiel zeigen, erweisen sich in der Regel als bildungsfähig; wo aber das Spielbedürfnis ganz erloschen ist, hat man es fast immer mit Blödsinnigen der niedersten Stufe zu tun.«[8] Die Nationalsozialisten beobachteten, wie solche Kinder ihr Spielzeug nutzten, um darüber urteilen zu können, ob sie bildungsfähig – also »lebenswert« – oder bildungsunfähig, somit zum Leben untauglich waren. Die Spielbeobachtung im Rahmen der Euthanasie hatte mörderische Konsequenzen. An späterer Stelle ist darüber zu berichten.

Spielen soll für die Entwicklung von Fähigkeiten also bedeutsam sein. Das widerspricht zum Teil unserem Alltagsverständnis. Gerade Erwachsenen gilt das Spiel eher als etwas, das mit purer Unterhaltung zu tun hat. Daher wird oft die Zweck- oder sogar Sinnlosigkeit des Spielens besonders betont: Es sei eine Alltagsflucht, frei, lustvoll und spannend, dem Augenblick verhaftet. Man sagt, das Spiel ruhe in sich selbst, sei eine Handlung zum puren Selbstzweck – das Spiel, das man spiele, um seiner selbst willen.[9] Bereits im Begriff liegen Schwierigkeiten. Spiel ist ein Sammelbegriff. Er ist offen für Interpretationen. Die englische Sprache macht es etwas einfacher, indem sie unterscheidet: *Play* ist allgemein Spiel als Tätigkeit, *Game* ein spezifisches Spiel mit Regeln. Diese Trennung, die es im Deutschen nicht gibt, ist von Bedeutung. Das zeigt sich dort, wo sehr unterschiedliche Sachverhalte beschrieben werden. Einerseits soll das Spiel etwas sein, das sich durch Freiheit und Abwesenheit von Zwängen auszeichnet, vielleicht sogar durch ein gewisses Maß an Anarchie – beispielsweise, wenn das Kleinkind unwillkürlich die kleinen Dinge herumwirft, was, wie Karl Groos gesagt hätte, ein Spiel mit Ursache und Wirkung ist. Selbst auf der Theaterbühne halten wir ein Schauspiel für umso gelungener, je weniger konventionell es ist. Ständiges Wiederholen des Altbekannten überrascht die Zuschauer nicht und gilt deshalb in den seltensten Fällen als überzeugendes Schauspiel. Auch hier meint Spiel etwas, das zuerst auf Freiheit und Kreativität beruht. Wir kennen das sprichwörtliche »freie Spiel der Kräfte«, ein Kerngedanke der wirtschaftsliberalen Lehre des 19. Jahrhunderts. Aber im Alltag verwenden wir

Begriffe wie Spielprinzip oder Spielraum, was bedeutet, dass irgendwo doch eine Grenze der Freiheit sein muss.

Allen Spielen – im Sinne von *Game* – liegt ein Prinzip zugrunde. Das Versteckspiel der Kinder setzt voraus, dass der oder die Suchende sich zunächst die Augen verdeckt hält; sonst ergäbe das Verstecken der anderen gar keinen Sinn. Auch alle Brett-, Karten- und sonstigen Spiele basieren natürlich auf solchen Regeln. Man liest dicke Regelhefte, bevor mit dem Spielen begonnen wird. Gerade der Regelverstoß, der zum Ausschluss von Spielern führt, zeigt, dass Spiele ohne Regeln nicht denkbar sind. Wer die Regeln nicht kennt, wird zu Spielbeginn aufgeklärt; wer die Regeln bewusst verletzt, wird bestraft. Das Falschspiel ist der ultimative Regelverstoß. Es zerstört die Grundlage nicht nur des jeweiligen Spiels, sondern des Spielens an sich, das die Einigung aller Beteiligten auf ein Regelwerk voraussetzt. Im Spiel-Begriff fallen daher sehr oft Dinge zusammen, die eigentlich nur schwer zusammenzubringen sind. Von Freiheit, Kreativität und absoluter Ungebundenheit soll das Spiel genauso gekennzeichnet sein wie von festen Regeln, die unbedingt befolgt werden müssen.

Wenn aus Spielen mehr als Spiel wird

Das Spiel reicht, wie schon Karl Groos feststellte, über die Zeit von Kindheit und Jugend hinaus. Es reicht weit in den Alltag des erwachsenen Menschen hinein, auch in Musik, Literatur, Kunst und Sport. Die Älteren, die vielleicht glauben, das Spielen sei etwas, das nur mit Kindern zu tun hat, wollen ihr eigenes Spiel nicht als solches verstanden wissen. Zumindest soll es mehr sein als eine bloße sogenannte Spielerei. Es wird im Schauspiel, wenn es gut beherrscht wird, zur Bühnenkunst. Auf dem Fußballplatz spielen die Menschen zwar mit einem Ball, wie es die Kinder genauso tun, aber sie beherrschen es derart, dass ein Sport oder Wettkampf daraus geworden ist. Und ein Ding, das Klänge erzeugt, ist nicht länger nur ein Spielzeug. Es ist ein Instrument, während die Töne, die zusammenspielen, die Musik ergeben. Mit der Sprache gut umgehen kann heißen, ein Wortspiel zu betreiben, doch beherrscht man sie bis zur Vollendung, wird daraus Literatur oder Dichtung. Wenn wir argumentieren, führen wir Beispiele an oder sprechen von »beispielsweise«. Hat man darin hohen Rang erreicht, ist es Rhetorik.

Bewusst oder unbewusst nehmen wir Grenzziehungen vor. Man zieht Linien zwischen Kunst, Sport oder Politik auf der einen Seite und dem Spiel auf der anderen Seite, weil man Ersteres für wertvoller oder wichtiger hält. Eine philosophische Debatte stieß Friedrich Schiller an mit dem Gedanken, dass »mit dem Angenehmen, mit dem Guten, mit dem Vollkommenen [...] es dem Menschen nur Ernst« sei, aber »mit der Schönheit spielt er«. Sind Kunst und Spiel also miteinander verwandt? »Ein Spiel ist die Kunst«, ließ ein Schriftsteller sich von Schiller inspirieren, »nicht nur, insofern sie [...] bloß Freude bewirken will, sondern auch insofern sie historisch und psychologisch den ewigen Spieltrieb des Menschen zur Wurzel hat.«[10] Wenn ein Höhlenmensch in Vorzeiten die erste Zeichnung auf kalte Höhlenwände kritzelte, war das somit Spiel und Kunst auf gleiche Weise? Nicht alle teilten diese Ansicht. Man könne nicht vom grausamen Spiel der Katze mit der Maus einfach übergehen zum wundervollen Trauerspiel auf der Bühne, meinte Moritz Geiger 1928. Der Philosoph hatte seine eigene Vorstellung, was das Spiel sein sollte, nämlich nur ein Genuss an der Oberfläche. Wetten oder ein Glücksspiel zum Beispiel betreibe man des Risikos wegen. Kunst sei mehr als diese Oberfläche, nämlich ernste Arbeit mit Ästhetik. Wer behaupte, dass Kunst ein Spiel sei, verkenne das Künstlerische.[11] Auch der Publizist Maximilian Harden war der Ansicht, dass allein »spielend nichts Großes sich schaffen lässt«.[12]

Über die Frage, was Spiel ist und wo es aufhört, streiten sich große Geister. Dem Psychologen William Stern galt 1914 jedes Glücksspiel nicht mehr als reines Spiel. Man denke an ein Glücksrad auf dem Jahrmarkt oder an das Roulette im Casino. Selbst mit dem Lottoschein schien nichts Spielerisches mehr verbunden: »Sobald irgendein anderer Zweck bewusst mit dem Spiel verbunden ist – wie das Geldverdienen […] – hört die Tätigkeit auf, reines Spiel zu sein.«[13] Solche Überlegungen sind nicht rein akademisch. Wir alle haben eine Vorstellung davon, was Spiel ist, wann es gut oder schlecht ist oder wo es keines mehr ist. Oft verwenden wir das Wort sogar im negativen Sinne. Dann wird aus der Wirtschaft ein Glücksspiel, die Börse wird zum Spielplatz der Gier. Und aus der Politik wird ein böses Spiel mit Macht und Menschen. Oder den »Schwarzen Peter« bekommt zugeschoben, wer für politische Pleiten verantwortlich gemacht wird. Woher aber kommt gerade diese Analogie?

Anfang des 19. Jahrhunderts war der »Schwarze Peter« ein Gesellschaftsspiel, das mit Gedächtnis und Konzentration zu tun hatte. Wer als Erster beginnt, nennt beispielsweise einen Buchstaben. Der nächste Spieler wiederholt das Gesagte und fügt einen weiteren Buchstaben hinzu. Das geht immer so weiter, bis jemand mit dem Wortungetüm durcheinanderkommt und einen Fehler macht. Er hat verloren und bekommt mit angebranntem Kork einen schwarzen Strich ins Gesicht gemalt.[14] Um die Mitte des 19. Jahrhunderts bürgerte sich der Name »Schwarzer Peter« für das auch heute noch bekannte Kartenspiel ein. Das Prinzip: Man versucht an Paare zu gelangen, indem man von den Mitspielern Karten zieht. Kartenpaare können abgelegt werden. Nur der Peter hat keinen Kompagnon, lässt sich nicht ablegen, wandert daher immer weiter von Hand zu Hand. Wer ihn am Ende noch besitzt, verliert. Die Vorlage für dieses Kartenspiel kam wahrscheinlich aus Großbritannien – bei »Old Maid«, offenbar in der britischen Arbeiterschaft im 18. Jahrhundert verbreitet, handelte es sich vielleicht um ein Trinkspiel, bei dem die Unglückskarte entschied, wer am Ende die Zeche für das Besäufnis zahlte.[15] Als das Kartenspiel dann im deutschen Raum populär wurde, war es bereits ein Kinderspiel. Der »Schwarze Peter« zeigte sich nach 1900 meist als – rassistisch stereotyper – Schwarzer oder Afroamerikaner, ein Sklave, Jazzspieler oder einfältiger »Wilder«. Oder trat auch, wie heute, als grinsende Unglückskatze, rußbedeckter Schornsteinfeger oder Räuber auf. Im Ersten Weltkrieg wurde das Kartenspiel erwachsen. Beliebt wurde es jetzt unter den Soldaten in den Schützengräben. Die Kartenmotive einer

Kriegsvariante zogen humorig über die Feinde her. Als bösartig galten die Serben, deren König Peter I. hieß und der nun zum »Schwarzen Peter« wurde, weil die Deutschen ihm die Schuld am Kriegsausbruch zuschoben. Auf der Spielkarte hält er einen Dolch in der linken Hand, von dem Blut tropft, mit der Rechten greift er zum Säbel.[16] Allmählich wurde der »Schwarze Peter« eine Metapher, die heute selbstverständlicher Bestandteil unserer Alltagssprache und etwa in der Welt der Politik recht beliebt ist: »In eine Minderheitsregierung ist ein Schwarzer-Peter-Spiel eingebaut«, erklärte Norbert Blüm während der schwierigen Koalitionssondierungen Ende 2017: »Die Regierung hat immer die Ausrede, dass sie am Scheitern unschuldig ist.«[17] So kann es passieren, dass aus Spielzeug und Spielen viel mehr wird, als sie eigentlich sind.

Geschichte in kleinen Dingen

Spiele und Spielsachen verändern sich. Auch unsere Vorstellungen vom Spiel sind wandelbar. Oft wird dieses Buch an die Grenzlinie stoßen, wo nicht mehr ganz klar scheint, wann das Spielen aufhört und wir es mit Kunst, Sport oder Politik zu tun bekommen. Der Ball gehört ohne Zweifel in eine Geschichte über Spiele und Spielzeug, aber das Turnier ist Sache einer Sportgeschichte; ein Ding, das Klänge erzeugt, kann ein Spielzeug sein, aber sobald es seinen Platz im Orchester gefunden hat, fällt es zur Geschichte der Musik. Nicht immer ist es so einfach. Man wird auf die Puppe stoßen, die natürlich ein Spielzeug ist, aber dennoch beansprucht, Kunst oder sogar ein politisches Erziehungsmittel zu sein; auf die Mundharmonika, die früher eher nur Kinder erfreute, aber im Ersten Weltkrieg durch die Soldaten zum Kulturgut wurde; und man wird die Spielzeuge der Liebe betrachten, die mal harmlos zu sein scheinen, aber schmutzig oder hässlich werden können, sobald sie zur Sexualität fallen. Es lässt sich erahnen, wie Grenzlinien verschoben werden und die Bedeutung von Objekten sich wandelt.

Diesem Buch liegt keine Definition von Spiel und Spielzeug zugrunde. Es hat keine Theorie in der Hinterhand und soll keine neue Theorie formulieren. Kulturwissenschaft, Psychologie, Pädagogik, ja selbst die Mathematik haben wertvolle Ideen entwickelt, was das Spiel sein und was es kennzeichnen soll.[18] Hier steht ein anderes Ziel im Vordergrund: Spiele, Spielsachen und die Menschen, die sich mit ihnen befassen, durch die erste Hälfte des 20. Jahrhunderts zu begleiten. Etwas spielerisch im Idealfall, wie es zum Thema gehört, wird dieser Streifzug durch eine hochproblematische Phase deutscher Geschichte führen. Man wird Spiele und Spielsachen vorfinden, die sich wandeln, verändern und uns fremd werden, die plötzlich verschwinden oder doch immer wiederkehren. Und dabei lässt sich feststellen, wie unterschiedlich ihre Bewertung sowie das Nachdenken über sie ausfiel. Im Mittelpunkt stehen also vor allem materielle Dinge: Spielbretter, Kartenspiele, Figuren und Puppen oder das Rouletterad. Aber auch dem Dildo wird diese Geschichte ein Kapitel widmen – was gar nicht so abwegig ist, weil auch dieser Gegenstand sich gewandelt hat, wie das Denken über Sexualität insgesamt, und heute fast selbstverständlich als ein Spielzeug für Erwachsene vertrieben wird, aber früher nie so genannt worden wäre. Wer Spiele betrachtet, darf die Menschen nicht übergehen. Sie sind die Spieler, die spielen, oder die Fabrikanten, die sie erschaffen, oder auch die Wissenschaftler und Fachleute, die über sie nachdenken und sie kritisch beäugen.

Womit die Menschen in der ersten Hälfte des 20. Jahrhunderts spielten, kann heute Befremden oder sogar Entsetzen auslösen: Pistolen, Schwerter, Panzer, Zinnsoldaten bis hin zu Nazi-Püppchen. Auch mit den Brettspielen, die Gewalt und Krieg verherrlichten oder politische Ideologie vermittelten, wird man heute wenig anfangen können. Spiele und Spielsachen werden im Lauf der Zeit zerstört, verboten oder ausgesondert, wenn die Umstände und das Denken der Menschen sich wandeln. Ein bekanntes deutsches Weihnachtslied gibt erstaunliches Zeugnis davon. Der Originaltext, 1835 von Hoffmann von Fallersleben verfasst, lautet völlig anders als das, was Kinder heute singen: »Morgen kommt der Weihnachtsmann, / Kommt mit seinen Gaben. / Trommel, Pfeife und Gewehr, / Fahn und Säbel und noch mehr, / Ja, ein ganzes Kriegesheer, / Möcht' ich gerne haben.« Nach 1945 wurde das Lied mehrfach umgeschrieben, weil das Kriegsspielzeug in Verruf geraten war. Kinder sollten nicht mehr zum Militarismus erzogen werden. Doch die umgekehrte Entwicklung gibt es ebenfalls. Manche Dinge werden heute als Spielzeug bezeichnet, die früher verpönt waren. Sogar die Orte, wo das Spiel der Menschen stattfindet, verändern sich mit der Zeit. Spielhöllen, in denen Menschen ihr Geld durchbringen, waren zu Anfang des 20. Jahrhunderts illegal, wurden mit polizeilichen Razzien hochgenommen; heute hingegen sind die legalen Glücksspielstätten, nahezu in jeder Stadt zu finden.

Selbst da findet Spiel statt, wo man es auf den ersten Blick wohl am allerwenigsten erwarten würde. In den Schützengräben und an den Fronten des Ersten Weltkriegs ist vielfach gespielt worden. »Jeden freien Augenblick benutzte das gesamte Offizierskorps, um zu spielen«, heißt es in den Erinnerungen eines Feldarztes an das Glücksspielfieber, das im deutschen Heer an der russischen Front grassierte: »Mitten auf der Straße konnte man überall Gruppen spielender Soldaten sehen. In den Lazaretten spielten Heilgehilfen und Patienten – kurz, der Spielteufel hatte alle und jedermann ergriffen.«[19]

Hans Prinzhorn, geboren 1886, bis heute als Psychiater und Kunsthistoriker anerkannt, befasste sich im Jahr 1926 mit Kartenspielen, die sich Gefängnisinsassen selbst gemacht hatten: »Höchstwahrscheinlich würde man überall und aus allen Zeiten selbstgefertigte Spielkarten in den Gefängnissen nachweisen können. Einen gewissen Ruf haben die Karten von 1606 und 1616, die […] in Prag verwahrt werden. Manche Spiele sind von einer düsteren Schauerromantik umwittert: sie wurden insgesamt, da offenbar jede Beschäftigung streng verboten war, auf kleine Papierfetzen, oft von Zeitungen abgerissen, mit eigenem Blut bemalt.«[20] Wo ein Wille zum Spiel vorhanden sei, würde ein Weg gefunden, meinte Hans Prinzhorn. Diese Spielkarten zeigten manchmal raffinierte Szenen, oft auch sexuelle Motive. Aber warum spielten die Gefangenen? Prinzhorn, der kein Theoretiker des Spiels war, gab eine einfache Erklärung: Die Leere der Zeit verstreiche am schnellsten im Spiel. Man dürste nach dem »Scheinleben«, das die Spielwelt biete, und einem Mindestmaß an Unterhaltung. Auf die Häftlinge wird hier verwiesen, weil an späterer Stelle kein Raum ist, um auf sie zurückzukommen. Ihre Spielkarten zeigen, dass Objekte des Spiels selbst in Situationen und Zeiten größter Beschränkung gebraucht werden. »Im Übrigen sind natürlich der Erfindungsgabe keine Schranken gesetzt«, urteilte Prinzhorn über das Gefangenenspielzeug: »Jede Art von Papier und jede Art von Technik kommt vor. Karton, Pappe, Packpapier, Schreib- und Zeichenpapier, Bleistift, Kreide, Tinte, Tusche, Aquarell-, Ölfarbe, ausgepresster Pflanzensaft, Blut, ja, in einem Falle (der wohl kaum einzigartig ist) Kot.«[21] Es gibt viele Orte, an denen man Spielen und Spielsachen begegnen wird – schummrige Hinterzimmer, Bordelle, Kasernen, Lazarette. Zuletzt führt diese Entdeckungsreise in die Mordstätten der Nationalsozialisten, wo Täter wie Opfer ebenfalls spielten.

Spiel und Spielzeug, das fremd wird

Die jüngere deutsche Vergangenheit läuft auf die Zeit des Nationalsozialismus und auf den Holocaust zu. Derart breit fallen die Schatten der Diktatur, dass selbst eine Geschichte, die vom Spielzeug handelt, davon nicht unberührt bleibt. Im Dritten Reich veränderte sich die Welt des Spiels gravierend. Neue Brettspiele präsentierten die vermeintlichen Errungenschaften des NS-Regimes. Die Kartenspiele verherrlichten die Herrschenden. Das Kinderspielzeug thematisierte das Militär. Ein Spielzeuggeschäft in München warb: »Deutschen Jungen machen Sie bestimmt Freude mit Soldaten: Reichswehr, Hitlersoldaten […] in größter Auswahl.«[22] Selbst bekannte Figuren wie der Kasper, dessen Bühnenfeind nun der Jude sein sollte, wurden dem staatlichen Rassismus dienstbar gemacht. Die kleinen Dinge spiegeln die große, auch abgründige Geschichte. Eine der populärsten Spielfiguren im Zweiten Weltkrieg war der »Kohlenklau«. Dieser kleinwüchsige, fettleibige Verbrecher mit langem Schnauzbart trug meist einen Kohlesack auf dem krummen Buckel. Aus seinen Augen stierte ein schiefer Blick. Er stahl die Kohle, die im Krieg überall so dringend benötigt wurde, verheizte sie selbst oder verkaufte sie illegal.

Dieser böswillige Dieb und Schwarzhändler, mit dem die Staatspropaganda das Sparen von Brennstoffen anmahnte, tauchte in Zeitungen auf, fand sich gar als lustiges Motiv auf Panzern und eben auch in Spielen. In die Erinnerungen vieler Kriegskinder hat er sich tief eingebrannt. Denn Kohlenklau war damals so etwas wie ein Kinderschreck. Mit dem Brettspiel gingen die deutschen Familien auf die Jagd nach ihm. Man folgte seinen rußigen Spuren und entdeckte nebenher, wie er die »Volksgemeinschaft« sabotierte: Er schlich sich auf leisen Sohlen in fremde Wohnungen, knipste alle Lichter an, drehte die Heizung auf, ließ viel Wasser in die Badewannen laufen, stahl die Kohlereserven aus den Kellern, riss Verdunkelungen von den Fenstern. Wer den Saboteur am Ende stellte und überführte, gewann das Spiel. Ähnlich zeigte das Kohlenklau-Quartett, das es neben dem Brettspiel gab, den Deutschen, was sie im Weltkrieg zum Wohl der Gemeinschaft unterlassen sollten. Die Spielkarten ermahnten zum Sparen von allem, was Industrie und militärische Rüstung benötigten. Gejagt werden sollten all jene kleinen Ganoven, die sich am Krieg bereicherten. Kohlenklau raubte den abwesenden Soldaten sogar die Frauen daheim. Die Spielfigur – in Sachen Propaganda bei Weitem nicht die schlimmste Erfindung der Nazizeit – nahm eine gewisse Sonderrolle ein. Die Kohlenklau-Spiele waren in den ressourcenknappen Kriegsjahren mit die einzigen, die weiterhin produziert werden durften. Und Kohlenklau verschwand mit dem Ende der Diktatur, anders als andere Propaganda-Produkte, nicht sogleich. Noch bis in die 1950er-Jahre mahnte er vor den schädlichen Auswirkungen des Diebstahls und Schwarzmarkts.[23]

Was gutes Spiel sein sollte, stand selbst in der NS-Diktatur zur Debatte. Spielwaren wurden zuhauf verboten, weil sie aus Sicht des Staates lediglich Kitsch oder schlechte Propaganda waren. Schaut man sich diese Produkte eingehender an, so ist viel darüber zu lernen, was Propaganda bedeutet. Wie sollte Spielzeug gefertigt sein und aussehen, damit sich darin ein deutscher Charakter spiegelte? Zahlreiche rassistische Variationen von Spielen fanden in den 1930er-Jahren Verbreitung. Und von den Verbrechen des nationalsozialistischen Regimes wird zuletzt ebenfalls eingehend zu berichten sein. Spielsachen wurden geraubt, da die Industrie für den Krieg benötigt wurde, also kaum noch Spielwaren herstellte. In den Ghettos und Konzentrationslagern mussten Zwangsarbeitskräfte schuften, darunter viele Kinder, um die deutschen Familien an Weihnachten mit improvisiertem Spielzeug zu versorgen. Wie unentbehrlich Spiele und Spielsachen sind, zeigt sich wohl gerade dort, wo man am wenigstens nach ihnen sucht. Sie haben selbst in der Verbrechensgeschichte des Nationalsozialismus ihren Platz.

Das Spiel gilt den meisten Menschen als etwas Gutes und Schönes. Das hat mit der Pädagogik viel zu tun, die das Spiel als etwas sieht, das den jungen Menschen fördern soll. Bei Friedrich Fröbel, einem Schüler Pestalozzis und Erfinder des Kindergartens, heißt es, die Quelle alles Guten liege im Spiel.[24] Ähnlich meinte ein evangelischer Pädagoge um die Jahrhundertwende, das Kinderspiel müsse man mit weisender Hand leiten, um den jungen Menschen »an das Gute zu gewöhnen und vor dem Bösen zu bewahren«.[25] Auch Karl Groos befand, das Spiel müsse stets »die Förderung des Guten und Nützlichen und die Unterdrückung des Schädlichen und Unsittlichen« zum Ziel haben.[26] Aber wer kann schon sagen, was in jedem Fall gut, nützlich und sittlich ist? Diese Urteile sind es ja, die dem Wandel der Zeit und der Meinung der Menschen unterliegen. Es sind diese Urteile, die auch den Charakter und das Gesicht der Spielsachen verändern. Beim Blick auf die erste Hälfte des 20. Jahrhunderts in Deutschland wird sich das Spiel aus unserer Sicht deshalb nicht nur von seiner schönen, erfreulichen Seite zeigen. Es kann auch hässlich, erschreckend, verstörend oder traurig sein. Spiele und Spielzeug führen nicht nur zum Edlen und Guten, sondern ebenso zu den Abgründen hinüber. Wenn der Überlebende eines Konzentrationslagers berichtet, er sei von seinen Schindern behandelt worden, ähnlich wie ein Spielzeug behandelt werde, sollte man darüber nicht einfach hinweggehen. Es ist ein

Vergleich, der ernstgenommen werden will. Was drückt er aus? Und was war Spiel und Spielzeug in dieser menschengemachten Hölle, die nichts Spielerisches mehr an sich hatte? Nicht zu Unrecht schrieb der Historiker George Eisen, der sich mit Kinderspielen in den Todeslagern befasste, alle idealistischen Spieltheorien würden angesichts dieses Grauens unbrauchbar. Weder schön noch pädagogisch, weder sinnvoll noch wirklich rational nützlich war es, dass die Kinder in den Gaskammern spielten, in die Rollen der Sterbenden schlüpften oder aus dem Müll ihr eigenes Spielzeug fertigten.[27] Die materiellen Hinterlassenschaften, auf die wir stoßen werden, sind uns heute nicht länger bloße Spielsachen. Dem Anschein nach sind es noch gewöhnliche Puppen, Karten und Spielbretter, die über das Leben und Sterben berichten. Immer bergen sie jedoch Botschaften und sind somit zu kleinen Mahnungen der großen Geschichte geworden.

Das Phänomen Spiel bleibt unbestimmt und ist eine Herausforderung, die uns eine Deutung abverlangt. Insofern ist diese Entdeckungsreise auch als eine politische Geschichte zu lesen. Sie soll das Nachdenken – mit offenem Ausgang – darüber anregen, was das Spiel ist, ob es einem Zweck dient und wenn ja, welchem; wie Spielzeug vereinnahmt und missbraucht, warum es manchmal bekämpft und zensiert wird. Hier ist ein Versuch gemacht, den historischen Wandel sowie die gesellschaftliche Bedeutung von Spielen und Spielsachen zu erkunden. Die Objekte der Menschen sind keine Nebensächlichkeit. In ihnen manifestiert sich Kultur, Mentalität, Politik und Zeitgeist. Sie sind die Spiegelbilder der Geschichte. Rückt man Spiele und Spielzeug in den Mittelpunkt einer historischen Betrachtung, so können auch sie viel Spannendes über die Vergangenheit und die Menschen berichten. Dieses Buch soll zeigen, wie viel an Unterschiedlichem über die Geschichte zu erfahren ist, betrachtet man einen Bestandteil des Alltags, von dem wir alle nur glauben, wir wüssten ganz genau, um was es sich handelt.

1 DAS SPIEL DES KRIEGES

Spiele und Spielwaren im Ersten Weltkrieg

Die Mundharmonika

Im Hochsommer 1915 traf der Brief eines Soldaten bei seinen Eltern in Freising ein. Der junge Mann schilderte darin eine ziemlich schauerliche Szene. Aber zwischen seinen düsteren Zeilen schien auch ein Hauch von kameradschaftlichem Heldentum auf. Hans Spatzl, erst 24 Jahre alt und Student der Theologie, kämpfte als Kriegsfreiwilliger irgendwo an der Westfront. Jeden Morgen nach dem Aufstehen ging er an einem Grab vorbei oder vielmehr an einem Granattrichter, der einem unbekannten Soldaten zur letzten Ruhestätte geworden war: »Es ist das Grab eines unserer Helden. Oft gehe ich daran vorüber, aber nie ohne mein Haupt zu entblößen und ein Ave-Maria für den Toten zu beten. In der Gruft, die eine schwere Granate herausgewühlt hatte, hat ihm ein treuer Kamerad das Grab bereitet.« Darauf hatten sie ein Kreuz gestellt, davor zwei Kerzen, ein paar Blumen wurden gepflanzt, eine Granathülse dazugelegt. Ein heiliger Friede wohne hier, schrieb Hans Spatzl, »und wenn ich am frühen Morgen, da die Sonne ihre ersten goldenen Flammen über dem Grabe flackern ließ, vorüberging, dann zog ich meine Mundharmonika heraus und spielte dem gefallenen Kameraden eine fromme Weise ins Grab«.[28] Die Lieder der Soldaten begleiteten das Leben und Sterben an der Front. Der Weltkrieg kostete auf allen Seiten etwa zehn Millionen von ihnen das Leben. Student Spatzl erlag in einem Feldlazarett im März 1917 einer Verwundung.

Die Mundharmonika war ein Erfolgsprodukt der Schützengräben. Nie zuvor und wohl zu keinem Zeitpunkt danach ist sie so massenhaft gespielt worden. Es scheint auf den ersten Blick überraschend, hier von diesem Instrument zu berichten, soll es doch um Spiele und Spielzeug gehen. Abwegig ist es nicht. Die Musik scheint ihrem Wesen nach mit dem Spiel verbunden. Jedes Musikinstrument trägt gleichzeitig den Charakter eines Spielzeugs. Wer Kinder hat oder lebendige Erinnerungen an die eigene Jugend, weiß das: Ein Kind bekommt eine Rassel, eine Trommel oder ein Glockenspiel, spielt mit den Klängen und lernt dabei Ursache und Wirkung kennen. Der Basler Philosoph Karl Groos glaubte, dass viele der Klangspielzeuge ursprünglich gar nicht für Kinder gemacht waren. Klappern und Rasseln seien bei Naturvölkern noch anzutreffen. Bei rituellen Tänzen kämen sie zum Einsatz. So könne es, folgerte Karl Groos daraus, vorkommen, »dass das betreffende Instrument bei den Erwachsenen allmählich außer Gebrauch tritt, aber dennoch durch Jahrtausende als Kinderspielzeug weiterlebt«.[29] Mit fortschreitendem Alter werden aus Spielzeugen anspruchsvollere Musikinstrumente, die geschickte Hände und viel Übung verlangen. Um sie zu beherrschen, nimmt man vielleicht Unterricht. Möglicherweise reift später sogar die Entscheidung heran, dieses Spiel zu studieren und als Kunst zu Beruf und Broterwerb zu machen. In die Musik scheint der Mensch durch das Spiel hineinzuwachsen. Die Trennlinie zwischen dem Spielzeug auf der einen Seite und dem Musikinstrument auf der anderen Seite ist nicht klar gezogen, sondern hängt an der wechselhaften Meinung der Menschen. Beide sind Objekte des Spiels, aber Instrumente sollen mehr sein als nur Spielzeug.

Zu den Musikinstrumenten, die man ernst nahm, gehörte die Mundharmonika über lange Zeit nicht. Im Jahr 1821 angeblich von dem Instrumentenbauer Christian Buschmann erfunden, wurde sie rund 15 Jahre später schon massentauglich hergestellt. Ende des 19. Jahrhunderts galt sie eher als ein Kinderspielzeug und war oft als »Ohrenquäler« verpönt, anders als ihre engste Verwandte, die Ziehharmonika, deren Klang den Zeitgenossen eher schmeichelte. Nervenkranken riet man davon ab, Mundharmonika zu spielen, besonders in den Abendstunden sei das dem gesunden Schlaf abträglich. Der Klang sei ähnlich dem Kratzen auf einer Fensterscheibe, schrieb der Musiker und Dichter E. T. A. Hoffmann.[30] Noch am Vorabend des Ersten Weltkriegs hieß es, die Mundharmonika gehöre zu den »mehr oder weniger primitiven Instrumenten [...], um Aufmerksamkeit zu erregen«.[31] Etwas fürs Kinderzimmer, für Jahrmärkte oder das fahrende Volk.

Es gab natürlich Instrumentenbauer, die in der Mundharmonika ein echtes Musikinstrument sahen und bemüht waren, ihr Ansehen in Musikerkreisen zu steigern. Dazu zählten der Marktführer Hohner, 1857 gegründet, sowie dessen Konkurrent Koch-Harmonika, beide in Württemberg ansässig. Bereits Ende des 19. Jahrhunderts hatten Hersteller erkannt, dass sich das Militär als Abnehmer für die Mundharmonika anbot. Sie schien zur Unterhaltung der Soldaten ideal. In Großbritannien beflügelte der Burenkrieg den Absatz, und in Deutschland brachte Hohner ein Modell heraus, das den Namen »Deutsche vor die Front!« trug; der Spruch Bismarcks, die Deutschen fürchteten Gott und sonst nichts auf der Welt, fand sich darauf eingraviert. Rund 6000 Exemplare wurden 1900/1901 an das deutsche Expeditionskorps zur Niederschlagung des Boxeraufstands in China verschenkt.[32] Ein Abenteuerbericht aus dieser Zeit erwähnt die Mundharmonika am Rande. Ein Dampfer, der in Bremerhaven Anfang August 1900 in Richtung China abgelegt hatte, brachte die deutschen Soldaten in ein unbekanntes Land: »Ruhig gleitet das Schiff durch die spiegelglatte See, weit hinter sich eine breite, silberglänzende Spur ziehend. Milder Mondschein beleuchtet die Szenerie. Leise, halb verschlungen von dem Geplätscher der sich am Bug brechenden Wellen, klingen die Töne einer Mundharmonika vom Vorderdeck, wo sich die Mannschaften malerisch gelagert haben.«[33] Schon hier schwang viel soldatische Romantik mit.

Im Ersten Weltkrieg gelang der Mundharmonika ein spektakulärer Durchbruch als Massenprodukt. Zehntausendfach an die Fronten geschickt, unterhielt sie die Soldaten. Auch jene, die kein Instrument beherrschten – und das waren die meisten –, konnten sich beim Zuhören die Zeit vertreiben. Einfach zu beherrschen ist die Mundharmonika sicher nicht. Das wird jeder wissen, der zum ersten Mal versucht hat, ihr Töne zu entlocken. Die Blastechnik will gelernt sein. Aber anders als viele andere Musikinstrumente fordert die Mundharmonika ansonsten nicht viel. Großes Geld kostet sie nicht. Klein und handlich, kann sie leicht in der Tasche verstaut werden. Es ist kein Lehrer erforderlich, Noten muss man auch nicht kennen. Man lernt, indem man spielt. Damit war sie wie geschaffen für die Soldaten. Ein Zeitungsbericht verglich sie sogar – freilich mit einem Augenzwinkern – in ihrer Bedeutung mit einem großen Artilleriegeschütz: »Es ist fesselnd zu beobachten, wie in diesem Kriege trotz der vielen völlig neuen Mittel, die angemeldet werden, auch wieder ganz alte auftauchen. Die Armbrust schleudert ihre Geschosse; die Handgranate ist wieder unter die gangbaren Kampfmittel aufgenommen worden: nun hält die altehrwürdige Mundharmonika ihren Einzug in den Schützengraben. Ist sie auch ein Kriegsmittel? Freilich! Denn sie schafft Unterhaltung und Laune. Und ein froh gestimmter Mensch ist oft ebenso viel wert wie ein Brummer.«[34] Die besten Spieler gaben Konzerte für die Kameraden. Die Armeeführung, die der Truppe sonst kaum Unterhaltung bieten konnte, unterstützte ausdrücklich die Spielwilligen und die Organisation von Veranstaltungen: Es » […] wird auf die im Heere verbreitete Kunst, auf der Mundharmonika zu spielen, verwiesen. Es wird auch bei kleineren Formationen möglich sein, einige Leute für Mundharmonika-Konzerte (auch Quartette) zu gewinnen. Solche Konzerte klingen sehr gut und machen den Ausübern wie den Zuhörern viel Freude.«[35] Im Kontrast zu der fürchterlichen Geräuschkulisse aus Geschützdonner, Granathagel und Maschinengewehrfeuer bot das Harmonikaspiel eine Ahnung von Ruhe und Frieden. Per Feldpost von Verwandten, Freunden, Arbeitgebern und Organisationen, die sich um das Wohl der Soldaten bemühten, wurden sie verschickt. Im Dankbrief eines Soldaten hieß es noch 1918: »Einem der letzten Päckchen entnahm ich eine Mundharmonika. Ich habe mich recht gefreut darüber, und obgleich ich bisher nie im glücklichen Besitze eines so außerordentlich der Kurzweil dienenden Instrumentes war, mache ich jetzt in meinen Mußestunden die ersten schüchternen Gehversuche damit, und ich glaube, es wird noch – selbst in meinen gereiften Tagen.«[36]

Der Kriegsberichterstatter Heinrich Otto Oelke notierte über einen Fronturlaub nach der schweren Herbstschlacht in der Champagne 1916: »Wir waren zur Ruhe gekommen. Die gewaltige Anspannung der letzten wilden Tage hatte unsere Nerven schlaff und alle Glieder milde gemacht. Nun war unser erster Ruhetag hinter der Front. Eben angekommen hatte meine Gruppe auch schon im Hofe unserer Unterkunft ein prasselndes Lagerfeuer angezündet. Zwei bärtige, rheinische Landsturmmänner schürten es mit viel Eifer, derweil sie wehmütige Heimatlieder sangen, die im Felde nun einmal jedes Lagerfeuer umsteigen, und die einen fühlbaren Hauch der Heimat um uns bereiteten. Ein blasser Kriegsfreiwilliger begleitet ihre Sänge auf einer schluchzend hallenden Mundharmonika. Heimatträume umspannen uns. – Und plötzlich war mir, als wenn von weitferne her, eine alte, raue, gütige Hand meine Stirne segnend streichle. Armer Junge, armer Junge.«[37]

Die Mundharmonika wurde ein patriotisches Produkt. Sie spiegelte den Begeisterungstaumel, der mit dem Kriegsanfang 1914 einherging. Auf den Modellen waren das Bildnis Kaiser Wilhelms II. oder des Generals Hindenburg, ein patriotischer Spruch oder schlicht ein Artilleriegeschütz eingraviert. Die Produkte von Hohner bekamen klangvolle Namen wie »Unsere Grenzwacht«, »Durch Kampf zum Sieg«, »Hurra«, »Im Schützengraben« oder »Fleißige Berta«, letztere ein Spitzname für moderne Riesengeschütze des Stahlgiganten Krupp aus Essen. Bei Hohners Konkurrent Koch hießen die Neuheiten »Deutschland hoch in Ehren«, »Eisernes Kreuz«, »Waffenbrüder«, »Heil und Sieg«, »Brummer«, »Emden« – benannt nach einem berühmten deutschen Kreuzer, der nach einigen erfolgreichen Kaperfahrten im Indischen Ozean im November 1914 versank. Einige der Instrumente hatten Modell-Gestalt, was ihren Charakter als Spielzeug betonte: in Form eines U-Boots oder Schlachtschiffs, auch als Geschütz oder angeschweißt an eine metallene Modellgranate. Beide Hersteller verschickten ihre Mundharmonikas als Feldpost-Pakete. Zu Hause lagen die gleichen musikalischen Kriegsartikel als Spielzeug für Kinder und Jugendliche unter dem Tannenbaum.[38] Aber auch die

Älteren erprobten sich jetzt begeistert an dem Instrument. Wer auf der Mundharmonika spielte, bewies Solidarität mit den Soldaten an der Front. Plötzlich galt das kleine Ding als Instrument ernster Spielkunst. »Deiner Leidenschaft für hohes Spiel hast du wohl nicht mehr so frönen können wie früher, seitdem du im Felde stehst?«, fragte eine Soldatenzeitung zum Scherz: »Im Gegenteil, höher wie je. In den Dolomiten habe ich 3000 Meter hoch Mundharmonika gespielt!«[39] Bis in die 1930er-Jahre blieb die Mundharmonika beliebt – bei den Soldaten, in der Jugendbewegung, bei den Pfadfindern, später in der Hitlerjugend, wo es regelrechte Orchester gab; aber einen Platz im klassischen Konzert hat sie bis heute nicht erobert.

Die Vorstellungen davon, was Spiel und Spielzeug ist, oder wann Spiel aufhört und Kunst oder Musik anfängt, können sich verändern. Nicht nur Mundharmonika spielten die Soldaten. Erstaunlich, aber mitten im Gemetzel des Weltkrieges sorgten sogar klassische Spielwaren für Kurzweil und Ablenkung. »Scherz und Zeitvertreib«, hieß es in einem Spielebuch für Soldaten, »wie wenig wollen diese beiden Worte zum großen Ernst des Krieges passen! Scherz und Zeitvertreib – wie nötig, wie unentbehrlich sind sie dennoch dem Krieger!«[40]

Spielen im Schützengraben

Ernst Jünger, geboren 1895 in Heidelberg, meldete sich im August 1914 als Kriegsfreiwilliger. Er diente an verschiedenen Orten an der Westfront, in »allen Löchern und Höhlen«, wie er später schrieb.[41] Der junge Mann wurde mehrfach verwundet, mit Orden ausgezeichnet. In Notizen hielt er den Kriegsalltag fest und gilt bis heute als literarischer Kronzeuge der Frontgeneration. Zugleich ist Jünger umstritten. Seine kühlen Detailschilderungen des Tötens und Sterbens können als Verherrlichung des Krieges gelesen werden. Deutliche pazifistische Botschaften enthielten seine Schriften nicht. Jünger unterstützte in den 1920er-Jahren zudem publizistisch rechtsradikal-nationalistische Kreise; ein »Wegbereiter des Nationalsozialismus«, wenn auch nicht durchweg ein Sympathisant der Nazis. Sein Erfolgsbuch entstand aus den Tagebuchnotizen, die er mit fiktiven Elementen und Passagen anreicherte: ›In Stahlgewittern‹ erschien 1920 und machte den Autor sogleich berühmt. Nicht oft, aber immer mal wieder gibt es darin Passagen, die mit Spiel zu tun haben.

Ist der Erzähler in einem Dorf einquartiert, das man dem Feind abgenommen hat, dann liegt dort – wie als grausiger Kontrast – zurückgelassenes Spielzeug in Ruinen. Auch ein »zerknüllter«, das heißt zerschossener Bahnhof wirkt auf Jünger wie ein Kinderspielzeug. In anderen Szenen sitzen die Generäle an Tischen und spielen Karten. Heftiges Artilleriefeuer lässt die einfachen Soldaten im dreckigen Unterstand, ebenfalls beim Kartenspiel, jäh aufschrecken. Manchmal, schreibt Jünger, fühle man sich nach dem Gefecht, als habe man die ganze Nacht mit Kartenspiel zugebracht. Das sind, wie man an anderer Stelle liest, sonst sehr fröhliche Stunden: »Anfang März hatten wir den gröbsten Dreck hinter uns«, heißt es 1915. Nur Tage zuvor waren einige Kameraden getötet, viele andere verwundet worden. Jetzt aber ein gegensätzliches Bild: »Das Wetter wurde trocken, und der Graben war sauber verschalt, so dass wir häufiger ein paar gemütliche Freistunden hatten. Jeden Abend saß ich im Unterstande, vor meinem kleinen Schreibtisch und las oder plauderte, wenn ich Besuch bekommen hatte. Wir waren mit dem Kompanieführer 4 Offiziere und führten ein sehr kameradschaftliches Zusammensein. Jeden Tag tranken wir im Unterstande des einen oder des anderen Kaffee oder aßen zu Abend, oft bei einer oder mehreren Flaschen, rauchten, spielten Karten oder führten eine landsknechtmäßige Unterhaltung. Diese gemütlichen Unterstandsstunden wiegen in der Erinnerung manchen Tag voll Blut, Schmutz und Arbeit auf.«[42]

Das Spielen wirkte Trübsinn und Melancholie entgegen, bot Unterhaltung im Beisammensein. Hans Weber, der 1915 seine Fronteindrücke mit Heldenpathos, aber ungeschönt aufschrieb, schildert eine winterliche Nacht: »Die Gewehre liegen festgefroren da und glitzern, als wären sie mit zerriebenem Glas bestreut; aber die Kammern und Abzüge sind gut geschmiert, sie gehen spielend, wie in Butter. […]

Es ist hell, bei aller Undurchsichtigkeit so hell, dass man lesen kann. Und ich sitze vor meinem Höhlenloch und lese. [...] Eine Armlänge abseits hocken drei und stecken die Köpfe zusammen, als hielten sie eine Versammlung ab. Es ist aber nicht so schlimm: sie spielen nur Karten. Einen Tornister haben sie flach zwischen sich geklemmt, und auf dem dreschen sie ihren Skat. Mit stummem Eifer. Nur hin und wieder flüstert das: ›Du gibst‹ oder: ›Kreuz sticht!‹« Dann wird die Szene jäh unterbrochen. Kanonendonner zerreißt die stille Konzentration auf das Spiel. Die Soldaten rennen wie wild geworden durcheinander. Man greift in aller Eile zu den Waffen, um einen unerwarteten Sturmangriff der Franzosen abzuwehren. Eine martialische Schlacht folgt. »Eine Stunde etwa hat's gedauert, dann war der feindliche Überfall zusammengebrochen. Da und dort knallte noch einer die letzte Patrone ab, dann ballte sich der Nebel wieder zusammen, und die Nacht war wieder still und undurchsichtig und mondscheindurchgossen wie vorher. Mit dem Lesen war's nun freilich vorbei, denn aus der Stille des Feldes zog der Nachklang der tosenden Stunde her. Stöhnen, Weh- und Hilferufe. ›Mutter! Mutter!‹, schrie irgendwo in seiner Schmerzensangst einer von den Unsrigen, und wie ein Echo kam's aus der Nebelirrnis: ›Mamette! Pauvre, pauvre mamette!‹ Aber – wer traut seinen Augen!? – die Dreie hocken wahrhaftig wieder da und stecken wie Verschwörer die Köpfe zusammen und spielen ihren Skat weiter. ›Du gibst‹, ›Kreuz sticht!‹«[43] Das Spiel erscheint hier als Parallelwelt, in die man vor dem Grauen der Realität flüchten konnte. Das Ausharren bis zum nächsten Gefecht dauerte manchmal stunden- und tagelang an – eine quälende Zeit, die überbrückt werden musste. Weil dennoch Spieler und Sterbende, Flucht und Realität beieinanderblieben, bot sich dem Betrachter mitunter eine schauerliche Kulisse.

Kartenspiele wie Skat, Quartett oder Tarock boomten in den Kriegsjahren und erreichten Massenauflagen. Die Karten zeigten oft patriotische Motive, aber – anders als im Zweiten Weltkrieg – waren sie keine reinen Spiegelungen der Staatspropaganda. Die Dame zeigte sich mal in Gestalt der Germania, der König mal als Offizier oder Feldherr. Gelegentlich fand sich ein markiger Spruch oder ein bekanntes

Zitat des Kaisers auf der Spielkarte wieder: »Ich kenne keine Parteien mehr, ich kenne nur Deutsche.« Aber nicht selten hielt man auch die gegnerischen Generäle und Feldherren den deutschen Helden gleichrangig in Händen.[44] Für die Spieler zählte sicherlich nicht in erster Linie die patriotische Propaganda, sondern das Spiel. Das aber betrieben sie mit viel Leidenschaft. Ein regelrechtes Spielfieber konnte in den Schützengräben gleich einem Virus um sich greifen. Wolfgang Panzer, ein Kriegsfreiwilliger, den man befördert hatte, der aber im Kreis der Offiziere nicht richtig Fuß zu fassen schien, schrieb im Januar 1917 erstaunliche Zeilen in die Heimat. Nicht das Massensterben an der Front trieb ihn um, so macht zumindest der Brief Glauben, sondern seine fehlende Begeisterung für das Kartenspiel. Weil er kaum Talent besaß, behandelten ihn die Kameraden äußerst kühl: »Vorläufig wohne ich ja noch im Graben, essen tue ich schon beim Stab. Meine einzige Sorge ist, dass ich kein Skat spielen kann. Ich wurde schon verschiedentlich gefragt, wer mich überhaupt zum Offizier gemacht hat, wo ich doch nicht mal Skat spiele. Ich habe zwar bei meinem Kompanieführer schon Skatunterricht genommen, hab's auch halbwegs begriffen, aber jetzt habe ich schon wieder die Hälfte vergessen, ohne sonderlich bös darum zu sein.«[45] Wer im Modespiel des Schützengrabens nicht bewandert war, wurde zum Außenseiter, vielleicht, weil er nicht mitspielte, nicht als echter Kamerad unter seinesgleichen anerkannt.

Viele junge Menschen waren mit Illusionen in diesen Krieg gezogen. Im August 1914, als die Konfrontation der Großmächte eskalierte, stürmte die Jugend siegesgewiss an die Fronten. Kaum jemand, auch die meisten Militärs nicht, hatte eine Vorstellung davon, welche Materialschlacht entbrennen würde. Die im Nachhinein erschütternden Fotografien sind berühmt geworden: lange Zugwaggons, vollgepfercht mit lachenden Kriegsfreiwilligen, verabschiedet von ihren Eltern, Frauen und Kindern mit Blumen, die glauben, an Weihnachten sei Paris in deutscher Hand und sie wieder zuhause. Bei den Gegnern war es nicht anders. Ein kurzer und präziser Krieg sollte es nach Meinung der meisten werden; ein Krieg, wie es hieß, um alle Kriege zu beenden. Als »Augusterlebnis« bezeichnete man diese kurze Phase der nationalen Euphorie, ein wilder Taumel, der nur angeblich Klassen- und Standesschranken überwand und fast die gesamte Gesellschaft zu ergreifen schien. Auch die Spielzeug-Hersteller meinten, dieser Krieg werde viel Gutes bewirken: »Ein jetzt eintretender Krieg«, hieß es in einer Fachzeitschrift der Branche, »würde keine wirtschaftliche Blüte durchbrechen. Er erscheint im Gegenteil als der ablösende Faktor einer Depression, der, wenn die Schicksalsstunde uns günstig ist, zu einer neuen und ungeahnten Blüte führen kann.«[46] Zahlreiche Spielwarenfabriken stellten übrigens seit dem Sommer 1914 Produkte her, die an der Front oder im Alltag in Deutschland dringend benötigt wurden. Bei dem Periskop für den Schützengraben – einem Sehrohr wie von U-Booten bekannt – handelte es sich eigentlich um ein Spielzeug für Kinder und als solches wurde es bis dahin auch verkauft; man denke an Kinder, die sich hinter einer Mauer versteckt halten und mit dem Rohr die Umgebung ausspähen. Nun lagen eben die Soldaten im Schützengraben auf der Lauer, stets in der Gefahr, bei falscher Bewegung von der Kugel eines Scharfschützen getroffen zu werden. Das Schützengraben-Periskop, patentiert und von Fachleuten geprüft, sollte laut Nürnberger Spielwaren-Verleger als »Liebesgabe für die Söhne im Feld« dienen. Man könne damit »aus dem Schützengraben oder aus einer anderen Stelle die Umgebung beobachten«, ohne vom Feind gesehen zu werden. Wohl manch besorgte Mutter, die um das Leben des Sohnes fürchtete, schickte das lebensrettende Periskop, vielleicht zusammen mit einer Mundharmonika, per Feldpost an die Front. Als der Hersteller Anfang des Jahres 1915 dafür warb, dauerte der Krieg schon länger an, als es die meisten Menschen überhaupt für möglich gehalten hatten.[47]

Weltkriegsspiele

Das Jubelgeschrei der Kriegsbegeisterung ist in einem ironischen Begriff gebündelt: Von Hurra-Patriotismus spricht man, wenn Vaterlandsliebe in Säbelrasseln und fanatischen Militarismus mündet.

Nicht nur eine Mundharmonika wurde »Hurra« genannt, auch ein Brettspiel erschien Ende 1914 mit diesem Titel, jedoch ohne Anflug von Ironie. »Hurra«, herausgebracht von einem Leipziger Verlag, sollte Alt und Jung unterhalten. Auf dem strategischen Spielplan ließ sich der Feind bezwingen, indem man ihm seine drei Festungen abnahm oder seine Truppen im Feld vernichtete.[48] Unzählige solcher Spiele kamen neu auf den Markt. Meist beruhten sie auf einem Spielprinzip aus dem 18. Jahrhundert, das als Belagerungs- oder Festungsspiel bezeichnet wird. Verteidiger und Angreifer stehen sich gegenüber. Gekämpft wird um eine Festung in der Mitte. Als Armeen werden Spielsteine entlang von Linien vor- und zurückbewegt. Das traditionelle Spielprinzip wurde nun lediglich an die aktuelle Situation des Weltkriegs angepasst.[49] Die meisten dieser Brettspiele waren eilig für das Weihnachtsgeschäft konzipiert worden. Ende 1914 war die sommerliche Begeisterung aber schon abgekühlt; der Plan, über Belgien nach Frankreich rasch vorzustoßen, vom Gegner abgebremst. Zu Zehntausenden saßen die Soldaten im Stellungskrieg fest.

Ein erfolgreiches Brettspiel übertrug 1916 die deutsche Kriegssituation auf ein simples Spielfeld: Das Kaiserreich ist von ausländischen Mächten eingekreist. Nur zwei große Verbündete stehen an dessen Seite: Die Habsburgermonarchie Österreich-Ungarn, der man sich in »Nibelungentreue« verbunden sieht, sowie das Osmanische Reich, eine islamische Weltmacht im Niedergang. Beide Vielvölkerreiche wird der Krieg am Ende von innen zerreißen. Diese drei sind als Mittelmächte bekannt. Um sie schließt sich ein Ring aus Feinden, das sind nahezu alle Staaten der Welt. Aus deutscher Sicht kämpft man um Freiheit und Selbstbehauptung, aus Sicht der Gegner muss eine imperiale Bedrohung aufgehalten werden. Entwickelt hatte das Spiel Friedrich Kleißl, ein Schiffsleutnant aus Österreich offenbar mit großer Vorliebe für kluge Strategiespiele. »Ringo« war sicherlich eines der kreativsten Spiele dieser Zeit. Von Soldaten, von Verwundeten in den Lazaretten und auch daheim in der Familie sollte es gespielt werden. Populär wurde es vielleicht gerade deshalb, weil es die Politik nicht als Propaganda aufzwang. Die Verpackung, auf der die Staatsflaggen der Kriegsparteien zu sehen waren, machte zwar die Intention offenkundig: Die Mittelmächte standen vereint gegen den Ring aus Feinden. Für das Spiel war dies jedoch nur abstrakt ein Thema. Das Spielfeld erinnert zunächst entfernt an ein Schachbrett, dessen Felder allerdings kreisförmig angeordnet sind. Während beim Schach die Kontrahenten aus gleichen, nur gespiegelten Stellungen beginnen, sind die Rollen hier anders verteilt: Ein Spieler hat die Rolle der Mittelmächte und startet mit seinen Figuren im Innern des Spielfelds. Sein Ziel ist es, die eigenen Truppen nach außen zu manövrieren. Die Figuren der anderen Spieler sind kreisförmig am äußeren Rand positioniert. Deren Ziel ist es, ins Innere des Kreises vorzustoßen. Treffen Figuren aufeinander, werfen sie sich je nach Stellung zueinander aus dem Feld. Erobert eine Figur, die von außerhalb kommt, das Zentrum – vielleicht symbolisiert es Berlin, möglicherweise Wien oder Istanbul –, so ist die Partie für die Mittelmächte verloren. Haben aber die Figuren auf ihrem Vormarsch von innen nach außen alle feindlichen Invasoren abgewehrt, ist das Spiel für sie gewonnen.

Das Brettspiel glänzte durch Reichtum an taktischen Möglichkeiten, und man konnte es dennoch rasch erlernen – die Grundlage seines Erfolgs. Der Wiener Schachklub, der für das Spiel Werbung machte, urteilte in einem Gutachten: »Sowohl die Zuschauer als auch die Spieler waren von den sich im Laufe des Spieles darbietenden Problemen sehr angeregt und gelangten zur Überzeugung, dass das Spiel trotz seiner überaus leichten Erlernbarkeit eine unerschöpfliche Mannigfaltigkeit von Angriffs- und Verteidigungsmöglichkeiten sowie unabsehbar tiefe Kombinationen enthält.«[50] Verschiedene Fassungen des Spiels kamen in Umlauf. Der Erfinder hoffte: »Für jenen, der die jetzige historische Zeit miterlebt hat, wird dieses im Kriege entstandene Spiel noch in späten Jahren eine interessante Erinnerung an den Weltkrieg sein.«[51] Diese Hoffnung trog.

»Ringo« konnte über die Kriegsjahre hinaus kein Erfolg beschieden sein, weil es die Deutschen und Österreicher nach 1918 viel zu sehr an die Schmach der Niederlage erinnerte. Wer wollte sich auch noch auf dem Spielbrett damit beschäftigen? Der Weltkrieg verhalf dagegen einem Spiel zu bleibender Popularität, das im Prinzip sehr ähnlich wie »Ringo« konzipiert war; bis heute gilt es als das meistgenutzte Brettspiel der jüngeren deutschen Geschichte mit zahlreichen Nachahmern. Der Klassiker »Mensch ärgere Dich nicht« hat eine erstaunlich kriegerische Vergangenheit, was heute kaum noch bekannt ist. Fast jeder aber hat das berühmte Spielfeld sofort vor Augen. Den Titel, damals ein verbreitetes Sprichwort, kann man als Mahnung verstehen: Sei nicht wütend, auch eine ärgerliche Niederlage ist zu verkraften. Das Brettspiel ist aber keine Erfindung des Weltkriegs. Die historischen Wurzeln reichen viel weiter zurück, der Ursprung kann bis nach Indien und Asien zurückverfolgt werden. Das direkte Vorbild für »Mensch ärgere Dich nicht« war jedoch »Ludo«, ein Laufspiel, das in Großbritannien Erfolg hatte. Es funktionierte nach dem bekannten Prinzip: Die Figuren müssen von einem Startpunkt aus einmal um das Spielbrett herumlaufen, um zum Ziel in der Mitte zu gelangen. Trifft ein Spieler auf die Figur seines Gegners, kann er sie zu dessen Ärger an ihren Startpunkt zurückwerfen. Während des Ersten Weltkriegs wurde »Ludo« zum Kriegsspiel. So schlüpften bei einer britischen Adaption die Spieler in die Rollen von Frankreich, England, Belgien oder Russland und bestritten einen Wettlauf nach Berlin. Ein Mainzer Verleger ließ in einer deutschen Ludo-Version die Mittelmächte zum Eiffelturm wettlaufen.[52]

Richtig erfolgreich wurde das Spielprinzip in Deutschland jedoch erst als »Mensch ärgere Dich nicht«. Das Spiel entwickelte um 1907 ein Münchner Kaufmann namens Josef Friedrich Schmidt, Begründer der Firma Schmidt-Spiele. Die erste Fassung, die er mit den Söhnen daheim testete, bastelte er noch laienhaft selbst; das Brett war aus Karton gefertigt, von Hand bemalt, die Figuren hatte er aus Holzklötzchen geschnitzt. Schmidt, der in bescheidenen Verhältnissen im roten Münchner Armeleuteviertel Giesing lebte, war überzeugt, ein Brettspiel von großem Reiz geschaffen zu haben. Doch die Anfangsjahre schienen das Gegenteil beweisen zu wollen. »Mensch ärgere Dich nicht« war zunächst ein Ladenhüter, wohl kein – wie Schmidt später selbst behauptete – totales Desaster, aber noch weit davon entfernt, ein Lieblingsspiel der Deutschen zu werden. Erst die geschickte Werbung im Ersten Weltkrieg legte die Grundlage für den Sensationserfolg. Wie andere Gesellschaftsspiele – Dame, Mühle, Halma – und Unterhaltungsprodukte wurde »Mensch ärgere Dich nicht« an die Frontsoldaten geschickt und auch in die Lazarette, um den Verwundeten etwas Ablenkung zu bieten. »Meinen herzlichen Dank«, stand in einem Brief aus einem Lazarett an den Erfinder. »Es hat allgemein großen Anklang gefunden, und ich komme selbst kaum zum Spielen, denn es ist fortwährend in Gebrauch. Gestern spielten wir ununterbrochen von morgens 10 Uhr bis abends 9 Uhr mit nur einer Unterbrechung zum Mittagessen.«[53] Unternehmerisch war die Aktion für Schmidt ein Wagnis: Die 3000 Exemplare, die er dem Heer kostenlos überließ, brachten nichts ein, waren allein eine Investition in die Zukunft. Der Erfolg gab ihm allerdings später recht. Die Soldaten, vom Schlachtfeld heimgekehrt, spielten zuhause weiter. Sie erzählten anderen davon. Bereits in den Zwanzigerjahren besaßen Millionen Haushalte das Spiel. Und Dutzende Nachahmer und Plagiate (später auch Nazi-Varianten) sowie verschiedene Kriegsspiele versuchten, ein Stück vom Erfolgskuchen abzubekommen.

Im Unterstand des Schlammgrabens an der Westfront, in den quälenden Pausen zwischen Kanonendonner und Gefecht oder im Krankensaal eines Lazaretts spielte man gemeinsam, teilte miteinander, was der eine besaß und der andere nicht – eine Art von praktiziertem Sozialismus, könnte man sagen. Gespielt wurde mit dem, was Verwandte von zuhause schickten oder was gespendet wurde. Eine Schriftstellerin wandte sich mit einer für damals recht typischen Aufforderung an deutsche Ehefrauen: Manche Soldaten »wollen vielleicht ein Kartenspiel haben oder ein Brettspiel zum Zeitvertreib, und wie glücklich macht es uns, wenn wir da helfen können. Gewiss liegt in jedem Hause mancher Gegenstand unbeachtet, der den Verwundeten Abwechslung und Freude verschaffen könnte. Denken wir alle ein wenig nach, was unsere Schränke und Schubfächer enthalten, ob sich nichts darin findet, das unsere Soldaten gebrauchen könnten.«[54]

Diverse Organisationen riefen ebenfalls zu solchen Spenden auf. Der Norddeutsche Männer- und Jünglingsbund in Hamburg, der für die Betreuung der Marine tätig war, forderte: »Außer guten Büchern und illustrierten Zeitschriften sind Spiele, in erster Linie Brettspiele (auch gebrauchte, aber noch vollständige werden mit Dank angenommen), willkommen und erbeten.«[55]

Spiele wurden im kompakten Format, meist aus Papier und Pappe, zu sehr günstigem Preis auf den Markt gebracht, damit man sie per Feldpost an die Front schicken konnte. Die Nürnberger Spielefabrik Spear & Söhne ersann unter dem Namen »Die kleine Feldpost« eine Sammlung mit den beliebtesten Soldatenspielen: Mühle, Domino, Schach. Manch einer vermachte für den Fall, dass er auf dem Schlachtfeld sein Leben ließ, seine wenigen Besitztümer den Kameraden. Ab dem Jahr 1915 konnten Mitarbeiter bei Kompanien und in Lazaretten auch sogenannte Spielkisten anfordern. Sie wurden vom »Zentraldepot für Liebesgaben« in Berlin gefüllt und per Post verschickt. Die Soldaten legten für die Spielkisten ihr Geld zusammen; 250 Mark, alles andere als eine leichte Anschaffung. Umso größer war die Freude, wenn die Holzkiste eintraf: Mundharmonikas, Liederbücher, diverse Gesellschafts- und Kartenspiele, Fußbälle oder Murmeln.[56]

In den Lazaretten lagen die Verwundeten bereits Ende 1914 zu Zehntausenden. Die Schwestern und Ärzte hatten kaum die Zeit, sie angemessen zu betreuen. Junge Männer, die das Kriegsinferno zu Krüppeln gemacht hatte; Arme oder Beine amputiert, Teile des Gesichts zerschossen, blind oder taub, manche vom Kanonendonner und Knattern der Maschinengewehre derart traumatisiert, dass Muskeln und Bewegungen ihrer Kontrolle entglitten – die sogenannten Kriegszitterer. »Bei den vielen Verwundeten sind jedoch nie genügend Spiele vorhanden. […] Es ist rührend zu sehen, mit welchem Jubel jedes Spiel in den Lazaretten in Empfang genommen wird. Zuviel kann man da kaum liefern«, hieß es in einem Aufruf, der Schulklassen zum Basteln aufforderte. Auch Hinweise, was die verwundeten Soldaten von Hand selbstständig fertigen konnten, gab es in dieser Zeit zuhauf.[57] Zur Kriegsweihnacht 1914, die Berühmtheit erlangte, weil das Schießen an wenigen Frontabschnitten kurz aussetzte, hieß es: »Eine besonders willkommene Weihnachtsgabe für die zu unfreiwilliger Ruhe verurteilten Verwundeten sind Spiele. Da stehen außer Kartenspielen Schach, Mühle und Dame natürlich voran. Aber unsere Tapferen wollen in der leidigen Warte- und Ausruhzeit Neues und immer wieder Neues haben.«[58]

Der Spielepastor

Einer, der sich für das Spiel der Soldaten einsetzte, war Fritz Jahn, geboren 1863 in Pommern, Pastor und Leiter einer Diakonie bei Stettin. Den ironischen Spitznamen »Spielepastor« hatte Jahn schon lange vor Beginn des Weltkriegs erhalten, weil er mit großer Leidenschaft alte und neue Spiele sammelte; er besaß eine der größten privaten Sammlungen in Deutschland. »Von frühester Jugend an habe ich mich für Spiele interessiert«, schrieb er. »Vielen Leuten ist nun nicht so wie mir die Gelegenheit gegeben worden, spielend in die Welt der Spiele eingeführt zu werden. Sie erkennen wohl den Wert des Spiels auch für die Erwachsenen an, wissen sich aber absolut nicht in dem großen Wirrwarr der Spiele aller Art zurechtzufinden.«[59] Spielen galt ihm als Inhalt einer Pädagogik, die nicht allein auf Kinder zielte, sondern gerade Erwachsene durch das Leben begleitete. Ohne seine Spiele sei der Mensch dem Ernst der Welt schutzlos ausgeliefert und würde bald an diesem Ernst erkranken. In der Kriegszeit schien dies wichtiger als je zuvor: »Wenn schon der Erwachsene in Friedenszeiten das lebhafte Bedürfnis empfindet, in zwei getrennten Lebenssphären zu leben, in einer Ernstsphäre und in einer Sphäre des Spiels mit seinen Illusionen, sollten da nicht auch die armen Feldgrauen das Bedürfnis empfinden, in Erholungsstunden den ganzen grausigen Ernst des Daseins zu vergessen, oder sich die erschlaffende Langeweile, die längere Ruhetage hinter der Front oder in den Schützengräben mit sich bringen, durch allerhand anregende Kurzweil zu vertreiben?«[60]

Jahn unterschied zwischen Lazarett- und Schützengraben-Spielen. Erstere seien zahlreich; man könne sie einfach bereitstellen, denn die Umstände im Krankensaal seien weit besser als im Felde. Für die Front hingegen müssten es kleine und handliche Dinge sein, die in den Tornister des Soldaten passten und jederzeit zur Hand wären: Würfel, Karten, Dominosteine und Brettspiele, kompakt aus faltbarer Pappe mit kleinen Holzfiguren. »Jetzt die günstige Gelegenheit benutzen, unserem Volk wieder seine uralten, lustigen und lehrreichen Unterhaltungsspiele lieb und wert zu machen, das ist auch eine Aufgabe […] in dieser ernsten Kriegszeit.«[61] Ein Soldat, der Ende 1914 in Frankreich kämpfte, berichtete über die gähnend langen Pausen zwischen blutigster Metzelei: »Dieser Stellungskampf, in dem wir uns befinden, ist ja im Großen und Ganzen eine langweilige Sache. Unser Regiment liegt seit September in dieser Gegend, und zwar ist diese Ecke der nach Frankreich am meisten hineingeschobene Keil. Wir liegen uns, hier gut verschanzt, wie zwei Mauern gegenüber und jeder beobachtet den anderen aufs Schärfste.« Ständig waren tosende Einschläge der Artillerie und das Grollen aus der Ferne zu hören, der Boden wankte. Sie hoben Gräben aus, zogen Befestigungen und Stacheldraht, und dennoch: »Sonst gibt es hier […] auch gemütliche Stunden. Vor jedem Unterstand ist eine kleine Veranda gebaut, und da sitzen wir abends sehr gemütlich beisammen. Wir spielen Skat und Doppelkopf und bekommen sogar öfter Bier. Dann sitzen wir und singen zum Klang der Mundharmonika und Kugeln und Granaten pfeifen über uns hinweg.«[62] Die Idee, dass das Spielen wichtig sein konnte, um die Moral der Truppe und den Kampfwillen des Soldaten aufrechtzuerhalten, fand natürlich auch im Zweiten Weltkrieg viele Anhänger. Wieder wurden Spiele für die Front und die Beschäftigung in den Lazaretten gesammelt: »Es muss ein gewisser toter Punkt der Mutlosigkeit überwunden werden, und das geht spielend leichter als zweckhaft arbeitend oder auch bastelnd«, hieß es im Kriegsjahr 1940.[63]

Für die Spielehersteller bot sich eine ideale Gelegenheit, ihre Produkte an den Mann zu bringen, sich bekannt zu machen sowie auf Weiterverbreitung ihrer Erfindungen zu hoffen. »Wer Spiele […]

seinen Kunden anbietet, tut gleichzeitig ein Liebeswerk an unseren verwundeten und kranken Kriegern und schafft sich ein Absatzgebiet, das ihm in dieser schweren Zeit sicher willkommen sein wird. Neben den kranken Soldaten sind auch die gesunden nicht zu vergessen; auch sie gebrauchen Unterhaltung im Spiel. Beschäftigungsspiele werden hier kaum so angebracht sein, aber Unterhaltungsspiele desto mehr.«[64] Und vielleicht schrieb ein Soldat an die Lieben daheim über den Zeitvertreib mit einem Spiel, das in der Truppe oder im Krankensaal Begeisterung weckte – und half so dabei, das Spiel auch an der »Heimatfront« populär zu machen.

Kein anderer Verleger hatte damit annähernd so einen Publikumserfolg wie Schmidt mit seinem »Mensch ärgere Dich nicht«. Diverse Produzenten versuchten auf ähnliche Weise, die Spielfreude der Soldaten zum Vorteil für ihr Geschäft zu nutzen. Merkwürdig war, dass einige glaubten, der Krieg sei als Thema besonders begehrt bei den Soldaten, die täglich mit dem Tod konfrontiert wurden, qualvolle Todesschreie und den Anblick zerfetzter Körper ertragen mussten. Das erwähnte Kriegsspiel »Hurra« sollten Verwundete spielen, weil »es den Geist schärft, die Intelligenz belebt und die Gedanken von den Schrecken des Krieges ablenkt. Wo nur wenig Mittel zur Verfügung stehen, wird sich gewiss jemand finden, der den Kriegslazaretten einige Exemplare des Spiels zum Geschenk macht, denn auch geistige Nahrung wird gern als Liebesgabe angenommen.«[65] Irritierend, dass jene, die dem Tod noch mal von der Schippe gesprungen waren, sich ausgerechnet im Spiel neuerlich in den Todeskampf werfen sollten. Fast zynisch, wenn sie am Spielbrett gar in die Rolle der Generäle schlüpfen sollten, um in geschickten Winkelzügen ihre Armeen zu verheizen. »Das Kriegsjahr 1915 hat natürlich eine Flut von neuen Kriegsspielen gezeitigt, aber es erscheint schon heute zweifellos, dass der größte Teil dieser Spiele spurlos verschwinden wird, wenn friedliche Zeiten kommen«, berichtete ein Fachmann der Branche.[66]

Schachspiel und Krieg

Tatsächlich überstanden nur wenige Kriegsspiele die Niederlage 1918. Die Mehrheit verschwand rasch. Zu den Ausnahmen zählte die Idee des »Kriegsschachs«. Hierbei handelt es sich um eine militärische Abwandlung des traditionellen Schachs, was merkwürdig klingt, weil Schach an und für sich bereits ein Kriegsspiel ist. Mit dem »königlichen Spiel« – das im mittelalterlichen Europa vom Adel und der Geistlichkeit gespielt, aber erst im 18. Jahrhundert in der Breite populär wurde – verbindet man eher das Duell zweier Kontrahenten im Geiste, das höchste strategische Denken im Spiel. »Man sieht hier wahre Denktätigkeit im Spiel, welches [...] nicht dem Zufall oder Glück, sondern lediglich der besseren Einsicht und der tieferen Berechnung den Weg zum Gewinn eröffnet«, so ein Spielforscher Ende des 19. Jahrhunderts.[67] Auf dem Spielbrett ist trotz allem Krieg in Reinform zu sehen. Bauern, die langsam und stumpf nach vorn marschieren, werden vom Schlachtfeld gestoßen, schnelle Reiter greifen von der Flanke aus an. König und Königin, die hohen Herrscher auf dem Spielbrett, gilt es mit allen Mitteln zu schützen; ihr Leben wird gewährleistet durch die Festungstürme. »Natürlich hat das Spiel im Lauf der Zeiten mancherlei Wandlungen durchgemacht«, schrieb der Psychologe Karl Groos 1899 über die Geschichte des Schach: »So waren ursprünglich in Arabien die Läufer durch Elefanten dargestellt und bedeuteten Festungen – sie hatten also die Aufgabe unserer Türme, an deren Stelle damals die [...] Heerführer standen. Aber als das Abbild des Kampfes hat es immer gegolten und wird auch schon in einem alten arabischen Manuskript ausdrücklich als solches aufgefasst.«[68] Schach zeigte auf der einen Seite den Krieg. Da schien es auf der anderen Seite nahezuliegen, auch den Krieg selbst als Schachspiel zu deuten.

Die Idee, eine Landkarte sei dem Schachbrett ähnlich und Armeen ähnelten den Spielfiguren, ist gewiss viel älter. Nicht von ungefähr wird das Ausbrüten und Erproben von Strategien über dem Kartentisch als militärisches Plan*spiel* bezeichnet. Unter anderem hatte der Mathematiker Johann Hellwig 1780 in Braunschweig ein großes

Strategiespiel entworfen, das dem Schach ähnlich, aber taktisch anspruchsvoller war. Komplexe Manöver sollte es simulieren und zur Ausbildung des militärischen Nachwuchses dienen. »Das Kriegsspiel ist die Durchführung von Gefechten auf dem Plane mit Hilfe von beweglichen Truppenzeichen«, definierte ein preußischer Offizier solche Planspiele im Jahr 1873. Er meinte, das Spiel müsse man in Zukunft als Bildungsmittel in der Armee einsetzen. Denn dadurch schule der Offizier den Geist. Man erkunde das Terrain auf dem Brett und finde Lösungen für komplexe taktische Probleme. An Militärschulen eingesetzt, würden Kriegsspiele helfen, »den Schülern ein Bild des Gefechts zu verschaffen«.[69] Bis heute haben viele Menschen, wenn sie an Militärs denken, die vor ihren Kartentischen stehen und brüten, eine Art Spiel vor Augen. Rudolf Presber, ein gefeierter Schriftsteller, berichtete in einem seiner Romane, der im Ersten Weltkrieg gut verkauft wurde: »Ich habe den jungen Heerführer in der gedämpften Lampenbeleuchtung seiner Villa mit seinem Stabschef und seinen Offizieren vor den Karten gesehen, als eben von der Front neue Meldungen gekommen waren. Ruhig, kühl wägend und ohne Eile redend, als spielten die Herren in den sauberen, unbestaubten Uniformen ein Brettspiel, standen sie – alle noch in der Vollkraft ihrer Jahre, alle vom Sport gestählt, von den Strapazen des Feldzuges ungebeugt – vor den bunten Blättern. Und der kurze Ruck eines Fingers, der Platzwechsel einer kleinen Nadel bedeutet vielleicht für Hunderte, Tausende einen Befehl, eine wichtige Entscheidung, die in der nächsten Minute der elektrische Funke hinausträgt bis in die vordersten Gräben.«[70] Die Vorstellung vom Krieg als Schachspiel fand in der Zeit des Weltkriegs weite Verbreitung in der Bevölkerung. Die Planspiele der Militärs waren sicherlich zu komplex, um sie im Detail zu verstehen. Jeder wusste aber, wie ein Schachbrett aussah. Menschen kamen auf die Idee, reale Truppen bewegten sich wie Figuren auf dem Spielfeld.

Dazu trug auch Emanuel Lasker bei, ein hofierter Star der internationalen Schachszene. Über dessen Lebensweg wird später in anderem Zusammenhang mehr zu erzählen sein. Lasker, der 1908 den Weltmeistertitel errungen hatte, war sich im Herbst 1914 sicher, der Krieg sei für die Mittelmächte schnell zu gewinnen. Vom Überschwang patriotischer Gefühle ließ er sich blenden: »Wenn ein Schachspieler die Position betrachtet, die die Österreicher jetzt gegen die Russen einnehmen, so muss er lebhafte Freude fühlen«, meinte er in einem Artikel, der in deutschen Zeitungen erschien: »Das ist ein wundervoller Aufmarsch«, schrieb er über die Ostfront, »gleich geschickt zum Angriff wie zur Defensive. Die Mitte des russischen Kriegstheaters ist nun beherrscht von den Deutschen und Österreichern, und der Schachspieler weiß, was das heißt. Mögen die Russen nur immer neue Heeresmassen in die Ecken und Franzen des Kriegsschachbrettes senden! […] Der deutsche Gegenstoß geht ins Zentrum.« Dort würden die russischen Festungen schnell fallen, glaubte der Schachweltmeister. Danach sei das russische Heer vom Rückweg abgeschnitten, eingekesselt, dann könnten die Deutschen die Russen niederwerfen. An der Ostfront hatte der Krieg tatsächlich noch eine mobile Seite, im Gegensatz zur Lage im Westen. Dort war der Vorstoß der Truppen über Belgien auf Paris bereits ins Stocken geraten. Die Soldaten gruben sich ein, der Stellungskrieg im blutigen Dreck mit Millionen Toten nahm seinen Anfang. Aus Sicht Laskers kein Grund zur Verzweiflung: »Jetzt kann die Beschießung der Forts von Verdun eingeleitet und mit Kraft durchgeführt werden. Der Krieg geht jetzt in eine zweite Phase, wie eine Schachpartie zweier Meister, in der Weiß zunächst vorgedrungen war und einen Bauern gewonnen hatte, worauf dann der Rückstoß gekommen war, der den König bedrohte, aber abgeschlagen ward. Wie in dieser hypothetischen Schachpartie, die so oder sehr ähnlich schon Millionen Mal gespielt worden ist, steht's nun auf dem Kampfplatz. […] Wie die Operationen im Schach sich häufig um einen Bauern drehen, den der Angreifer fixiert hat, so handelt es sich jetzt um die Besatzung von Verdun, die bereits von den Deutschen eingeschlossen ist. Verdun ist zunächst viel wichtiger als Paris. Hei, wird das ein Tag sein, wo es heißen wird, Verdun ist gefallen.«[71] Das hochgerüstete Fort bei Verdun fiel aber nicht. Der Krieg ist kein Schachspiel und das Schlachtfeld kein Spielbrett. Eine Analogie, wie sie Schachweltmeister Lasker – ein sonst vielseitig begabter Mann –

im Übermut der Kriegsbegeisterung zog, ist ein Zynismus gegenüber den Sterbenden. In der Materialschlacht um die Festung Verdun, die am 21. Februar 1916 begann und fast ein Jahr dauerte, ließen rund zweieinhalb Millionen Soldaten ihr Leben. Die »Blutmühle Verdun« ist Symbol des sinnlosen Massensterbens geworden.

Emanuel Laskers Vergleich mutet wohl auch deshalb so merkwürdig an, weil Schach den modernen Krieg eben doch nicht abbilden kann. Auf dem Brett gibt es kein Giftgas und keine Maschinengewehre auf hohen Festungsgürteln, deren Salven die vorwärtsstürmenden Soldaten niedermähen; keine Artillerie in der Ferne, die aus dem Nichts unvorhersehbare Vernichtung bringt; da gibt es keinen König in einem Zelt irgendwo an der Front, den man durch einen geschickten Zug mal eben gefangen nehmen und auf diese Weise den Krieg vorzeitig entscheiden könnte. Das Schachbrett symbolisierte vielleicht annähernd den Krieg des Mittelalters oder der frühen Neuzeit. Seitdem hatte die Technik jedoch das Wesen der Kriegsführung völlig gewandelt. Dieser neue Krieg, der die Staaten Europas ins Mark traf, besaß keinen Vergleich und kein Vorbild auf irgendeinem Spielbrett. Nach Meinung der Spiele-Erfinder war es daher durchaus naheliegend, das berühmte Schachbrett den veränderten Umständen anzupassen. Zahlreiche Varianten und militärische Brettspiele, deren Regeln dem Schach entlehnt waren, kamen seit Kriegsbeginn auf den Markt; es handelte sich nicht um komplexe Planspiele, wie sie in militärischen Kreisen üblich waren, sondern um Versuche, das Schachspiel als Unterhaltungsprodukt für die breite Bevölkerung zu erneuern.

Zu den erfolgreichsten Produkten zählte das »Kriegsschach«, das 1915 veröffentlicht wurde. Das Spielbrett blieb dasselbe, aber die Figuren waren an die Materialschlachten des Weltkriegs angepasst. Sie verfügten jetzt über einen Angriffs- und Verteidigungswert; deren Stärke war dem Gegenspieler zu Beginn einer Partie nur annäherungsweise bekannt, der genaue Wert musste im Verlauf des Spiels erst ausgespäht werden. Eine Figur konnte also nicht einfach durch geschickte Spielzüge vom Feld geschlagen werden, sondern musste in zähem Ringen und durch Beschuss erst niedergekämpft werden.

Die Bauern als Soldaten gab es noch, auch die Kavallerie, aber Kriegsschiffe, Flieger und massive Artilleriegeschütze statt der Türme und Läufer.[72] Dieses Kriegsspiel blieb nicht das einzige seiner Art.

Ein kurioser Fall, mehr Spielzeug als Brettspiel, trug den Namen »Artilla« und stammte von einem Hersteller aus Dresden. Es war zwar etwas zu aufwendig und zu teuer, um in der Kriegszeit ein Publikumserfolg zu werden, aber es wurde hoch gelobt. Auch hier wurden moderne Armeen auf einer Art Schachbrett in Stellung gebracht. Das Setting war der Belagerung von Namur nachempfunden, einer belgischen Festung, die als uneinnehmbar galt, aber im August 1914 binnen drei Tagen in deutsche Hand gefallen war. Rund 50 000 Kriegsgefangene machte das kaiserliche Heer.

Über Sieg oder Niederlage entschieden bei »Artilla« nicht ausgeklügelte Spielzüge auf dem Spielbrett, sondern zwei Miniaturgeschütze, welche die Kontrahenten bedienten: »Wie beim Schach stehen sich zwei Heere auf je einem Schlachtfelde gegenüber. Vorn ist die Schützenlinie und Maschinengewehrabteilung nebst Fahnenträger. In beiden Flanken hat die Kavallerie und im Zentrum die Artillerie Aufstellung genommen, dahinter der General mit seinem Stabe. [...] Aber nicht durch ein bloßes Rücken der Figuren wie beim Schach wird der Gegner kampfunfähig gemacht, sondern bei ›Artilla‹ wird der Kampf durch zwei Geschütze entschieden. Es gilt durch einen wohlgezielten Schuss den gegnerischen General zu treffen und dadurch die Partie zu gewinnen. Doch das ist nicht allzu leicht; denn der General wird durch die vor ihm stehenden Truppen geschützt. Nach jedem Fehlschuss darf der Gegner [...] in die Lücken rücken und dadurch den bedrohten General vor dem Granatfeuer schützen, so dass oft erst nach 12 bis 20 Minuten das Gefecht gewonnen wird. Von Schuss zu Schuss steigert sich bei Spielern und Zuschauern die Spannung, und jede gewonnene Schlacht fordert natürlich den Gegner zu einem neuen Kampf heraus.«[73]

Spiele und Spielzeug können einen Reiz ausüben, indem sie ihrer Gegenwart wie ein Spiegel sind. Sie thematisieren, was es an Neuem in der Welt gibt. Und sie zeigen jene Dinge, die den Alltag der Menschen prägen; selbst wenn es sich um den Alltag des Tötens und Sterbens handelt. Kunden und Spieler verlangen nach solchen Innovationen. Die Modelleisenbahn beispielsweise wäre kaum vorstellbar, ohne dass Lokomotiven und Waggons sich im Lauf der Zeit technisch verändern. Es gibt zwar Nostalgiker unter den Spielern, die stets das Altbekannte bevorzugen. Normalerweise sind sie aber in der Minderheit.

Gleichzeitig gibt es aber Spiele, die sich im Lauf der Zeit fast zur Kunstform oder auch zum Sport entwickelt haben. In diesen Fällen wird auf Traditionen besonders beharrt und den Moden der Zeit eine Absage erteilt. Das Schachspiel gehört in diese Liga von Spielen, die mit bürgerlichen Traditions- und Wertvorstellungen eng verbunden sind. Keine Schachvariante hat deshalb das herkömmliche Schachbrett bislang verdrängen oder ihm Rang und Bedeutung streitig machen können. Versuche hat es immer gegeben. Zu Anfang des 20. Jahrhunderts hatte zum Beispiel eine Variante für viel Spott gesorgt, die versuchte, das Spiel in drei Dimensionen – mit Zügen nach oben und unten – zu ermöglichen.[74] Das »Raumschach«, das es noch heute gibt, blieb eine Kuriosität für Experten. Mit dem Kriegsschach in seinen diversen Varianten verhielt es sich kaum anders. Im Ersten Weltkrieg durchaus nachgefragt, kam es danach schnell wieder aus der Mode.

Im Zweiten Weltkrieg folgte ein Wehrschach, das »Tak-Tik« hieß und große Verbreitung fand. 1938 brachte es, mit Förderung der Wehrmacht, der Berliner Spiele-Verleger Bernhard Lehnert heraus. Etwa 20 000 Exemplare, angeblich noch weit mehr, sollen verkauft worden sein. Gespielt wurde es vor allem auch in nationalsozialistischen Organisationen. Turniere wurden ausgerichtet, Lehrbücher herausgebracht. »Die Regeln sind sehr einfach und klar, wie alles, was mit militärischen Dingen zu tun hat«, hieß es über das neue Brettspiel: »Schon nach wenigen Zügen – in Tausenden von Kombinationsmöglichkeiten – sind die Operationen in vollem Gange, tobt unhörbar der Kampf der Waffen und des Geistes. Die tausendfachen Möglichkeiten der Lösung strategischer und taktischer Aufgaben gewähren eine wertvolle und spannende Geistesschulung und stellen einen wichtigen Beitrag zur Förderung der deutschen Wehrerziehung dar.«[75] Das Wehrschach sollte bevorzugt von Soldaten gespielt werden. Abermals veränderten sich die Figuren und diesmal auch das Spielbrett: Linien, quer über das Feld gezogen, sollen Flüsse und Festungsgürtel abbilden, die den Vormarsch der Truppen bremsen und behindern. Die Schachfiguren sind zu politischen Symbolen der Zeit geworden: Der König ist dem Reichsadler des NS-Staats gewichen, das Arsenal besteht aus Infanterie, Panzern, Lastwagen, Fliegern. In späteren Jahren kam angeblich die vermeintliche Wunderwaffe, die V2-Rakete, welche die Niederlage des Dritten Reiches noch abwenden sollte, auf dem Spielbrett zum Einsatz.[76]

Der Krieg zuhause

Kriegsspiele sind in erster Linie Spiele, die in der Heimat gespielt werden. Die Soldaten vertreiben die Angst vor dem Tod beim Skat und anderen Kartenspielen, vielleicht einem »Mensch ärgere Dich nicht« oder einer Partie Schach. Eher selten vergnügen sie sich mit den Kampfspielen, weil sie vom Tod mehr als ausreichend sehen und wissen. Zuhause liegt der Fall anders. Dort fiebert man mit, verfolgt die geschönten Nachrichten über das Frontgeschehen, ist vielleicht sogar traurig, nicht vor Ort zu sein und Dienst für das Vaterland zu leisten. Die älteren Menschen sitzen im Café oder draußen in der warmen Sonne, beraten mit der Klugheit der Amateure die Strategien der Feldherren, spielen eine Partie Schach oder Karten. Ironisch machte das der Antikriegs-Film ›Im Westen nichts Neues‹ in einer kurzen Szene zum Thema. 1930 kam der Film auf Basis des gleichnamigen Romans von Erich Maria Remarque in die Kinos und erzürnte die Nationalisten, weil die Heldentaten des Weltkriegs durch Pazifismus besudelt würden. Die Hauptfigur, der Soldat Paul Bäumer, der jeder Illusion vom guten Krieg beraubt ist, kehrt nach Verwundung und einem Lazarettaufenthalt in die kleine Heimatstadt zurück. Sein Fronturlaub wird zum surrealen Erlebnis; die provinzielle Ruhe ist ihm fremd geworden, seine eigentliche Heimat nun der Schützengraben, seine neue Familie die Kameraden in der Armee. Im Garten eines Cafés trifft der junge Mann auf einige Freunde seines Vaters – Männer, die zu alt zum Kämpfen sind, sich aber wieder jung fühlen, sobald sie von Heldentaten träumen und spielen. In der Sonne sitzen diese alten Herren über ihrem Schachbrett, grübeln über die klügsten Züge, beraten wie nebenher das Kriegsgeschehen. Bäumer unterhält sich kurz mit ihnen, merkt aber schnell, dass sie vom harten Soldatenleben nichts wissen. Nur von Zügen und großen Plänen können sie daherreden, als wäre der Krieg ein Spiel. Auch andernorts ist es in der Heimat ähnlich. Trotz allen Grauens will Soldat Bäumer zurück zur Front. Nur dort, bei den Kameraden im Schützengraben, ist er unter seinesgleichen.

Den älteren und jüngeren Hobby-Feldherren boten die Brettspiele dieser Zeit eine Möglichkeit, den Krieg aus der Ferne mitzuerleben, ja ihn sogar selbst zu führen und zu gewinnen. Zahlreiche Spiele kamen auf den Markt, die dieses Bedürfnis befriedigten. »Die patriotische Empfindung unserer Tage«, meinte man in Kreisen der Spielwaren-Branche, »gibt reichlich Gelegenheit, an die findige Fabrikanten und Händler anknüpfen können. Auch mittelst Spielzeugen den Kindern die Entwicklung der nächsten Ereignisse einzuprägen, ihnen nationalen, aufrechten, vaterländischen Geist einzuimpfen, all das sind in jeder Hinsicht dankbare Betätigungsfelder.«[77] Mit Patriotismus und Vaterlandsliebe ließ sich Geld verdienen; was für die Industrie umso wichtiger wurde, weil der Export ins Ausland wegbrach.[78]

Der bevorzugte Kriegsschauplatz im Spiel war zunächst der Osten. Dort gab es etwas zu gewinnen, anfangs von Siegen zu berichten, während im Westen jeder Sturmangriff schon bald im Trommelfeuer und Granathagel des Stellungskriegs stecken blieb. Mit »Ubra« – das hieß: Umzinglung-Besiegung Russischer Armeen – sollte man auf einer Landkarte den tiefen Spuren des Generals Paul von Hindenburg folgen, der bei Tannenberg in Ostpreußen im August 1914 der russischen Armee eine schmerzhafte Niederlage bereitet hatte; der Sieg, zum Mythos verklärt, begründete Hindenburgs politischen Aufstieg bis hin zum Reichspräsidenten der Weimarer Republik. Das Brettspiel zu seinen Ehren, das im Kriegssommer 1915 erschien, bot taktische Wendungen: vom Durchbruch des Heeres durch Lücken, über die Einnahme von Festungen und Städten bis hin zur Einkreisung und Vernichtung des Feindes.[79] Das Schlachtengetümmel von Ungarn über Polen bis Ostpreußen wollte auch das Strategiespiel »Der Kampf gegen Russland« nachstellen, das ebenfalls 1915 erschien. Die Verpackung zeigte Kaiser Wilhelm II. beim freundlichen Handschlag mit dem Habsburgermonarch Franz Josef, dem österreichischen Verbündeten. Das Regelblatt erklärte zur Einführung: »Am 1. August 1914 erging nun an das deutsche Volk die Mobilmachung. Begeisterung und Kampfesmut vereinte Deutschland und Österreich zum Kampfe, und ungezählte Heere [....] zogen hinaus gegen die heimtückischen Feinde.« In die undankbare Rolle des russischen Befehlshabers sollte einer der Spieler aber doch schlüpfen. Gleichen Namens war ein weiteres Taktikspiel, das ein Jahr später auf den Markt kam. Die aufwendig bunt bemalte Landkarte ist dieses Mal allerdings fiktiv. Zwei Felder mit Wäldern am Rand, getrennt durch einen Fluss, bilden den Schauplatz des hitzigen Gefechts. Deutsche und Ungarn kämpfen hier mit Kavallerie, Infanterie und Geschützen, die von Pferden durch den Morast gezogen werden, gegen den russischen Feind. Das unerbittliche Kampfgetümmel kam höchst anschaulich daher: Nicht nur Projektile jeder Größe feuerte man in der Fantasie auf den Feind, man machte auch Gefangene oder konnte die gegnerischen Soldaten, waren sie an richtiger Stelle eingekesselt, im reißenden Fluss ertränken. Weniger präsent waren Brettspiele, die das fürchterliche Gemetzel des Stellungskriegs im Westen zum Thema machten. Georg Zöllner, damals eine recht bekannte Spielefabrik in Sachsen, brachte im Jahr 1916 »Schützengraben-Kämpfe« auf den Markt, ein Brettspiel, welches das »Hin- und Herwogen der Kämpfe, die Eroberung einzelner Stellungen durch den Feind und seine Wiedereroberung [...] und schließlich den spannenden Endkampf [...] fast der Wirklichkeit entsprechend« wiedergab.[80] Nur mit Blut und Leichenteilen spielten die Kontrahenten nicht, will man ergänzen.

Neben den Kriegsspielen zu Land stießen vor allem Spiele zur See und entsprechendes Spielzeug bei jungen Menschen auf Begeisterung. Modelle von Kriegsschiffen und U-Booten gab es nach Kriegsbeginn in Massen zu kaufen. Allerlei Brettspiele hatten den Seekrieg zum Thema. Als berühmtestes Spiel gilt »Schiffe versenken«, das mutmaßlich aus dem Ende des 19. Jahrhunderts stammt und eigentlich mit Stift und Papier gespielt wird. Wo die Flotte des Gegners sich aufhält, kann man nur ahnen. Salven werden abgefeuert, die entweder treffen oder ins Leere gehen. Ein Schiff nach dem anderen versinkt; wer die gesamte Feindflotte am Ende geortet und vernichtet hat, erringt den Sieg. Was sich bloß auf dem Papier mit Hilfe von Bleistiftpunkten abspielt, übertrugen im Ersten Weltkrieg die Spiele-Verleger auf bunte Spielfelder. Im Prinzip funktionierten sie ähnlich wie der Klassiker. Oder sie wurden dem Schachspiel angelehnt. Wie zu Land zog man in Manövern die Flotten über die Spielfelder, schoss aus allen Rohren, versenkte den Gegner. Die Rollen von Gut und Böse waren nicht durchweg klar verteilt. Wie im »Deutsch-Englischen Seekrieg«, als Brettspiel für Familien 1915 erschienen, oder im »Seekrieg-Spiel«, das 1916 eine »wirkliche Schlacht mit Durchbruch und Umgehung« darstellte, übernahm einer der Spieler die Führung der britischen Marine. Es konnte hier also, was doch erstaunlich ist, sogar die deutsche Flotte in der Nordsee versenkt werden. Einen Reiz übten diese Gesellschaftsspiele wohl auch deshalb aus, weil große Schlachten auf See in der Realität eher selten waren. Eine erste Konfrontation im August 1914 vor der Insel Helgoland ging für die kaiserliche Marine verloren, fünf deutsche Schiffe mit mehr als 700 Matrosen versanken. In der gewaltigen Seeschlacht vor Jütland 1916 erreichten die Deutschen gerade so ein Unentschieden. Sonst lag die stolze Flotte in Wilhelmshaven vor Anker. Die hochgerüstete Kriegsmarine war zu wertvoll, um sie gegen die überlegene Royal Navy zu verheizen. Immerhin auf dem Spielbrett ließ sich vom gewaltigen Seekrieg träumen. Als die Flotte nach Kriegsende laut Versailler Friedensvertrag an die Siegermächte übergeben werden sollte, ließ Admiral Ludwig von Reuter sie am 21. Juni 1919 versenken. Der Stolz des Deutschen Kaiserreiches, sang- und klanglos untergangen wie die Monarchie selbst.[81]

Ansatzweise beherrschen ließ sich das Geschehen auf See nur mit Hilfe der U-Boote. Sie revolutionierten den Seekrieg. »Von allen Schiffen sind die Unterseeboote die gesuchtesten«, hieß es über das neueste Spielzeug für Kinder: »Lässt man sie im Waschtrog oder in der Badewanne ihre Fahrt antreten, dann tauchen sie wie ein richtiges ›U 9‹ unter und nur ihr ›Auge‹ bleibt über der Wasserfläche sichtbar.«[82] Es gab sie als Schwimmspielzeug für die Badewanne, auch als Scherzartikel in Streichholzschachteln oder als wuchtige Metallkonstruktionen, die man zusammenbaute. Für die deutsche Kriegführung fiel ihnen in der Realität erhebliche Bedeutung zu. Zum einen sollte die britische Handelsblockade in der Nordsee von unter Wasser aus torpediert, zum zweiten der Nachschub, den das britische Weltreich aus seinen Kolonien und von Übersee bezog, geschwächt werden. Tief abtauchen konnten die U-Boote damals noch nicht; hatte man ein feindliches Handelsschiff gestellt, tauchte das Boot aus den Wellen auf und schoss meist mit der Bordkanone auf den Gegner. Weit weniger heldenhaft als der Krieg zu Land, denn man näherte sich dem Feind nicht mit offenem Visier, sondern lauerte getarnt auf Beute. Immerhin die Romantik eines modernen Raubrittertums bot der U-Boot-Krieg doch. Ein Spieleverleger, der erkannte, dass dieses Szenario Faszination genug barg, um es ins Spiel zu übertragen, schilderte einen Beutezug durch das Meer: »In den Anmarschstraßen südwestlich der Kanarischen Inseln lag eines unserer U-Boote untergetaucht […] auf Lauer nach feindlicher Beute. Seemöwen umkreisen neugierig und kreischend das ihnen unbekannte Periskop. Am Horizont zieht leichter Nebel auf, der sich nach einer Zeit zu einer Rauchwolke verdichtet. Langsam werden die Umrisse eines großen, tiefbeladenen Schiffes sichtbar, das […] von unserem inzwischen aufgetauchten U-Boot mit Artilleriefeuer empfangen wird. Der feindliche Dampfer geht sofort mit Gegenkurs flüchtig. Unmittelbar nimmt das U-Boot die Verfolgung auf, und in kurzer Zeit, bevor der Dampfer neuerdings die Torpedolaufbahn durchschneidet, geht der Torpedo ab. In wenigen Sekunden sinkt der feindliche Dampfer mit all seiner Ladung auf den Meeresboden.«[83] Das Brettspiel mit dem Namen »U-Boot-1000« erschien im Jahr 1917. Es stellte die Jagd auf die britischen Handelsschiffe im Atlantik und Mittelmeer nach. Es gab Spiele ähnlicher Art, natürlich auch später im Zweiten Weltkrieg – mit Titeln wie »Wir fahren gegen England« oder »Volldampf voraus!«. Die Figuren zog man über Manöverkarten, Felder und entlang von Navigationslinien: »Alle Vorgänge, die sich auf hoher See [...] abwickeln, wie Lauern auf Beute, Torpedierungen, Verfolgung des Feindes, Rammen und Versenkungen« seien detailgetreu nachgestellt. Von ertrinkenden Menschen war nicht die Rede.[84]

Im Februar 1915 hatten die Deutschen den uneingeschränkten U-Boot-Krieg ausgerufen. Was vor die Periskope kam, sollte ohne Vorwarnung oder Kontrolle der Schiffsfracht versenkt werden. Am 7. Mai 1915 traf der Torpedo eines U-Bootes die »Lusitania« vor der irischen Küste – einen britischen Passagierdampfer, der in New York abgelegt hatte. Munitionskisten und Waffen befanden sich zwar an Bord, außerdem jedoch viele zivile Passagiere. Rund 1200 Menschen ertranken vor der Küste Irlands in eisiger See. Die Weltöffentlichkeit war schockiert, und die USA protestierten. Das Deutsche Reich sah sich gezwungen, den uneingeschränkten U-Boot-Krieg zunächst abzubrechen, um ihn schließlich mit neuer Intensität doch wiederaufzunehmen.

Ein auf den ersten Blick seltsames Brettspiel, das aber der Realität nachempfunden war, war zu Kriegsbeginn auf den Markt gekommen: »Von Deutschland nach Amerika mit unseren Handels-U-Booten« hieß das Laufspiel für bis zu sechs Personen. Es ging darum, mit U-Booten durch die Seeblockade der Royal Navy zu tauchen. Das Ziel war Nordamerika, wo man Waren für die Heimat einkaufte. Tatsächlich hat es ein solches Handelsboot gegeben – die »U-Deutschland« absolvierte zwei Fahrten – und Planungen, die Verbindung zu den eigenen Kolonien mittels Unterseebooten fortzuführen. Pläne und Spiel wurden jäh von der Realität überholt. Im April 1917 begründeten die Amerikaner ihren Kriegseintritt gegen die Mittelmächte mit der Rücksichtslosigkeit des deutschen U-Boot-Kriegs. Aus Sicht der Gegner Deutschlands war es ein Krieg der Niedertracht: »Sind nicht diese Unterseebote schon an sich selbst etwas unendlich Böses, das naturgemäß alles sinnlos überfallen und vernichten muss? Werden die Menschen von Dunkelheit und Hitze dort unten nicht vergiftet, nicht zu Wahnsinnigen, die jedes menschliche Empfinden verlieren?«, fragte der russische Schriftsteller Leonid Andrejew.[85]

Krieg, ein Kinderspiel

Die Hoffnungen auf schnellen Sieg schwanden allmählich. Verwandte und Söhne fielen an der Front, die Zeitungen druckten immer häufiger Todesanzeigen, die mehr und mehr Seiten füllten. Gerade Kinder jedoch konnten weiterhin in ihren Illusionen träumen; vom Heldentum berauscht, von den prächtigen Uniformen der Soldaten entzückt. Der Krieg fand nach 1914 nicht nur irgendwo in der Ferne auf dem Territorium des Feindes statt, sondern als Spiel mitten in Deutschland: »Alle sind an diesem Ringen beteiligt«, hieß es in einer Zeitung 1914, und »die Kinder wissen: Es gilt unser Volk, unser Dasein. Vorläufig können Kinder nicht selber mittun; sie werden aber im Spiel die Wirklichkeit, die auch ihnen einmal beschieden sein wird, vorwegnehmen.«[86] Tatsächlich waren die Zeitungen dieser Jahre voll mit den Berichten über die Kriegsspiele der Jüngsten, die meist in Gruppen mit Spielzeugwaffen einander bekämpften: »Kriegsspiel herrscht jetzt auch auf den Straßen und Plätzen und vor der Stadt bei der Jugend, und wie immer ist es nicht gerade leicht, für die ›Feinde‹ genügend Mannschaften zu gewinnen, obwohl ohne Freund und Feind nicht gut eine Schlacht geschlagen werden kann. [...] Will schon keiner recht Franzose sein, so mag er in der Russenhaut schon gar nicht stecken. Am stärksten ist aber der kindliche Groll gerade so wie bei den Erwachsenen gegen die Engländer. Denen wird kein Pardon gegeben, heißt es, die werden nicht bloß gebrochen, sondern vernichtet. Mutter hat in diesen Tagen wohl manche Jacke zu flicken, die Bengel bekommen ihren gehörigen Anschnauzer, aber am nächsten Tage geht die Strategie von neuem los.«[87] Einige nationale Organisationen wie der Jungdeutschland-Bund organisierten darüber hinaus riesige Geländespiele, die das Kriegsgetümmel ohne Blutverlust nachstellten, mit zum Teil mehreren Tausend jugendlichen Teilnehmern. Man kämpfte auf Äckern und Feldern, eroberte Straßenzüge oder ganze Dörfer. »Ich habe nie stolzere Jungen gesehen«, berichtete ein Augenzeuge im Jahr 1915 über einen gewonnenen Fantasiefeldzug in einem Hamburger Stadtteil.[88]

Schon lange vor Kriegsbeginn hatte das Militär bei deutschen Familien hoch im Kurs gestanden, weil das Kaiserreich eine waffenstarrende Gesellschaft war. Militärische Rüstung schien damals gleichbedeutend mit politischem Prestige. Kaiser Wilhelm II. sah in der Marine, wenn man den Vergleich ziehen will, das wichtigste Spielzeug seines Staates. Die Flotte war wie das Heer seit 1874 kontinuierlich hochgerüstet worden, ohne jede Rücksicht auf die imperialen Befindlichkeiten der alten Seemacht Großbritannien oder anderer Großmächte. Im Kaiserreich war es Mode geworden, Kinder in Uniformen zu stecken, vor allem in die blauen Matrosenanzüge und -kleider. Über Jahrzehnte hinweg bestimmte das Marineblau die Kleidung der Kinder. Jungs gingen als Matrose zur Schule, träumten sich als Admiral der Marine in die zukünftige Karriere auf hoher See. Im Weltkrieg kamen die feldgrauen Armeeuniformen massenhaft hinzu mit dem entsprechenden Zubehör: Säbel, Helme, Pistolengürtel, Spielzeugpistolen und -gewehre.

Rudolf Grossmann, ein Maler und Grafiker aus Freiburg, versetzte das Kriegsspiel von Berliner Kindern in eine romantische Kulisse: Im eisigen Kriegswinter 1915, die Bäume sind kahl und die Wiesen schneebedeckt, treffen sich die Kinder wie jedes Jahr am zugefrorenen See. Einige laufen Schlittschuh wie üblich. Andere haben in diesem Jahr allerdings Pickelhauben auf ihren kleinen Köpfen, auch Gewehre in den Händen und Ranzen auf den Rücken geschnallt. Ein Mädchen im Vordergrund schwingt die riesige Deutschlandfahne. Rudolf Grossmann porträtierte in seinen Zeichnungen mit Vorliebe proletarische Kinder, die Kriegsspiele ließen sich nun aber überall beobachten. Der Kunstkritiker Karl Scheffler, dessen Kritiken damals

Gewicht besaßen, meinte über Grossmanns Porträts: »Es gibt jetzt in allen Städten Deutschlands für unsere Kinder ja nur dieses eine Spiel. Auf allen Gassen marschieren die Kinder in Kolonnen, mit Fahnen und Gewehren; auf jedem stillen Plätzchen stürmen und kämpfen sie und erfüllen die Luft mit ihrem jungen fröhlichen Gelärm. Wer ihnen aufmerksam zusieht, erkennt bald, dass es sich in ihren Spielen keineswegs nur um Nachahmung handelt und um etwas Zeitweiliges; man erkennt vielmehr, dass in diesen kindlichen Spielen schon der Ernst des Alters leise verborgen ist und dass der Knabe in seinem primitiven Soldatentum die künftige Bestimmung des Mannes ahnt.«[89]

Der Psychologe Fritz Giese schilderte 1922, was er damals gesehen und bestaunt hatte: Aufmarschieren der Jüngsten in Reih und Glied, viele Kinderuniformen, sogar Gasmasken im zarten Kindergesicht. Zudem hatte er ein merkwürdiges Rollenspiel noch genau vor Augen: Die Kinder schlüpften in die Rolle verwundeter Soldaten oder trugen ihre Kameraden auf kleinen Holzbahren umher und verarzteten einander.[90] »Rührend ist es anzusehen«, meinte eine Lehrerin, »wie unsere kleinen Mädchen sich als Krankenschwestern in diese Kriegsspiele einreihen, wie sie mit ihrem aufgenähten roten Kreuze und einer Armbinde, das Taschentuch geschickt, der Tracht ähnlich, aufgesteckt, emsig ihre Samariterdienste versehen. Wie sie aufopferungsvoll hier und da alle möglichen Verbände und kalte Kompressen machen, den Puls anfühlen und aufmerksam den Thermometer in die Achselhöhle legen, der natürlich irgendein beliebiger Stock ist.«[91] Solches Kriegsspiel erforderte die passende Ausrüstung. Hersteller des Spielzeugfachs fertigten für Kinder ein riesiges Arsenal an Waffen. Hatte man den Spielkameraden im Fantasiekrieg vernichtend geschlagen, heftete man sich zum Beispiel kleine Spielzeug-Orden an die Brust. Soldat Wolfgang Panzer, der wegen seines fehlenden Skat-Talents schon erwähnt wurde, erhielt im Februar 1915 einen Brief aus der Heimat: »Meine zwei kleinen Buben Otto und Erich spielen fleißig Soldaten«, schreibt darin die Verwandte an einen Mann, der zur gleichen Zeit im Schützengraben um sein Leben kämpft: »Sie haben natürlich zu Weihnachten eine Festung mit Kanone und Zinnsoldaten bekommen, dazu Helm, Gewehr, Säbel, Fahne, Trommel und Trompete, so dass es in unserer kleinen Wohnung auch oft ein großes Schlachtengetöse gibt.«[92]

Das Spiel mit Krieg kann man als eine menschliche Konstante ansehen. Es hat das Spiel mit Gewalt und Konflikt sicherlich schon zu allen Zeiten gegeben. Auch die Grenze, die zwischen sportlichem Wettkampf und Kriegsspiel üblicherweise gezogen wird, ist in Wahrheit fließend. Darauf wies der Psychologe Karl Groos bereits hin. Man kann es leicht daran erkennen, dass Waffen in vielerlei Hinsicht zugleich Spielzeug und Sportgeräte sind. In vielen Disziplinen des Sports wird das sofort ersichtlich: Speer- und Hammerwerfen, Bogenschießen oder Fechten.[93] Der streitbare Vater der Turnerbewegung in Deutschland, Friedrich Ludwig Jahn, meinte schon im Jahr 1810: »Erst wenn alle wehrbare Mannschaft durch Leibesübungen waffenfähig geworden, streitbar durch Waffenübungen, schlagfertig durch erneuerte Kriegsspiele und […] kriegskühn durch Vaterlandsliebe – kann ein solches Volk ein wehrhaftes heißen.«[94] Der spielerische Umgang mit Krieg, stets an der Grenze zum Ernst, ist der Gegenwart nicht weniger fremd. Herkömmliche und ältere Kinderspiele wie Cowboy-gegen-Indianer oder Räuber-gegen-Gendarm sind zwar in Verruf geraten, aber Kampf als Spielinhalt ist heute in den virtuellen Raum der digitalen Spielwelten ausgewichen und dort bis ins Explizite weiterhin existent. Das Phänomen menschlichen Spielens scheint unvollkommen beschrieben, würde man über die Gewalt- und Kriegsspiele schweigen. Je mehr ein Mensch heranwachse, befand Spielforscher Karl Groos an der Wende zum 20. Jahrhundert, desto gewalttätiger zeigten sich seine Spiele: »Der reine Scheinkampf, das harmlose Messen der Kräfte genügt nicht mehr, der Jüngling will zeigen, dass er auch mit der Gefahr zu spielen vermag, er nimmt ein herausforderndes […] Wesen an und erblickt in jedem Altersgenossen einen Rivalen.«[95] Ähnlich wie in der Tierwelt, meinte Groos, besitze das Kriegsspiel der Menschen zwei Funktionen: Es diene Männern zum Messen ihrer Kräfte und der erotischen Werbung gegenüber dem anderen Geschlecht. Wissenschaftlern fiel auf, dass Spiele, selbst wenn sie nicht offen gewalttätig waren, doch den Krieg zumindest abstrakt thematisierten: Man eroberte Burgen oder Punkte auf einem Feld, unterschied immer in Freund und Feind, bewarf sich mit Bällen, maß beim Tauziehen die Stärke der Gruppe. Selbst bei den Mädchen schien man solche Spiele beobachten zu können.[96]

Pädagogen vermuteten, dass das Spiel mit Konflikt und Gewalt in der Natur des Menschen verwurzelt sei. Das Kleinkind zum Beispiel tötet Insekten im Spiel, zerquetscht sie gnadenlos und vernichtet damit das Leben. Destruktive Energien kommen außerdem als Spiel zur Entfaltung, im sorglosen Umgang mit Feuer oder beim Streit um ein Spielzeug. Der Mensch sei eben ein grausames Wesen und die Grausamkeit daher ebenso ein Merkmal des menschlichen Spiels. Wie aber damit umgehen? Dieses Tun sei notwendig, glaubten nun manche, besonders für Knaben, damit sie einen Eindruck von der ernsten Welt der Erwachsenen erhielten. Die Jungs schlüpften, befand Jan-Daniel Georgens, ein Pädagoge des 19. Jahrhunderts, in die Rollen von Rittern und Knappen, sie spielten Belagerung oder das Erstürmen einer Festung. Auf diese Weise bekamen sie ein wichtiges »Vorgefühl ihres einstigen Kampfmutes und ihrer Siegestriumphe. Spielmittel, welche diesem Spielbedürfnisse genügen, sind unentbehrlich in einem fröhlich durchlebten Jugendalter, denn mit dem kindlichen Soldatenspielen, Marschieren, Trommeln und Exerzieren beginnt eine Kette von Spielen ähnlicher Art«.[97] Nicht zuerst Strategie und Planung, Denken oder Kalkül, wie bei den erwachsenen Spielern, sei die Triebkraft des jugendlichen Kriegsspiels, konstatierte ein anderer Pädagoge. Es ging ihnen mehr um die körperliche Aktion an sich, um die Abfuhr von überschüssiger Energie. Die Jüngsten warfen sich in den Graben, um Deckung zu suchen, schossen mit Fantasiepatronen aufeinander oder rangen sich gegenseitig im Kampf zu Boden. Das Kriegsspiel schien also gleichbedeutend mit dem Sport und der körperlichen Ertüchtigung: »Im Spiel betätigen sich die menschlichen Kräfte und Instinkte in ihrer edelsten, weil freiesten Art. Im Spiel sollte der Kampftrieb, der jedem Menschen innewohnt, zur sinnvollen Wehr und Waffe gestaltet werden [….]. Verständigungsmittel, Marsch-, Patrouillen-, Vorpostendienst, Angriff, Verteidigung, Wald-, Nachtgefechte und vieles andere. Das Spiel könnte dann im besten Sinne soldatisch bildend wirken«, hieß es im Kriegsjahr 1916.[98]

Rund zwei Jahrzehnte später sollten die Nationalsozialisten diese Art des Kriegsspiels als sogenannten Wehrsport und Geländespiel zur Perfektion treiben. Millionen Kinder und Jugendliche mussten sich in den Dreißigerjahren in einer Mischung aus Spiel und militärischem Training für einen neuen Weltkrieg erproben. »Spiel ist nicht mehr das richtige Wort«, schrieb ein hoher Hitlerjugend-Funktionär: »Das Spiel wird immer schärfer. Was schadet es, wenn es mal ein paar blutige Beulen gibt? Nachher gibt man sich kameradschaftlich die Hand, aber das Spiel ist dann wirklich schön gewesen.«[99] Schon im Ersten Weltkrieg allerdings hatte die Polizei vielerorts eingreifen müssen, weil diese Kriegsspiele der Jüngsten oft zu eskalieren drohten und die Spielzeugwaffen mit der Zeit außerdem immer gefährlicher wurden – hatte man sich zu Beginn mit Holzgewehren, Spielzeugsäbeln und Papierhelmen begnügt, kamen bald Eisenstangen, Messer und Peitschen zum Einsatz. Die Verrohung des Spiels nahm zu, auch weil Kinder und Jugendliche kaum mehr beaufsichtigt werden konnten; viele Väter waren im Feld, während die Mütter in den Fabriken arbeiteten und die Kriegswirtschaft in Gang hielten.[100]

Kriegsspielzeug

Möglicherweise sollte man nicht zuerst danach fragen, ob das Gewaltspiel in den verschiedenen Formen gut oder schlecht ist, ob es in der Natur des Menschen liegt oder bloß sozial erlernt ist. Die Meinungen darüber gehen weit auseinander. Vielmehr hat das Umfeld, in dem Konflikt- und Kriegsspiele stattfinden, erhebliche Bedeutung.

Im Ersten Weltkrieg war die Gewalt nicht nur eine abstrakte Spielform. Karl Groos hatte Kampfspiele noch mit dem Hinweis gerechtfertigt, dass sie einer »harmlosen Entladung des gefährlichen Instinktes« überaus dienlich und damit sinnvoll seien.[101] Die Gewalt fand nun aber in der grausamen Wirklichkeit tatsächlich statt. Das Kriegsspiel erfüllte eine Funktion, die gerade deshalb Gefahren barg, weil es die Kinder zum realen Krieg erziehen sollte. »Unsere Kinderwelt trieb immer und überall lustiges Kriegsspiel. Wir wollen es den Kleinen nicht verargen, wenn für sie der Ernst des Lebens zum kindlichen Spiel wird«, schrieb etwa ein evangelischer Theologe.[102] Junge Menschen wurden in dieser Zeit ermutigt, in ihren Fantasien und spielerischen Illusionen am tatsächlichen Krieg teilzuhaben. Man gab ihnen eine Unmenge an Spielzeug an die Hand, damit sie sich für ebendiesen Krieg begeisterten: »Die Jugend will militärisch ausgerüstet sein«, verkündete eine Werbeanzeige, »und diesem Umstande wurde in jeder Beziehung Rechnung getragen. Etwas ganz Gutes ist die Schnellfeuerpistole ›Hindenburg‹.«[103] Und eine Firma aus Mittelsachsen warb für »Schützengräben, Deckungen, für liegend, kniend und stehend schießende Infanterie, für Kanonen und Mörser, brennende und niedergebrannte Häuser und alle zum Aufbau eines zeitgemäßen Krieges nötigen Artikel«, um damit »eine Schlacht und den Stellungskrieg aufzubauen«.[104] Wie die Materialschlachten an der Front jedoch in der Realität aussahen und was sie für die Soldaten bedeuteten, erklärte den jungen Menschen in dieser Zeit nahezu niemand. Eine Zeitung mahnte, die Verwundeten in den Lazaretten müssten es »als arge Belästigung empfinden, wenn sie bei ihrem Aufenthalt im Freien von Kindern […] stundenlang angestarrt werden«.[105] Die geschundenen Körper der Soldaten passten ja überhaupt nicht in das Bild, das die Jüngsten vom Heldentum an der Front hatten. Wie sollten sie wissen, was moderner Krieg in Wahrheit bedeutete?

Der Pädagoge Paul Hildebrandt, dem dumpf polternder Nationalismus sonst fremd war, hatte 1904 über alte Spielzeuge gesagt: »Von allen Spielen der Knaben ist seit altersher das Spiel mit kleinen Soldatenfiguren am Tische oder auch wohl auf der Erde das beliebteste; was für die Mädchen die Puppe ist, das ist für den Knaben der Soldat. […] Es sammelt sich dann im Laufe der Jahre Infanterie, Kavallerie und Artillerie in den verschiedensten Regimentern an, und das gibt dann eine herrliche Parade, zumal bei möglichst vielen Völkern, wie

Deutschen, Engländern, Franzosen, Italienern, Österreichern, Russen, Buren und Japanern. Welche Bündnisse können nicht geschlossen, welche großen Schlachten nicht geschlagen werden.«[106] In der griechischen und römischen Antike, auch im Mittelalter hatten Kinder mit Kriegsgerät aus Holz gespielt, wie Paul Hildebrandt anhand von Beispielen zeigte. Bekannte Größen der Politik oder Literatur wie Theodor Fontane oder Thomas Mann hatten in ihrer Jugend ebenfalls mit Soldatenfiguren gespielt. Der »kleine Vaterlandsverteidiger« lernte, wie Hildebrandt glaubte, dank der Zinn- und Bleisoldaten Mut und Tapferkeit, Ehre, Gerechtigkeit, sogar Liebe und Fürsorge: »Ja, unsere Kinder übertreffen jede Militärverwaltung an Liebe und Sorgsamkeit für die Soldaten, und so mancher wirkliche Soldat wird wohl, wenn Dienst und Behandlung ihm gar zu schwer und hart erscheinen, bei sich denken: Ach, wäre ich doch lieber ein Zinnsoldat.«[107] Das Inferno des Weltkriegs war nun aber alles andere als ehrenhaft oder gar eine Sache der »Liebe«. Mörderische Waffen kamen zum Einsatz: Flammenwerfer, die Menschen in Brand setzten; Giftgas, das zum Erstickungstod führte; Artillerie, die Körper zerfetzte und Menschen unter tonnenschweren Erdhaufen begrub. Das anonyme Massensterben widerlegte den verbreiteten Glauben, der Krieg sei eine ritterliche Angelegenheit.

In kriegerischen Zeiten bewirkt das Kriegsspiel unweigerlich die Verherrlichung des Krieges, weil es kein Korrektiv gibt; niemanden der sagt, was Krieg in Wahrheit bedeutet. Gewalt wird im Spielzeug verniedlicht. »Die jüngeren Kinder dürfen einfaches Spielzeug nicht vermissen«, hieß es zu Weihnachten 1914: »Baukästen, Spiele, gute Bücher, natürlich Bleisoldaten, Wehr und Waffen, den Mädchen doch auch Puppen; es wäre doch schrecklich traurig, wenn kein Kind eine Puppe bekommen sollte!«[108] Die Puppen für Mädchen trugen, genau wie die Zinn- und Bleisoldaten der Jungen, immer häufiger den feldgrauen Waffenrock; preußische Pickelhaube oder einfache Soldatenmütze, auch Gewehr mit Bajonett und Säbel. Die Königin der Puppenindustrie, Käthe Kruse, brachte kleine feldgraue Krieger mit niedlichen Gesichtern auf den Markt. Einige Figuren, die sie als

»Potsdamer Soldaten« vertrieb, rühmte eine Berliner Zeitung, weil sie dank beweglicher Arme und Beine jede Stellung zuließen, »die ein Mensch im Leben und Tode einnehmen kann«[109]. Die soldatischen Kruse-Püppchen wurden auch als Motiv auf Postkarten abgedruckt. Eine gängige Szene: Das kleine Puppenmädchen, das den Puppensoldaten, der an die Front ziehen muss, mit inniger Umarmung und Blumen verabschiedet. Die meisten Menschen hätten ihre harmlose Freude am Soldatentum verloren, meinte Käthe Kruse dann 1917. Diese Freude sei »ertränkt in dem Grauen des Krieges, erstickt in dem Mitgefühl mit dem Schicksal der Einzelnen. Aus der Freude an unserem Heer ist das Mitfühlen mit dem Individuum und die tiefe Dankbarkeit gegen jeden Einzelnen geworden. Und diesem Gefühl dienen meine kleinen Soldaten.«[110] Kruse setzte sich so gegen den Vorwurf zur Wehr, ihre Puppen verharmlosten den blutigen Alltag des Krieges. Auch das Unternehmen Steiff, eine bis heute weltbekannte Marke für Stofftiere, vertrieb in den Kriegsjahren ähnlich niedliche Soldaten aus Stoff oder Plüsch, die in der Reihe stramm marschierten, trommelten oder kleine Sanitäter in Uniform und mit Rettungshund.[111]

Die kleinen Mädchen sollten nicht länger nur Mutter-und-Kind oder angehende Erzieherin spielen, sondern die neuen und praktischen Aufgaben von Frauen im Kriegsalltag einüben: »Und natürlich tragen die Mädchen, wenn sie Krankenschwester spielen, auch selbst das Abzeichen des Roten Kreuzes und ein entsprechendes Kostüm. Sie verbinden große Soldatenpuppen; dem einen ihrer Pfleglinge erneuern sie am gebrochenen Bein den Verband, dem anderen schienen sie den verletzten Arm. Dann werden die Verwundeten gemeinsam mit dem Bruder, der bisher Liebesgaben in eine Feldpost packte, in ein Krankenautomobil getragen und weiter befördert«, erzählte mit bunter Fantasie damals ein Zeitungsbericht.[112] Und an anderer Stelle hieß es mit schon fast komischem Pathos: »Wie der Deutsche im Kriege liebenswürdig lachen kann, zeigen die reizenden [...] mit bezeichnenden Kriegsattributen bekleideten Puppenfigürchen – Handgemenge, Bundesbrüder, Schießtot, kleiner Sanitäter, Als ich Abschied nahm, Guckt, ein Flieger!«[113]

Die Feinde im Spiel

Der Verherrlichung von Gewalt und Krieg folgt die Entmenschlichung des Gegners auf dem Fuß. Zwanzig Jahre später perfektionierten die Nazis mit ihrem Rassismus und in ihrer völkischen Ideologie diese Propaganda, die den Gegner als Bestie und Feind der Menschheit erscheinen lässt. Während des Ersten Weltkriegs steckte das noch in den Anfängen. Es ist schon erwähnt worden: Auf Spielbrettern schlüpften die Spieler mitunter sogar in die Rolle der Feindmacht. Manche Kartenspiele zeigten die gegnerischen Heerführer. Bei einer österreichischen Version des »Schwarzen Peter« zog man eher harmlos-humorig über die Gegner her: Der russische Zar Nikolaus II. war abgebildet als Griesgram, der sich in seinem kaiserlichen Mantel ängstlich zu verstecken scheint; Raymond Poincaré, der Staatsführer der französischen Republik, erscheint als verwirrter Greis, der sich ohne Hilfe nicht mehr anständig einzukleiden weiß; Winston Churchill, britischer Minister und Lord der Admiralität, trägt einen seltsam bunt karierten Anzug, der mehr einem Pyjama gleicht.[114] Anders beispielsweise als in Bilderbüchern, die bereits vielfach deutlich rassistische Züge aufwiesen, war in den meisten Spielen des Ersten Weltkriegs dem Feind die Würde nicht völlig genommen. Allerdings gab es auch schon Ausnahmen, Spiele also, die aus Gegnern Blutsfeinde machten, die den Feind als Bestie zeigten. So zum Beispiel ein kleines Kegelspiel – mit Namen »9 gegen 3«, das im Jahr 1916 erschien. Die Kugeln, die man gegen die Figuren rollte, waren mit den Farben der Mittelmächte bemalt: Halbmond und Stern auf rot-weißem Grund stand für das Osmanische Reich; Rot-weiß für die Habsburgermonarchie; die schwarz-weiß-rote Flagge für das deutsche Kaiserreich. Die neun Kegel, die es mit den Kugeln umzuwerfen galt, stellten die Feindmächte dar mit hässlichen, grimmigen Fratzen; ein eitler Franzose, ein hässlicher Engländer mit Zylinder, dazu einige mongolische Gesichter, auch ein Japaner mit Schlitzaugen, dessen Grinsen widerliche Reißzähne entblößt. Diese Figuren wurden auch in einem Schießspiel desselben Unternehmens verwendet. Hier zielte man mit einer Artillerie auf die Feindgestalten.[115] Ähnliche Spiele gab es auch von anderen Herstellern. Und auf Jahrmärkten schoss man mit Luftgewehren nicht mehr nur auf Blechbüchsen und Zielscheiben, sondern mitunter auf Deutschlands Gegner.

Besonders mit Puppen wurde der Feind karikiert. Eine 1873 gegründete Firma in Nürnberg, Fleischmann & Blödel, fertigte – ähnlich wie Margarete Steiff – Tierfiguren aus Filz und Plüsch. Nach 1914 fand das Unternehmen mit Propaganda-Artikeln eine kleine Nische. Eine Kuschelpuppe stellte beispielsweise einen Japaner dar – als affenartige Gestalt mit weit aufgerissenem Maul und starr blickenden Augen. Das aufsteigende Inselreich in Fernost war in Deutschland besonders verhasst (ganz anders als Jahrzehnte später, da stand Japan im Zweiten Weltkrieg an der Seite Hitler-Deutschlands). Ende August 1914 hatte Japan dem Deutschen Reich den Krieg erklärt, schon im November fiel die kleine deutsche »Musterkolonie« Tsingtau an der nordöstlichen Küste Chinas in japanische Hand. Als »gelbe Gefahr« titulierte Kaiser Wilhelm II. die Asiaten, und entsprechend verzerrt erschienen die Japaner in vielen Propaganda-Spielen und eben als Plüschtiere. Besonders kuriose brachte 1915 das Nürnberger Unternehmen heraus. Eigentlich sind sie hübsch anzusehen, ganz wie Kuscheltiere sein sollten. Aber sie sind gleichzeitig als Deutschlands Feinde gestaltet, gekleidet in die jeweiligen Uniformen, repräsentieren sie die schon lange gängigen Klischees: Ein Hahn stellt Frankreich dar, eine Bulldogge England, ein Wolf Serbien, Russland ist der Braunbär. Die Kolonialmacht Belgien wird von einem afrikanischen Menschenaffen verkörpert; ein Wildschwein repräsentiert Italien, das 1914 den Dreibund-Pakt mit Deutschland und Österreich verraten hatte. Diese Tiergruppe aus Plüsch trug den bezeichnenden Namen »Familie Lügenmaul« und versetzte auf der Spielwarenmesse in Leipzig Besucher und Fachleute in Staunen. Von niedlichem Äußerem, also auf den ersten Blick ohne ausgesprochen propagandistischen Zweck, werden im scheinbar harmlosen Spielzeug die Feinde letztlich zum Tier degradiert.[116]

Auch in Schulklassen, wo man seit jeher in der Zeit vor Weihnachten allerlei Spielzeug bastelte, machte sich die Wirkung des Krieges bemerkbar. »Die Kleinen sägen Soldaten aus Laubsägeholz, bemalen und lackieren sie. Der Zorn auf die Feinde schafft oft Karikaturen. Die Gestalten der Russen, Engländer und Franzosen kommen meist reichlich schlecht weg«, beobachtete ein Künstler aus Dresden, der die Schülerarbeiten lobend begutachtete.[117]

Hart und brutal, zumal hinter der Front, zeigte sich Kasper, die berühmte Figur des Puppentheaters. Seine Geschichte soll später ausführlicher behandelt werden, weil ihn erst die Nationalsozialisten vollends als ideologischen Krieger missbrauchten. Aber im Ersten Weltkrieg trat der komische Held mit den roten Bäckchen und der imposanten Nase bereits auf die Bühne, um die Feinde zu verprügeln. Gelegentlich mischten sich rassistische Untertöne in das Kasperle-Theater – besonders im Hinblick auf die französischen Kolonialsoldaten, deren dunkle Hautfarbe die Deutschen irritierte. Mindestens bot das Handpuppentheater eine Gelegenheit, den Feind übel zu verspotten. Die 3. Armee, Teil des Westheeres, lag seit Ende 1914 eingegraben im Stellungskrieg in der französischen Champagne. Ab und an kam Kasper zu Besuch und bot den Soldaten zotige Abwechslung oder auch obszöne Unterhaltung. »Bitte schön, wir sind aktuell«, berichtete die Armeezeitung, »denn Kasperle hat feldgraue Uniform angezogen und sogar mit den Gefreitenknöpfen den höheren Grad der Gemeinschaft erreicht – Aber benehmen tut er sich genauso wie unser altes Kasperle vom Jahrmarkt und wie er mit der Klingel erscheint: ›Seid ihr alle da?‹ da erfolgt prompt die Antwort aus 500 Kehlen ›ja‹.« Auf der zusammengezimmerten Holzbühne des Kasperle-Theaters – meist nicht mehr als eine Latte oder ein Besenstiel, zwischen zwei Türpfosten geklemmt – herrschte ebenso Krieg wie in der Realität. Wenn sich die Vorhänge der Bühne öffneten, verdrosch der Held in Uniform bevorzugt Franzosen und Engländer, oft auch hohe Politiker und Generäle. Im beschriebenen Auftritt war es am Ende der amerikanische Präsident Wilson – obwohl die Amerikaner noch keine Kriegsgegner waren. Er trat »langsam und hager, mit einem dicken Notenbündel in der Hand« auf die Bühne und natürlich gab es daraufhin mit Kasperle »die schönste Keilerei. Dass Kasperle zum Schluss dem Mr. Wilson ein U-Boot in einen gewissen Körperteil schiebt, ist wohl reichlich derb. Aber das Beifallsjauchzen muss man gehört haben, um mit tränendem Auge in den Applaus einzustimmen.«[118] Der Kasper, wie jemand berichtete, der solche Unterhaltungsstücke für die Soldaten organisierte, feiere an der Front eine Wiederauferstehung. Jung und Alt, Arm und Reich würden den Aufführungen mit gleicher Freude folgen: »Kasperle schöpft sein Spiel immer aus dem Volkszorn des Lebens. Er ist deshalb immer modern. Ewige Jugend scheint ihm beschieden zu sein; denn er wirkt heute so frisch wie vor Zeiten. Zwar verabreicht er manchmal derbe, kräftige Kost, aber gerade darum ist sie auch gesund und gut. Sie wirkt so herzerfrischend.«[119]

Womit spielten die Gegner?

Propaganda gegen den Feind fand natürlich nicht nur auf deutscher Seite statt. Ohne Zweifel besaßen die Gegner ebenfalls ihre Kriegsspiele sowie Stereotype von den Deutschen. Das militarisierte Kinderspiel im Straßenbild Frankreichs und Großbritanniens unterschied sich allenfalls graduell von dem im Deutschen Reich. Spielzeugwaffen und Propagandaspiele gab es hier wie dort. Die bevorzugte Hassfigur bei Franzosen, Engländern und Italienern war der deutsche Kaiser, dem man in zahlreichen Brettspielen und Unterhaltungsprodukten zu Leibe rückte. Auch er eine grässliche Figur, oft dem Teufel gleich, der Europa und die Welt mit seinen Armeen der Finsternis ins Chaos stürzte. In Italien scheint es beliebt gewesen zu sein, mit kleinen Spielzeugwaffen auf eine grässlich verzerrte Kaisergrimasse zu schießen. In England drosch man mit Spielzeug-Knüppeln auf ihn ein.[120] Das bekannteste französische Brettspiel des Ersten Weltkriegs – wiederum ein Lauf- bzw. Gänsespiel – von einem Künstler, Guy Arnoux, erschien im Jahr 1914. Es machte sich über die Eigenheiten der Deutschen lustig, vor allem auch über den typischen Stechschritt der Soldaten, und bediente das Klischee vom Deutschen als Wurstesser und

Biertrinker, dargestellt mit seiner bedrohlichen U-Boot-Waffe oder als humorloser Grobian. Die kleinen Bilder auf dem Spielplan zeigten allerdings auch viel Grausiges: der Deutsche, wie er Häuser und ganze Städte in Brand setzt, fremdes Eigentum raubt, sogar kleine Kinder in Ketten legt, oder auch, ausgerüstet mit einem Flammenwerfer, Menschen verbrennt. Eines der bunten Bildchen porträtierte die Deutschen als Schweine in Uniform. Spielbretter, die sich mehr an die Erwachsenen richteten, kamen in Frankreich ab 1915 auf den Markt und simulierten den Krieg als Befreiungskampf Europas von deutscher Despotie.[121]

Solche Erzeugnisse wurden natürlich in Deutschland wahrgenommen und wiederum als Bestätigung feindlicher Abscheulichkeiten gewertet. Nach dem Besuch eines großen Spielwarenladens in Paris berichtete ein deutscher Agent über seine diversen Funde. Mutmaßlich war dabei Übertreibung mit im Spiel, denn der Bericht sollte die Gemüter der deutschen Leserinnen und Leser erhitzen. Ein Springkästchen habe er gefunden, wie man es auch in Deutschland schon lange kenne. Üblicherweise sprang beim Druck auf einen Knopf ein Schornsteinfeger oder ein feuerroter Teufel mit pechschwarzen Augen aus der kleinen Holzkiste. Hier allerdings war es der deutsche Kaiser; eine »nicht näher zu beschreibende Fratze, die [...] ein kleines Kind erdrückt«. Ähnliche Dinge, gab der Korrespondent Auskunft, könne man in allen französischen Spielwarenläden sehr zahlreich finden. Ein Brettspiel aus Pappe beispielsweise, »auf dem eine deutsche Krankenschwester mit dem Roten-Kreuz-Abzeichen französischen Verwundeten die Augen auskratzt. Ein anderes, auf dem deutsche Wehrmänner ein Kind erschießen.« Im deutschen »Fremdendusel«, meinte dieser angebliche Augenzeugenbericht, habe man die französische Kultur wohl viel zu lang als hochentwickelt eingeschätzt. Die Franzosen aber würden »in raffiniertester Weise [...] unausrottbaren Hass« bei ihren Kindern schüren. Wie die Franzosen also in Wahrheit seien, dem müsse man ungeschönt ins Auge sehen.[122] Ein ähnlicher Bericht beschrieb eine aufwendige Szenerie, die angeblich im Schaufenster eines großen Ladens in Paris zu sehen sei. Verschiedenes militärisches Spielzeug und Figuren habe der Inhaber zu einer Schauerkulisse zusammengestellt: »Im Zentrum erblickt man ein apokalyptisches Untier, halb Bär, halb Rhinozeros, das aus seinem furchtbaren, weit aufgerissenen Rachen eine schreckliche, feuerrote Zunge unheildrohend herausstreckt. Ringsum wälzen sich in grotesken Stellungen die gespenstischen Erscheinungen eines irrsinnigen Traumes, mit geschminkten Gesichtern und der Hölle entstiegenen Totenschädeln. Schließlich erblickt man in einer Ecke eine Gruppe von Soldaten mit Gasmasken, deren Schrecken einflößendes Äußere an die schweinsköpfigen Gottheiten erinnert, die man auf alten ägyptischen Tempeln erblickt.«[123] Was möglicherweise auch als eine Anklage gegen die Bestialität des Krieges gemeint gewesen sein könnte, sah der deutsche Berichterstatter als unwiderlegbaren Beweis dafür, wie sehr die französischen Sitten verroht seien. Von den Engländern hieß es, sie würden mit Fußbällen kicken, auf denen das Abbild des Kaisers zu sehen sei. In einem Brettspiel rücke man bis nach Berlin vor, was stimmte, und lege dann die deutsche Hauptstadt in Schutt und Asche, was schlicht gelogen war.[124] Diese Berichte sollten – wie die Spiele und Spielzeuge selbst, über die man schrieb – Hass auf den Gegner streuen. Propaganda fand nicht nur im Spiel selbst statt, sondern auch in den Berichten über das Spiel.

Das Spiel mit dem Krieg verharmloste Gewalt und schürte, zwar noch nicht mehrheitlich, doch oft genug, den Hass unter den Völkern. Internationale wie nationale Verständigung stand nach Kriegsende 1918 unter keinem guten Stern. Die Vereinigung Europas lag in weiter Ferne, die Friedensbewegung und die Paneuropa-Initiative waren mehr die Herzensangelegenheit einer elitären Minderheit. Ressentiment und Hass hatten tiefe Wurzeln in der deutschen Gesellschaft geschlagen. Die Monarchie und der Kaiser – fortgefegt und ins Exil verjagt durch die Novemberrevolution 1918; die Gesellschaft – durch Hunger und Krieg ermüdet und im Friedensvertrag von Versailles durch die Sieger in den Augen vieler gedemütigt, erniedrigt und auf Jahrzehnte an die Ketten von Reparationszahlungen gelegt; die Soldaten – der Illusionen beraubt, an Gewalt gewöhnt und, wie nicht nur radikalste Nationalisten meinten, in ihrem Kampf auf Feindesboden durch die Heimat verraten. Die neue deutsche Republik, gegründet am 14. August 1919 in Weimar, weil in Berlin zeitgleich das Chaos und die Gewalt regierten, begann mit großen Hoffnungen und litt zugleich doch an der Erblast des Krieges. »Nicht wie ihr erwartet, oder besser gesagt, verdient habt, hat sich dieser Einzug gestaltet«, hieß es bei Kriegsende im Fachblatt der Spielzeug-Branche, das sich an die heimgekehrten Soldaten und Fabrikarbeiter wandte: »Ein zusammengebrochenes Deutschland habt ihr vorgefunden, und nur ein ganz dünner Lichtstrahl am finsteren Firmament lässt uns nicht ganz verzagen. Um Sein oder Nichtsein steht in Flammenschrift groß und gebieterisch uns vor Augen. Was bringen die nächsten Tage, Wochen und Monate? Bangen Herzens stellt man sich diese Frage.«[125]

Antikriegsspiel

Vom Krieg hatte die Mehrheit der Bevölkerung genug, vorerst jedenfalls, obwohl im Osten noch weiterhin Kämpfe stattfanden. Die Spielwaren-Industrie passte sich an die neue Zeit so rasch an, wie sie es bei Kriegsausbruch 1914 getan hatte. Kriegerische Spielwaren seien in naher Zukunft wohl kaum noch gefragt, konstatierte ein Experte: »Zu einer solchen Prophezeiung gehört kein besonderer Spürsinn. Es herrscht eben jetzt eine sehr natürliche Übersättigung an allem Militärischen. Das war noch immer nach allen längeren Kriegszeiten so.«[126] Die Puppen legten 1918 ihre grauen Uniformen wieder ab. Die Spielzeugwaffen wurden zwar nicht eingemottet, aber seltener gekauft und vergleichsweise weniger beworben; manch eine Schule untersagte den Kindern das Soldatenspiel auf dem Schulhof. Tatsächlich mehrten sich in der Weimarer Republik frühzeitig engagierte Stimmen, die militärisches Spielgerät als schädlich geißelten. Das Spiel mit Krieg, gleich in welcher Form, sei eine Gefahr für die Jugend und solle aus den Kinderzimmern, Schulen und von der Straße verbannt werden. Reformpädagogen und besonders die Pazifisten mahnten, die deutsche Jugend dürfe nicht zu einem neuen Weltkrieg erzogen werden.

Lisbeth Riedger, eine Pädagogin, die aus der sozialistischen Arbeiterbewegung stammte, brachte 1925 ihre ehrliche Empörung zu Papier. Noch immer werde das Kriegsspielzeug massenhaft gekauft, wie sie meinte, obwohl es die Bevölkerung spätestens jetzt besser wissen müsste: »Mit Recht verlangt ein überzeugter Sozialist von der Schule, dass sie jede Beeinflussung der Kinder im militaristischen Sinne unterlässt. Und hat vielleicht gar nicht daran gedacht, dass er selbst sein Kind schon viel früher im gleichen Sinne erzogen hat, indem er ihm Bleisoldaten, Kanonen, Helm und Säbel schenkte. Oder sollte so etwas heute nicht mehr vorkommen? Dann möchte ich wissen, wer beim letzten Weihnachtsfest all diese Spielsachen gekauft hat, die in jedem kleinen Spielwarenladen, gerade in Arbeitergegenden, aufgestapelt waren. Sechs Jahre nach dem entsetzlichen Völkermorden! Das Soldatenspiel der Kinder war eine Begleiterscheinung des Militarismus, ein Mittel, um schon die Jugend auf die einfachste Weise auf ihren eigentlichen Staatszweck vorzubereiten, nämlich den, einmal als Kanonenfutter zu dienen.«[127] Dagegen sahen Nationalisten, Wehrverbände und diverse Jugendorganisationen das Kriegsspiel als weiterhin notwendig an, zumal nun der Versailler Friedensvertrag das Heer auf ein Minimalmaß zurechtgestutzt hatte. Ohnehin sei es eine Illusion zu glauben, man könne es den Menschen verbieten. Der Markt bot natürlich auch in den 1920er-Jahren an, was des Militaristen Herz begehrte: Waffen jeder Art und Größe, technisch ausgeklügelte Modelle von allerlei Kriegsgerät, auch entsprechende Brett- und Gesellschaftsspiele. Kinder und Erwachsene konnten weiterhin mit abstrakter Gewalt spielen, falls sie es wollten.

Wenn es zutrifft, dass sich im menschlichen Spiel reproduziert, was in der Realität – wenngleich auf andere Weise – wirksam ist, dann gehört wohl auch Gewalt in irgendeiner Form dazu. Ein Spiel ohne Konflikt und Auseinandersetzung würde zur Voraussetzung haben, die Menschheit könnte darauf gänzlich verzichten. Das ist, nach dem Stand der Erfahrung, weiterhin Utopie. Wahrscheinlich verlöre das

Spiel sogar seinen Reiz, würde es ohne Gegeneinander oder Wettkampf ausschließlich in friedlichen harmonischen Bahnen stattfinden. Als viel wichtiger erscheint das Umfeld, in dem Kampf- oder auch Kriegsspiel stattfindet.

In dieser Hinsicht änderte sich in der Weimarer Republik, trotzdem gewaltsame Konflikte die staatliche Ordnung erschütterten, zumindest zu Beginn viel. Was Krieg in Wahrheit bedeutete, dass er nicht nur mit Heldentum zu tun hatte, wussten viele Menschen aus bitterer Erfahrung. Sogar die Revanchisten, die den Friedensvertrag von Versailles 1919 als »Schandfrieden« schmähten, konnten kaum Gegenteiliges über die Realität dieses Krieges behaupten. So nahm die Kritik am Kriegsspiel zu: »Man soll durch Spielzeug weder im Politischen noch in einem anderen Sinne wirken wollen. Es sollte strenge Strafe den treffen, der durch Bleisoldaten zur Wehrhaftigkeit, durch Karikaturen im Revanchegedanken Kinder erziehen will. Kinderland sei auch in diesem Sinne für uns heiliges Land, in das wir mit unserem Tageskampf nicht eindringen dürfen«, war in den 1920er-Jahren eine Forderung, die lauter wurde.[128] Mitunter machten Brett- und Gesellschaftsspiele für Jugendliche und Erwachsene sogar die neue demokratische Ordnung zum Inhalt. »Wer wird Präsident?« hieß ein Gesellschaftsspiel für Familien, das Carl Schaller aus Fürth, ein Produzent vornehmlich von Bilder- und Kinderbüchern, im Jahr 1919 auf den Markt brachte. Möglicherweise überhaupt zum ersten Mal konnten die Deutschen nachspielen, wie man in einer Demokratie zu politischer Macht gelangen sollte – nicht mit Putsch, Gewalt und Krieg, sondern durch Bewerbung und Wahlen.[129] Der Krieg fand in pädagogischen Ratgebern, selbst im Handel und bei der Industrie, jetzt immer seltener Erwähnung. In der Nachkriegszeit wurden neue Modespiele wie Mahjong populär, auch das Kreuzworträtsel, das aus Amerika kam, sorgte für Unterhaltung unterwegs und daheim; übrigens verbrachten die Menschen durch die Verbreitung des Radios in den kommenden Jahren mehr Zeit zuhause. Das Kriegsspiel war zwar keinesfalls völlig verschwunden, auch nicht überall und bei jedem verpönt. Aber von den Umständen der Zeit und der schweren Erblast des Weltkriegs schien es anfangs gezähmt. Bevorzugt präsentierten Spiele und Spielzeuge nun eine heile Welt. In den politischen Krisenzeiten sehnten die Menschen sich danach umso mehr. Die Jahre zwischen den zwei Weltkriegen blieben allerdings voller Widersprüche, auch und gerade im Spiel.

2 WUNDERSAME SPIELWARENWELT

Spielzeug als Spiegel der Zeit

Ein Warenhaus in Berlin

Die schönste Würdigung von Spielwaren zwischen den Weltkriegen stammt aus der Feder von dem Philosophen und Kulturkritiker Walter Benjamin. Im Radio berichtete er zum Ende der 1920er-Jahre stimmungsvoll über einen Streifzug durch ein Berliner Warenhaus, das mit unzähligem Spielzeug bestückt war. Warum sollte man nicht einen Vortrag über Spielsachen halten, fragte Walter Benjamin seine Zuhörer vor dem Radiogerät, von denen er nur so tat, als wären sie allesamt Kinder. »Darum bin ich einmal mittags, wenn die Warenhäuser am leersten sind, ganz langsam, wie ich es als Junge nie gekonnt und gedurft hätte, von Tisch zu Tisch spaziert; habe mir alles ganz genau angesehen, was es für neue Spielsachen gibt, was sich an den alten, die es gab, wie ich klein war, verändert hat, welche am Ende ganz und gar verschwunden sind.«[130] Verschwunden schienen viele zauberhafte Dinge zu sein, die Walter Benjamin als Kind noch im Ladenfenster bestaunt hatte: wie das Spiel mit einem Magneten zum Beispiel, der als kleine Angel diente, mit dem man allerlei Fische aus einem Fantasiemeer fing, oder ein Lebensrad, in welches man hineinsah und das sich drehte, woraufhin im Innern Bilder wie beim Daumenkino in Bewegung gerieten, fand er nicht. Am meisten aber vermisste Benjamin die spezielle Ausführung einer Spieluhr, die ihn einst zum Träumen angeregt hatte. »Viele von euch kennen vielleicht überhaupt keine«, erklärte Walter Benjamin: »Kästen sind das, die haben innen eine Musik, an der Seite eine Kurbel und oben irgendeine Landschaft oder eine Stadt, in der, wenn man die Kurbel dreht, zur Musik sich etwas bewegt. Nun habe ich schon auf diesem Rundgang allerhand Spieluhren zu sehen bekommen, wo zum Beispiel Kühe gemolken wurden, ein Hund in die Höhe springt, ein Sennhirt aus der Hütte tritt und wieder zurückspaziert. Das ist schön, aber lange nicht so merkwürdig und so spannend wie diese Spieldose, an die ich mich besinne, trotzdem ich sie nie besessen habe, sondern sie nur, wie ich klein war, eines Tages in einem Geschäft sah. Wenn man da drehte, dann klang eine feine Schlachtmusik aus dem Kasten; es öffneten sich die schweren Papptore einer finsteren Festung, in die man von oben nicht hineinsehen konnte, eine Kompanie Soldaten marschierte heraus, zog bei klingendem Spiel im Bogen durchs grüne Gras, kam dann von hinten durch ein Tor, das sich inzwischen geöffnet hatte, in die Festung wieder hinein und blieb nun eine kleine Weile, immer mit Musik, da drinnen im Dunkeln. Weiß der Teufel, wie es ihnen erging, bis sie alle säuberlich wieder herauskamen. Nach so etwas habe ich vergebens gesucht.«[131] Wie seine Stimme klang, die den Streifzug durch die Welt der Spielwaren begleitete, weiß man heute im Übrigen nicht mehr. Von keiner der rund 80 Radiosendungen, an denen Walter Benjamin mitgewirkt hat, ist eine Aufzeichnung erhalten.

Kein Spezialgeschäft an irgendeinem Ort, egal wie schön und romantisch bestückt, könne mit diesem modernen Kaufhaus in Berlin mithalten, dessen Namen Benjamin nicht nannte, weil Werbung im Radio damals noch nicht erlaubt war. Nur hier, in dieser riesigen Abteilung, schienen ihm alle Kinderträume geradezu paradiesisch verwirklicht. Vieles auf den Tischen und in den Regalreihen war neu, hatte Walter Benjamin noch nie gesehen. Manches fand er sehr merkwürdig, wie bunte Tiere, die schrill zu sprechen begannen; anderes faszinierend, wie Brettspiele, auf denen man wie der Grönlandforscher Knud Rasmussen auf Expedition gen Nordpol reiste. Staunenswert auch all die teuren Baukästen, mit denen allerlei Historisches oder Neues konstruiert werden konnte: »Nun guckt euch ein bisschen um und passt auf, wo ihr auf einem Tische ein riesiges Metallmodell von dem neuen Lloyddampfer ›Bremen‹ findet. Es ist so groß, dass man es von weitem schon sieht. Das Ganze ist mit dem mechanischen Baukasten Stabil gebaut. Ob es viele von euch nachbauen werden, weiß ich nicht. Man braucht nämlich dazu die Größe 9 dieses Baukastens. Das ist die größte und kostet 155 Mark. Habt ihr schon etwas von der Pariser Weltausstellung gehört, von der im Jahre 1900 ganz Europa gesprochen hat? Auf allen Ansichtskarten, die damals von der Ausstellung gemacht wurden, sah man im Hintergrund der Stadt Paris ein großes Schwungrad mit vielleicht 16 Kabinen in beweglichen Scharnieren. Dies Rad drehte sich langsam, in den Kabinen saßen die Leute und guckten auf die Stadt, die Seine und die Ausstellung herunter, bis ihnen von […] dem Schwanken der Kabinen in ihren Scharnieren und der Umdrehung des großen Rads schlecht wurde. Auch dieses Rad findet ihr mit einem mechanischen Baukasten nachgebildet. Es ist beweglich, und die kleinen Kabinen schwanken wie vor 30 Jahren die richtigen, in denen vielleicht eure Großeltern saßen.«[132] Schwer zu beurteilen: Handelte es sich noch um Spielsachen im herkömmlichen Sinne, oder waren es technische Luxusgüter, gar Kunstwerke? Wie jenes Modellschiff in der Glasflasche, das er früher über viele Stunden bestaunt hatte, wahrscheinlich kein echtes Spielzeug war, weil es sich nicht mit den Händen greifen ließ. »Es ist keine Hexerei dabei, nur Geduld«, erklärte Benjamin im Radio, wie das Spielzeug in die Flasche kommt: »Alle Teile so eines Schiffes […] sind mit Fäden verbunden, beweglich und so schmal aneinandergelegt, dass sie durch den Flaschenhals eingehen. Sind sie dann einmal im Innern der Flasche, so werden alle Glieder und Gelenke mit langen Spitzen und Pinzetten ausgezogen, bis das Schiff […] oder was es sonst ist seine natürliche Form hat. Sodann wird bunter Siegellack hineingetropft, der die Wellen oder die Felsen macht und auf dem bunte Häuschen oder Figuren festgeklebt werden.«[133]

Walter Benjamin, der sein Leben lang für Spiel und Spielzeug Begeisterung aufbringen konnte, sprach an den zwei Abenden im Radio nur dem Anschein nach zu Kindern. Vielmehr wandte er sich auch an Erwachsene. Eben nur an der Oberfläche ein Reisebericht in die Welt des Konsums, warf er zugleich tiefere Fragen auf, die Wissenschaftler in dieser Zeit bewegten: Wann hörten Spielzeuge auf, reine Objekte des menschlichen Spiels zu sein, wann wurde mehr aus ihnen? Was erzählten manche dieser Dinge über die Zeit, in der sie entstanden, und wie überhaupt unterschied sich das Spiel der Kinder von dem der Erwachsenen? Warum verschwanden manche Dinge, während andere sich über alle Wogen der Zeit hinweg zu retten schienen? Die kulturgeschichtliche Bedeutung von Spielzeug musste erst einmal erkannt und beachtet werden. Bis zur Jahrhundertwende hatten sie eher als etwas Nebensächliches gegolten, dem kaum ein kultureller Rang zugebilligt worden wäre. Walter Benjamin hatte seinen Finger allerdings schon früh am Puls der Zeit: Im Jahr 1901 war in Sonneberg in Thüringen das Deutsche Spielzeugmuseum eröffnet worden, das erste Museum dieser Art. Das Spielzeugmuseum Nürnberg kam – dank der Initiative des Ehepaars Lydia und Paul Bayer, die in den 1920er-Jahren zu sammeln begonnen und eine große Sammlung aufgebaut hatten – erst im Jahr 1971 hinzu. Nicht alle Fragen, die schon Benjamin aufwarf, werden sich beantworten lassen. Aber es lässt sich mit ihm durch die Warenhäuser und Museen schlendern, um im Spiel der Zeit auf Spurensuche zu gehen.

Die Modespiele

Zuerst ein Blick auf die Moden des Spiels, die meist flüchtig sind. Derart bekannt, dass sicherlich nicht erklärt werden muss, was es ist, ist das Jo-Jo. In den 1990er-Jahren feierte es eine Zeit lang ein Comeback. Mancher wird sich erinnern. Auf kaum einem Schulhof dürfte es gefehlt haben. Das kleine Rollrädchen am Faden spornte manch einen fast zu sportlichen Höchstleistungen an. Anderen galt es als nervige Qual, ähnlich dem japanischen Tamagotchi; das elektronische Küken, das selbst unter unmöglichen Umständen nach virtueller Pflege verlangte, eroberte etwa zur selben Zeit die Welt. Aber das Modespielzeug Jo-Jo war eben nicht neu. Das kleine Gerät kam bereits am Ende der 1920er-Jahre über Bildberichte aus den USA und Kanada, wo es zuerst populär wurde, nach Frankreich und schließlich nach Deutschland. Frühformen, die technisch allerdings viel weniger versiert waren, kannte schon die griechische Antike. Dem philippinischen Einwanderer Pedro Flores wird hingegen zugeschrieben, es in den USA populär gemacht zu haben. Eine Jo-Jo-Welle erfasste die Staaten, und Anfang der 1930er-Jahre war es plötzlich auch hierzulande gefragt. Kostengünstig in der Herstellung und erschwinglich im Laden, konnte sich jeder den kleinen Zeitvertreiber leisten. Nicht nur Kinder und Jugendliche spielten Jo-Jo, sondern viele Erwachsene ebenso, die darin den Reiz eines unterhaltsamen Alltagsaccessoires entdeckten. Der Filmtheoretiker und Soziologe Siegfried Kracauer, der es im Sommer 1932 in Frankreich sah, befand, es handele sich um eine »Art Kaugummi für die Hand«.[134] Gespielt wurde auf dem Schulhof, in den Straßen, am Arbeitsplatz. Werbeanzeigen fanden sich in den Zeitungen. Eine Firma, die sich die Bezeichnung »Yo-Yo« früh für ein ganz anderes Produkt hatte patentieren lassen, drohte den Konkurrenten mit Rechtsstreitigkeiten. Am Jo-Jo wollte jeder verdienen. Eine Fabrik in Sachsen stellte 1932 täglich rund 40 000 Stück her.[135] Das Handwerksgewerbe aus Bayern meldete: »Das Jo-Jo-Spiel, der letzte Modeschrei, verschaffte der einschlägigen Industrie im notleidenden Bayerischen Wald Großaufträge. So wurden [...] über 6 Millionen halbe Holzscheiben dieses Spiels in Auftrag gegeben.«[136]

Bitterer Spott ergoss sich auch über das kleine Gerät, das allzu leicht die Nerven der Mitmenschen strapazierte. Das Jo-Jo verschwand so plötzlich, wie es gekommen war. Wieder eine neue Mode folgte, nämlich der »Paddle-Ball« – ein Tischtennisschläger mit festangebundenem Ball, der nach jedem Schlag zum Spieler zurückschnellt. Damals in Nordamerika beliebt, wurde es hierzulande in Anlehnung an Ping-Pong als Rick-Rack oder Tam-Tam geläufig: »Zweifellos kommt etwas Ähnliches wie seinerzeit mit Jo-Jo, und diesem [...] neuen Spiel muss man aber voraussagen, dass es nicht nur auf den Wellen einer großen Modeströmung erfolgreich segeln wird. Das Jo-Jo war immerhin nur Spielerei. Hier aber handelt es sich um einen recht netten Sport, ohne dass dieser dabei das reizvolle Merkmal des Spielerischen verliert.«[137] Anderes Spielzeug war etwa zu Beginn des Jahrhunderts neu aufgekommen: Rollschuhe und Tretroller, manchmal erstaunlich perfekt wie Sportgeräte benutzt, fanden nach dem Weltkrieg Verbreitung. Für die Firma Steiff wurde ein Straßenroller aus Holz, der niedrig im Preis und daher auch für Arbeiterfamilien leicht erschwinglich war, am Anfang der 1920er-Jahre zu einem großen Renner. Auch Roller mit Kurbelmechanik, die beim kräftigen Drehen von selbst fuhren, galten als Zukunftssportgeräte für Jugendliche.[138]

Ein weiteres Modespiel, diesmal ein Brettspiel für Erwachsene, das von Übersee nach Europa und Deutschland schwappte, war Backgammon. Man kann nicht sagen, dass es ganz neu gewesen wäre. Im Gegenteil handelt es sich um eines der wohl ältesten Würfelspiele der Welt. Die Geschichte des markanten Spielbretts mit seinen zwei gemusterten Hälften und den runden Spielsteinen reicht bis in die Antike zurück. »Es gibt so viele unterschiedliche Berichte bezüglich der Herkunft [...] und Erfindung, dass man manchmal versucht ist, die Studien abzubrechen, denn jede neue Entdeckung führt tiefer in den Irrgarten des Altertums«, schrieb etwa zur Jahrhundertwende ein US-Amerikaner, der die lange Geschichte des Spielbretts zu entschlüsseln versuchte.[139] In Deutschland war es lange Zeit eher unter dem Namen »Puff« bekannt. Es gab weitere Varianten, die zum Teil bis ins Mittelalter zurückreichten und auf demselben Brett nur mit anderen Regeln gespielt wurden: Trick-Track, Garanguet oder Revertier.[140] An der Ostküste der USA, besonders aber in New York, hatte das Spiel schließlich als Backgammon in den 1920er-Jahren Zehntausende Anhänger gefunden. In der gehobenen Mittelklasse und der Oberschicht war es wohl besonders beliebt. »Hinter dem ganz neu aus Amerika importierten Spiel, das bereit ist, den Kontinent zu überschwemmen«, erklärte eine Illustrierte über die Modeerscheinung in den städtischen Cafés 1931, »verbirgt sich das alte, liebe Puffspiel unserer Großväter, modisch aufgemacht.«[141] Vierzig Jahre sei es kaum gespielt worden. Ein Zeitvertreib für ältere Damen und Herren, an denen im Dunst von Tabakqualm und bei Kneipenbier die Zeit vorübergegangen schien. Aber unter englischem Namen war es bei jungen Leuten in den Großstädten plötzlich wieder begehrt. Es hat so tiefe Spuren hinterlassen, dass die ältere Bezeichnung »Puff« heute kaum jemandem etwas sagen dürfte. Ein ähnlich gelagerter Fall war »Go«, das jahrhundertealte Nationalbrettspiel aus Japan. In der zweiten Hälfte der 1930er-Jahre kam es nach Deutschland und wurde populär, weil die NS-Diktatur dem Kaiserreich am Pazifik zunehmend verbunden war. Der ›Völkische Beobachter‹ – das wichtigste publizistische Organ der Nationalsozialisten – warb für das japanische Brettspiel, das ähnlich fordernd wie das Schachspiel sei. In der Hitlerjugend wurde es gespielt. In Berlin gab es ein deutsch-japanisches »Go-Institut«, das Turniere veranstaltete. Auch die Deutsche Arbeitsfront – ein Zwangskartell und eine Art nationalsozialistische Ersatzgewerkschaft – organisierte größere Wettkämpfe. Und ein Verlag brachte das Spiel den Deutschen mit einer billigen Volksausgabe nahe.[142]

Modespiele und -spielzeuge sind ebenso flüchtig wie zeitlos. Wobei Zeitlosigkeit nicht etwa bedeuten soll, dass diese Dinge über die Menschen oder Epochen, in denen mit ihnen gespielt wird, nichts erzählen. Backgammon und das Jo-Jo sind erstaunliche Belege dafür, wie eng selbst in Bezug auf das Spiel die Welt zu Anfang des 20. Jahrhunderts schon zusammengerückt war. Was auf der einen Seite zum Erfolg wurde, konnte in kürzester Zeit auch auf der anderen Seite des Globus populär werden. Zeitlosigkeit meint, dass der Reiz der Dinge nicht verblasst oder sie eben nur zeitweise aus der Mode kommen, um dann später wieder aufzutauchen und nichts von ihrer Wirkung eingebüßt zu haben. Karl Staudinger, Spielzeuggestalter und Leiter der Sonneberger Industrieschule, befand 1923, dass für Kleinkinder jene Dinge des Spiels umso besser geeignet seien, je zeitloser sie wären; beispielsweise sei ein Klötzchen das wohl einfachste Spielmittel.[143] Ein Journalist, der im Jahr 1927 die Leipziger Spielwarenmesse besuchte, wunderte sich, was unter den Neuheiten firmierte: »Reihenweise stehen wieder die alten Kinderfestungen und Kinderburgen da, wie sie schon vor 30 und 40 Jahren gemacht wurden, und man fragt sich vergebens, weshalb denn diese und ähnliche Dinge eigentlich noch gefertigt werden.«[144] Die Spielzeugburgen sind bis heute nicht verschwunden.

Vergessene Spiele

Daneben gibt es jedoch die zeitgebundenen Spiele und Spielsachen. Meist nur mit den Augen ihrer Gegenwart lässt sich mit ihnen spielen. Irgendwann werden sie fremd, vielleicht sogar rückständig oder beschämend, weil das Wissen und die Weltsicht der Menschen sich wandeln. Der überwiegende Teil der professionellen Spielwaren ist zeitgebunden. Es sind Produkte, die dem Vergessen anheimfallen oder zur Angelegenheit von Sammlern und Museen werden. Zeitgebundenheit kann allerdings genauso, vielleicht im Rückblick sogar um einiges spannender sein, als es die Zeitlosigkeit ist. Gerade politische Spielwaren fallen oft in diese Kategorie.

Bis 1918 hatten, wie in Großbritannien und Frankreich, im Deutschen Reich diverse Kolonialspiele große Verbreitung gefunden. Die vermeintliche Überlegenheit des weißen Mannes gegenüber den »Wilden« machten sie fast alle zum Thema. Exotik mischte sich mit Rassismus und zivilisatorischem Hochmut. Typisch ist das Cover eines Brettspiels, das einen deutschen Matrosen zeigte, umringt von halb nackten Ureinwohnern, die mit Äxten, Speeren und Schilden in buckliger Haltung zu tanzen scheinen. Der leichtfüßige Matrose nimmt eine dieser exotischen Figuren an die rechte Hand. Seine Linke hingegen deutet in die Luft nach oben. Dem »Wilden«, das wollen solche Bilder mitteilen, gilt es den Weg in die Zukunft zu weisen. Auch Kriegsspiele besaßen, wie gezeigt, vor allem im Ersten Weltkrieg Konjunktur. Nach 1918 änderte sich das. Natürlich gab es das militärische Spiel und Spielzeug auch weiterhin, zumal bei nationalistischen Organisationen wie dem Stahlhelm, einem rechtsgerichteten Verband von Frontsoldaten – dort wurden Spielzeuggewehre beworben oder Bilderbücher mit Namen wie »Der kleine Kanonier«, faltbare Manöverpläne für Zinnsoldaten oder Gesellschaftsspiele wie »Dicke Luft«, bei dem man aus den Kasernen per Zugtransport abermals an die Fronten des Weltkriegs verfrachtet wurde. Militärisches und ausgesprochen politisches Spiel war in der Weimarer Republik weitgehend an den Rand gedrängt. Die Politik erwies sich als krisenanfällig und unübersichtlich, keine echte Grundlage, um damit zu spielen.[145]

Eine der wenigen Ausnahmen ist »Friede und Arbeit« – ein Brettspiel, das der Spiele-Verlag Hausser 1919 auf den Markt brachte. Das typische Laufspiel mit Würfeln, das siegreich beendet, wer zuerst zum Ziel gelangt, führt auf dem Brett durch eine optimistische Zukunftsvision. Die Spielfelder, von denen man startet, zeigen Kriegsheimkehrer. Obwohl der Weltkrieg verloren gegangen ist, empfängt man die Soldaten in der Heimat ehrenvoll mit Blumen, Girlanden, Fahnen und Musik. Die Liebste, auf die lang verzichtet werden musste, wird in die Arme geschlossen. Doch was tun? Vor dieser Frage standen in der Realität Zehntausende desillusionierte Soldaten, die der Jugend beraubt und der Heimat entfremdet wurden. Im Spiel entscheiden sie sich nicht für die Gewalt unter anderen Umständen, nicht für rechtsradikale Freikorps oder Kommunismus und Straßenschlachten. Hier kehren sie in die heile Welt des Friedens zurück. Zu tun gibt es allerorts nämlich genug: Die Äcker müssen bestellt, Dächer gedeckt, Maschinen und Flugzeuge und Schiffe gebaut werden. Das weite Meer steht zu befahren wieder offen, neuer Handel kann getrieben oder die Welt umrundet werden. Wer nicht in der hohen Wissenschaft, als Lehrer an einer Schule oder in den Institutionen des neuen demokratischen Staates eine berufliche Anstellung findet, der arbeitet vielleicht im Schweiß seines Angesichts zum Wohl der Gemeinschaft am Fließband, in einer Bäckerei oder an der Ladentheke. Möglichkeiten gibt es genug, um sich einzubringen, sollen die kleinen bunten Bildchen auf dem Spielbrett dem Spieler wohl sagen.[146]

Es war natürlich Propaganda – allerdings eine, die aus den Augen der Gegenwart harmlos scheint. Eher gegenteilig wirken andere Dinge: Das »Hindenburgspiel«, von einer Fabrik in Fürth 1932 herausgebracht, würdigte den einstigen Generalfeldmarschall und nunmehrigen Ersatzkaiser Paul von Hindenburg. Der Reichspräsident, der vielen Zeitgenossen als Bollwerk gegen das Chaos galt, stand im Lager der Nationalkonservativen. Seine Politik gilt heute als maßgeblich mitverantwortlich für die Demontage der demokratischen

Ordnung. Das Spiel ist ebenfalls ein Laufspiel. In der Mitte sieht man Hindenburg in prunkvoller Marschallsuniform, hinter ihm steht das Gebäude des Reichstags in Berlin. Der Spielablauf glorifiziert seine Karriere: Von Hindenburgs Jugendzeit vollzieht man den Weg über den Weltkrieg bis ins Machtzentrum der Weimarer Republik nach. Ein Feldherr wird hier zur politischen Ikone verherrlicht: »Durch die Spielfelder hindurch begleiten wir den Werdegang des großen Mannes, vom Geburtshaus in die Kadettenanstalt, von Königgrätz nach Hannover, nach Tannenberg und bis zum Reichstag.«[147] Am 30. Januar 1933 ernannte Reichspräsident Hindenburg bekanntermaßen Adolf Hitler zum Kanzler. Selbst wer mit dem Namen heute genaueres anzufangen weiß, käme nicht auf den Gedanken, ihm derart spielerische Ehren zu erweisen.

Deutsche Spielzeugstädte

Zur Betrachtung von Spielwaren, zeitgebundenen wie zeitlosen, gehört es auch, zu wissen, woher sie kamen. Städte und ganze Regionen nämlich hatten ihre Existenz auf dem Spieltrieb des Menschen begründet.[148] In Sachsen, vor allem im Erzgebirge, war man traditionell auf Holzspielwaren spezialisiert. Etwa zum Anfang des 18. Jahrhunderts waren die Erzminen, in denen viele Menschen gearbeitet hatten, ausgebeutet. Der Bergbau kam schleichend zum Erliegen. Mehr notgedrungen mussten deshalb die Menschen auf Holzwirtschaft umstellen. Seitdem gehörte Spielzeug maßgeblich zur Palette von regionalen Produkten. Die Figuren, Tiere, Häuschen, all der verspielte Weihnachtsschmuck, dazu lustige Hampelmänner, Kletteraffen und Spielzeug-Kutschen sind bis in die Gegenwart bekannt und begehrt. Die alte Bergbaukultur trug sich in diesen Dingen mitunter fort: Bärtige Nussknacker oder Räuchermännchen wurden deshalb häufig als Bergarbeiter dargestellt.

»Die ältesten deutschen Spielzeuge, die wir noch heute in den bekannten Spielzeugmuseen bewundern können, sind aus Holz. Wir bezeichnen diese alten, meist einmaligen Spielzeuge als Volkskunstspielzeuge, denn sie beruhen auf einer […] eigenschöpferischen Leistung einfacher Menschen«, schrieb die Volkstumskundlerin Gisela Arndt 1968.[149] Und ein junger Doktorand, der 1911 das Handwerk im Erzgebirge unter die Lupe genommen hatte, befand: »So billig und primitiv auch ihre Erzeugnisse sein mögen, sie bieten dem Kinde doch alles, was seinem Denken und Träumen wünschenswert erscheint; sie bieten ihm eine kleine Welt.«[150] Der Landstrich von Sonneberg in Thüringen bis hinunter zur Grenzstadt Coburg in Bayern bildete seit dem 16. Jahrhundert ein zweites großes Zentrum für Spielwaren. Berühmtheit erlangte die Region besonders wegen der Puppenherstellung. Fast überall war das Spielzeug-Handwerk gleichbedeutend mit Heimarbeit. Man darf kein allzu romantisches Bild davon vor Augen haben, denn häusliche Arbeit war – ganz anders als heute – kein wohliger Idealzustand. Die Lage der Familien sah miserabel aus, wie der Nationalökonom Emanuel Sax 1882 feststellte: Daheim wurde oft die Nacht hindurch gearbeitet, monatelang, um Aufträge zu erfüllen. Die Kinder besaßen keine oder sehr unzureichende Schulbildung, die Familien litten im Winter Hunger, der Lohn ihrer Arbeit fiel gering aus. Staatliche Arbeitsschutzbestimmungen griffen nur zögerlich. Der sozialistische Nationalökonom Oskar Stillich, dem die Nazis Jahre später Lehr- und Schreibverbot erteilten, fällte 1899 ebenfalls ein vernichtendes Urteil über die prekäre Lage der Heimarbeiter.[151]

Die Herstellung der Produkte – die zwar schön, aber meist so niedrig im Preis waren, dass sie den Lebensunterhalt kaum deckten – bezog den Wirtschaftskreislauf ganzer Kleinstädte und Dörfer ein. Der Schriftsteller August Trinius, der dem Spielwaren-Handwerk seiner thüringischen Heimat ein kleines literarisches Denkmal setzte, berichtete 1905 über die harte Lage der Kinder: »Bis zu den Kleinsten der Familie ist ein jeder […] beteiligt. Da wird geschnitzt, geformt, beklebt, bemalt, lackiert; Hobel und Hammer werden in den Dienst gestellt. Die Kleinen müssen abzählen, aufreihen, einschachteln, wenden, trocknen, lederne Puppenbälge bis in die Finger mit ihren kleinen Händen umdrehen: eine höchst knifflige, Geduld fordernde Arbeit, bei welcher der Erlös so oft nur ein paar Pfennige beträgt. Und da müssen die armen Kleinen stundenlang still sitzen, während von der Gasse das Lachen glücklicherer Kinder hereintönt, denen man nicht die Jugend um anderer fremder Kinder willen stiehlt, während die Sonne über die Berge feurig rollt und alles Freude und Freiheit in der Natur mit tausend Zungen predigt.«[152] Von größeren Maschinen oder gar Fließbändern war zu dieser Zeit kaum etwas zu sehen. Hatte man einen Arbeitsschritt erledigt, wurde das Stück zur Handwerksfamilie nebenan weitergereicht. Der Bau eines aufwendigen Puppenhauses bot Arbeit für Schreiner, Zinngießer, Schneider und Maler gleichermaßen. Der Sonneberger Kreis, wie es noch 1919 in einem Klagebrief der Handelskammer an das Finanzministerium hieß, war »vollständig auf der Spielwarenindustrie aufgebaut. Und das Bestehen der Spielwarenindustrie gefährden, heißt [...] die Existenz von 70000 Menschen zu bedrohen.«[153] Weiterhin schuftete das Gros der Familien bescheiden zuhause. In den 1920er-Jahren waren viele Menschen von Arbeitslosigkeit betroffen oder in ihrer beruflichen Existenz gefährdet.

In den alten Handelszentren Nürnberg und Fürth, wo im 15. Jahrhundert schon erstes Spielzeug entstand, stellte sich die Lage etwas anders dar. Hier hatte sich bereits bis ins frühe 20. Jahrhundert fast eine moderne Massenindustrie entwickelt, die mehr und mehr auf Mechanisierung setzte. Wirft man den Blick auf die modernsten Produkte der Zeit, so kamen die meisten davon aus solchen Betrieben. Die Stadt mit romantisch-mittelalterlicher Festungskulisse wurde zur Hochburg der Spiele-Fabrikanten. Das Holz als Material für Spielwaren hatte hier weitgehend an Bedeutung eingebüßt, obwohl zu Anfang des Jahrhunderts noch Schachbretter, Zauberkästen, Dominosteine, Gesellschaftsspiele und Figürchen entstanden. Speziell jedoch für Blech-, Metall- und Technikspielsachen wurde der Raum Nürnberg-Fürth bekannt. Wichtige Marken und Spieleverleger ließen sich in den bayrischen Nachbarstädten nieder. Und auch viele Kleinstbetriebe waren präsent. Im Jahr 1907 zählte man 857 Spielwarenhersteller. Bis 1925 wuchs die Zahl auf weit über 2000. Mit rund 14000 Beschäftigten bildete die Spielzeug-Branche einen bedeutenden Wirtschaftsfaktor in der Region.[154] Umso härter trafen Krisen. Im Jahr der Hyperinflation 1923 klagte die Branche aus Nürnberg: »Unter der gegenwärtigen wirtschaftlichen Depression hat der hiesige Industriebezirk ungemein schwer zu leiden, da die hiesige Industrie in der großen Mehrzahl aus Mittel- und Kleinbetrieben besteht, denen es natürlich furchtbar erschwert ist, sich die durch die Geldentwertung zur Weiterfortführung ihres Geschäftes nötigen Kapitalien zu beschaffen. Daher kommt es auch, dass besonders in den letzten Wochen verschiedene Betriebe schließen mussten, da es ihnen nicht mehr möglich war, die Gelder zur Beschaffung [...] der Rohmaterialien aufzutreiben.«[155]

Spielwaren, ein Auslandsgeschäft

Die deutsche Spielwarenindustrie lebte vom Ausland. Hersteller und Verleger, die ihre Produkte erfolgreich verkaufen wollten, achteten tunlichst darauf, dass sie den Geschmack sowohl der Deutschen wie auch den von ausländischen Kunden bedienten. Bereits 1912/13 waren Spielwaren im Wert von über 100 Millionen Mark exportiert worden; dem standen Importe für lediglich eine Million gegenüber. Mit einem Weltmarktanteil von über 80 Prozent war die Spielwarenindustrie in Deutschland vor Ausbruch des Krieges die größte und wichtigste der Welt.[156] Die Situation hatte sich 1914 merklich verschlechtert. Ein Großteil des Außenhandels war im Krieg zum Erliegen gekommen. Und auch nach 1918 blieb die Lage problematisch. Vom »Handelskrieg« war nun die Rede, weil die Sieger versuchten, ihren Markt mit Schutzzöllen gegenüber Produkten aus Deutschland abzuriegeln. Hinzu kam, dass die ausländischen Hersteller mit der Zeit an Qualität viel hinzugewannen. Besonders Japan, das bis heute seine Stellung behauptet, wurde zu einem wichtigen Konkurrenten im Welthandel.[157] Zumindest vorerst blieb Deutschland aber ein führendes Land für Spielwaren. »Bei mechanischen Spielwaren, wie überhaupt bei allen Qualitätswaren«, hieß es 1919 weiterhin selbstbewusst, »ist von einer Konkurrenz noch nichts zu merken.«[158]

Zu den Hauptabnehmern, sowohl vor wie nach dem Weltkrieg, zählten die USA und Großbritannien. Das Repertoire deutscher Spielwarenhersteller bediente deshalb vielfach die Faszination am Exotischen. Die Blechspielwaren-Fabrik von Ernst Paul Lehmann, zeitweise der größte Arbeitgeber in Brandenburg an der Havel, produzierte: chinesische Sänftenträger, Cowboys auf ihren Pferden, musizierende Afroamerikaner mit recht clownesken Gesichtern – oder Coco, einen exotischen Schwarzen, der auf einen Baum kletterte, um hoch oben in der Baumkrone eine Kokosnuss zu pflücken. Der Schritt von solchen eher harmlosen Motiven zum offenen Rassismus war schnell getan. In direkter oder mehr verdeckter Form trat er im Spiel der Zeit häufig zutage. Ein Fabrikant aus Nürnberg fertigte eine Spardose mit dem Namen »Negro«, der die Zunge herausstreckte, warf man eine Münze hinein.[159] Und die Bing-Fabrik aus Nürnberg ersann im Jahr 1926 ein bizarres Wurfspiel: »Schmücke Dich fein – Negerlein!«. Das Regelheft erläutert: »Der offene Kasten, der die Figur eines Negers zeigt, wird auf den Tisch gestellt und durch Anlehnung an irgendeinem Gegenstand in seiner aufrechten Lage festgehalten. Nun versuchen die Spieler der Reihe nach die beigegebenen Ringe nach dem Haken an der Figur des Negers zu werfen. Wer je einen Ring an den entsprechenden Haken gebracht und auf diese Weise dem Neger Ohrringe angehängt hat, ist Gewinner.«[160] Die Vorbilder solcher Produkte kamen zum Teil aus den USA, wohin Bing ebenfalls exportierte: Man warf dort beispielsweise kleine Bälle in den offenen Rachen afroamerikanischer Puppen oder zielte auf die Figuren, um sie von einer Eisenstange zu kippen, auf der sie wie Hühner aufgereiht saßen.

Wer sich über die Neuheiten aus Industrie und Kunstgewerbe informieren wollte, tat dies primär in Leipzig zur Frühjahrs- oder Herbstmesse. Neben Frankfurt am Main war Leipzig Ende des 19. Jahrhunderts als einzige deutsche Messestadt von Bedeutung verblieben. Inzwischen hatte das Messewesen sich aber grundlegend verändert: Man kaufte nicht mehr vor Ort größere Mengen ein. Das war logistisch und finanziell mit enormem Aufwand verbunden. Stattdessen begutachteten die Händler und Einkäufer zunächst Muster und bestellten daraufhin beim Hersteller. Verschiedene Versuche in England und Frankreich, die ebenfalls Spielwaren-Messen nach Leipziger Vorbild aufbauten, war kaum nennenswerter Erfolg beschieden; erst nach dem Weltkrieg kam unter anderem London als wichtiger Konkurrenzstandort zu Leipzig hinzu.[161] Die neuesten Erfindungen wurden nach wie vor in Deutschland bestaunt; Geschäfte mit inländischen Händlern und mit dem Ausland angebahnt, Bestellungen aufgegeben: »Die Nürnberger Industrie, insbesondere die Spielwarenindustrie, verdankt in nicht geringem Maße ihren Weltruf und ihre Verbreitung der Leipziger Messe, und Spielwarenindustrie ohne Leipziger Messe ist heute vollkommen undenkbar«, hieß es im Jahr 1924.[162] In den Messehäusern entlang der Petersstraße in der Altstadt spielte sich in jedem Jahr das Gipfeltreffen der Branche ab. Im Regelfall war alles festlich hergerichtet. Die Besucher und Fachleute aus dem Ausland waren hofierte Gäste. Jedoch stellte sich im Jahr der Geldentwertung 1923 längst nicht mehr alles als rosig dar: »Überall das Bild der Ruhe. Die Petersstraße war noch nie so leer. Selbst am zweiten und dritten Tag waren in den Messhäusern verschwindend wenig Ausländer zu sehen. Die Gänge waren leer. Die Inhaber der einzelnen Stände, die sonst wie eingesperrte gehetzte Tiere in ihren Käfigen zappelten, unterhielten sich miteinander gemütvoll. Man konnte jederzeit ohne Drangsal Fahrstuhl fahren, man konnte, ohne wie sonst unendlich zu warten, sogar für Millionen essen, wo und wann man wollte.«[163] Das Klagelied über die Härten der wirtschaftlichen Lage und über die feindliche Haltung des westlichen Auslands begleitete die Entwicklung der Branche, nahm vielleicht kurz ab, nur um dann mit der Weltwirtschaftskrise nach 1929 wieder umso lauter angestimmt zu werden. Aber womit wurde eigentlich gespielt, was kennzeichnete das Spiel?

Von der Fantasie zur Spielregel

Der deutsch-jüdische Philosoph Hellmuth Falkenfeld, 1893 in Fürstenwalde geboren, widmete sich in jungen Jahren der Faszination des Spiels. Er befand, was zunächst kaum überrascht: Das Spiel von Kindern und Erwachsenen sei grundsätzlich verschieden. Doch was sollte den Unterschied exakt ausmachen? Konnte man ihn benennen? Das schien im Kern eine Frage von Weltverständnis zu sein, das die Kinder von den Erwachsenen trennte. Je älter ein Mensch werde, desto mehr wachse er nämlich in ein System aus Regeln hinein: Objekte und alle Lebewesen beispielsweise erhalten Namen, die fortan nicht mehr ausgetauscht werden; ein Tisch ist jetzt ein Tisch, kein Stuhl, ein Hund ist ein Hund, aber keine Katze. Die Welt wie auch die einzelnen Dinge innerhalb der Welt unterliegen nicht nur den Regeln, die der Mensch sich setzt, sondern außerdem den Gesetzen der Natur. Je mehr der Einzelne in das verworrene Geflecht aus Zusammenhängen hineinwachse, desto regelhafter und systematischer werde auch das Spiel: »Während die Lust des Kindes am Spiel im tiefsten aus der Freude entspringt, aus jedem Objekte alles machen zu können, was seiner Phantasie in den Sinn kommt, erhält das Spiel des erwachsenen Menschen seinen Reiz durch die Möglichkeiten, die objektiv mit der Spielregel gegeben sind und in ihr gesetzmäßig zugrunde liegen. [...] Der reife Spieler spielt nach Anerkennung der Gesetzmäßigkeit, die in dem Objekt seines Spiels steckt, das Kind dagegen betreibt sein Spiel mit einer gewissen Anarchie, sein Spiel besteht darin, die eigentümliche Gesetzmäßigkeit des Objekts zu missachten und an seine Stelle einen freien, hemmungslosen Inhalt seiner Phantasie zu setzen.«

Aus diesem glückseligen Reich kindlicher Unterschiedslosigkeit, wie Falkenfeld meinte, erwachse Schritt für Schritt ein Spiel mit der Eindeutigkeit, die sich in Regelsystemen zu erkennen gebe. Vom wilden Umherschlagen der Gegenstände bis hin zur ausgeklügelten Taktik auf dem Schachbrett war es ein weiter Weg, der dem Anschein nach mit Welterkenntnis und Anerkennung von Gesetzmäßigkeiten zu tun hatte.[164] Im Oktober 1938 floh Hellmuth Falkenfeld mit seiner Familie vor der nationalsozialistischen Verfolgung zunächst nach London, dann nach New York. Die Befreiung Europas von der NS-Herrschaft erlebte er nicht mehr. Seine Deutung des Spiels als Entwicklungsprozess ist klassisch. Karl Groos hatte es schon so gesehen. Und auch bei Walter Benjamin schwingt etwas davon mit: »Denn Spiel, nichts sonst ist die Wehmutter jeder Gewohnheit. Essen, schlafen, anziehen, waschen, müssen dem kleinen zuckenden Balg spielhaft [...] eingeimpft werden. Als Spiel tritt die Gewohnheit ins Leben, und in ihr, ihren starrsten Formen noch, überdauert ein Restchen Spiel bis ans Ende.«[165] Die Spielsachen sollten den Weg vom Kindes- zum Erwachsenenalter begleiten. Sie hatten die Erkenntnis der Welt zu fördern, sollten dem Kind realitätsnahe Erfahrungen ermöglichen. Besonders das Technikspielzeug schien dies zu leisten.

Der Baukasten

Zu Produkten dieser Art zählen Bau-, Technik- und Chemiekästen. Sie sind Spielwaren quasi auf der Mitte des Weges von der Anarchie des Kleinkindes hin zur Regelhaftigkeit der Erwachsenen. Bereits der berühmte Pädagoge Friedrich Fröbel, geboren 1782, empfahl den Baukasten, weil er den frühesten Drang des Menschenkindes nach Aufbauen und Zerstören in nützliche Bahnen leite.

Der bekannteste Baukasten gegen Ende des 19. Jahrhunderts, der zum deutschen Klassiker wurde, nannte sich Anker-Steinbaukasten.[166] Die Idee stammte von zwei Brüdern, Gustav und Otto Lilienthal, die als Pioniere der Flugforschung Aufsehen erregten. Otto Lilienthal soll in moderner Zeit der erste Mensch gewesen sein, der sich in die Lüfte erhob, im Jahr 1891 mit Hilfe eines selbst gebauten Flugapparates, den er auf den Rücken schnallte, mit zwei breiten Schwingen. Auch an ihrem Baukastensystem hatten die Brüder sehr lange Zeit getüftelt. Geld verdiente damit dann allerdings ein anderer, Friedrich Adolf Richter, der die Idee den Brüdern abkaufte und patentierte. Der Sohn eines Bäckermeisters war mit dem Produkt zum Ärger der Lilienthals derart erfolgreich, dass er geschäftliche Kontakte bis in die höchsten Kreise der österreichischen Monarchie unterhielt. Ein jahrelanger Patentstreit entbrannte, den Richter schlussendlich gewann. Mit den Ankerstein-Baukästen spielten die

Töchter und Söhne aus dem Bürgertum wie dem Hochadel. Anders als das dänische Lego und Duplo, heute gewiss viel bekannter, besaßen die Anker-Steine keine Noppen, die ihnen Halt gaben. Sie wurden schlicht aufeinandergelegt, aber waren doch so variantenreich zu verwenden, dass sich mit Hilfe von Ergänzungskästen, viel Mühe und Konzentration große Schlösser, Brücken und ganze Städte auftürmen ließen. Richters Fabrik im thüringischen Rudolstadt beschäftigte zum Zeitpunkt seines Todes 1910 etwa 700 Arbeiter; zum Unternehmen gehörten weitere Fabriken und Niederlassungen unter anderem in Nürnberg und Wien.[167]

Pädagogen und Psychologen begannen zu beobachten, wie Kinder mit diesen Steinen umgingen, wann sie begriffen, dass sie aufeinander gehörten, wann sie Türmchen nicht mehr bloß zerstörten, und in welchem Alter sie in der Lage waren, komplexere Gebäude zu errichten. Baukästen hatten, das entsprach deutscher Gründlichkeit, stets beigelegte Hefte mit Vorlagen und Anleitungen. Das Bauen wurde, wie ein Pädagoge meinte, zur Aufgabe, an der sich die Kinder und Erwachsenen gleichermaßen erprobten. Je besser sie damit umgingen, desto stärker schien der urtümliche Drang zur Zerstörung gebändigt, desto mehr Regelhaftigkeit erhielt das Spiel.[168] Nicht nur Städte ließen sich mit diversen Baukästen erschaffen, auch Prachtgärten, Bauernhöfe, Landgüter sowie kleine Eigenheime mit winzigen Möbeln einrichten. Hinzu kam nach der Jahrhundertwende vermehrt alles Technische. Die Metallbaukästen von Märklin und Trix sowie die Marke »Stabil«, die derart Erfolg hatte, dass im Volksmund schlicht alle Technik-Baukästen so hießen, erreichten breite Käuferschichten. »Die Behauptung, dass jedes Jahrhundert seinen eigenen Geschmack hat, wird am besten durch die Spielwaren belegt«, folgerte dann eine Zeitung zu Weihnachten 1932: »Unpraktisches Spielzeug, noch nicht vom Markt verschwunden, doch seltener geworden, ist nicht sehr begehrt; die Jugend von heute ist praktisch, und das geht herunter bis zu den Dreijährigen.«[169] Die Menschen daheim bauten, als wären sie moderne Architekten und Konstrukteure, massive Stahlgiganten, Schiffe, Kräne, Zeppeline. Die Statik als Herausforderung wollte im Spiel gemeistert werden. Naturwissenschaft und Spiel gingen eine Verbindung ein, die man nicht für möglich gehalten hätte. »Viele physikalische Erscheinungen lassen sich überhaupt an didaktischen Spielwaren, wie sie Gebr. Märklin in Göppingen herstellen, demonstrieren«, hieß es in einem Physik-Lehrbuch 1910.[170]

Auch am Chemiekasten mitsamt Reagenzgläschen, Pulvern und Laugen sollte nichts weniger als wissenschaftliche Welterkenntnis reifen. »Der technische und wissenschaftliche Gehalt wird zum größten Teil nur geahnt, intuitiv erfasst, er übt aber auf die betreffenden Knaben einen oft ihre geistige Entwicklung bestimmenden Einfluss aus«, würdigte ein Pädagoge 1919 den Einfluss dieser Spielwaren auf die Entwicklung von Geist und Intellekt.[171] Der ältere Zauberkasten, mit dem Kinder in die Haut kleiner Magier schlüpften, verschwand nicht, aber galt als ungleich weniger modern. Zauberei war eine Sache der Vergangenheit, die Technik war Angelegenheit der Zukunft. Nachgefragt waren nun also wissenschaftliche und technische Spielwaren: »Der Andrang in diesen […] Geschäften war teilweise lebensgefährlich«, lautete ein Zeitungsbericht zu Weihnachten 1924: »Festzustellen ist erfreulicherweise, dass Spielwaren, die gleichzeitig einen pädagogischen Zweck haben, technische Baukästen, Eisenbahnen usw., sehr stark gekauft werden.«[172] Als didaktisch wertvoll und für den Unterricht geeignet galten außerdem technische Geräte: dampfende Maschinen jeder Größe, elektrische Akkumulatoren, auch Baukästen mit Schaltkreisen, Motoren, Radiogeräte, Spielzeug-Telefone und vieles andere mehr. Junge und ältere Menschen begeisterten sich in der Welt des Spiels für das, was sie auch in der Realität bestaunten. »So tiefgreifende Veränderungen in der Geistesrichtung der Menschheit, wie sie die letzten Jahrzehnte bewirkt haben, müssen sich notwendigerweise auch in der Art des Spielzeugs ausdrücken«, konstatierte Günther von Pechmann im Jahr 1927, der im Deutschen Werkbund tätig und verantwortlich für Gewerbekunst am Bayerischen Nationalmuseum in München war: »Die fortschreitende Industrialisierung der alten Kulturstaaten, die Technisierung des Lebens, die Entfremdung der Großstadtbevölkerung von den Daseinsformen bäuerlichen und handwerklichen Lebens, all diese Wandlungen spiegeln sich wider in den Musterlagern des Spielwarenhandels.«[173]

Die Modelleisenbahn

Zum Spiel mit der Technik gehörte damals an erster Stelle die Eisenbahn. Sie ist gewiss eines der wichtigsten Produkte der Spielwarenindustrie in der ersten Hälfte des 20. Jahrhunderts. Bis heute hat sie an Faszination und Zahl von Liebhabern kaum verloren. Ihr Siegeszug als Spielzeug beruhte auf der Begeisterung der Zeitgenossen für die Wirklichkeit: Mit der Eisenbahn hatte der Mensch die Neue Welt erschlossen, die Eisenbahn hatte die Industrialisierung erst möglich gemacht und sogar Kriege logistisch entschieden. Sie rückte entfernteste Räume plötzlich aufs Engste zusammen. Nicht zuletzt war sie auch ein imperiales Herrschaftsinstrument in den Kolonien in Afrika. Allenfalls das Flugzeug, das noch ganz am Anfang seiner Entwicklung stand, mochte die Menschen in ähnliche Verzückung versetzen: Dem Zeitgenossen, meinte der Spielzeugforscher Paul Hildebrandt 1904, sei die Eisenbahn »nicht allein ein praktisches und schnelles Beförderungsmittel für Menschen und Güter, sondern das Daherrollen des mit […] glühenden Augen versehenen […] Zuges hat etwas Diabolisches, Gewaltiges, Elementares. Eine fast überirdische Kraft scheint den dahinrasenden Eisenkörper zu beseelen und wir erschauern halb in Lust, halb in Furcht vor dem uns überwältigenden Eindruck einer menschlichen Schöpfung, vermittels deren wir auf dem weltumspannenden Schienennetz wie im Fluge durch die Welt wandern und durch die wir erst eigentlich wirklich zu Beherrschern der Erde geworden sind.«[174]

Frühe Eisenbahn-Modelle aus Holz waren bereits vor der Mitte des 19. Jahrhunderts gebaut worden. Das Heimatland der Industriellen Revolution, also auch der modernen Eisenbahnmodelle, ist England. Deutschland zog erst mit der Reichsgründung im Jahr 1871 infrastrukturell erheblich nach. Lokomotiven als selbstfahrende

Modelle, die mit Uhrwerken angetrieben wurden, kamen hierzulande ab Ende der 1880er-Jahre auf den Markt. Zuvor waren sie noch überwiegend mit Dampf betrieben worden, was noch lange Zeit den besonderen Reiz behielt, mehr ein wahres Spiegelbild der Realität zu sein. Noch handelte es sich um komplizierte, technisch durchaus aufwendige und ohnehin sehr teure Produkte, die im klassischen Sinne kein Spielzeug waren, sondern Objekte zum Bestaunen und Studieren. Auf Schienen fuhren die ersten Spielzeugeisenbahnen etwa ab den 1890er-Jahren. Um die Jahrhundertwende begannen sie sich dann zunehmend mit Hilfe von Elektrik fortzubewegen. Ein teures Edelprodukt für alle Eisenbahn-Begeisterten war der Nordexpress. Der luxuriöse Fernzug verband in der wahren Welt Paris und St. Petersburg, die Hauptstadt des russischen Zarenreichs, und führte quer über den Norden des europäischen Kontinents. Im Ersten Weltkrieg musste die Zugverbindung eingestellt werden. Das detailgetreue Spielzeug-Modell brachte es auf vier Meter Länge, war 40 Zentimeter hoch, fuhr dampfend dahin auf 30 Metern Schienen. »Wir leben eben im Zeitalter der Technik und der Konstruktion«, meinte der Pädagoge Paul Hildebrandt: »Dieser Nordexpresszug macht so sehr den Eindruck der Vollkommenheit und Natürlichkeit, dass er noch späteren Zeiten ein richtiges plastisches Miniaturbild des Standes unserer heutigen Eisenbahnausstattung geben wird.«[175] Die zwei wichtigsten Hersteller in Deutschland waren Märklin, gegründet 1859 in Göppingen, und Bing aus Nürnberg. Letztgenanntes Unternehmen war über lange Zeit der Weltmarktführer für alle Arten von Spielwaren; in Schieflage geraten, musste Bing im Jahr 1932 die Spielwaren-Fabrikation verkaufen, um andere Teile des Unternehmens zu retten. Beide Firmen hatten im Ersten Weltkrieg vor allem technisches Kriegsspielzeug unters Volk gebracht und richteten ihren Fokus nach 1918 wieder auf das Friedensgeschäft mit Metallbaukästen, Blechspielzeug und Eisenbahnen.[176]

Aus technischer Sicht könnte man eine Unmenge über die Entwicklung der Modelleisenbahnen berichten – über Antriebsarten, Steuerung, Schienen, zu Gleich-, Wechsel- und Starkstrom sowie zur

Beleuchtung bis hin zu gesetzlichen Sicherheitsbestimmungen, welche die zulässigen Stromstärken bestimmten. Eine für Laien fast undurchschaubare Expertenwelt am Modelltisch entstand, die fast ein Abbild der technischen Wirklichkeit war und daher beanspruchte, mehr zu sein als bloß Spielerei. Zu Anfang der 1930er-Jahre kam mit Trix-Express, eine Weiterentwicklung der ersten elektrischen Tischeisenbahnen, eine populäre Marke hinzu; drei Züge pro Gleis konnten nun durch die Spielzeuglandschaften rauschen. In diese Zeit fiel ihr Durchbruch als Massenprodukt. In ersten Liebhabervereinen tat man sich jetzt zusammen. Der Modelleisenbahner-Verein in Hamburg, gegründet Ende 1931, organisierte Vorführungen, baute Bahnstrecken der Wirklichkeit als riesige Modelle nach. Eisenbahner, die das Fachwissen mitbrachten, erläuterten den Schaulustigen alle Feinheiten des modernen Signal- und Transportwesens. »Dass es sich in der Tat nicht nur um eine Jugendspielerei handelt«, berichtete eine Zeitung über ein solches Schauspiel in Hamburg, »bewies die rege Anteilnahme, mit der das überwiegend aus Erwachsenen bestehende Publikum den Vorführungen folgte.«[177]

Zu ernst, um nur ein Spiel zu sein, aber doch zu vergnüglich für bloße Ernsthaftigkeit – das scheint alle Spielsachen auszumachen, für die Menschen bis ins Alter sich begeistern. Auch wie mit den Eisenbahnen von Seiten der Spieler umgegangen wurde, variierte. Ihrer Fahrt nur mit dem Auge zu folgen hieß beispielsweise Fahrenlassen; eine weitere Spielart, die angeblich besonders bei Erwachsenen verbreitet war, lag im Abbremsen und in bewusster Entschleunigung. Es gab und gibt ebenfalls das Spiel mit der Katastrophe, bei dem Unfälle und Entgleisungen ganz bewusst provoziert werden. Märklin brachte zwischen 1902 und 1908 eigens einen Zug heraus, der bei Kollisionen auseinanderfiel und dann wieder zusammengesetzt werden musste. Dieses Unfallspiel allerdings setzte sich nicht durch; zu groß war die Liebe zum Gegenstand und zu vorhersehbar das Spiel. Allmählich wurde die Modelleisenbahn in ihren verschiedenen Varianten für die meisten erschwinglich. Besonders Bing produzierte Modelle für den Massenmarkt.[178] Gemeinsam mit den Kindern plante und bastelte man, baute und experimentierte, fachsimpelte und las in speziellen Zeitschriften über aktuelle Innovationen. »Das kleine bemalte Holzpferd ist aus der Kinderstube und den Kinderherzen mehr und mehr verdrängt worden durch das Kleinauto aus gestanztem Blech und durch die metallene Lokomotive«, bilanzierte eine Fachzeitschrift im Jahr 1927.[179]

Mobilität als Spiel

Die Möglichkeiten durch die neue Technik fanden nach der Jahrhundertwende auch auf den Spielbrettern ihren Niederschlag. Reisespiele entführten mit Automobil, Zug, Dampfschiff, Zeppelin oder Flugzeug in entlegenste Winkel der Welt oder rund um den Globus. Als typisches Laufspiel dieser Art wäre »Im Fluge durch die Welt« zu nennen, das vom Fürther Spieleverlag Klee im Jahr 1920 erschien: Die Spieler, im Wettlauf rund um die Welt, starten mit ihren Flugzeugen in New York und umrunden den Erdball. Auf dem Flug müssen sie – das gehört zum Prinzip dieser Art Spiele – zwischenlanden, auftanken, pausieren, Defekte reparieren. Die Weltreise ist zudem gespickt mit Exotik. In Spanien bewundert man einen Stierkampf, in Afrika landet der Spieler »bei einem Negerdorf, wo er [...] sich an dem Leben und Treiben dieser Naturvölker ergötzt«, irgendwo im Pazifik schwebt das Flugzeug »über den seltsamen Booten der Australneger«, während man in Indien auf Tigerjagd geht. In den Weiten Sibiriens ist nur ein »armseliges Dorf in der öden Landschaft« zu sehen.[180] Solche Brettspiele thematisierten die neuesten Errungenschaften der Technik, zeigten aber zugleich die Welt auf herkömmliche traditionelle Weise.

Ungezählte Gesellschaftsspiele machten seit der Jahrhundertwende die Fortschritte im städtischen Raum zum Thema. Man bestieg eine elektrische Straßenbahn oder fuhr mit dem frühen Automobil durch die quirlige Nachbarschaft. Und Verkehrsspiele brachten den Spielern die Regeln des Straßenverkehrs nahe. Beliebtes Motiv, das sich in fast allen fand, war die Schutzpolizei, kurz Schupo. Noch gab es keine Ampelanlagen, deshalb lenkte der Schupo mit Trillerpfeife und Handzeichen das Verkehrstreiben. Die Spiele-Firma Josef Schmidt brachte mit »Der gute Schupo« ein Familienbrettspiel heraus, das mehrere Generationen und vier politische Systeme überdauerte. Die erste Fassung zeigte den Berliner Verkehrspolizisten, der Kinder durch den Großstadtverkehr begleitet, in moosgrüner Montur, wie sie zur Zeit der Monarchie und der Weimarer Republik verbreitet war. In einer späteren Ausgabe sieht man ihn in der neuen blauen Uniform, die in den 1920er-Jahren sowie in der Nazizeit verwendet wurde. Nach 1945 trägt er Weiß, als sei er reingewaschen. Auch Spielbestandteile, die Herausforderungen des Verkehrs und das Stadtbild unterliegen natürlich dem Wandel der Zeit.[181]

Das Automobil war schon ein Spielzeug für Kinder, lange bevor das Gros der Erwachsenen in den Genuss des Selbstfahrens kam. Die ersten Kinderautos entstanden um das Jahr 1907. Das wichtigste, das hierzulande größeren Erfolg hatte und später als das Erste überhaupt galt, kam 1908 auf den Markt. Eine Firma aus Bielefeld, die sich auf solches Mobilitätsspielzeug spezialisierte, verkaufte das erstaunliche Gefährt unter dem Namen »Tante Voss« – es war den ersten Automobilen genau nachgebildet, hatte einen hohen Sitz aus Leder, einen winzigen Kühler, Pedale und eine Stange mit Lenkrad, das bis hoch nach oben zum Sitz reichte. Erschwinglich war das teure Spielzeug, das selbst ein kleines Wunderwerk der Technik war, nur für sehr wenige. Mehrheitlich die Söhne Wohlhabender konnten in allen möglichen Fahrzeugen Platz nehmen, die in den folgenden Jahren auf den Markt kamen, vom Rennwagen bis zur Limousine. [182] Preiswert und für die breite Bevölkerung erschwinglich war das Kinderauto – mit zwei Hebeln an der Seite wurde es fortbewegt – eines Herstellers aus Köln. Glaubte man der Werbung, so sollten die kleinen Gefährte sogar nicht nur Spielzeug sein, sondern auch ein Gymnastikgerät: »Kräftigt die Muskeln und Lunge. Macht die Kinder frisch und fröhlich. Leicht und gefahrlos.«[183]

Rasant entwickelte sich die Technik vorwärts, also wandelten sich auch die Spiele und Träume von der Mobilität: »Motor, Licht, Handbremse. Das ist kein Spielzeug mehr, das ist Modellarbeit, was wir unseren Kindern in die Hand geben.«[184]

Weltall und Schraubenmenschen

Faszinierend, weil auf wunderbare Weise naiv, sind zwei weitere Brettspiele, die in den 1920er-Jahren offenbar als Werbebeigabe beim Einkauf von Lebensmitteln an jedermann verteilt wurden: »Das Raketenflugzeug« nahm die jungen Spieler mit auf eine unwahrscheinliche Reise durch das Weltall. Ein Raum für bunte Fantasien, wie sie im Genre der Science-Fiction-Romane schon im späten 19. Jahrhundert Verbreitung fand. Vorlage für diese Weltraumreise war möglicherweise das Brettspiel »A Trip to Mars«, das ein britisches Unternehmen im Jahr 1904 auf den Markt gebracht hatte; man reist darin in einer merkwürdigen Maschine – eine Mischung aus Stahlzeppelin und Propeller-U-Boot – auf dem Weg zum Mars rund um die Sonne, während Weltraum-Polizisten mit modernen Ikarus-Flügeln den Verkehr im All dirigieren. Auch auf dem deutschen Spielplan geht es vorbei an reichlich Zukunftsfantasie: tote Eis-, bewucherte Dschungel- und gefährliche Feuerplaneten. Eine dieser fremdartigen Welten wird von einem Zwergen-Völkchen besiedelt. Ähnlich ist auch »Reise zum Mond« – der damals noch unerfüllte Traum der Menschheit. Das Brettspiel wirft alle Erkenntnisse der neueren Naturwissenschaft über Bord. Der Mond, auf dem die Spieler landen, ähnelt so ziemlich der Erde. Nur wächst die Vegetation viel üppiger in die Höhe, und es gibt ein Tier ähnlich dem Drachen aus der Nibelungensage; auch einem Riesen, der auf einem gewaltigen Pferd reitet, begegnen die Spieler auf dem Mond. Die Verpackung dieses Laufspiels – ein Mond mit Gesicht, in dessen breitem Mund ähnlich einer Zigarre offenbar eine Rakete landet – nahm auf einen französischen Stummfilmklassiker gleichen Namens aus dem Jahr 1902 Bezug.[185] Solche Gesellschaftsspiele nutzten zwar die Faszination für die Möglichkeiten, welche die moderne Technik zu eröffnen schien, waren allerdings reine Unterhaltungsprodukte, die nicht den Anspruch erhoben, pädagogisch wertvoll, wissenschaftlich aufklärend oder naturgetreu zu sein.

Als futuristisches Spielzeug gab es Ende der 1920er-Jahre bereits die ersten kleinen Raketenautos für Kinder, die mit Feuerwerkszündern sich rasant nach vorn katapultierten, und preiswerte Weltraumkapseln, die den Traum vom Verlassen der Erde belebten. Es kamen Zukunftsstädte und -bahnhöfe hinzu, die sich als Modelle aufbauen ließen.[186] Nicht nur die Kleinen spielten damit, sondern auch die Erwachsenen, die ihre Begeisterung für die Wunder der Technik am Modelltisch auslebten. Der Flugzeug-Modellbau übrigens erfreute sich in der Zwischenkriegszeit erstmals ungezählter Liebhaber. Vereine wurden gegründet und erste Flug-Wettbewerbe veranstaltet. Noch wisse man freilich nicht, ob das Flugzeug irgendwann einmal die Eisenbahn ablösen könnte, blieb der Pädagoge Oskar Frey aus Leipzig 1919 skeptisch. Aber die Luftschlachten des Weltkriegs hätten ja in der Welt des Spiels schon eine andere, friedliche Zukunft erhalten. Wenn Luftreisen wenigstens für reiche Leute irgendwann möglich würden, könne man eine ganz neue Mode erwarten. Wie in der Vergangenheit die Matrosenkluft, wäre unter Kindern die Pilotenkleidung begehrt, auch Puppen als Flieger ließen sich dann leicht verkaufen, ebenso wie Modellbaukästen. »Flugzeugmodellbau wird so manchen Vater und manchen jungen Mann zur Arbeit mit und in technischen Dingen anregen, der sonst seine Hände ängstlich vor der Berührung mit Werkzeugen behütete.«[187]

Ein Vorbote und Vorläufer des Roboters – die ersten echten Roboter, merkwürdige kleine Blechkästen mit Armen und Beinen, gab es etwas später – wurde 1933 zum Kassenschlager: Tupo, der Schraubenmensch, eroberte die Kinderzimmer und Bastelstuben der Deutschen. Technikbegeisterung verschmolz mit einem Menschenbild, das vom Materialismus tief geprägt war. Die erste und älteste Schraubenfabrik Deutschlands mit Sitz in Ennepetal im Ruhrgebiet hatte dieses faszinierende Spielzeug entwickelt. Es wurde zum Riesenerfolg. Tupo begeisterte nicht durch Schönheit, Anmut oder Liebreiz. Tupo war ein drahtiges Wesen, dürr und klapprig, mehr experimentelle Maschine als Mensch. Seine künstlichen Glieder wurden von kleinen Schrauben und Muttern zusammengehalten. Doch nahm man nun einen Schraubenzieher zur Hand, konnte man Tupo auseinanderbauen, zerlegen und wieder zusammensetzen. Beliebig ließen sich seine beweglichen Einzelteile kombinieren und selbst seine Gestalt komplett verwandeln. Als Baukasten kam der futuristische Schraubenmensch in dutzendfacher Ausführung daher: heute ein Cowboy, morgen ein Kellner, Pianist oder Fischer, Sänger oder Bergsteiger, und übermorgen machte man aus ihm einen marschierenden Fußsoldaten oder Feldherrn zu Pferde. Tupo versinnbildlichte auf grandiose Weise das Versprechen der modernen Zeit: Du kannst alles sein und werden, wenn du es mit Nachdruck willst. Auch Tupo galt nicht bloß als Spielzeug: »Es schärft die Beobachtungsgabe für die Anatomie, für die Ausdrucksbewegung des menschlichen Körpers. Jeder, der das Ding in die Hand bekommt, ist plötzlich überrascht, amüsiert und – überzeugt.«[188]

In den 1930er-Jahren hatten solche Technikprodukte das ältere, klassische Spielzeug fast völlig beiseitegedrängt. Eine nationalsozialistische Zeitung berichtete: »Die Eisenbahnen haben sich gewandelt, sie haben kein Uhrwerk mehr und eine einzige runde Schiene, auf der sie so lange im Kreise laufen, bis sie abgelaufen sind – es sind vielmehr elektrische Eisenbahnen [...] mit Weichenanlagen und Signalen. Auch das Soldatenspiel beschränkt sich nicht auf Kavallerie und Infanterie, es müssen Tanks dabei sein und Flaks, ganze Flugplätze bauen sich die Jungs mit Hallen und Gebäuden, mit Scheinwerfern. Die Flugzeuge aber bauen sie selbst. Da gibt es Flugzeugbaukästen für sie, Autobahnbaukästen, denn natürlich spielt man jetzt auch ›Reichsautobahn‹, da gibt es Metallbaukästen, mit denen man Drahtseilbahnen, Brücken und Kräne bauen kann. Die Technik hat das Feld erobert und unsere Jugend!«[189] Und es wurde auch lobend festgestellt: »Fast ausgemerzt ist der Kitsch im Spielzeug. Fast jeder Gegenstand entspricht genau der Wirklichkeit, die Puppen, Figuren und Stofftiere haben keine unnatürliche, verkrampfte Haltung mehr, die früher so oft anzutreffen war, und der schreiend bunte Anstrich vieler Spielwaren ist naturgetreuer Färbung gewichen. Man kann dies am besten an den Kriegsfahrzeugen feststellen, die genau dieselbe graugrüne Deckfärbung [...] wie die motorisierten Einheiten unseres neuen Reichsheeres haben.«[190]

Alternatives Spielzeug

Die Technisierung des Spiels fiel allen Beobachtern auf. Die Dinge wurden beweglich, wie in die Großstädte noch mehr Bewegung kam; sie wurden laut und dampften wie Fabrikmaschinen; sie erforderten Geschicklichkeit, fast wie Sportgeräte; man sollte sie meistern, aufbauen, zerlegen und sortieren. »Es ist das mechanische Spielzeug«, befand ein Künstler, »das sich im Gegensatz zur romantischen Welt des Kindes mehr dem Wesen unserer Zeit anlehnt, der Welt des technischen Schaffens«.[191] Ein kritischer Unterton schwingt mit, wenn ein Analyst meinte: »Nicht nur eine Brücke in allgemeinen Formen, die etwa unproportioniert neben den Häuschen und Figürchen der Spielzeugschachtel steht, sondern speziell eine Eisenbahnkonstruktionsbrücke mit all ihren technischen Feinheiten, mit ihren genauen physikalischen und statischen Grundlagen wird Spielzeug. Nicht ›die‹ Lokomotive – ein Ding mit einer Walze auf vier Rädern, sondern die naturgetreue realistische Nachahmung bestimmter Typen – bis auf die Schlothöhe genau – bis zu den Kurven der Flächen, die den Luftwiderstand vermindern. In all diesen, bis zum Lehrmodell gesteigerten Dingen, in den elektrischen und neuerdings auch chemischen Experimentierkästen spiegelt sich [...] der realistische Zug unserer Zeit auf Einzelforschung. Aus den nebeneinanderstehenden, exakt beschriebenen Einzeldingen erwarten viele das Weltbild.«[192]

Es gab die Gegenbewegung und den Wunsch nach Rückkehr zur Fantasie. Konrad von Lange, ein Kunsthistoriker aus Tübingen, hatte bereits 1893 kritisiert, die Industrie versündige sich am Geist des Kindes. Immer mehr sei die Welt abgebildet, wie Erwachsene sie sähen; immer weniger entspreche das den Bedürfnissen der Jüngsten. Kinder sollten die Welt auf ihre eigene Weise, mit eigenen Augen und eben

Fantasie entdecken. Zahlreiche Reformpädagogen schlossen sich dieser Kritik an der Spielzeugindustrie in den kommenden Jahren an: »Da können die Puppen nicht groß und babymäßig genug sein, ihre Haare und Augen nicht natürlich genug, ihre Kleider nicht echt und luxuriös genug sein, da müssen die Puppenstuben getreue Modelle von feinen Zimmern, die Spielwagen Modelle von Modekutschen [...] sein, damit nur ja die Phantasie des Kindes nichts mehr zu tun finde und baldmöglichst ihrer Wege gehe. Und gerade in der Phantasiebetätigung liegt ja dem Kinde der Reiz der Sache; es will nicht die Dinge selbst, es will Merkzeichen, Sinnbilder der Dinge, Anregungen zu eigenem Gestalten – es lässt die schönen Sachen beiseite und holt sich andere her, wenn es noch nicht [...] für den Phantasiegenuss verdorben ist. Stufenweise nur, wie seine Kenntnis der Wirklichkeit wächst, darf man dem Kinde mehr naturalistisches Spielzeug zuführen – je länger es bei den einfachsten Sachen bleibt, je dienlicher ist das seiner Phantasie.«[193] Man müsse sich wundern, meinte ein anderer Pädagoge, dass die Menschen »beim Blick in die Schaufenster der Spielwaren-Geschäfte [...] falsche Produkte höchst vollkommen und für ihre Kinder wertvoll finden«.[194]

Die Auffassung, dass das Fließband-Spielzeug beliebig und für echtes Kinderspiel nicht tauglich sei, hatte bereits im 19. Jahrhundert Verbreitung gefunden. Über Spielzeug debattierten Pädagogen in den folgenden Jahrzehnten heftig. Der Industrie warf man vor, ihre Spielwaren seien ohne Leben und innere Wahrheit. Der Reisejournalist Karl E. Schmidt fand schon 1904 die »leblose Steifheit von Nürnberger Spielwaren« abschreckend.[195] Eine Familienzeitung empfahl, keine Gummi-Produkte zu kaufen, die in Mode gekommen waren: Der Geruch sei scheußlich, das Gummi unhygienisch und in der Verarbeitung ungesund, weil nicht an den Fähigkeiten der Kinderhände orientiert.[196] Nur auf den Exportmarkt schiele die Industrie und wie man die Waren in aller Welt am besten verkaufen könne. Die Folge: ein Massengeschmack, der absolut austauschbar sei. Es gebe keine Unterschiede mehr, jede kulturelle Vielfalt und Schönheit gehe dabei verloren: »Die Massenproduktion ist mit wenigen Ausnahmen so auf die Herstellung von Minderwertigkeiten, die den Geschmack der ganzen Welt bis herunter zum Hottentotten gleichmäßig entsprechen sollen und wollen, eingestellt, dass Besserung schaffen wollen mit Windmühlen kämpfen heißt. Fast nur der Künstler schafft heute auf diesem Gebiete noch Werte«, beklagte der Spielzeugforscher Karl Gröber 1928.[197]

In der pädagogischen Praxis fanden die Vorbehalte ebenfalls ihren Niederschlag. Eine Schrift für Kindergärtnerinnen empfahl 1931, Kindern nur schlichtes, aber geschmackvolles Spielzeug an die Hand zu geben. Puppen bräuchten weder Mechanik noch blecherne Stimmen, auch kein echtes Haar, keine Gelenke. Das alles sei unnützes Beiwerk. Selbst die Spielzeug-Tiere seien vielfach zu naturnah geraten und würden dadurch die lebendige Fantasie im Keim ersticken. Auf Kriegsspielzeug – Säbel, Revolver, Gewehr und Zinnsoldat – sei ebenfalls unbedingt zu verzichten: »Sie verleiten das Kind zu Rohheitsakten und bringen es einem Ideenkreis nahe, von dem wir es unbedingt fernhalten wollen.«[198]

Die Absage an solche Spielsachen formulierte am radikalsten die Waldorf-Pädagogik. Der Anthroposoph Rudolf Steiner, geboren 1861, der diese Konzeption führend mitgestaltete, hielt Spielwaren für verderblich: Baukästen seien nicht für Kinder geeignet, denn es handele sich um Werkzeuge der Erwachsenen; die Bauklötzchen mit ihrer starren Geometrie würden der Fantasie nur Grenzen setzen; und mit der künstlichen Puppen-Ästhetik würden die reinen Sinne des Kindes verdorben.

Ähnlich sah das Maria Montessori, eine italienische Reformpädagogin, deren Einfluss damals bis weit nach Deutschland reichte. Sie verweigerte sich den industriellen Spielwaren allerdings nicht im Grundsatz. Vielmehr wollte sie mit ihren aus natürlichem Material produzierten Spielsachen die kindlichen Sinne anregen sowie die Kreativität fördern: Würfel, Klötzchen, geometrische Körper wie Kugeln, Polygone oder glatte Flächen. »Das Kind findet um sich herum Gegenstände, die ihm ein gesundes, seiner Entwicklung dienendes Leben gestatten, es findet autodidaktisches Material, an dem es sich erzieht ohne dass die Hilfe der Lehrerin viel erforderlich ist«, hieß es über das Konzept der Montessori-Schule in Aachen, die 1924 eröffnete: »Das besondere Übungs- und Lernmaterial ist den Altersstufen der Kinder in Art und Anzahl angepasst. Das Kind findet konkrete Dinge, die mit der Erkenntnis Sinne und Bewegung üben und der Synthese der Persönlichkeit dienen. Nicht viel zu lernen, sondern einzusehen, Tun und Erkennen zu verbinden, ist das Ziel der Montessori-Schule.«[199] Bis heute ist die Montessori-Pädagogik in der Schullandschaft Deutschlands fest verankert; im Dritten Reich waren die Montessori-Schulen verboten worden. Die Kritik an den Massenspielwaren fand unter den Nationalsozialisten nach 1933 allerdings ebenfalls viele Anhänger. Für die Herstellung von Spielzeug sei eben mehr erforderlich als »die gefühllose Maschine, die den Millionenartikel stanzt«, hieß es typisch in einer Nazi-Propaganda-Schrift.[200] Die Globalisierung und Technisierung des Spiels schien aus Sicht mancher das ›völkische Wesen‹ zu bedrohen. »Es wird nicht lang dauern«, hieß es 1938 in einem Schulungsheft der Dienststelle Kinderlandverschickung, »dann sind auch die modischen Ausstattungspuppen mit ihren Sprechautomaten und Schlafaugen vergangen, weil sich eine Zeit ankündet, die wieder auf Spielzeuge Wert legt, die dem Werden und Wesen des Kindes entsprechen und nicht irgendwelchen sentimentalen Erwachsenen-Wünschen.«[201] Solche Kritiker wären irritiert, könnten sie sehen, womit die Menschen der Gegenwart spielen.

Puppen als Kunstwerke

Die Kritik verschonte selbst Spielzeug nicht, das zum Spiel mit dem Liebreiz gehört. Zum ältesten Spielzeug dieser Art zählt die Puppe. Sie ist mit dem plastischen Abbild des Menschen eng verwandt. Archäologen haben – auf diesen Hinweis hat noch keine Geschichte des Spielzeugs verzichtet – kleine Menschenfiguren in neolithischen Gräbern gefunden. Andere puppenartige Wesen sind, neben vielen weiteren Spielsachen, außerdem aus der griechischen und römischen Antike sowie aus dem alten Ägypten bekannt. Die Ägypter übrigens sollen die Ersten gewesen sein, die den Puppen ein Gelenk verschafften.[202] Möglich, dass diese Funde einst sowohl Spielsachen für Kinder wie auch religiöse Kultobjekte waren.[203] Im Hochmittelalter traten Puppen als Botschafter auf: Die französische Königin Isabeau soll im Jahr 1391 üppig bekleidete Puppen an das englische Königshaus verschickt haben, um dort die Moden ihres eigenen Hofstaates zu verbreiten. Und bereits im frühen 19. Jahrhundert hatte angeblich der erste künstliche Mensch das Sprechen gelernt. Johann Mälzel, einem Erfinder und Instrumentebauer, wird zugeschrieben, er habe die Worte »Mama« und »Papa« einer Puppe in den Mund gelegt. Zog man an ihren Armen, sprach sie, als wäre sie zum Leben erweckt. Verbreitung fanden sprechende Puppen allerdings erst nach 1900; die Sprechmechanismen in ihrem Innern wurden immer kleiner und ließen jetzt Abspielzeiten von mehreren Minuten zu.[204] Der Weg führte von hier aus weiter zum Roboter der Gegenwart. Die Puppe kann mitunter als Kunstwerk gesehen werden, weil ihr ein Meister oder Künstler als Abbild des Menschen eine besondere plastische Form gibt.

Die Puppenbildnerin Lotte Pritzel, 1887 in Breslau geboren, spielte mit der feinen Grenzlinie, die zwischen Spielzeug und hoher Kunst vorhanden schien. In jungen Jahren hatte sie in München Anschluss an Bohemiens und die Künstlerszene gefunden. Zu ihren Freunden und Förderern zählte Rainer Maria Rilke. Der bekannte Dichter publizierte 1921 ein kleines Buch, das die Puppenwesen rühmte; sie selbst steuerte einige Zeichnungen ihrer fantastischen Wesen bei. Fast alles aus Kinderzeiten lege der Mensch irgendwann einmal beiseite, befand Rilke – ob das Schaukelpferd, die Blechtrommel oder irgendein anderes Spielgerät. Nur eben die Puppe nicht. Sie begleite den Menschen bis ins hohe Alter und scheine noch fortzuleben. Im naiven Gespräch der Kinderzeit habe sie nie geantwortet, sei nie wahrhaft lebendig gewesen: »Aber wir begriffen bald, dass wir sie weder zu einem Ding noch zu einem Menschen machen konnten, und in solchen Momenten wurde sie uns zu einem Unbekannten, und alles Vertrauliche, womit wir sie erfüllt und überschüttet hatten, wurde uns unbekannt in ihr.«[205] Pritzels Geschöpfe aus Wachs, von denen nur wenige erhalten sind, beeindruckten nicht nur Rilke: Fast elfenhaft zart sind die Gesichter, die Beine und Ärmchen spindeldünn, als wären die Körper nur eine schamvolle Andeutung ihrer selbst. Märchengleich sind sie mal in üppige Gewänder gehüllt, wie Hofdamen und Prinzen, mal in spärliche Kleidchen wie zauberhafte Feen. Vielleicht sei Lotte Pritzel im Innersten Kind geblieben, meinte der Schriftsteller Georg Hirschfeld. Aber ihre Spielzeuge waren Kunstobjekte: »Bleiche Pierrots, Tänzerinnen, die zu tanzen glauben, Kavaliere eines vergangenen Adels. Lotte Pritzel schafft ihre Puppen selbst in stillem Spiel. Sie gibt ihnen alles. Sie formt ihre Körper und zieht ihnen Kleider an. Alles, was sie haben müssen, um richtige Puppen zu sein, bekommen sie von ihr. Kopf und Glieder, die unverhüllten Teile, werden kunstreich in Wachs modelliert und getönt, wie die kleinen Seelen es fordern. Der Körper unter dem Kleid besteht aus Draht und Watte. Ganz körperlos dürfen die Puppen nicht sein, damit nicht unkünstlerisch ein interessanter Kopf auf einem hübschen Kleid sitze, Glieder ohne lebendigen Zusammenhang an Spitzensäumen baumeln. [...] Der feine Instinkt der Künstlerin hütet sich vor dem ›Ernst‹ und will seine Spielfreude auch den anderen großen Kindern lassen.«[206] Vitrinen-Puppen, wie Lotte Pritzel mit Selbstironie sagte, weil ihr Daseinszweck nicht im Spiel, mehr in der Schönheit lag.

Erna Pinner, ebenso begabt und nur drei Jahre älter als Pritzel, hatte die gleiche Faszination für sich entdeckt. Die Puppen, die sie in ihrer Heimatstadt Frankfurt am Main im Kriegsjahr 1915 erstmals öffentlich präsentierte, waren jedoch keine zierlichen Schönheiten, sondern mehr komische Wesen. Nicht eigentlich hässlich, machten sie doch einen recht merkwürdigen Eindruck. Die Proportionen von Körper zu Kopf, Armen zu Beinen stimmten nicht, schienen der Natur entrückt. »Aus einem spielerischen Gegenstand wird eine Sache, die mit uns spielt«, meinte der Schriftsteller Kasimir Edschmidt, ihr Geliebter. Keine ihrer Puppen ist erhalten geblieben. Sie selbst – als Jüdin durfte sie unter der Herrschaft der Nazis später nicht mehr arbeiten – emigrierte in den 1930er-Jahren nach England. »Sie sind in der eigentlichsten und ersten Bedeutung Puppen«, hatte Edschmidt geschrieben, »und haben doch ein inneres Lächeln über sich selbst. Sie scheinen weiter nichts als Menschliches darzustellen und widersprechen sich doch. [...] So ist ihre Bestimmung nicht wie bei Lotte Pritzel ein Erlesenes für Connaisseure, nicht andrerseits ein geschmackvoll errichteter Gegenstand für Kinder, es wird hier mit Menschen gerechnet, die die beängstigende Atmosphäre des widersprechenden Seins im Bilde sehen können.«[207]

Von Puppen und Stofftieren

Bis in die frühe Neuzeit hatte sich in Deutschland ein fachkundiges Handwerk entwickelt, das Puppen als Spielzeug für Kinder fertigte. Zu einem wichtigen Zentrum war bis ins 19. Jahrhundert der thüringisch-fränkische Raum geworden, besonders Neustadt bei Coburg, Sonneberg und Waltershausen. Das Spielzeughandwerk bildete ursprünglich ein dringend benötigtes Zusatzeinkommen für die Landbevölkerung: Im Winter, wenn die Äcker nicht bearbeitet werden konnten, saßen die Familien daheim und bauten Spielzeug, das man auf dem Markt verkaufte. Fachfrau Käthe Kruse erklärte: »Seit Generationen ist in Sonneberg dieses Erzeugnis zu Hause, und jede Familie ist hier eine organisierte Fabrik. Die Mutter näht die Puppenkleider usw., die Kinder drehen die Ärmel um, die Männer formen die Köpfe, die Jugend bemalt dieselben.«[208] Kinderarbeit allerdings, das wäre zu ergänzen, war unter diesen Umständen keine Ausnahme. Selbst nach 1904, als sie im Deutschen Reich per Gesetz verboten wurde, blieb Kinderarbeit im häuslichen Umfeld übliche Praxis; für die Hochburgen der Spielwaren galten Ausnahmen, um die Wirtschaft zu schützen.[209] Anfang des 19. Jahrhunderts waren Puppen meist noch aus Holz gefertigt worden, später kamen mit Wachs, Papiermaché, Porzellan und Hartgummi weitere Materialien hinzu. Das Innere aus Sägemehl war früh durchgefallen, da die Kinder den Stoff zu gern zerrissen, um die Eingeweide zu erforschen. Kugelgelenke ersetzten mit der Zeit einfache Scharniere. Kleidungsstücke wurden immer aufwendiger. Meist spiegelten Puppen die Moden der Zeit; die Haare geflochten und die Kleidung genäht nach den Gepflogenheiten der jeweiligen Regionen, wo sie entstanden. Die Händler hatten früh den Geschmack des Auslands ebenfalls im Blick; deshalb trugen Puppen auch landestypische Trachten aus Russland, Südeuropa, sogar aus dem Fernen Osten. Hinzu kam das städtische Interieur, das der Puppenwelt erst das echte bürgerliche Leben einhauchte: Puppenhäuser, kleine Küchen, Kaufläden, Miniaturgeschirr, Wiegen und Stuben, oft von bester Handwerkskunst und nicht selten sündhaft teuer. Die Babypuppe fand erst im 20. Jahrhundert Verbreitung. Zu ihren frühen Vorläufern in Deutschland wird der sogenannte Sonneberger Täufling gezählt – ein Puppentyp, gefertigt seit etwa 1850, der ein Kleinkind eben im Tauf-Alter darstellte, aber noch nicht als Säugling gestaltet war. Weil Spiel in die Erwachsenenwelt einführen sollte, bildeten die Puppen meist ältere Menschen. Dass Kindlichkeit ein Wert für sich ist, wurde erst im frühen 20. Jahrhundert erkannt.[210]

Mit der Zeit war das Puppenhandwerk immer aufwendiger und das Gewerbe verzweigter geworden. Das Spiel schied sich zudem in soziale Klassen: Noble, teure Puppen mitsamt hochwertiger Dekoration gab es für Wohlhabende, schlichtere für den schmalen Geldbeutel der rasant anwachsenden Arbeiterschicht. Max Enderlin warnte aus pädagogischer Sicht 1907 vor dem schädlichen Einfluss durch zu sorglosen Umgang mit Puppen. Je toller die Puppe geschmückt werde und je mehr das Kind ewige Zeit auf ihre Schönheitspflege verwende, desto größer könne die verderbliche Wirkung sein: Eitelkeit und Hochmut könnten das Puppenspiel begünstigen, auch Neid und Missgunst entstünden, weil die Freundin eine schönere besitze.[211] Es waren Spielsachen, aber zugleich – weil sie eben Abbildungen des Menschen waren – doch mehr.

Puppen konnten manchmal zu lebenslangen Begleitern werden, wie Karl Gröber 1928 feststellte: »Es ist bei der Puppe etwas Eigenartiges: sie wird, je älter sie ist, umso inniger geliebt. Das ist aber nicht weiter zu verwundern, denn sie ist ja die liebenswürdige Vertraute der schönen Kinderzeit, und wird, wenn verständige Mutterhände sie in die Mode ihrer Entstehungszeit gekleidet haben, zum Zeugen vergangener Kultur und dadurch zum lebendigen Vermittler des Wesens unserer Vorfahren. Vor einem anderen Kunstwerk aber hat eine gute alte Puppe den Vorteil, dass sie […] als ein Spiegelbild der verflossenen Jugendzeit weiterlebt.«[212] Paul Hildebrandt wiederum konnte im Jahr 1904 mit einiger Berechtigung behaupten, Deutschland sei »Vaterland fast aller guten Puppen, die über den Erdkreis verbreitet sind«.[213] Eher nationalchauvinistisch hieß es aus der Branche: »Mit der deutschen Puppe […] kauft das Ausland nicht nur die Ware, sondern deutsches Wesen, das sich durch eine Fähigkeit, kindlich zu empfinden, auszeichnet.«[214]

Für die Hochburgen, besonders im thüringisch-fränkischen Raum, zogen nach 1918 Krisenzeiten auf; und die wirtschaftliche Rezession am Ende der 1920er-Jahre traf das Handwerk obendrein hart. Nur Käthe Kruse hatte es im Vergleich zur Konkurrenz scheinbar spielend leicht. Die erfolgreiche Geschäftsfrau, die sich den Beinamen »Königin der Puppen« erwarb, exportierte ins Ausland, vor allem in die USA. Ihr Spielzeug gelangte zu Weltbekanntheit. Kruse, geboren 1883, hatte sich 1912 in Bad Kösen in Thüringen niedergelassen. Ein Leistungswettbewerb des Tietz-Warenhauskonzerns unter dem Motto »Spielwaren aus eigener Hand« war zwei Jahre zuvor zu ihrem ersten großen Coup geworden. Bestellungen aus den USA trieben ihre geschäftlichen Ambitionen voran. Die Puppen, die anfangs noch von einer fremden Firma in Thüringen gefertigt wurden, produzierte Käthe Kruse in ihren neuen Werkstätten jetzt in Eigenregie. Etwa 50 Handwerker beschäftigten sie und ihr Ehemann Max Kruse im Jahr 1923. Innerhalb recht kurzer Zeit stieg sie zur erfolgreichsten kunstgewerblichen Puppenherstellerin auf. Ihre Produkte wurden für Natürlichkeit und täuschende Echtheit von Fachkreisen und Käufern gleichermaßen gerühmt.[215] Die Mutter von sieben Kindern inszenierte sich in der Öffentlichkeit als Verfechterin pädagogisch und qualitativ hochwertiger Spielwaren. Angeblich hatte sie überhaupt erst zur Puppenherstellung gefunden, weil ihr Ehemann den eigenen

Töchtern keine Spielwaren von minderwertiger Qualität in die Hände geben wollte: »Sie sind waschbar, weich und unzerbrechlich, und ihr Sinn ist – Erziehung zur Mütterlichkeit!«, schrieb sie Anfang der 1920er-Jahre über ihre Puppen. »Entstanden ist sie aus der Liebe zum kleinen Kinde, sowohl zu dem, was ich jeweils im Arm hatte, als auch zu denen, die um mich spielten. Alle meine eigenen Kinder waren mir Modelle.«[216] Gefallen an der Vorzeigemutter, die sich stets mit den eigenen Kindern und Puppen zeigte, fanden auch die Illustrierten. Diverse Familienfotos, welche die Grenzen der Rührseligkeit stark strapazierten, erschienen im Blätterwald. Kruse betrieb Werbung in eigener Sache meisterlich wie ihr Handwerk. Die Weltausstellung in Paris 1937, auf der sie einen großen Preis gewann, festigte den Ruf ihrer Produkte weltweit.[217]

Puppen sind kein Spielzeug, das politisch neutral wäre. Weil sie Spiegelbilder dessen sind, wie Menschen sich sehen und ihren Kindern zeigen wollen, führen sie mitunter auch in die schmutzigen Niederungen politischen Lebens. Der Volkskundler Karl Gröber, der alte Spielwaren sammelte und 1928 ein Buch darüber veröffentlichte, nannte ein morbides Beispiel aus der Französischen Revolution: Liliputaner-Aristokraten mit Adelsstaffage konnten, wie nach dem Vorbild der Wirklichkeit, mit kleinen Spielzeug-Guillotinen geköpft werden. Kein geringerer als Johann Wolfgang von Goethe soll zu Weihnachten 1793 seine Mutter um eine solche Guillotine für den vierjährigen Sohn August gebeten haben. Die Mutter Goethes habe sich empört, schrieb Gröber: »Wäre ich Obrigkeit«, habe die Mutter geantwortet, dann würde sie den Hersteller in Ketten legen, und »die Maschine hätte ich durch den Schinder öffentlich verbrennen lassen«.[218] Gröber hätten allerdings ebenso Beispiele des Ersten Weltkriegs auffallen müssen. Feldgrau uniformierte Soldaten waren nach 1914 massenhaft in die Kinderzimmer der Deutschen einmarschiert. Wie schon erwähnt, hatte Käthe Kruse mit patriotischen Erzeugnissen die Kriegseuphorie für sich auszunutzen versucht.

In den Jahren der Weimarer Republik zeigte sich die Puppenwelt tatsächlich bevorzugt von ihrer schönen, heilen Seite. Der Weltkrieg wirkte als Gesellschaftstrauma nach, politischer Radikalismus auf den Straßen flammte periodisch auf, auch die Ökonomie schien – selbst nach Ende der Hyperinflation des Jahres 1923 – stets am Rande des Kollapses zu stehen. Das Private wurde zu einem Rückzugsraum, den die Menschen behüteten. Politik war im Spielzeug und Spiel kaum mehr gefragt. Wonach die Menschen jetzt suchten, war eine Märchenwelt und ein spielerisches Reich der Illusionen. Was jedoch nicht heißen soll, dass Politik keine Rolle gespielt hätte. Käthe Kruse meinte, Puppen seien ähnlich wie Diplomaten. Die internationale Politik nämlich sei »verseucht vom gegen uns geführten Lügenfeldzug«, wie sie im Jahr 1923 über die Sieger des Weltkriegs schrieb, »aber in der Seele der kommenden Generationen können wir unsere Sympathien wiedergewinnen, indem wir sie mit unserem gutempfundenen deutschen Spielzeug zu schöneren, weicheren Gefühlen erziehen«.[219]

Ein Gefühl von Heimeligkeit und Harmonie boten die Fabrikate der Margarete Steiff ebenfalls. Sie ist die zweite Grande Dame der deutschen Spielwarenwelt. In Giengen an der Benz 1847 geboren und durch Kinderlähmung lebenslang an den Rollstuhl gebunden, hatte sie in der väterlichen Schneiderei im Alter von 30 Jahren ihr erstes Produkt entworfen, das aber nur zur Hälfte ein Spielzeug war: Ein kleiner Elefant aus Filz, gedacht als nützliches Nadelkissen. Zum weichen Elefanten gesellten sich mit der Zeit andere Tiere. Wie Käthe Kruse baute Margarete Steiff mit Mühe aus fast Nichts ein florierendes Unternehmen. Als sie 1909 starb, hinterließ sie den Neffen bereits eine der wichtigsten Spielwarenmarken Deutschlands. Mit mehreren hundert Mitarbeitern vor Ort sowie weit über tausend Heimarbeiterinnen, welche die Produktionskosten gering hielten, war Steiff eines der größten Spielwarenwerke.[220] Bei Käthe Kruse waren es – neben der hohen Qualität der Produkte – nicht zuletzt die eigenen Kinder, die halfen, ihre Marke populär zu machen. Das Unternehmen Steiff wiederum hatte eine Legende in der Hinterhand. Die traumhafte Werbegeschichte, deren Wahrheitsgehalt eher einem schönen Märchen entspricht, wird bis in die Gegenwart in etwa wie folgt erzählt: Von Neffe Richard Steiff stammte die Idee für den weltweit ersten

Kuschelbären mit beweglichen Armen. Im Jahr 1902 gefertigt, fand das Tier mit buschig-braunem Fell zunächst beim Kunden nur wenig Gegenliebe. Auf der Leipziger Messe im folgenden Jahr soll ihn ein Amerikaner als Mitbringsel für die Kinder daheim gekauft haben. Aber nicht geliebt und zurückgewiesen, lag der verschmähte Bär schließlich doch wieder in der Auslage irgendeines amerikanischen Geschäfts. Der Sekretär des US-Präsidenten Roosevelt, man mag es kaum glauben, habe ihn dort entdeckt und für die Präsidententochter Alice als Geschenk gekauft. Das Kind wusste erstmals den Bären zu schätzen. Die Amerikaner wiederum, die das Spielzeug in der Öffentlichkeit zu sehen bekamen, gaben ihm den Spitznamen des Präsidentenvaters. Also war der Teddybär geboren. Und Margarete Steiff beanspruchte für sich, die Erfinderin zu sein.[221] In der US-amerikanischen Version dieser kleinen Legende geht die Geschichte natürlich völlig anders. Bestellungen aus Übersee, wo der Teddybär nach der Jahrhundertwende ein Modeprodukt wurde, förderten aber tatsächlich den Aufstieg des Steiff-Unternehmens in Deutschland: »Obgleich der Name [...] aus Amerika stammt, so ist doch der Bär selbst eine deutsche Erfindung«, warb Steiff selbstbewusst.[222] Das süße Pelztier mit Knopfaugen mauserte sich zum populären Motiv der Nachkriegszeit. Die gefeierte Wiener Kunsttänzerin Lucy Kieselhausen zum Beispiel, die es auch als Schauspielerin zu viel Ruhm brachte, kokettierte damit in jungen Jahren, indem sie auf der Bühne mit ihrem Teddy einen anmutigen Kindertanz aufführte.[223] Ein Völkchen von Kuscheltieren und Nachahmern aus Plüsch, Filz und Samt folgte dem Teddybären. Viele davon wurden eigens für das Ausland gefertigt und exportiert. Besonders Steiff war auf den amerikanischen Markt zunehmend fokussiert.[224] Puppen waren, zumindest dem gesellschaftlichen Ideal nach, Spielsachen für Mädchen; das Kuscheltier aber, weil weniger mit Mütterlichkeit und Weiblichkeit verwachsen, sollte nun auch Knaben ansprechen und quasi im Frieden den Spielzeugsoldat ersetzen. Alle diese Produkte bedienten ein Bedürfnis, das Harmonie und familiäre Besinnlichkeit dem politischen Chaos entgegensetzte.

Das Spielzeug der Illusionen

Bliebe zum Dritten – nach Technik und Liebreiz – eine weitere bedeutende Gruppe von Spielwaren zu nennen, nämlich das Spielgerät der Illusionen. Ein typisches Illusionsspiel ist das Schattenspiel. Sich bewegende Hände oder auf lange Holzstäbe aufgesteckte Figuren, die vor flackernden Lichtquellen tanzen, werfen ihre Schatten an die Wand. Diese Wesen erzählen auf der Leinwand kurze Geschichten, als kämen sie direkt aus dem Reich der Magie. Die Blütezeit des Schattenspiels in Deutschland fiel nicht zufällig mit der Epoche der Romantik zusammen. »Das Entstehen und Vergehen des Schattenbildes hat etwas Verwandtes mit der Fata Morgana, es belebt und berührt die Phantasie«, hieß es im Jahr 1882 in einem Almanach der Spiele.[225] Die Nationalsozialisten mit ihrer Vorliebe für kultisch-düstere Atmosphäre entdeckten es viel später für ihre Propaganda-Bühne wieder.

Das Schattenspiel war eine sehr alte Spielform. Die neueren Illusionen wurden erst durch die moderne Technik möglich; ihre Faszination rührte immer daher, dass sie die Technik nutzten, um die Menschen zu verzaubern, nicht indem sie über Technik aufklärten. Wundersame Apparate, für die nicht nur Kinder sich begeisterten, zogen in den Haushalt ein. Vom Heimkino der Gegenwart war die damalige Zeit noch denkbar weit entfernt; das Gros der Landbevölkerung hatte noch nie ein Kino von innen gesehen. Aber Bilder ließen sich im Spiel des Lichts schon lange an die Wand werfen und in ihrer Bewegung bestaunen. »Der kleine Lichtzeichner« hieß ein erfinderisches Gerät, das eine Präzisionswerkstatt in Wilhelmshaven 1919 auf den Markt brachte. Auf eine kleine Fläche ließen sich Zeichnungen mit Stiften kritzeln, der Projektor des Geräts warf das minimalistische Kunstwerk als Lichtbild an die Wand.[226]

Der Vorläufer solcher Erfindungen war die Laterna magica. Sie darf nicht unerwähnt bleiben. Kleine Glasplättchen, die bunte Bilder oder – in jüngerer Zeit – Fotografien enthielten, schob man vor die kleine Linse, woraufhin sie die Bilder auf eine Leinwand oder in wabernden Nebelschwaden projizierte. Der Apparat hat eine lange

Geschichte, zudem viele technische Geschwister. Etwa bis zur Mitte des 19. Jahrhunderts versetzte die Zauberlaterne auf den Jahrmärkten die Leute in ungläubiges Staunen. Anfang des 20. Jahrhunderts war daraus mehr ein Spielzeug für den Heimgebrauch geworden: »Die Laterna magica, ein Instrument, mit dem vor hundert Jahren noch die ärgsten Betrügereien ausgeführt wurden, ist heute eines der beliebtesten Spielzeuge, ja, man kann sagen, dass die Laterna magica, in verfeinerter Form, weit mehr ist als ein Spielzeug.«[227] Aufwendigere Apparate, die Bilder schon selbstständig abspulen konnten, nannte man Kinematografen; sie waren für Erwachsene gedacht, weil oft viel zu teuer, um sie Kindern an die Hand zu geben. Modelle in diversen Preisklassen kamen nach dem Weltkrieg auf den Markt. Meist wurden sie weiterhin als Wunderkästen, Nebelmaschinen oder Zauberkameras beworben. Ihre Bilder erzählten allerlei wundervolle Geschichten oder Märchen: Schneewittchen, Hänsel und Gretel, der Däumling. Sie entführten auch in alte Sagen- und Götterwelten oder zu weit entfernten Winkeln des Globus. Im Ersten Weltkrieg hatte man außerdem prächtige Soldatenparaden vor Augen. Auch religiöse Motive der Bibel spielten lange eine Rolle. Der Apparat kam bis in die 1930er-Jahre zudem für Reklame und politische Reden zum Einsatz. Die Spielzeugfabrik Ernst Plank und der Weltmarktführer Bing waren auf solches Optik-Spielzeug spezialisiert.

Einige dieser kleinen Wundergeräte kennt man heute noch, andere sind hingegen verschwunden. Das Pantoskop ist ein Gerät, das ein Bild hinter Lupenglas nah an den Betrachter heranholt. Auch in das Kaleidoskop, meist ein Röhrchen, sieht man mit dem Auge hinein, während man es mit der Hand dreht, woraufhin im Innern Bilder sich abwechseln oder farbige Mosaike verschmelzen. Scheibenbilder und Lebensräder wurden Apparate genannt, in deren drehender Mitte sich wie beim Daumenkino durch rasche Bildfolge eine kleine Geschichte abspielte. Zunächst drehte man sie noch von Hand, später wurden sie mitunter auch von kleinen Dampfmaschinen angetrieben.[228] Historisch sind die Wurzeln von Film und Fotografie mit diesem Illusionsspiel verwachsen. Der Dichter Ferdinand Avenarius zog im Jahr

1918 eine direkte Linie vom Spielzeug der Kinder zum Kinofilm der Erwachsenen: »Erinnern wir uns im Überblick an den Weg!«, schrieb Avenarius über den Kinosaal: »Vom Kinderspielen kamen wir auf ihn zu, das erste, was auf ihm selber lag, war das [...] Lebensrad. Es war die älteste Verbindung von Augenblicksphotographien zur Darstellung von Bewegtem: wir sahen den Storch zum Neste fliegen und die Dogge in edlen Bewegungen dahinjagen. Dann kam der eigentliche ›Kinematograph‹ mit seiner Projektion auf die Fläche. Wer Augen hatte zum Sehen, sah so viel Möglichkeiten vor sich, dass ihm bei all diesen Zukunftsaufgaben vor Freude schwindeln konnte.«[229] Typisch für den Kulturpessimismus der Zeit war sein Urteil zum Kino. Aus Sicht von Avenarius besaß die Welt der Illusionen nämlich etwas Spielerisches, wie eben bei jenen Dingen, die seine eigene kindliche Fantasie beflügelt hatten. Aber der Film war ihm nur ein rein technisches Drama, ohne echten Wert, kein Spiel, das zur reinen Fantasie anregte: »Technisch genommen, gab es seit dem Anfang Verbesserungen und große Aufwendungen, ästhetisch genommen bedeutet die kurze Geschichte des Kino schon Verfall.«[230]

Spielzeug lässt sich als ein Spiegelbild der Mentalität und Zeit sehen. Spielsachen sind eben nur auf den ersten Blick unscheinbare Dinge. Je näher man sie betrachtet, desto wichtiger scheinen sie, desto kritischer aber werden sie auch beurteilt. Nur die alten Rollenbilder stellte damals noch kaum jemand in Frage. Die Aufgabenteilung der Geschlechter blieb auch im Spiel die geläufige: Für die Knaben gab es bevorzugt die Technik und Wissenschaft, den Kampf und das Werkzeug. An einem großen Wettbewerb mit Stabil-Baukästen hatten im Jahr 1930 rund 6000 Kinder teilgenommen. Sie bauten Windmühlen, Motoren, Flugzeuge und Panzer. Nur drei Mädchen waren mit von der Partie. Anlass für die Pädagogin Ilse Kattentidt, darüber nachzudenken, wie Eltern mit ihren Geschenken den Lebensweg der Kinder schon im Spiel prägten.[231] Den Mädchen blieb damals die Fürsorge für Puppen sowie das Spiel mit kleinen Nähmaschinen und Kochgeschirr vorbehalten. Man ordnete diese Dinge einer Spielform zu, die hauswirtschaftliches Spiel genannt wurde. Das Leipziger Schulmuseum, wo in den 1920er-Jahren der kindliche Umgang mit Objekten erforscht wurde, richtete getrennte Spielzimmer ein – die einen für Mädchen, die anderen für Knaben. Noch kaum jemand konnte sich vorstellen, dass im Spiel die Geschlechter einander gleichen oder gar Grenzen verfließen könnten.[232] Wer über Spielzeuge nachdachte, lud sie jedoch mit Bedeutung auf. Vorbei die Zeit, als man im Spiel nur eine rein zwecklose Tätigkeit sah. »Das Spiel ist eine Station unterwegs vom Schimpansen zum Europäer. Das Spielzeug hat die Bestimmung, diesen Kultivierungsprozess zu erleichtern«, scherzte im Jahr 1927 der Reformpädagoge und Psychoanalytiker Siegfried Bernfeld.[233] Die Psychologin Hildegard Hetzer aus Österreich sah es ähnlich. Sie verfasste einen populären Ratgeber für Eltern, in dem sie einige Spielsachen empfahl, andere scharf kritisierte. Aber dass sie für die Entwicklung des Menschen wertvoll waren, daran bestand kein Zweifel mehr: »Schulkind und Kleinkind sollen reichlich spielen, nicht nur, weil sie das glücklich macht, sondern vor allem, weil sie nur durch das Spiel zu tüchtigen und ganzen Menschen werden.«[234] Ihre eigene Tüchtigkeit warf später lange Schatten: Im Nationalsozialismus beteiligte sie sich – wie viele ambitionierte Pädagogen und Psychologen – an der »Germanisierung« polnischer Kinder und an rassistischen Selektionen.[235]

Krisen der Spielwarenwelt

Wer konnte sich das wachsende Angebot der Spielwarenindustrie überhaupt leisten? Angenommen wird, dass etwa um das Jahr 1900 lediglich 20 bis 25 Prozent der Kinder in Deutschland über kommerzielle Spielwaren in nennenswertem Maße verfügten.[236] Spielzeug war über lange Zeit hinweg eine Sache der kindlichen Kreativität gewesen: Womit gespielt wurde, ob mit einem winzigen Stein oder einem Stück Holz, das eben war Spielzeug. Nicht alle beklagten den Mangel. Aus Sicht zahlreicher Pädagogen war das Kinderspiel umso reicher an Fantasie, und damit besser, je weniger das Spielzeug dem

Kind die bunten Illusionen raubte: Ein Kind könne man nicht arm nennen, befand ein Fachmann 1906, nur weil »ihm die fabrikmäßig hergestellten Waren zum Spielen vorenthalten bleiben«. Im Gegenteil: War das Kind nicht sogar viel reicher, wenn es in der Fantasie sogar aus dem schmutzigen Stiefel des Vaters noch sein Spielzeug machte?[237] Die Welt sollte Anregungen zum Spiel genug bieten. Vielleicht noch Harke und Schaufel, mit der die Natur sich bearbeiten ließ, konnte man geben, aber völlig unnötig, die jugendliche Schaffenskraft durch fertige Produkte einzuengen.[238] Die Industrie bemühte sich hingegen, die Preise zu senken, um breite Schichten zu erreichen. Die Situation besserte sich stetig nach der Jahrhundertwende: Mindestens einmal im Jahr, meist zu Weihnachten, konnten ärmere Familien zu den Spielgütern der Industrie greifen. Das Leipziger Schulmuseum, das in den 1920er-Jahren pädagogische Forschungen mit Spielzeug betrieb, stellte fest, dass »alle deutschen Kinder, selbst die ärmsten, irgendetwas vom deutschen Spielzeugangebote besitzen«.[239] Die Kluft, die Bürgertum und Arbeiterschaft voneinander trennte, schien zumindest hier überwunden.

Mit dem Ende des Ersten Weltkriegs fand ein Rückschritt statt. Die 1920er-Jahre waren – das ist so bekannt, dass es der Erläuterung kaum bedarf – ein Jahrzehnt harter wirtschaftlicher Krisen. So besaßen breite Teile der Industriearbeiterschaft nunmehr die finanziellen Mittel nicht, um sich die neuesten Spielwaren zu leisten. Die Zeitung ›Vorwärts‹ berichtete im Inflationsjahr 1923: »Im Übrigen ist die kindliche Sehnsucht nach Spielzeug genauso lebhaft wie vor zehn, vor dreißig und vor fünfzig Jahren, und das Verlangen der proletarischen Kinder nach nötigster Kleidung leider noch genauso intensiv wie früher. Das Kind, das sich nur ein Paar Schuhe wünscht, ist keine Seltenheit, und oft ist auch die Äußerung zu hören: ›Ach, ich kriege ja doch nichts.‹ Der ›Kindermund‹ vom Wedding ist schon ein anderer als der am Kurfürstendamm – hört man ihn dort?«[240] Die Situation besserte sich nicht. Sie wurde eher noch schlechter. Auch die Branche insgesamt geriet in einen Abwärtsstrudel.

Mitte der 1920er-Jahre war von der »sterbenden deutschen Spielwarenindustrie« fast überall die Rede, weil der Konkurrenzdruck – vor allem durch Japan und die USA – größer wurde, die Preise durch die Einfuhr teurer Rohstoffe stetig nach oben wiesen, während Märkte im Ausland durch Schutzzölle schwerer zugänglich wurden. Bis zum Ende des Jahrzehnts verschlechterte sich die Situation so gravierend, dass die Industrie nur noch rund ein Drittel ihrer Produkte ins Ausland verkaufte, während sie vom Inlandsmarkt zunehmend abhängig wurde.[241] Die Zeit der Wirtschaftskrise ab 1929 traf die Branche umso heftiger. »Es ist beinahe grotesk, dass ein Gebrauchsgegenstand meist billiger als das ihm nachgebildete Spielzeug ist«, stellte eine Zeitung fest.[242] Zahlreiche Organisationen, vor allem aus dem linken Spektrum, sammelten Spenden. Der Absatz im Aus- und Inland ging während der Weltwirtschaftskrise weiter zurück, namhafte Unternehmen – wie Gebrüder Bing in Nürnberg, die ihr Spielwaren-Segment 1933 verkaufen mussten – trat von der Bühne ab. Der Export sank 1932 auf einen traurigen Tiefstand und war im Vergleich zum Vorjahr wertmäßig um 51 Prozent zurückgegangen. Es waren die schlechtesten Zahlen, welche die Branche seit der Jahrhundertwende zu vermelden hatte.[243] Auf Jahre hinaus blieb sie in Nöten. »Mit den Spielwaren ist es kein leichtes Geschäft mehr«, musste noch im Jahr 1933 festgestellt werden, denn um »derartiges zu kaufen, überlegen die Leute heute dreimal mehr als etwa beim Einkauf eines Tropfenfängers. Man hat viel mehr Meinung für Praktisches als fürs Unpraktische. Und Spielzeug gehört nicht zum Allernotwendigsten. [...] Ehe die Mutter dem drängenden Kinde diese Groschen bewilligt, fragt sie sich bestimmt etliche Male: Ist es nicht besser, dafür ein Paar Gummisohlen am nächsten Stand zu kaufen? Und sehr oft tragen die Gummisohlen den Sieg davon. Sehr zum Schaden des Spielwarenhändlers, der selbstverständlich gern einigermaßen anständig leben möchte.«[244] Es war keine Seltenheit, dass Eltern nun Jahr für Jahr dasselbe Spielzeug nur neu verpackt unter den Weihnachtsbaum legten.

Der Umstand, dass die Spielwarenwelt sich unter den Nationalsozialisten gewaltig veränderte, hatte viel damit zu tun, dass die Branche massiv in der Krise verharrte. Die Hoffnung auf Gesundung der

Wirtschaft hätte sich nicht erfüllt, klagten Händler nach Weihnachten 1932, und eine »schnelle Wendung der Dinge zum Besseren« dürfe man für die Zukunft nicht erwarten.[245] Das sächsische Erzgebirge insbesondere galt als das deutsche Notstandsgebiet; die »traditionelle Volkskunst, die am innigsten mit der deutschen Volksseele« verknüpft schien, kaufte kaum noch jemand, die Preise der Holzspielwaren fielen ins Bodenlose, auch die Arbeitslosigkeit war hoch.[246] Die Krisenanfälligkeit der Zwischenkriegszeit findet sich auch in zwei anderen Spiel-Arten, die überwiegend den Erwachsenen vorbehalten sind: das Spiel und Spielzeug vom Glück und von der Liebe.

3 DAS SPIEL GEGEN FORTUNA

Glücksspiel und Spieler in den Zeiten der Krise

Doktor Mabuse, der Spieler

Doktor Mabuse ist ein Trickser mit tausend Gesichtern, ein Hypnotiseur an der Grenze zum Wahnsinn – eine der populärsten Verbrecherfiguren in den 1920er-Jahren. Der Regisseur Fritz Lang hat ihm mit zwei Stummfilmen zur Berühmtheit verholfen. Erfunden hat die Figur der luxemburgische Schriftsteller Norbert Jacques. Superverbrecher Mabuse, Doktor der Psychologie, ist zugleich Verwandlungskünstler, Falschspieler und skrupelloser Mörder; ein Manipulator in der Unterwelt, der seinesgleichen sucht. Im April 1922 uraufgeführt, machten nicht zuletzt die Umstände der Zeit den Film zum gefeierten Publikumsmagneten: Ein gutes Jahr später warf die Reichsregierung die Druckerpresse an, die Geldentwertung der Hyperinflation machte Bares zu Spielgeld und Millionen Menschen zu Besitzlosen. Von den Einschlägen dieser ersten wirtschaftlichen Krise sollte sich die Demokratie kaum mehr erholen. Der Film über den genialen Verbrecher passte perfekt in die Zeit.

In den Salons der Großstadt Berlin, wo man sich dem Glücksspiel hingibt, legt Mabuse durch Betrug mit Falschgeld das Fundament für seine Weltherrschaftspläne. Das Geld, das er in seiner modrigen Fälscherwerkstatt im Kanalsystem unter der Stadt herstellt, hat keinen eigentlichen Wert und seine Verbrechenskunst vor allem deshalb Erfolg, weil in Deutschland Dekadenz und Nihilismus aufblühen. Mabuse gelangt an die Spitze einer Verbrecherbande, indem er die Menschen mit hypnotischen Blicken seinem Willen unterwirft. Wer ihm begegnet, verfällt dem Glücksspiel und kann doch nichts gewinnen. Ob im Roulette oder Kartenspiel, die Superreichen werden am Spieltisch zu Bettlern. So kommt Mabuse selbst zu Gewinn und Besitz: Autos, Yachten, eigene Lokale an den Amüsiermeilen der Großstadt, wo die Hedonisten ihr Geld vergeuden. Er bereichert sich ohne Skrupel, schreckt selbst vor Mord nicht zurück. Sein einziger Gegenspieler von Rang ist ein unauffälliger Staatsanwalt. Der hat sich dem Kampf gegen die Hölle des Glücksspiels verschrieben. Die Verfolgung von Doktor Mabuse erweist sich als schwer. Der Verbrecher wechselt ständig sein Äußeres, manipuliert und trickst. Schließlich von Polizei und Militär in die Ecke gedrängt und enttarnt, gelingt dem Verwandlungskünstler am Ende dennoch die Flucht zurück in die Untergründe der Großstadt. Seine Verbrechen bleiben ungesühnt. In der Unterwelt, nur scheinbar ein Gefängnis, lauert der größenwahnsinnig gewordene Doktor Mabuse auf eine zweite Chance. Fritz Lang bescherte sie ihm. Im zweiten Film, vollendet 1933, strebt der Superverbrecher wiederum nach vollkommener Herrschaft. Nicht wenige sahen darin eine mutige Anspielung auf Hitler, weshalb der Streifen unter den Nazis nicht mehr aufgeführt werden durfte. Hatte der erste Mabuse-Film das Chaos der Hyperinflation vorweggenommen, so machte der Nachfolger eine noch größere Katastrophe zum Thema.[247]

Kaum irgendwo in Europa hatte die Weltwirtschaftskrise von 1929 für mehr Verwerfungen gesorgt als im politisch schon taumelnden Deutschland. Die Arbeitslosenquote kletterte bis zum Februar 1932 auf ein Rekordniveau von 44 Prozent der erwerbstätigen Bevölkerung – eine Katastrophe für einen Staat, der politisch und sozial längst am Rand des Abgrunds wankte. Die Republik von Weimar scheiterte zwar nicht nur an der Weltwirtschaftskrise, sondern mehr noch an einem Mangel demokratischer Kultur. Aber die ökonomische Krise bedeutete für das parlamentarische System den Todesstoß.

Glücksspieloasen

Die Spielklubs, die der erste Mabuse-Film von 1922 zeigte, glänzten mit noblem Interieur und Publikum. Die Gäste, vornehm gekleidet, sind ganz unter sich. Komfortable Spielzimmer eines illustren Großbürgertums: Spekulanten, Kapitalisten und reiche Fabrikbesitzer, vielleicht Bankiers, mancher ist auch von Adel und zehrt von alten Pfründen der verschwundenen Monarchie. Der Eindruck, es handele sich um edle und luxuriöse Casinos, wie man sie heute vor Augen hat, trügt über die damalige Realität jedoch hinweg. Man meinte, »dass die primitiven Menschen Freude haben an Glücksspielen und Wetten aller Art, am Wagen und Gewinnen – aber am Wagen immer um des Gewinnes willen, in der Hoffnung, in der Berechnung der Möglichkeit, dass sie gewinnen«.[248] Das Glücksspiel, gesetzlich reglementiert, durfte im öffentlichen Raum kaum stattfinden. Spielbanken, meist in Kur- und Badeorten beheimatet, hatte das Deutsche Reich per Gesetz schon 1872 geschlossen. Gewerbliches Glücksspiel galt als etwas Anrüchiges und Lasterhaftes, das nur dekadente und verdorbene Naturen betrieben. In der Zeit der Weimarer Republik war es tatsächlich das Metier der Gesetzlosen. In den meisten Ländern Europas war das durchaus ähnlich.

Während des Ersten Weltkriegs stellten politische Bilder und Metaphern die internationale Weltpolitik als verdorbenen Spielsalon dar, in dem die Nationen um Material und Menschenleben spielten. Der Wiener Publizist Adolf Gelber beschrieb 1916 den britischen König Eduard VII. so: »Er konnte nicht atmen, ohne zu spielen, und machte, nachdem das Roulette schon hinter ihm lag, Welt und Menschen, Leben und Blut von Millionen zum Gegenstand seines Spieles.«[249] Noch Jahre nach dem Krieg beschrieben deutsche Autoren, besonders aus nationalistischem und konservativem Umfeld, die Weltpolitik als ein großes Spiel, in dem das Schicksal regierte. Für den nationalkonservativen Publizisten Oswald Spengler schien ein Politiker, der dieses blutige und hässliche Spiel beherrschte, sich das Schicksal gar untertan machte, von erstem Rang und historischer Größe zu sein. Nur hatte Deutschland eben keinen solchen besessen. Deshalb war das Spiel der Zeit vorerst verloren gegangen. »Das große Spiel der Weltpolitik ist nicht zu Ende. Die höchsten Einsätze werden erst gemacht. Es geht für jedes der lebenden Völker um Größe oder Vernichtung«, meinte

Spengler 1933.[250] Die Politik als Glücksspiel – die Metapher entlastete mitunter davon, sich Fragen zu stellen, die an Fehler der Vergangenheit und eigene Verantwortung rührten. Es war zugleich ein Verständnis von Politik, das schnurgerade in neues Verderben führte.

Illegal und verfemt, moralisch fragwürdig und staatlich verfolgt, war das Glücksspiel eine Angelegenheit für schummrige Hinterzimmer, selbst im Privaten fast immer getaucht in eine Atmosphäre des Verbotenen. Wer davon nicht lassen wollte und über genügend Geld verfügte, um es zu verprassen, konnte in die Oasen der Glücksspieler ausweichen. Sie spürten in der zweiten Hälfte des 19. Jahrhunderts viel Aufwind. Die bis heute legendäre Spielbank Monte Carlo in Monaco profitierte in dieser Ära am meisten. »In Monte Carlo ist Gleichgültigkeit gegen das Spiel ein Ding der Unmöglichkeit. Keinem ist das je gelungen, keiner wird es je können«, schrieb der britische Humorist Pelham Wodehouse.[251] Für die meisten Deutschen näher gelegen war Zoppot, ein beschaulicher Badeort in der Nähe von Danzig.[252] Das Casino, eröffnet im Jahr 1919 und später in einem luxuriösen Strandhotel untergebracht, war Zuflucht für Glücksuchende und wohlhabende Badegäste, die mehr als nur einen gewöhnlichen Strandurlaub verbringen wollten. Nach dem Ersten Weltkrieg war die alte Hansestadt mitsamt Umland durch die Siegermächte vom Deutschen Reich abgetrennt worden und besaß seitdem den Status eines autonomen Freistaats. Hier galt nicht, was im übrigen Deutschland galt. Hier durfte man tun, was anderswo verboten oder zumindest nur halb legal und geduldet war.[253] »In Zoppot wird gespielt. Menschen, viele Menschen, elegante und nicht ganz so elegante, selbstbewusste und Neulinge, die sich nicht ganz sicher fühlen, schieben sich zwischen den Roulettetischen der großen Spielsäle hin und her. Was man hört, über all dem sanften Flüstern hinweg, ist die monotone, leise, aber scharf akzentuierte Stimme des Croupiers, ist das eintönige Rollen der kleinen Elfenbeinkugeln. Das unverkennbare, klickernde Geräusch, mit dem sie endlich in eines der 37 Fächer der rotierenden Scheibe fällt und endlich zur Ruhe kommt. Wenn sie es tut, geht ein Ah der Entspannung, der Erleichterung, der Enttäuschung durch den Raum. Und ein Lächeln geht über das Gesicht derer, die die richtige Zahl setzten und eine Unmutsfalte legt sich auf die Stirn der anderen.«[254]

Was ist Glücksspiel?

In den Nachkriegsjahren zählte neben Prostitution, Schwarzmarkt- und Drogenhandel das Glücksspiel zum bevorzugten Gewerbe des organisierten Verbrechens. Der Staat hatte diese Entwicklung selbst gefördert, weil legale Räume für Glücksspieler kaum existierten. Einerseits sollten die Gesetze, die sich gegen das Glücksspiel richteten, die Spieler schützen, andererseits die Volkswirtschaft vor Schäden bewahren. Nicht jedes Glücksspiel ist automatisch ein Spiel um Geld, aber der eigentliche Reiz dieser Art von Spiel liegt im Risiko und der Belohnung. Für den Basler Philosophen Karl Groos zählte das Glücksspiel sogar zu den Kampfspielen. Es gäbe »kein anderes Spiel, bei dem die Kampfnatur des Menschen in so vielseitiger Weise und mit so geringem Zeit- und Kraftaufwand zur Entfaltung käme«.[255] Es sind Spiele, die den Nervenkitzel bedienen, weil das Schicksal herrscht, und die auf Zukunftsträumen beruhen: Es lockt Reichtum oder Ruhm, vielleicht zählt nur die Nervosität des Augenblicks, immer ist man auf einer Achterbahnfahrt durch Emotionen. Der Spieler wird hin und her geworfen zwischen Enttäuschung, Wut und Freude. Auch bei der Lotterie handelt es sich um ein Glücksspiel, zumal um ein staatlich legitimiertes und organisiertes. In der Weimarer Republik, und viel früher schon, verdiente der Staat daran. In den 1920er-Jahren wurde – genau wie heute – millionenfach gespielt, in der Familie oder in Spielgemeinschaften im Betrieb. Gewerkschaften warnten ihre Mitglieder vor allzu großer Sorglosigkeit: »Die Lotterien sind […] unmoralische Anstalten. Der Staat nutzt die Spielleidenschaft, die er sonst durch Gesetze zu unterbinden sucht, für sich aus; was er bei anderen bestraft, tut er selbst. Gewerbsmäßiges Glücksspiel ist sonst mit entehrenden Strafen belegt; der Staat aber mit seinen Lotterien ist der größte Glücksspieler.«[256] Das Lotteriemonopol des Staates gilt noch in der Gegenwart. Aber das Lotto ist ein Glücksspiel quasi niederer Ordnung. Es ist weniger ruinös, der Einsatz überschaubar, der Preis für ein Los ebenso festgelegt wie die Höhe des zu erwartenden Gewinns. Es ist ein Spiel, bei dem das Risiko sozusagen kalkulierbar bleibt. Damit rechtfertigt es zumindest der Staat, der es mitorganisiert und selbst gut daran verdient. Bei den Casinos und Spielhöllen lag der Fall aus damaliger Sicht anders. Ob Roulette, Kartenspiel, auch Geld-Automaten, die neu Einzug hielten – fast immer beherrschte die Willkür das Glücksspiel, ging es um alles oder nichts. Im besten Fall gewann ein Spieler sehr viel, wurde reich oder noch reicher, aber im Regel- und Ernstfall war am Ende eines Abends alles verloren, der Spieler womöglich ruiniert. »Der Staat will den schädlichen Folgen vorbeugen, welche das Glücksspiel mit sich zu bringen pflegt, sei es für die öffentliche Sittlichkeit, sei es für die wirtschaftliche Lage der Spieler«, hieß es 1872 zur Begründung des Glücksspielverbots.[257]

Was Glücksspiele per Definition ausmacht, darüber schrieben die Juristen Abhandlungen. Es musste gerechtfertigt und auch erklärt werden, was genau verboten wurde. Im Zentrum stand und steht immer der Begriff des Zufalls. Glücksspiele sind demnach Zufallsspiele, bei denen es um finanziellen Einsatz geht. Nur wenige Dinge in der Welt sind allerdings ausschließlich zufällig. Zufall meint nicht, dass das Geschehen ohne Erklärung wäre. Wenn beispielsweise die kleine Kugel in das Rouletterad fällt, springt sie von Feld zu Feld, von Zahl zu Zahl, kommt irgendwann doch zur Ruhe und bestimmt auf diese Weise scheinbar zufällig über Gewinn oder Verlust. Die Kugel unterliegt den Regeln der Naturkräfte. Fällt sie auf das sich drehende Rad, dann ist theoretisch erklärbar, welchen Weg sie nehmen und wo sie zur Ruhe finden wird. Genauso ist es beim Fallen des Würfels oder dem Wurf einer Münze. Entscheidend für die Definition von Glücksspielen ist, dass der Ausgang im Moment des Beginns für niemanden absehbar sein kann, nicht einmal für einen Albert Einstein der Naturgesetze. Wie Kugeln, Würfel oder Münzen fallen oder wann zum Beispiel das Glücksrad zum Stillstand kommt, ist völlig unabsehbar.

Je weniger dieses Moment der Unkalkulierbarkeit im Vordergrund steht, desto näher kommt man dem Prinzip der Geschicklichkeit oder Strategie. Das Schachbrett fordert den Akrobaten des Geistes, ein Sportspiel wie Fußball oder Billard den geschickten Einsatz des Körpers oder ein scharfes Auge. Bei Kartenspielen wie Poker handelt es sich um Mischformen. Mit Geschick, Kalkül, Berechnung und Mienenspiel kann ausgeglichen werden, was der Zufall dem Spieler an Glück oder Unglück in die Hand gegeben hat. Um Ecarté, ein Kartenspiel, das bevorzugt in Casinos zum Einsatz kam, wurde vor Gerichten gestritten. Wie groß war in diesem Spiel die Rolle des Zufalls? In Berlin war es untersagt. In Dresden, wohin zahlreiche Spieler pilgerten, wurde es von den Behörden geduldet; die Stadt, für lasche Auslegung und Umsetzung der Gesetzeslage bekannt, profitierte von der Wallfahrt verschiedenster Spielernaturen.[258] Dresden regte im Sommer 1920 übrigens den bedeutenden Künstler Otto Dix zu seinem Gemälde »Die Skatspieler« an. Er porträtierte drei Kriegsheimkehrer (er war selbst einer), die im Halbdunkel eines Salons spielen: links ein Unteroffizier mit zerschossenem Gesicht, in der Mitte die physischen Überbleibsel eines Hauptmanns, rechts die Trümmer eines Aristokraten. Letzterer ist stolz dekoriert mit Eisernem Kreuz für heldenhafte Verdienste. An den Fronten des Weltkriegs zu Krüppeln geschossen, sind sie bemitleidenswerte Halbmenschen; Eisenstangen, Plastik und Mechanik ersetzen die abgetrennten Gliedmaßen, der Kiefer nun aus Stahl, das Auge aus Glas. Schläuche oder Gewinde im Ohr helfen beim Hören, der Rumpf scheint mit dem Stuhl zu verschmelzen, als wären die Stuhlbeine Fortsätze des Körpers. Trotz allem zeigen sie ihren Lebenswillen, indem sie Karten spielen. Sie sind aber auf doppelte Weise aussätzig: Als Menschen zu Krüppeln gemacht und als Spieler ins Halbdunkel geduldeter Hinterzimmer verbannt.[259]

Ein anderer Fall für Juristen waren die Spielautomaten. Zu Anfang des Jahrhunderts hielten sie in den Kneipen Einzug. Auch hier war man sich nicht ganz sicher: Handelte es sich um ein Glücksspiel, dann musste man die Automaten sofort aus den Lokalen verbannen. Oder waren es Geschicklichkeitsspiele, wie Hersteller und Betreiber der Kneipen argumentierten, weil angeblich beim Ziehen des Hebels oder Betätigen einer Taste das Geschehen noch beeinflusst werden konnte? Die Einzelfälle waren schwer zu bewerten, die Debatten verliefen teils kurios.[260] Erst die Nationalsozialisten schränkten den Automatenbetrieb Jahre später erheblich ein.

Zum Glücksspiel gehört der Würfel. Die ältere Bezeichnung für Glücksspiel lautet Hazard, das nichts anderes heißt als Würfelspiel. Vermutlich zählt der Würfel zum ältesten Spielzeug der Menschheit. Viktor Pöschl, Direktor des Instituts für Warenkunde an der Handelshochschule Mannheim, nahm 1933 an, der Würfel sei in Vorzeiten aus Steinen, Knochen oder Tonscherben entstanden. Den frühen Menschen fiel auf, dass die Bruchstücke nicht gleichmäßig, sondern scheinbar willkürlich auf den Boden prallten, sobald man sie fallen ließ. Darauf führe der Name dieses kleinen Spielzeugs zurück: Würfel, weil man ihn eben werfe; und Knobeln, weil das Wort mit Knorpel oder Knochen in Verbindung stehe. Es war nur eine Frage der Zeit, bis der Mensch einen Gegenstand erfand, der seine Beobachtung der Naturkräfte in ein Spielmittel verwandelte. Das Würfeln mit Bechern um Geld ist bereits für die Antike überliefert. Im 19. Jahrhundert war das Würfelspiel traditionell unter Soldaten sowie bei Studenten verbreitet. Aber auch die allermeisten Brettspiele basieren auf dem Würfeln. Werden Figuren über ein Spielbrett gezogen, entscheidet die Zahl auf dem Würfel, wie viele Felder man vorrücken darf oder zurückweichen muss.

Die Erfinder von Gesellschaftsspielen waren von der staatlichen Glücksspiel-Gesetzgebung natürlich nicht tangiert; denn bei Brettspielen ging es nicht um den finanziellen Einsatz. Insofern war hier die juristische Definition eindeutig. Aber die Hersteller sahen sich dennoch vor die Frage gestellt, welche Rolle der Zufall in ihren Produkten spielte oder wann sie etwa zu reinen Glücksspielen wurden. Dem Schicksal, meinte Warenkundler Pöschl, falle in der Spielwelt eine maßgebliche Bedeutung zu. Der Würfel symbolisiere und ermögliche das Schicksal im Spiel. Ohne den Glücksfaktor sei das Spiel eben nur eine kühle Berechnung, Mathematik, und als solche wahrscheinlich nicht einmal spannend. Dieser Idee, dass Spiel spielerisch sei, gerade weil das Schicksal als Würfelglück darin vorkomme, wollten nicht alle folgen. Besonders die idealistischen Spieltheorien gingen im Allgemeinen vom genauen Gegenteil aus: Das Spiel galt als umso reiner und schöner, je weniger abhängig es vom Glück zu sein schien. Auch Pöschl meinte, es sei zu unterscheiden zwischen gutem und schlechtem Glücksspiel. Sei der Würfel nämlich nur eine Teilerscheinung des Spiels – gehe es also eigentlich um etwas anderes, wie einen Wettlauf auf dem Spielbrett –, so könne man den Faktor Glück nicht für problematisch halten. Eine schädliche und spielverderbende Wirkung habe das Würfeln erst dann, trete es ganz in den Vordergrund und komme noch dazu Geld als Einsatz vor.[261]

Im privaten Kreis, daheim oder im geschlossenen Verein, konnte das Heer von Glücksspielern fast tun und lassen, was es wollte. Dem Gesetzgeber war bewusst, dass Glücksspiele schwer zu verbieten sind. Wahrscheinlich immer schon haben die Menschen mit Glück und Risiko gespielt, die Göttin Fortuna herausgefordert. Die Germanen des Altertums sollen, wie der römische Autor Tacitus um 100 v. Christus berichtete, um Hof, Sklaven sowie die eigenen Frauen und Kinder gespielt haben. Die römischen Bürger hatten eine Vorliebe für das Glücksspiel mit Würfelbechern. Der römische Staat musste, so glaubte die abendländische Geschichtsschreibung, gegen die Spielleidenschaft mit Gesetzen vorgehen, denn sittliche Verwahrlosung drohte dem Imperium. Nur an Festtagen war das Verbot zu Ehren des Gottes Saturn aufgehoben. Während der Renaissance wurde in Italien, von Kaufleuten organisiert, der Bau von Festungsanlagen oder Stadttoren mit Lotterieeinnahmen finanziert. »Die Anschauung über die Glücksspiele hängt untrennbar mit der ganzen Kulturstellung jeder Zeit und jedes Volkes zusammen«, folgerte scharfsichtig ein Jurist 1922: »Das Glücksspielrecht ist kein absolutes; es ist Aufgabe des Staates, bei der rechtlichen Behandlung den richtigen Weg zu finden.«[262]

Illegale Spielklubs

Das Verbot von 1872 unterband im Deutschen Reich nicht das Glücksspiel an sich. Nur das Gewerbe mit dem Glücksspiel war illegal. Ein Geschäft mit der Risikofreude, dem Rauscherlebnis und den Träumen der Spieler sollte nicht gemacht werden dürfen. Wer die Menschen zum Glücksspiel verführte oder als Strippenzieher im Hintergrund daran verdiente, dem drohte Geld- oder Gefängnisstrafe – im Härtefall bis zu zwei Jahren. Doch wo es Spieler gibt, die ihr Glück herausfordern, gibt es immer auch Menschen, die ihnen das ermöglichen oder sie dazu ermutigen. Schummrige Hinterzimmer erzeugten jene dichte Atmosphäre, die das Glücksspiel zum Nervenkitzel werden lässt: »Wir laufen die Friedrichstraße fünf Minuten entlang«, schrieb ein Zeitungsreporter aus Berlin 1927, »dann zwei Querstraßen durch und wir sind am Ort. Wer sich die Umwelt dieser Spieler etwa so vorstellt, wie die prunkenden Marmorsäle Monte Carlos auf den Fotos aussehen, der möge sich vor einer Enttäuschung bewahren und gar nicht mitkommen. Ein rauchiger, verqualmter Raum, durchaus nicht an Dr. Mabuses Spielhöllen gemahnend, ein Gemisch aus altmodischem Wiener Café und unaufgeräumtem Wartesaal vierter Klasse, ein Ober in speckigem Lüfterjackett, schmierige Porzellantassen auf schmutziggraue Marmortische schleudernd, im Hintergrund ein mächtiger Zeitungsständer und ein breit ausladendes Küchenbüfett. […] Das Heer der Zuhälter, der Halb- und Ganzverbrecher, von der Polizei gesuchter nicht konzessionierter Buchmacher, bummelnder Kellner, das ist das Gros der Spieler. Aber die reichen Pelzhändler, die großen Konfektionäre, die Prominenten – sie gehören auch zu der großen Gemeinde der Zocker, denn nichts gleicht so soziale Schichtungen aus, nichts deklassiert so rasch und gründlich wie das Spiel.«[263]

Das illegale Glücksspiel im Untergrund sowie das halb-legale, meist nur geduldete Spiel in den Hinterzimmern der Kneipen blühten stark auf. Gegen die anrüchigsten unter den Spielklubs ging die Polizei in den ersten Jahren in größeren Razzien vor, später immer seltener.[264] Im Dezember 1919 – die Weimarer Demokratie war gerade erst ein halbes Jahr alt – trat ein aktualisiertes Glücksspiel-Gesetz in Kraft. Nun drohten nicht mehr nur den Veranstaltern, sondern auch den Teilnehmern an einem öffentlichen Glücksspiel Strafen. Behördliche Genehmigungen für das Ausrichten von Glücksspielen wurden in den 1920er-Jahren kaum erteilt. Das verschärfte Gesetz schien erforderlich, weil – wie Juristen argumentierten – alle möglichen Formen »des Spielunwesens und der Spielwut [...] infolge des immer stärkeren Sinkens der öffentlichen Moral und der Unsicherheit aller Verhältnisse« stark zugenommen hatten.[265] Nicht nur die Fabrikarbeiter, kleinen Angestellten oder heimgekehrten Frontsoldaten, die das Kriegsende desillusioniert zurückgelassen hatte, setzten scheinbar alles aufs Spiel. Menschen aus dem gehobenen Bürgertum oder der Mittelklasse schienen dem Laster ebenso zu verfallen. Tatsächlich war das nicht nur die verzerrte Wahrnehmung der Kulturpessimisten, die den Untergang überall drohen sahen. 1923 wurden spektakuläre 586 Prozent mehr Glücksspiel-Delikte im Vergleich zur Vorkriegszeit festgestellt.[266] Erklärungen hatte man schnell parat: Kriegsniederlage, Revolution und das verhasste Versailler Friedensdiktat führten zur Radikalität oder mindestens zu einer Mentalität des Fatalismus. Die Zukunft war nicht mehr sicher, die Gegenwart wankte. Vermeintliche Gewissheiten hatten sich als trügerisch erwiesen. Die Geldentwertung des Jahres 1923 bewies mit Nachdruck, dass nichts von Bestand und Dauer war, aber alles in Bewegung geriet. Kaum etwas versinnbildlicht die chaotische Zeit der Hyperinflation besser als jene beeindruckenden Fotografien von Kindern, die mit wertlosem Reichtum spielen: Flugdrachen – gebastelt aus Geldscheinen; Schubkarren – prall gefüllt mit Billionen; Pyramiden – aufgetürmt nicht aus Bauklötzen, sondern mit millionenschweren Bündeln aus Banknoten. Verfallene Währung zeigte sich im wahrsten Sinne als Spielgeld. Wer in dieser Zeit aufwuchs, lernte das Geld nicht als etwas von beständigem Wert kennen, das man gar zur Vorsorge sparen konnte. Es konnte am kommenden Tag, vielleicht schon in der nächsten Stunde, völlig wertlos sein.

Die Menschen dachten unter diesem Vorbehalt. Oskar Laske, ein

Maler der Wiener Sezession, zeigte diese Zeit in einem eindrucksvollen Gemälde als riesiges Narrenschiff. Jede Ordnung auf Deck ist verloren gegangen. Das Segelschiff in tosender See scheint dem Sinken nahe; Menschen fallen von Bord. Flammen lodern empor. Manche suchen betend Zuflucht in der Religion, andernorts betritt der Teufel die Szene. Menschen gehen prügelnd aufeinander los oder taumeln durch verschiedenste Vergnügungen. Nahe an der Reling des Schiffes ist ein Roulettetisch mit Spielern zu sehen. Vertieft in ihre Leidenschaft sind sie völlig uninteressiert an dem tollwütigen Chaos um sie herum. Sie spielen nicht nur um Geld. Ihr Spiel ist Gegenwartsflucht. Ähnlich wie im Glücksspiel war der Alltag dieser Zeit unkalkulierbar geworden. Eine Kultur des Risikos blühte in den 1920er-Jahren auf, die alles als fraglich empfand und alles aufs Spiel setzte – in der Politik, Arbeitswelt, an der Börse, und auch in Bezug auf den eigenen Besitz. Die Weimarer Republik wurde vielfach als eine Gesellschaft der desillusionierten Glücksspieler gesehen.[267] Karl »Charlie« Roellinghoff, ein Kabarettist und Journalist, nahm den Börsencrash vom Oktober 1929 zum Anlass für ein Gedicht, um der launischen Glücksgöttin Fortuna zu huldigen, die allen stets mehr Unglück als Glück gebracht hatte:

»Ob du dir Börsenaktien kauftest, / ob in der Lotterie daneben / du dich um ein ›Gewinn‹-Los rauftest / stets warst du unsichtbar umgeben / von ihr! Und stets ist dir entgangen, / wie sie mit andren kokettierte, / wie sie mit jedem angefangen, / der sich in ihre Näh verirrte! / Und deine Aktien fielen sinnlos, / und dein Gewinnlos war gewinnlos! / Und als du dich beklagen wolltest, / enttäuscht warst und der Dame grolltest / die dich zu alledem getrieben, / war nichts mehr von ihr nachgeblieben!«[268]

Die republikanische Staatsmacht schien den Problemen hilflos ausgeliefert. Ständig galt es andere, weitaus gefährlichere Gegner zu bekämpfen: Zuerst bekam es der Staat mit rechtsradikalen Freikorps und kommunistischen Agitatoren zu tun, später mit neuer brutaler Straßengewalt, die in Not und grassierendem Radikalismus ihren Nährboden fand. Umsturzversuche von rechts und links hatten im

Krisenjahr 1923 beinahe zum Kollaps der Republik geführt. Der gewöhnlichen, gleichsam unpolitischen Kriminalität bot sich im Windschatten der großen Ideologien und Parteiauseinandersetzungen ein ideales Klima zur Entfaltung. Das fällt meist unter den Tisch, verklärt man die kurze Phase der politischen Stabilität und kulturellen Blüte im Rückblick als »Goldene 1920er-Jahre«.

Im organisierten Verbrechen spielten die Ringvereine eine nicht unerhebliche Rolle: offiziell im Vereinsregister eingetragene Banden, der italienischen Mafia ähnlich, oft von Schwerverbrechern geführt. Sie teilten die schillernde Schattenwelt der deutschen Großstädte unter sich auf, hatten eigene Regeln und Gesetze sowie manchmal vorteilhafte Kontakte zur Polizei. Die Ringvereine herrschten vor allem über das Rotlichtmilieu und das Heer der Prostituierten, verdienten aber auch an Schutzgeld-Erpressung. Dem einfachen Bürger und Arbeiter rückten sie, behaupteten sie zumindest, nicht zu Leibe.[269]

Ursprünglich als Hilfsorganisationen ehemaliger Strafgefangener gegründet, genossen die Ringvereine einiges Ansehen, weil sie in die Vergnügungsmeilen ein wenig mehr Ordnung brachten: »Menschen, denen die ganze übrige Gesellschaft verschlossen ist, finden sich im Ringverein zusammen. Alles Übrige folgt daraus. Es folgt, dass sie unter sich Kameradschaft halten; dass sie gegenseitig die Familien unterstützen, deren Ernährer in Strafhaft sitzt; dass sie ihren Anteil an den Freuden und Ehren dieser bürgerlichen Welt sich selbst beschaffen müssen. Daher ihre spießigen und steifen Ballfestlichkeiten mit Frack und weißer Binde. […] Die Mitglieder der Ringvereine sind wahrscheinlich zum größten Teil keineswegs harmlos; aber dem Verein treten sie bei, um auch irgendwo anständig zu sein und als anständig behandelt zu werden«, folgerte ein Beobachter.[270] In aller Öffentlichkeit verzichteten die Ringvereine meist auf Anwendung von Gewalt. Eine Ausnahme machte Schlagzeilen. Im Januar 1929 fand am Schlesischen Bahnhof im Osten Berlins, Ausgehviertel und Hochburg der Ringvereine, eine Massenschlägerei statt. Die Ringvereine, darunter einer der prominenten Anführer, Muskel-Adolf genannt, hatten die Gewalt vom Zaun gebrochen. Die Polizei reagierte mit einer Großrazzia von bis dahin unbekanntem Ausmaß: Etwa 1000 Beamte riegelten am Abend des 14. Januar das Viertel ab, nahmen Lokale hoch, Kneipiers in Gewahrsam und alle, die sich nicht ausweisen konnten. Glücksspieler stoben auseinander. Die Kraftdemonstration eines Staates, der allerdings schon ins Wanken geriet; es blieb bis 1933 der eindrucksvollste und prominenteste Schlag gegen das kriminelle Milieu in der Hauptstadt Berlin.[271]

Die Ringvereine sorgten bis Ende der 1920er-Jahre dafür, dass viele illegale Spielklubs verdeckt und von der Staatsmacht unbehelligt blieben. Zu den Lokalbesuchern zählten gewöhnliche Leute, arbeitende Bürger, manchmal waren die Gäste von Prominenz. In der zweiten Jahreshälfte 1922 nahm die Berliner Polizei im Norden Berlins 75 Spielklubs hoch. 700 Personen kamen für kurze Zeit in Gewahrsam. Die sozialdemokratische Zeitung ›Vorwärts‹ berichtete: »Die durch die fortschreitende Geldentwertung geschaffenen unsicheren Verhältnisse scheinen die Spielwut in allen Kreisen der Bevölkerung zu steigern, so dass sich fortgesetzt neue Spielerlokale auftun. […] Besonders beliebt als Spieltage sind die Tage nach der Lohnzahlung, Donnerstag bis Sonnabend. Die Spieler gehören allen Berufsständen und allen Altersgruppen an; überwiegend sind es verheiratete Männer, daneben auch Jugendliche bis zu 18 Jahren und Frauen. Die Polizei ist durchweg auf Grund von Mitteilungen von Frauen eingeschritten, die die Aushebung der Lokale verlangten, weil ihre Ehemänner dort den größten Teil, zuweilen sogar den ganzen Wochenlohn verspielt hatten, worunter die Familie in der ganzen folgenden Woche schwer zu leiden hatte. Die Aushebung der Lokale wird immer schwieriger, da die Spieler sich immer mehr durch Spanner und sonstige Sicherheitsmaßnahmen zu schützen suchen. In den meisten Fällen muss das Lokal wochenlang, oft sogar monatelang beobachtet werden, ehe ein polizeilicher Überfall möglich ist.«[272]

Im Kosmos der Glücksspieler

Das Milieu der Spieler in den 1920er-Jahren hatte ein Roman von Hans Fallada zum Thema: Die feine Milieustudie »Wolf unter Wölfen« erschien 1937 und erzählt die fiktive Geschichte des mittellosen Glücksritters Wolfgang Pagel. In der Zeit der Hyperinflation 1923 versucht er seinen Lebensunterhalt durch das Spiel zu bestreiten. In der Folge geht aller Gewinn wieder verloren. Das Schicksal wirft ihn danach auf ein Rittergut im Osten, wo er in einem Sumpf aus familiärem Zwist und moralischem Verfall endgültig zu versinken droht. Doch am Ende findet er zur Besinnung und Normalität zurück.

Wolfgang Pagel, der sich nicht als Spieler sehen will, weil er genau weiß, dass in den Augen der meisten das Glücksspiel gleichbedeutend mit Verderben und Unmoral ist, kommt stets erst im Morgengrauen nach Hause. Seiner Angetrauten ist das Geld nicht wichtig, um das er in der Nacht spielt; für sie ist die Liebe das eigentliche Glück im Leben. Aber sie lässt ihren Freund die Leidenschaft ausleben. Der Geldgewinn scheint ihm als einzig möglicher Tribut an die Liebste. »Sage doch selbst, was kann ich Besseres tun!?!«, fragt Wolfgang: »Soll ich als Buchhalter Zahlen in ein Buch kritzeln, um zu Ultimo ein Gehalt zu kriegen, mit dem wir verhungern? Soll ich Schuhe verkaufen, Artikelchen schreiben, Chauffeur werden?« Ein Spieler sei er ja gar nicht, behauptet er, sein Spiel vielmehr mühsamer Broterwerb: »Ich ein Spieler? Aber es ist eine Hundearbeit, ich würde lieber Mauersteine tragen, statt dazustehen und zu warten und mich nicht fortreißen zu lassen, lockt das Glück einmal. Ich bin eiskalt und berechnend, du weißt, sie nennen mich den Pari-Panther. Sie hassen mich, sie ziehen schon saure Mienen, wenn sie mich nur sehen. Weil ich eben kein Spieler bin, weil sie wissen, es ist nichts bei mir zu holen, weil ich mir jeden Tag meinen kleinen Gewinn abhole, und habe ich ihn, Schluss mache, mich nie verleiten lasse, weiterzuspielen…«[273] Der Protagonist belügt sich natürlich selbst. Er spielt im Rausch, will zwar nicht Spieler sein, ist es am Ende aber doch, weil er Nacht um Nacht in Lokalen zubringt und schließlich immer häufiger mit nichts nach Hause kommt. Die Einsicht, das Spiel nicht zu beherrschen, nicht mit allen Regeln der Glücksspielkunst, kommt zu spät.

Wer auf den großen Gewinn spekuliert, im Spiel das Hab und Gut riskiert, ist anfällig für Hokuspokus. Die Zwischenkriegszeit gilt zu Recht als Hochphase für Propheten, Retter und Heilsbringer. In der Politik traten Demagogen auf die Bühne; religiöse Wanderprediger zogen durchs Land; in Literatur und Wissenschaft waren Untergangsprognostiker und Weltenretter gefragt. Im Spiel war das nicht anders. Merkwürdiges hatte Hochkonjunktur. Paranormales tarnte sich als Wissenschaft. Bekannt ist das alles auch heute noch. Während der 1920er-Jahre waren Ausmaß und Nachfrage jedoch ungleich größer. Flugschriften, Bücher und Glücksprediger versprachen, den Zufall kalkulierbar zu machen. Sogar die Hypnose, die der Superverbrecher Mabuse im Film perfekt beherrschte, schien durch die Lektüre obskurer Ratgeber erlernbar. In den Sternen sollte festgelegt sein, wann, wie und wem der Reichtum winkte. »Nicht Zufall ist es, sondern ein ehernes Gesetz, geschrieben zum Zeitpunkt der Geburt eines jeden Menschen, ob es ihm gegeben ist, das rollende Rad des Glückes zu fassen und festzuhalten«, lautete das Versprechen eines kosmologischen Spiele-Wahrsagers, der sich Bernd von Sirius nannte, als käme er von einem anderen Stern. Bestimmte Konstellationen im Horoskop müssten gegeben sein, »um durch Lotterie usw. nennenswerte finanzielle Vorteile erzielen zu können«, selbst der »Kaufzeitpunkt von Losen und Effekten, wie auch der Zeitpunkt des Spielens am […] Roulette sind von ausschlaggebender Bedeutung für Verluste oder Gewinne«.[274] Für Okkultisten und Astrologen bot auch die staatliche Lotterie ein Betätigungsfeld. Viele Zeitgenossen hofften, mit nur wenig Aufwand sich aller finanziellen Sorgen zu entledigen. Der verständliche Wunsch, die Göttin Fortuna mit Hexenwerk auszutricksen, wurde für Wunderprediger zum einträglichen Geschäftsfeld. Ein Astrologe pries seine Horoskope an als bestens geeignet für Pferdewetten. Man müsse nur um die Geburtskonstellationen der Rennpferde wissen und dann auf den richtigen Gaul setzen, um zu Reichtum zu kommen. Die Sportwetten übrigens – damals ähnlich verbreitet wie heute – waren neben der Lotterie das einzige Feld, für das der Staat regelmäßig Genehmigungen erteilte; man rechtfertigte dies juristisch damit, dass es sich nicht um ein Spiel des bloßen Zufalls allein handele. Vielmehr sei die Sportwette der »Meinungskampf« eines »sachkundigen Publikums«, das über die Geschicklichkeit Dritter streite und diesem Streit eben mit dem Einsatz von Geld Nachdruck verleihe. Anders als heute waren die Sportwetten ausschließlich vor Ort, an der Rennbahn oder im Wettbüro direkt am Stadion, gestattet. Aber längst nicht alle, die dort Wetten annahmen, besaßen tatsächlich eine Konzession.[275]

Einer der bekanntesten Okkultisten in der Weimarer Republik war Max Moecke, ein junger und stets schwarz gekleideter Mann mit viel Pomade im Haar, der behauptete, er könne in die Zukunft sehen. Der 1899 in Oberschlesien geborene Hellseher empfing in den 1920er-Jahren in seinem Berliner Büro fast täglich Gäste und Ratsuchende. Moecke organisierte okkulte Kongresse, schrieb Ratgeber über Yoga – damals etwas, das von Zauberei nicht weit entfernt schien – sowie Texte über die Welt des Übersinnlichen. Mit Charme, viel Witz und Kreativität nahm er die Zeitgenossen von sich ein, auch hohe Kreise der Gesellschaft, und als populäre Ikone des Okkultismus hofierte ihn die Presse. Aus der Masse der Betrüger und Kurpfuscher sticht Max Moecke tatsächlich heraus. Sein Spiel mit dem Paranormalen schloss oft kleine Zauberkunststückchen ein. Manchmal begab er sich mit einer Wünschelrute auf die Suche nach verborgenen Wasserquellen. Das bot viel an Unterhaltung. Eine Legende kursierte, der zufolge Moecke in der Spielbank Monte Carlo in die Zukunft gesehen und im Jahr 1931 einen hohen Millionengewinn eingestrichen hatte. Nicht wenige glaubten diese Geschichte. »An einem der Roulettetische herrschte große Aufregung«, schrieb jemand, der ihn dort angeblich gesehen hatte: »Alles scharte sich um einen Spieler, der mit aufsehenerregender Treffsicherheit Coup um Coup gewann. [...] Sein Gewinn schien ins Uferlose zu steigen. Ich erkannte in jenem Spieler sofort Max Moecke wieder [...]. Alles Weitere war mir klar. Was hier vor sich ging, war Hellsehen am Spieltisch in vollendeter Form.« Zur Rede gestellt, habe der bekannte Hellseher auch sogleich eingeräumt, über »mehrere Wochen hindurch die Vorschau der herauskommenden Roulettechancen regelrecht trainiert« zu haben, »wozu er eine bessere Ausführung einer Heimroulette benutzte, die er sich in einem Spielwarengeschäft in Zürich gekauft hatte«.[276]

Trotz des Glücksspielverbots hatte solches Spielzeug tatsächlich zahlreiche Freunde und Käufer gefunden. Namhafte ebenso wie unbekanntere Spielzeug-Hersteller brachten kleine Roulette-Modelle sowie diverses Glücksspielzeug – beispielsweise Glücksräder, Zahlenkreisel, Pferderennbahnen – für den Heimgebrauch auf den Markt. Diesen Spielsachen haftete ein wenig vom Ruch des Verbotenen und Verfemten an. Bis heute spiegelt dies die Sprache: Gespielt wird in der Spielhölle, besessen ist man vom Spielteufel oder beherrscht von Spielfieber oder Spielsucht. »Es sieht so harmlos aus«, hieß es über eines der damaligen Heimroulettespiele, das die rollende Kugel lediglich durch einen sich drehenden Zeiger ersetzte, »aber es ist doch eben ein richtiges Roulette, bei dem Gewinn und Verlust ganz vom Zufall oder vom Glück abhängen, das [...] jedem Teilnehmer, ob geschickt oder nicht, die gleichen Gewinnmöglichkeiten verschafft und bei jedem Stillstand des Zeigers neu überrascht«.[277] Die kleinen Glücksspielzeuge verkauften sich in den 1920er-Jahren erfolgreich, obwohl sie in Kreisen der Spielwarenbranche – und bei Pädagogen ohnehin – über keinen guten Ruf verfügten.

Hellseher Max Moecke jedenfalls kokettierte mit diversen Wundergeschichten. Seine übersinnliche Kraft am Spieltisch gab er mal zu, mal stritt er sie ab. Hitlers Stellvertreter Rudolf Hess bewunderte ihn. Im Mai 1933 bot Hess ihm die Leitung einer Hochschule für Okkultismus an, die allerdings über die Planung nicht hinauskam. Den meisten Nationalsozialisten galt Max Moecke jedoch als »Dunkelkünstler« und Scharlatan. Der Hitler-Bewegung hatte er 1931 den Untergang vorausgesagt. Zurückgekehrt aus Zürich, wohin er die Flucht ergriffen hatte, verhaftete die Staatspolizei den landesweit bekannten Hellseher Ende 1936 in Baden-Baden. Er wurde in das Konzentrationslager Dachau verschleppt, später kam er nach Buchenwald. Als politischer Häftling – er soll Sympathien für die Sozialdemokratie gehegt haben – wurde er schließlich am 14. Juli 1941 in die Tötungsanstalt Pirna-Sonnenstein verlegt und dort ermordet.[278]

Den Zufall berechnen

Die Klügeren, die nicht auf jeden Irrsinn gleich hereinfielen und trotzdem glaubten, sie könnten den Zufall besiegen, wurden (und werden auch heute) Systemspieler genannt. Falladas Romanheld Wolfgang Pagel ist ein solcher. Roulette, Lotto oder irgendein anderes Glücksspiel wird mit System gespielt, das heißt, man folgt einem Gefüge aus Regeln, was angeblich alles andere ist, als sich dem Zufall zu überlassen. Diese Art von Spielern errechnet und kalkuliert, was sich in Wahrheit nur bedingt errechnen und nicht kalkulieren lässt: »Die Mathematiker unter den Hasardeuren sitzen tagelang an dem Spieltisch, ohne zu setzen. Sie schreiben nur in ihr Notizbuch Ziffern. Ordnen sie dann und leiten daraus ihre Folgerungen ab. Sie beobachten die Serien, spielen die Nummern, die schon lange nicht gekommen sind, andere haben Zahlen entdeckt, die periodisch wiederkehren, wieder andere legen den Satz, dass eine Ziffer unter sechsunddreißig Spielern durchschnittlich einmal vorkommt, ihrer Spielweise zugrunde. […] Die Serie ist nach Ansicht der Systemspieler die Seele des Spiels«, berichtete eine Illustrierte in den 1920er-Jahren.[279]

Roulette, Lotterie oder Baccara – ein beliebtes Casino-Spiel mit Karten – schienen sie gleich einer Wissenschaft zu betreiben. Einer, der für sie als Pate diente, war Karl Marbe, ein führender Psychologe seiner Zeit. Marbe war allerdings weder der Spielsucht verfallen noch gehörte er in die Reihe jener Scharlatane, die mit den Träumen der Menschen ihr Geschäft betrieben. Zunächst in Würzburg und seit 1905 an der Universität in Frankfurt am Main tätig, ging es ihm um Mathematik und Logik. Seine Forschung wies auf lange Traditionslinien bis ins frühe 18. Jahrhundert zurück, als Erkenntnisse der Wahrscheinlichkeitsrechnung an Würfelspielen erprobt wurden. Marbe, der sich mit seinem philosophischen Werk ›Die Gleichförmigkeit in der Welt‹ 1916 nicht nur an Gelehrte, sondern auch an Spieler richtete, verfügte über wertvolle Daten; aber noch immer kaum genug, wie er einräumte. Die Berechnungen basierten unter anderem auf rund 80 000 Roulette-Partien, die im Casino von Monaco festgehalten worden waren.[280] Ideales Material, wie Marbe befand, um herauszubekommen, ob mithilfe der Mathematik Regeln aus Serien abgeleitet werden konnten. Ließ der Zufall sich berechnen? Er legte seitenlange Tabellen und viele komplizierte Rechnungen vor; wer hoffte, hier eine einfache Anleitung zum Reichtum zu finden, wurde enttäuscht. Zum Glück fasste der Autor seine Erkenntnisse in einem Kapitel zusammen, das er »An die Systemspieler und Spielbanken« überschrieb. Dort machte der Logiker den Spielern doch Hoffnung. Ein Gewinn mit relativ hoher Wahrscheinlichkeit war demnach zwar nicht leicht zu erzielen; für den einfachen Münzwurf war der Ratschlag aber doch recht simpel: Fällt Kopf, so setze beim nächsten Wurf am besten auf Zahl. Mit Roulette und komplexeren Glücksspielen gestaltete sich die Sache erheblich anspruchsvoller. Zunächst brauche man eine Fülle von Daten, um sichere Regeln ableiten zu können; weit mehr, als Karl Marbe selbst vorlag. Doch für den Fall, dass solches Material vorhanden sei, könne ein System entwickelt werden: »Unter einem ›System‹ verstehen die Glücksspieler eine Spielmethode, die zu Gewinnen führt. Unsere Ergebnisse zeigen, dass die unter Gebildeten vielfach geläufige Ansicht, dass jedes ›Systemspielen‹ an sich deshalb unsinnig sei, weil es sich mit der Wahrscheinlichkeitsrechnung in Widerspruch setzt, nicht zutreffend ist.«[281]

Man könne natürlich Zweifel hegen, ob die Beschaffung solch riesigen Datenmaterials, das für die Berechnung notwendig wäre, im ureigenen Interesse der Casinos liege. In der Theorie müsste es nämlich möglich sein, meinte Karl Marbe, eine Spielbank sogar lahmzulegen. Einige, aber nicht ganz einfache, Voraussetzungen wären im besten Fall vorab gegeben: Spieler täten sich möglichst zu einem Konsortium zusammen, am günstigsten seien etwa 30 Personen, um verschiedene Spieltische untereinander planmäßig aufzuteilen. Gut wäre es auch, sie brächten ein ungeheures Vermögen bereits mit, um die Durststrecken des Unglücks zu überstehen. Außerdem sei nahezu unbeschränkte Zeit Voraussetzung. Nur dann könnten in den langen Serien die Regeln der Wahrscheinlichkeit greifen. »Ich glaube, bei einem solchen Verfahren wäre es mit einer Spielbank bald zu Ende«, gab sich Karl Marbe überzeugt.[282] Entscheidende Gründe zur Skepsis gab es aber schließlich doch. Jenseits der Theorie war der Alltag im Spielklub völlig anders. Wem war es schon möglich, diesen Voraussetzungen nur nahezukommen? Im Wildwuchs aus Zahlen, Rechnungen, Formeln und Tabellen überlas man die Mahnung zu schnell, die Karl Marbe den Spielerinnen und Spielern mit auf den Weg gab: »Betont sei nochmals, dass derjenige, welcher sich beim Roulettespiel genau an das von uns vorgetragene System hält, wenn das Unglück es will, an einem Tage so große Verluste haben kann, dass er sie wegen Mangel an Zeit oder Kapital oder beidem niemals mehr einbringen kann.«[283] Welchen Nutzen haben jedoch ausgeklügelte Regelsysteme, wenn das Risiko am Ende doch unkalkulierbar bleibt? Der leidenschaftliche Systemspieler hofft auf den Gewinn mit Inbrunst. Schon damals las er nur das, was Karl Marbe in der Theorie für möglich hielt. Bis heute wird er von Systemspielern als Pate des Glücksspiels verehrt.

Einer der bedeutendsten Intellektuellen des 20. Jahrhunderts entwickelte eine mehr magische Vorstellung vom Glücksspiel. Walter Benjamin war in jungen Jahren mit seiner Ehefrau und Freunden viel auf Reisen in Europa gewesen. Ob die Casinos an der Riviera oder die luxuriösen Spielhöllen nahe Danzig, der undogmatische Denker kannte die noblen Orte Fortunas. In Benjamins Werk finden sich zahlreiche Anspielungen auf das Spiel sowie Reflexionen über die Rolle des Zufalls im Leben. Das kam nicht von ungefähr. Benjamin, der 1919 promoviert, dann eine Habilitation in Frankfurt angestrebt und Freundschaft mit Größen wie Adorno oder Siegfried Kracauer geschlossen hatte, war selbst ein Glücksspieler aus Leidenschaft. Nur woher die Faszination rührte, das schien ihm wenig – oder zumindest nicht rein rational – erklärlich. Am Reiz des Risikos allein oder gar an der Aussicht auf Gewinn konnte es nicht liegen. Als glückloser Spieler hatte er, zum Leidwesen seiner Frau, reichlich Erfahrung. Nach einer durchzechten Casino-Nacht an der Ostsee 1929 besaß er nicht einmal mehr das nötige Kleingeld für die Heimfahrt. Ein Systemspieler und Techniker des Glücks war Walter Benjamin nicht. Er erkundete das Glücksspiel vielmehr von seiner irrationalen Seite her. Sein Befund klingt merkwürdig: Ein telepathischer Kontakt sei zwischen Spielzeug und Spieler vorhanden, quasi ein unsichtbares Verhältnis, in dessen Bann die Gesetzmäßigkeiten von Zeit und Raum aufgehoben schienen. Die Gegenstände und die Menschen traten aus der Sicht Benjamins im Spiel in ein inniges Verhältnis, das mit Logik allein nicht zu fassen oder zu erklären war. Über Glück im Spiel entschied nicht zuerst der Verstand, sondern das Gefühl und die Sinne: Man hört auf die Kugel, die rollt, spürt in der Hand die Karte, die sich mitzuteilen scheint, gibt also dem Unbewussten den Vorrang. Geistesgegenwart bedeutete für Walter Benjamin, sich ganz dem Spiel zu überlassen und auf die Magie des Moments zu vertrauen. Wer hingegen zuerst nachdenkt und dann handelt, vergibt die Chance auf Glück. Was in der Außenwelt sinnvoll war, zählte im Spielsalon nicht mehr. Der Filter des wachen Verstandes war nutzlos, sogar ein Hindernis für den reinen Instinkt, der sich im Glücksspiel entfalten musste. Folgt man der Roulette-Kugel mit dem Auge wie gebannt oder ist vom Spiel wie in Trance berauscht, nützt alles Taktieren und Rechnen nichts. Man setzt auf das, was das Spiel sagt.[284]

Die Telepathie erfreute sich in den 1920er-Jahren zahlloser Anhänger. Längst nicht nur okkulte Spinner oder windige Freigeister glaubten daran, dass Gefühle, Kräfte, Gedanken sich in einer Art von Fernwirkung übertrugen. Das Spiel faszinierte Benjamin, weil es reiche Möglichkeiten bot, um zu erkunden, ob sich die Zukunft vorhersehen ließ oder Kräfte jenseits der Ratio wirkten. Will man Benjamins Ideen nicht folgen, kann man ihn unter anderem Blickwinkel lesen: Nicht zuletzt beschrieb er einen Rauschzustand. Im Außerkraftsetzen der Nüchternheit, sei es nur für den Augenblick, liegt Reiz und Sinn einer jeden Ekstase. Insofern galt ihm das Glücksspiel als das »höllische Gegenstück zur Musik der himmlischen Heerscharen«.[285] Ernst Jünger, Zeitgenosse Benjamins vom anderen Pol des politischen

Spektrums, würde es viel später ähnlich beschreiben: »Am Spieltisch beschleunigt sich der Umsatz; große Summen werden gewonnen und wieder verloren in einer einzigen Nacht. Das Spiel macht süchtig; es ist jenen Formen des Rausches ähnlich, deren Reiz in der Raffung besteht.«[286]

Das Falschspiel

In den illegalen Spielklubs der Weimarer Republik wehte ein anderer Wind als in jenen Salons, die Karl Marbe und Walter Benjamin inspirierten. Der Reiz, den sie ausübten, war gewiss ähnlich. Aber das Glück ließ sich hier noch ungleich weniger berechnen. Wo um hohen Einsatz und viel Geld gespielt wird, ist der Falschspieler nicht weit. Vorbilder für den Film-Bösewicht Mabuse fanden sich in den schummrigen Hinterzimmern und Klubs der Vergnügungsmeilen: »So strahlend der Glanz und die Pracht der Abendtoiletten, so vielgestaltig duftend die Aromen in den Kasinos der großen Welt sind, so grauenvoll nackt steht die Begierde in den flackernden Augen der Bauernfänger, die mit gezinkten Karten, beschwerten Würfeln und ähnlichen primitiven Mitteln am Schlesischen Bahnhof arbeiten. [...] So weich dort die blaue Nacht, so süß die schmelzenden Melodien der Stehgeiger, so ruhig und elegant sich der Betrieb in den verbotenen Klubs abwickelt, so stickig und verbraucht ist die Atmosphäre in den Hinterzimmern letztrangiger Kneipen und Schnapsdestillen«, berichtete der ›Vorwärts‹ 1931.[287] Unkontrolliert und außerdem teils in der Hand der Ringvereine, ließ sich nie recht sagen, ob in den Hinterzimmern und Lokalen wirklich alles den Spielregeln entsprach. Kein Zufall, dass gerade die politische Linke ihre Anhänger eindringlich warnte. Die einfachen Arbeiter, und nicht die Reichen in ihren Salons, schienen dem Betrug im kriminellen Milieu am ehesten ausgeliefert: »Während man aber beim Spiel im Bekanntenkreis sicher sein kann, dass alles mit richtigen Dingen zugeht, ist es dort anders, wo, wie in den meisten Spielercafés, Halb- oder Ganz-Professionelle ihr Unwesen treiben. Sie leben vom Spiel, sie und ihre Familien, und da man zum erfolgreichen Spiel ›Glück‹ braucht, sich das Glück aber nicht kommandieren lässt, wird es korrigiert, man spielt falsch. Und es gibt Künstler auf diesem Gebiet. Leute, die mit seltenem Geschick Karten zinken, für den Gebrauch präparieren, andere wieder, die ihrem Geschäftspartner des Gegners Karten mit der Schuhspitze, mit dem Zeigefinger, dem Taschentuch oder der beliebten Zigarre ›telegraphieren‹. [...] Spiel in diesen Kreisen bedeutet fast immer etwas, das zumindest nahe an Falschspiel grenzt, wenn es nicht vollendetes ist. Das Spiel ruiniert Charakter und Moral derart, dass selbst derjenige falsch spielt, der es wirtschaftlich nicht notwendig hat. Es ist gerade vom gesellschaftskritischen Standpunkt aus sehr interessant, dass die Inflation, die den Typus des anständigen Kaufmanns vergangener Zeiten fast zum Verschwinden brachte, ähnliche Folgen auch in der Spielerwelt bewirkte.«[288]

Die Polizei kannte die Machenschaften der Trickbetrüger und Falschspieler. Weil die illegalen Spielklubs nicht allesamt ausgehoben werden konnten – immer neue entstanden, sobald man die alten beseitigt hatte –, verlagerte sich der Kampf ab Mitte der 1920er-Jahre verstärkt gegen jene Spielernaturen, die den Betrug als Beruf betrieben. Ein professioneller Falschspieler, der aus der kriminellen Szene ausgestiegen war, schilderte Anfang 1930 sein Metier: »Natürlich kann einer von dieser Kunst immer nur einige Jahre leben, denn dann wird er überall bekannt sein. Es werden nur noch solche mit ihm spielen, die bestimmt rechnen, ihn hineinzulegen; und selbst die Spieldilettanten in solchen Lokalen werden mit der Zeit vorsichtiger. Er muss also aufhören. Eine ständige Gefahr ist die Polizei. Man kann, da überall Polizeispitzel und Detektive zugegen sind, dieselben Tricks nicht häufig anwenden. Man muss wechseln. [...] Eine Verurteilung wegen Falschspiels oder Anwendung von Spieltricks ist nur möglich, wenn der Kommissar einen beim Falschspiel erwischt. Das fällt ihm meistens schwer. Viel leichter fällt man herein, wenn man mit Nadel oder Daumen gezinkte Karten oder zum Keil aufgereihte Karten benutzt, denn wenn solche Karten in die Hände der Polizei kommen, lassen sich die Markierungen und Zeichen natürlich mit Leichtigkeit feststellen.«[289] Mit Stolz präsentierte der Falschspieler in einem Magazin alle Tricks, die er über Jahre hinweg angewandt hatte. Es gab solche Falschspieler aber nicht nur in jenen Klubs, wo die Ringvereine das Sagen hatten. Am Straßenrand, auf Ozeandampfern, in Kaffeehäusern oder noblen Hotels gingen sie ihrer Arbeit nach – eben überall, wo gespielt wurde. In der Zeit der Hyperinflation und während der Weltwirtschaftskrise stieg die Zahl der spielenden Gauner offenbar beträchtlich an, weil das Elend viele Menschen in die Kleinkriminalität trieb. Man spielte mit Würfeln, Hütchen, Karten, oft gingen auf der Straße Zauberkunst und Glücksspiel Hand in Hand. Der filmische Gegenspieler von Doktor Mabuse, Staatsanwalt von Wenk aus dem Spezialdezernat zur Bekämpfung der Spielleidenschaft, besaß ebenfalls Vorbilder in der Realität. Kriminologen, die in der Vergangenheit oft selbst Spieler gewesen waren, folgten den Spuren der Betrüger.

Zu ihnen zählte der Berliner Kriminalkommissar Hans von Manteuffel, ein Spezialist für Falschspiel. Bis zum August 1914, dem Beginn des Ersten Weltkriegs, war er über mehrere Jahre hinweg im Berliner Polizeidezernat in einer Abteilung zur Bekämpfung des illegalen Glücksspiels tätig; später, zurück von der Front, leitete er das Dezernat. Sein Buch über die Tricks der Falschspieler wurde bis in die 1930er-Jahre sechsmal neu aufgelegt; noch in der frühen Bundesrepublik galten seine Schriften für Experten als unabdingbares Anschauungsmaterial.[290] Als Erster nahm Hans von Manteuffel die manipulatorischen Kniffe der Betrüger systematisch unter die Lupe: »Betrogen werden kann bei allen Kartenspielen ohne Ausnahme, wenn auch von Falschspielern Hasardspiele, weil schneller zum Ziele führend und lukrativer, meist bevorzugt werden. Wesentlich erhöht wird noch die Chance des Betruges […], wenn Mangel an Aufmerksamkeit oder ein Übermaß von Vertrauen seitens ihrer Spielgegner ihnen auch noch ermöglicht, die für ein Spiel geltenden besonderen Regeln zu umgehen oder zu durchbrechen.«[291] Die Ganoven bevorzugten sehr häufig Baccara – ein Casino-Spiel, dessen Ursprung der Legende nach im Italien des 16. Jahrhunderts liegt. Beliebt ist es bis heute, weil der Zufall eine so wichtige Rolle spielt, dass die Spieler sich Fortunas Entscheidung entspannt überlassen können. Kaum ein Casino-Spiel ist im Genre der Agenten- und Spionagefilme nicht irgendwann einmal gezeigt worden. Je schwindelerregender der Einsatz, desto intensiver der Risikorausch: Die Karten werden an zwei Kontrahenten verteilt, die um das Erreichen eines Zahlenwerts spielen. Andere Beteiligte, die das Spiel verfolgen, haben Geld gesetzt und wetten darauf, wer mit seinen Karten den Zahlenwert erreicht. Gelang es dem Ganoven, schrieb Manteuffel, einen Einfluss auf das Kartenausteilen zu nehmen, oder zählte gar der Croupier zum Komplizen, konnte man ein Vermögen machen. Getrickst wurde natürlich auch bei anderen Spielen. Würfel und Würfelbecher waren primär bei Soldaten und in den Kneipen der Industriearbeiterschaft beliebt. Auch diese Spiele boten reiche Möglichkeiten zum Betrug: »Von Falschspielern werden auf einer Seite mit Blei beschwerte Würfel und auch solche verwendet, auf welchen bestimmte Augenzahlen häufiger als andere angebracht sind und einige Zahlen gänzlich ausfallen. Betrug beim Spiele mit drei Würfeln wird auch derart geübt, dass nur zwei Würfel in den Becher getan und der dritte in der Hand verborgen gehalten und an den Würfelbecher gedrückt wird. Selbst das schärfste Ohr vermag nicht zu unterscheiden, ob beim Schütteln der Würfel im Becher drei oder zwei Würfel in demselben klappern.«[292]

Zwei Typen von Falschspielern seien zu unterscheiden, meinte Hans von Manteuffel: Straßen- und Lokalzocker. Bei Ersteren schien es sich um eher simpel gestrickte Ganoven zu handeln. Sie betrogen im Vorbeigehen, in den Ecken an den Bahnhöfen und auf Vergnügungsmeilen. Diese Art von Kleinkriminellen war gewiss in der Mehrheit. Die Lokalzocker waren oft Gangster sozusagen mit guten Umgangsformen. Sie nahmen bevorzugt Wohlhabende ins Visier. Dafür lernten sie, je höher sie auf der Leiter des Falschspiels kletterten, die Gepflogenheiten der Oberschicht. Mancher nahm monatelang Tanzunterricht, investierte in vornehme Kleidung, las Bücher, um Konversation betreiben und die Opfer in falscher Sicherheit wiegen zu können: »Die Chancen des Betruges liegen für ihn umso günstiger, je höher die Gesellschaftssphäre ist, in welche er Eingang gefunden hat. […] Im Falschspieler-Jargon ist ›sichere Geschäfte machen‹ gleichbedeutend mit vornehmen Leuten, insbesondere Offizieren die Börse erleichtern.«[293] Die Tricks der beiden Gangster-Typen waren einander ähnlich: Würfel wurden gezinkt, Karten manipuliert und mit Fingerspitzengefühl ins Spiel gemischt. Aufreizend gekleidete Frauen dienten als Lockvögel oder anzügliche Blickfänger und stifteten Verwirrung.

Die Hersteller glaubten, ihre Karten durch Verzierungen und Merkmale gegen das Falschspiel wappnen zu können. Auch Würfel sollten so geschliffen werden, dass sie schwer zu kopieren waren. Manteuffel hielt das alles für vergebene Mühe. Die Falschspieler waren nämlich ebenfalls technisch versiert. Außerdem setzten sie auf die fehlende Aufmerksamkeit ihres Gegenübers: »Manche Spieler zeichnen sich ihre Karten mit einer Schneidemaschine, die von der Kante der Karte einen ganz schmalen, keilförmigen Grad fortschneidet. Und die ganz glatten, einfarbigen Karten werden mit Spiritusschellack und einer ganzen Menge anderer Mittel gezinkt. Es gibt keinen Schutz gegen Zinken, keinen Schutz gegen Falschspiel.«[294] Kriminologen wie Hans von Manteuffel trugen in dieser Zeit zusammen, was man über die Tricks der Falschspieler wusste. Material gab es zur Genüge.

Glücksspiel-Prozesse

Ein Mammutprozess, der sich gegen illegales Glücksspiel und zugleich gegen Falschspieler richtete, war im Jahr 1893 über volle drei Wochen am Landgericht in Hannover verhandelt worden. Hans von Manteuffel, der am Beginn seiner Laufbahn stand, war als Sachverständiger für das Gericht tätig. Aufsehen erregte dieser Prozess, da das Ausmaß des Betrugs außergewöhnlich schien. Adelige Rittergutsbesitzer und Militärs waren finanziell zu Schaden gekommen und traten als Zeugen auf. Mehrere gewiefte Verbrecher saßen auf der Anklagebank. Sie waren von Kurort zu Kurort und von Rennplatz zu Rennplatz gezogen, um ihre Opfer zu illegalen Glücksspielen zu überreden. Sie versprachen ihnen, der Kreis der Mitspieler sei leicht zu besiegen und außerdem eine Unsumme Geld zu gewinnen. Die angeblichen Großindustriellen und Bankiers, die dann am Spieltisch versammelt waren, steckten jedoch unter einer Decke. Das Komplott im vornehmen Ambiente funktionierte mit einträglichem Erfolg, denn die windigen Tricks waren für die Laienspieler kaum zu durchschauen: Die Karten im Kartenspiel waren gezinkt, das Rouletterad manipuliert, vermeintliche Wettscheine wertlos, weil es die Wettgegner in der Wirklichkeit nicht gab.

Unter den Angeklagten wurde einer zur Berühmtheit. Zeitungen berichteten über ihn. Und noch in den 1920er-Jahren musste jeder mehr oder weniger erfolgreiche Betrüger sich mit seinem Rang vergleichen lassen. Samuel Seemann, ein Kaufmann aus Berlin, besaß Charme, Raffinesse und Talent zur Menschenverführung; eine Heldengestalt der Falschspieler, weil er geschickt ein Vermögen ergaunerte. Selbst auf der Anklagebank, wie Zeitungen berichteten, strahlte der hochgewachsene Mann mit dunklem Vollbart eine bemerkenswerte Gelassenheit aus. Seemann war quer durch Europa gereist, in fast alle Hauptstädte, bevor man ihn am Ende schließlich dingfest machen konnte. Er trickste mit gezinkten Karten und einem Roulettetisch, der so genial manipuliert war, dass die Kugeln immer in das für ihn vorteilhafte Feld fielen. Sein Milieu: vornehme Salons und Hotels mit Luxusatmosphäre. Sein jahrelanger Komplize – ein Mann, der sich am Spieltisch bevorzugt als Baron vorstellte – verlor zum Schein viel Geld, um den Opfern das Gefühl zu vermitteln, ihr Verlust sei im Vergleich zu verkraften. Zu Seemanns illustrem Ganovenkreis zählte auch Freiherr von Meyerinck, ein Rittmeister der Kavallerie aus altem preußischem Adel. Das war für viele Beobachter der eigentliche Skandal, denn der gefallene Adelsspross hatte Seemann in die höhere Gesellschaft erst eingeführt. Seemann starb im Gefängnis. Freiherr von Meyerinck erhängte sich nur Tage nach dem Urteilsspruch.[295]

Einen Glücksspiel-Prozess von ähnlichem Kaliber gab es in den folgenden Jahrzehnten nicht mehr. Aber doch zahlreiche Fälle, die das

Interesse der Öffentlichkeit weckten, weil sie dubiose Geschichten von Träumen über hohen Gewinn und von rasantem Absturz erzählten. Franz Friedrich Ruhstrat, ein hoher Staatsbeamter in Oldenburg, war 1902 in eine zwielichtige Affäre verwickelt. Fast wäre er vor Gericht gestellt worden. Die Presse hatte ihn des Glücksspiels beschuldigt, das er in großem Maßstab organisiert habe; sogar in den Selbstmord hatte er seine Opfer durch ruinöse Spielpraktiken angeblich getrieben. Die Anschuldigungen, die aus Ruhstrats Umgebung bestätigt wurden, warfen ein schlechtes Licht auf die Verhältnisse im Land. Am Ende kam der hohe Staatsbeamte nicht vor den Richter. Dafür aber jene, die ihn beschuldigt hatten. Das Gericht sollte jetzt klären, ob das Pokerspiel, für das Ruhstrat eine Leidenschaft pflegte, juristisch gesehen ein Glücksspiel war – ob die Anschuldigungen also berechtigt waren oder den Tatbestand der Verleumdung erfüllten. Das Gericht entschied auf Verleumdung, und die Redakteure wurden bestraft. Noch jahrelang war von einem Justizskandal die Rede. Immerhin war nun gerichtlich geklärt, dass mit Geld gepokert werden durfte.[296] Auch der Fall Rudolf Stallmann erregte Aufsehen. Er war tatsächlich ein ähnlicher Trickbetrüger wie Seemann, soll zugleich auch Börsenspekulant gewesen sein, und erwarb sich 1912 in der Boulevardpresse den Beinamen »König der Spieler«. Mit seiner internationalen Falschspieler-Truppe war er angeblich neunmal um die Welt gereist und hatte auf diversen Wegen ein kleines Vermögen gemacht; die britische Polizei fasste Stallmann in einer Londoner Spielbank. In Berlin wurde er, weil sich das Falschspiel nicht durchgehend nachweisen ließ, zu einem Jahr Gefängnis verurteilt.[297]

In den 1920er-Jahren dienten solche und ähnliche Glücksspielprozesse immer häufiger der Agitation politischer Kräfte. Wie moralisch verkommen das parlamentarische System der Weimarer Republik oder der Kapitalismus waren, das schien sich gerade am Glücksspiel besonders zu zeigen. Das Hotel-Casino in Zoppot ließ nun jeden Tag die Roulettetische von Kriminalbeamten überprüfen. Die Spieler, die den Beamten zuschauen durften, sollten Gewissheit haben, dass wenigstens hier alles mit rechten Dingen zuging.[298]

Jüdisches Falschspiel

Im Sommer 1930, mitten in der Weltwirtschaftskrise, nahm die Polizei in Berlin wieder einmal zwei Falschspieler-Banden hoch. Der Fall erregte erneut viel Aufsehen, auch in der Nazi-Presse. Zum Teil hatten die Mitglieder der Banden bereits seit Jahren im illegalen Glücksspielgeschäft operiert. Bei Wohnungsdurchsuchungen konfiszierte die Polizei präparierte Karten und Hunderte gezinkte Würfel. Wieder hatte sich das professionelle Falschspiel gegen Geschäftsleute, Unternehmer sowie Bankiers gerichtet, die in Hinterzimmern von Lokalen, vor allem in Kur- und Badeorten, in die Falle gegangen waren. Um teils mehrere Zehntausend Reichsmark war die risikofreudige Finanzgesellschaft erleichtert worden.[299] Die Namen der wichtigsten Köpfe beider Banden erregten in rechtsradikalen Kreisen sofort Verdacht. Wilhelm Blümel hieß der eine, was dem Anschein nach so klang, als wäre er ein Jude; Willi Goldschmidt war der andere, der mit hoher Wahrscheinlichkeit tatsächlich ein Jude war. Bereits beim Hannoveraner Falschspieler-Prozess 1893 hatten rechtsradikale Kreise wollüstig auf die Namen jener verwiesen, die auf der Anklagebank Platz nahmen; neben Hans Seemann unter anderen Max und Julius Rosenberg und Ludwig Süßmann. Juden, die ein Bündnis mit den übelsten Elementen des deutschen Junkertums geschlossen hätten. Selbst deren Anwälte seien allesamt Juden gewesen. »Alles in Allem wird der Spieler- und Wucherer-Prozess in Hannover noch lange eine Fundgrube für den Befreiungskampf des Deutschtums gegen Entsittlichung und Fäulnis sein, die uns das internationale Judentum gebracht haben und täglich bringen, und er wird uns umso wirksamere Waffen liefern«, meinte eine antisemitische Schrift, die unter Pseudonym in einem rechtsradikalen Leipziger Verlag erschien. Das Falschspiel sei, hieß es schon lange vor der Jahrhundertwende, das verbrecherische Metier des Judentums.[300] Als die Nationalsozialisten 1933 die Macht erlangten, zogen sie aus den polizeilichen Akten, die ihnen in die Hände gefallen waren, heraus, was sie angeblich schon immer gewusst hatten: »An Hand des Kartei- und Aktenmaterials […] kann einwandfrei festgestellt werden, dass das Glücks- und Falschspiel ein weiteres bevorzugtes Betätigungsgebiet jüdischer Verbrecher ist«, behaupteten sie. Noch im Jahr von Hitlers »Machtergreifung« seien in Berlin 88 internationale Falschspieler dingfest gemacht worden, darunter 55 Juden.[301] Überprüfen ließ sich das nicht.

Was sie im Kleinen täten, betrieben die Juden angeblich auch an der Börse im großen Stil. Bereits Ende des 19. Jahrhunderts war es ein sehr beliebtes Motiv, die Börse als den Tummelplatz von gierigen Glücksspielern zu beschreiben. »Was diese Leute dort treiben«, meinte ein unbekannter Autor 1891 in einer antisemitischen Hetzschrift, »so lässt sich darauf nur antworten: sie spielen.«[302] An der Börse spielten die Juden, wie die Antisemiten behaupteten, mit dem Schicksal von Völkern. Sie belögen ihre Opfer und bereicherten sich an fremdem Besitz. »Es ist bei diesem Spiel eine altbekannte Tatsache«, meinte Theodor Fritsch, ein antisemitischer Pionier der Gartenstadt-Bewegung vor dem Ersten Weltkrieg, »dass zwei oder mehrere, die im heimlichen Einverständnis stehen, immer im Vorteil sind und die anderen hineinlegen. Sie wissen sich durch geheime Zeichen zu verständigen und spielen einander in die Hände. Deswegen darf sich auch einer von ihnen unbekümmert zur verlierenden Partei schlagen, weil er ja sicher ist, dass ihm von dem Gewinn seiner Mitverschworenen sein Anteil zufällt. Das ist das Geheimnis der Börse. [...] Was die Börsen heute betreiben, ist schlichtweg Falschspiel; die Kurse werden künstlich [...] gemacht, Angebot und Nachfrage künstlich erzeugt, und alles das nur zum Zwecke, um in dem beständigen Auf und Nieder [...] die ahnungslosen produktiven Völker auszupowern und den Reichtum Israels unablässig zu mehren.«[303] Seine antisemitischen Pamphlete wurden in den 1920er-Jahren mehrfach neu aufgelegt. Sein Sohn übrigens blies ins gleiche Horn und machte einige Jahre später im Dritten Reich Karriere. Die Nationalsozialisten trieben diese wahnhaften Ideen auf die Spitze. Als die ökomische Not überall auf der Straße zu sehen war, fielen die Parolen der Hitler-Bewegung auf fruchtbaren Boden. Die Gesellschaft der Weimarer Republik wähnte sich Ende der 1920er-Jahre am Abgrund – weil betrogen, belogen und vom Ausland drangsaliert, nicht zuletzt regiert von Männern, die weder einen Ausweg aus der Krise zu kennen noch diesen zu suchen schienen. Juden sollten maßgeblich für die Misere verantwortlich sein. Das gewerbliche Glückspiel, seit Jahrzehnten verboten und immer mit etwas Anrüchigem behaftet, bot sich zeitweise als Projektionsfläche für antisemitische Klischees hervorragend an.

Ende Januar 1933 kollabierte das politische System der Weimarer Republik, das seit Jahren in Grabenkämpfen, Lagerzwist und Stillstand verharrte. Hitlers Diktatur, die ein Großteil der Bevölkerung stützte und von nationalkonservativen Bündnispartnern im Januar 1933 aus der Taufe gehoben worden war, verfolgte die Juden von Anfang an mit offener Gewalt. Instrumente, um die Bevölkerung aufzuhetzen, bot bekanntermaßen die staatliche Propagandamaschine. Die antisemitische Politik rechtfertigte sich auf vulgäre Weise, indem sie Juden zu Verbrechern stempelte: Wucher, Spekulation, Glücksspiel und Betrug seien unter anderem ihre bevorzugten Domänen: »Es zeigt sich hier ohne Zweifel eine spezifische rassische Veranlagung der Juden.«[304] Selbst für den Untergang von Weltreichen und den Ausbruch von Revolutionen sollten Juden verantwortlich sein. Die Revolution in Russland, die 1917 die Romanow-Monarchie hinweggefegt hatte, gehörte in das verschwörungstheoretische Szenario. Nicht das beispiellose Elend der Bevölkerung hatte demnach zum Umsturz in Russland geführt, sondern die Juden hatten im Hintergrund alles planmäßig vorbereitet, wie eine Nazi-Schrift skizzierte: »Das gesamte Judentum in Russland hatte nur ein einziges Ziel: Sturz des judengegnerischen Zarismus, Emanzipation und schließlich Ergreifung der Macht. Um dieses Ziel zu erreichen, spielten die Juden mit verteilten Rollen in den verschiedenen Gesellschaftsschichten […], wobei sich natürlich alle diese jüdischen Kolonnen und Abteilungen gegenseitig unterstützten und so insgesamt nach einem strategischen Plan vorgingen. Nach diesem Rezept pflegen übrigens die Juden immer und überall vorzugehen. Besonders schwierig war naturgemäß die Aufgabe, in die höchste Schicht der russischen Aristokratie, an den Zarenhof selbst, vorzudringen. Das gelang einem Juden – Aaron Simanowitsch, der durch Bestechung, durch Gründung von Spielklubs und als Juwelier in die Hofkreise Eingang fand und dort seine verderbliche Tätigkeit entfaltete. Dieser eine Jude hat zur Vorbereitung der bolschewistischen Revolution mehr geleistet als so mancher der prominenten Parteijuden.«[305] Gemeint war der Sekretär des bekannten jüdischen Arztes Rasputin. Dessen historische Rolle wurde maßlos übertrieben. Die Spielklubs, die Simanowitsch angeblich gegründet hatte, seien die Schaltzentralen des internationalen Judentums in Russland gewesen; auch dekadente Verführungsstätten, gerichtet gegen die russische Aristokratie. So sei mit Hilfe des Glücksspiels vorbereitet worden, was im Februar 1917 als Russische Revolution die Gewichte der Weltpolitik verschob: »Das Werk des Juden Simanowitsch war vollendet. Die Spielklubs hatten sich bezahlt gemacht.«[306] Ein typisches Sujet völkischer Schriften: Juden als Strippenzieher, die durch finstere Machenschaften in Kreise der Mächtigen vordringen.

Dieses antisemitische Szenario bestimmte auch die Handlung im wohl bedeutendsten Propagandafilm des Dritten Reiches. ›Jud Süß‹ mit Veit Harlan in der Hauptrolle kam im Kriegsjahr 1940 in die deutschen Kinos. Es stechen einige Parallelen zu den Doktor-Mabuse-Filmen von Fritz Lang aus früheren Jahren sofort ins Auge: Wieder geht es um einen Superverbrecher, hier allerdings ist es ein jüdischer Finanzbeamter namens Joseph Süß Oppenheimer. Auch dieser Verbrecher macht sich sein Umfeld durch Manipulation gefügig, um ins Zentrum der Macht vorzustoßen. Der Herzog von Württemberg wird das Opfer des finsteren Trickspiels. Perfide war der Film auch deshalb, weil er auf einer historischen Begebenheit beruhte. Der wahre Joseph Oppenheimer, Anfang des 18. Jahrhunderts Ratgeber des Herzogs von Hannover in finanziellen Fragen, erzielte ein stattliches Vermögen durch Handel, aber eben auch mit Lotterie und Glücksspiel, für das er als Einziger im Herzogtum ein staatliches Monopol besaß. Nach dem Tod des Regenten 1737 am Hof in Ungnade gefallen und seitens seiner Gegner in die Enge getrieben, beschuldigte man ihn der Bestechlichkeit, Korruption, des Raubs, nicht zuletzt des sexuellen Verkehrs mit christlichen Frauen. Im Februar des folgenden Jahres wurde er im Zuge einer regelrechten Volksfeststimmung gehängt, der Leichnam dann tagelang öffentlich ausgestellt. Diese Geschichte war bereits früher verfilmt worden, allerdings nicht mit antisemitischem Tenor. In der britischen Filmfassung, die 1934 in die Kinos der westlichen Demokratien kam, hilft Joseph Oppenheimer dem Herzog zuerst im Glücksspiel aus, womit sein Aufstieg am Hof den Anfang nimmt. Die Szene basierte auf dem gleichnamigen Roman, den Lion Feuchtwanger 1925 veröffentlicht und der den historischen Stoff populär gemacht hatte. Der finanzielle Einsatz im Kartenspiel ist schwindelerregend hoch. Dem Herzog fehlt das nötige Geld, um mitzuspielen. Doch der geschickte Oppenheimer, der aus dem Hintergrund plötzlich am Spieltisch auftaucht, leiht ihm seinen Geldbeutel. Der wankende Herzog, berauscht vom Alkohol und einer ungeahnten Glückssträhne, dankt ihm diese Hilfe später: »Ich bin hier, um meine Schulden zu begleichen. Er hat mir Glück gebracht, Süß!«, sagt der Regent im britischen Film. Überraschend, dass diese oder ähnliche Szenen in der späteren Nazi-Filmfassung nicht auftauchen. Nicht im Glücksspiel erlangt »Jud Süß« das Vertrauen des armen Herzogs, sondern weil er ihn mit einer wertvollen Perlenkette aus finanzieller Schieflage befreit; natürlich auch anders als in der Romanvorlage oder im britischen Film, wo man sich um ein komplexes Charaktergemälde bemühte, wird der jüdische Ratgeber von Beginn an als ultimativer Bösewicht präsentiert. Warum aber kommt der Aspekt des Glücksspiels ausgerechnet im Propagandafilm der Nationalsozialisten nicht mehr vor? Man kann darin einen Zufall sehen. Aber möglicherweise ist es ein Hinweis darauf, dass im Dritten Reich das staatliche Verhältnis zum Glücksspiel allmählich doch ein fundamental anderes wurde.

Glücksspiel im Dritten Reich

Früh hatte die Politik eine Wendung genommen. Am 14. Juli 1933 hob Hitlers Regierung das Spielbankverbot von 1872 per Gesetz wieder auf. Öffentlich und in der Presse nahm man davon kaum Notiz:

Am selben Tag wurde die Neugründung von Parteien verboten, die Einziehung volks- und staatsfeindlichen Vermögens beschlossen sowie die Aberkennung der deutschen Staatsangehörigkeit für unerwünschte Personen geregelt. Hitlers Staat marschierte im Eiltempo in ein totalitäres System. Da gab es anderes, das schwerer wog und mehr Aufmerksamkeit verdiente. Doch der Schritt war erstaunlich. In Kur- und Badeorten, die in der Vergangenheit mehr als 70 000 Gäste im Jahr vorweisen konnten, davon ein Anteil aus dem Ausland, oder die in der Nähe der Reichsgrenzen lagen, sollte das gewerbliche Glücksspiel wieder zugelassen sein.[307] Erstaunlich auch deshalb, weil die Nationalsozialisten das Glücksspiel bislang als Laster verurteilt und die Juden damit stigmatisiert hatten. Nun aber schien die Propaganda plötzlich vergessen. Gleichzeitig wurden seit 1933 die Ringvereine, die das Geschäft mit dem Glücksspiel bislang dominierten, bekämpft und ausgeschaltet. Führende Köpfe, oft ohne Gerichtsverfahren, wurden in Gefängnisse und in Konzentrationslager verschleppt. Aus Sicht der Nazis handelte es sich bei den Ringvereinen oft um kommunistische Widerstandszellen. Der Effekt hatte zwei Seiten: Zum einen ging der Staat gegen illegales Glücksspiel mit grober Gewalt vor, zum anderen wurden zugleich legale Räume geschaffen, die das Glücksspiel ermöglichten. Gewöhnliche Alltagsspieler wiederum durften sich freuen, dass die Lotterielose erstmals wieder günstiger wurden; die Lotterien wurden 1938 als Reichslotterie gleichgeschaltet und bis in die letzten Tage des Dritten Reiches im März 1945 fanden noch Ziehungen statt.[308]

Glücksritter und Systemspieler frohlockten. Ihnen konnte gefallen, wohin Hitlers Politik sich bewegte. Endlich sollte in Deutschland möglich werden, was bislang nur im Untergrund geduldet war: »Damit ist über Nacht ein Kampf siegreich beendet, der seit Jahren nicht nur von uns im Stillen gekämpft wurde. Deutschland bekommt seit mehr als einem halben Jahrhundert wieder Kasinos!«, schrieb Karl Alexander 1933, ein im Zirkel der Glücksritter bewunderter Systemspieler.[309] Die Gründe für das Gesetz waren wohl in erster Linie recht profan und wurzelten in der Not der Weltwirtschaftskrise. Finanziell konnte sich die Legalisierung für den Staat lohnen. Es sollte nicht länger das Geld von Spielern ins Ausland abfließen. Dass die Spielbanken in Danzig, Belgien und an der französischen Riviera vom Kapital deutscher Spielerinnen und Spieler profitierten, sollte ein Ende haben. Zugleich bot sich die Möglichkeit, neue Staatseinnahmen durch die Legalisierung zu generieren. Österreich, wo man sich durch den deutschen Nachbarn unter Druck gesetzt sah, gab ab Oktober 1933 ebenfalls wieder Konzessionen für Glücksspielstätten aus. Eine lange Epoche der Illegalität endete; ein neues Zeitalter des staatlich konzessionierten Glücksspielgewerbes zog herauf.[310] Bis in die Gegenwart hat es Bestand. Systemspieler Alexander prophezeite zu Recht eine rosige Zukunft: »Aber das neue Gesetz hat noch eine weitere große Bedeutung, die jeder verstehen wird, der in der Nähe der belgischen Grenze wohnt. Man macht sich kaum einen Begriff davon, welche Summen […] über die Grenze geschmuggelt wurden! […] Wenn auch in Aachen ein Roulettekasino eröffnet wird, dann wird dieses in letzter Zeit stark eingeschränkte Treiben endgültig sein Ende haben. Man wird in Deutschland und bei unserem Brudervolk in Danzig spielen und nur Snobs werden noch ausländische Kasinos ›beehren‹.«[311]

Die erste Spielbank, die zugelassen wurde, befand sich im Kurort Baden-Baden, im eleganten Parkhotel Kurhof im Grünen. Gespielt wird in den Sälen bis heute. Die Glücksritter hatten hier schon im 19. Jahrhundert das Risiko in nobler Atmosphäre genossen. Die alten Spieltische in den Salons waren noch da, ein Teil der Geräte ebenso, nur vom Staub mussten sie in aller Eile befreit werden: »Die Spieler lockt wieder Baden als Ziel. Das Gesetz wird ein tolerantes. Je nun, der Spieltrieb sucht ein Ventil. Und ist es nicht hier, dann woanders«, lautete ein ironisches Gedicht.[312] Die Sanierung der städtischen Finanzlage – in der Weltwirtschaftskrise hatte der Kurort gelitten, viele Hotels waren geschlossen – kam in Aussicht. Seit Jahren hatte man auf diesen Moment hingearbeitet. Eilig wurden Chips gepresst und gegen Fälschungen gesichert. Schon Anfang Oktober öffneten die Pforten, die Ankündigungen in der Presse waren vollmundig, die Spielsäle gleich am ersten Tag übervoll. Die Bevölkerung sah der Aussicht, die Stadt würde wieder zu einem Magneten für wohlhabende Spieler werden, mit Begeisterung entgegen. Im ersten Halbjahr des Spielbetriebs zählte man annähernd 38 000 angereiste Glücksritter, allerdings nur zehn Prozent davon aus dem Ausland; weit weniger, als erhofft. Die Nazi-Presse hielt sich mit Berichten auffallend zurück; dass der völkische Wiederaufstieg irgendetwas mit Glücksspiel zu tun habe, diesen Gedanken sollte niemand hegen.[313]

Wie zynisch die Diktatur sein konnte, zeigte sich selbst in diesem herrschaftlichen Winkel risikofreudigen Spielbetriebs. Den Pachtvertrag für das noble Casino erhielt ein Pariser Konsortium, das als Repräsentant einen Mann zur Verhandlung vorschickte, für den in den Augen der Nazis wohl sprach, dass es sich um einen »Arier« handeln musste. Er war, ebenfalls von Vorteil, mit dem französischen Botschafter in Berlin flüchtig bekannt. Im Hintergrund der französischen Geldgeber stand allerdings ein Mann namens Moses Appel, ein jüdischer Bankier und Börsenhändler. Niemand konnte das übersehen, auch der Kurdirektor von Baden-Baden nicht. Vergessen war plötzlich, was die NS-Ideologen vom jüdischen Falschspiel behaupteten. Solange potente Pächter den Spielbetrieb gewährleisteten, war die Staatsdoktrin offenbar zweitrangig; das Vertragsverhältnis wurde im August 1934 sogar verlängert. Für die Hoteliers der Stadt ein einträgliches Unternehmen: je näher am Casino die Übernachtung gelegen, desto lukrativer das Geschäft. Man warb für einen erholsamen Kuraufenthalt in malerischer Berg- und Seenlandschaft sowie für die nicht minder prachtvolle Spielbank.[314] Das Roulette warf am meisten Ertrag ab. Auch die Eintrittsgelder ließen die Kassen klingeln. Staat und Land verdienten mit.

Die Situation konnte im rassistischen Klima allerdings nicht von Dauer sein. Das Casino barg erhebliches Potenzial zum Skandal. Parteigenossen richteten Beschwerdebriefe an die Reichskanzlei, das Innenministerium oder die Kurortverwaltung. Als Unmöglichkeit müsse man es empfinden, dass die Spielbank in den Händen französischer Pächter liege. Nicht verbergen ließ sich, dass ein Jude dem Konsortium angehörte. Wer davon Wind bekam, verlieh seiner Empörung Ausdruck. Aus München traf in Berlin ein Brief ein, der feststellte, dass »Juden sich durch die Spielkonzession bereichern« würden.[315] Werbung für den Kurort zu drucken verweigerte schließlich auch die Parteizeitung ›Völkischer Beobachter‹. Zwei Jahre später zog man die Reißleine, kündigte den Pächtern und übertrug das Casino der Kurortverwaltung. Der Staat betrieb jetzt das Glücksspiel selbst, nicht mehr über Umwege, die skandalträchtig schienen.[316] Für die Städte Aachen und Wiesbaden, die auf eigene Spielcasinos gehofft hatten, zerplatzten die Pläne. Baden-Baden blieb zunächst der Ausnahmefall. Erst mit der Annexion Österreichs im März 1938 kamen weitere Spielbanken hinzu, nach dem Sieg über Polen im September 1939 schließlich auch das Grandhotel in Zoppot bei Danzig. Um Geld zu spielen, besaß in den 1930er-Jahren weiterhin etwas Anrüchiges und Dekadentes. An dieser Bewertung des Glücksspiels hat sich bis heute nur wenig verändert. Eine Verordnung vom Juli 1938 bestimmte, dass an christlichen Feiertagen und Festtagen des Deutschen Reiches nicht gespielt werden durfte. Personen, die im Staatsapparat wichtige Posten bekleideten, durften sich beim Glücksspiel nicht erwischen lassen. Jugendliche wurden vor der Spielsucht gewarnt. Gespielt wurde trotz allem. Erst ab dem Sommer 1944 mussten die Casinos in Baden-Baden, Österreich und Zoppot doch schließen; bis dahin hatten sich, während Menschen im Bombenhagel und an den Fronten starben oder in den Vernichtungslagern ermordet wurden, die Rouletteräder noch gedreht.[317]

Hitler, ein Glücksspieler?

Eine Deutung scheint sich aufzudrängen, die tiefer reicht. Wie im Spiel, wird jedenfalls oft gesagt, ging es in Hitlers Politik um vollen Einsatz – um alles oder nichts, um Sieg oder Niederlage. Die Metapher von der Politik als Glücksspiel ist in der NS-Zeit erstaunlich oft verwandt worden. Fast von Anfang an hat man diese Parallele gezogen. Im März 1936 rückte die Wehrmacht in das Rheinland ein. Laut Versailler Vertrag bildete die industrielle Herzkammer Deutschlands eine entmilitarisierte Zone, in der keine Soldaten stationiert werden durften. Hitler brach mit dem Sicherheitssystem der Siegermächte. Frankreich und Großbritannien schreckten vor Gegenmaßnahmen zurück. Man beschränkte sich auf diplomatischen Protest. Hitler sah sich bestärkt, auch in der Außenpolitik müssten Wagnisse eingegangen werden, um erfolgreich zu sein. Ein beteiligter Militär erklärte später, der deutschen Führung sei zumute gewesen wie einem Glücksspieler, der das ganze Vermögen im Roulette auf Rot oder Schwarz setze.[318] Aber nicht nur die Zeitgenossen, auch Historikerinnen und Historiker zogen im Nachhinein solche Vergleiche. Hitlers Politik, die mit der Eskalation kalkulierte, doch die Möglichkeit einer Niederlage nie ausreichend berücksichtigte, ist häufig als Vabanquespiel charakterisiert worden; ein Begriff, der aus einem französischen Casino-Kartenspiel stammt und besagt, dass es um den vollen Einsatz geht.

Hitler selbst verglich seine außenpolitischen Maximen mit solchen Spielzügen. Vor dem Angriff auf Polen im September 1939, bei dem er fälschlich davon ausging, Großbritannien würde ein weiteres Mal nicht einschreiten, soll er zu Göring gesagt haben: »Ich habe in meinem Leben immer Vabanque gespielt« – dieser überlieferte Ausspruch ist bis heute unzählige Male zitiert worden.[319] Die Metapher ist so beliebt, weil sie etwas über das Wesen einer Politik auszusagen scheint, die mit Nüchternheit und Rationalität kaum zu begreifen ist: Politik als Rausch des Risikos, zum eigenen Vorteil und zur Erfüllung von Machtträumen, nicht zweckgerichtet auf Wohlergehen und Gedeihen der Gesellschaft. Der Historiker Ian Kershaw hat Hitler dementsprechend den Charakter eines Glücksspielers bescheinigt: »Nicht nur äußere Umstände, sondern auch Hitlers persönliches Gefühlsleben trieben ihn an, nötigten ihn geradezu, Risiken einzugehen. […] Ein Hasardspieler muss davon überzeugt sein, dass er gewinnen wird«, bilanzierte Kershaw die Bereitschaft Hitlers, stets volles Risiko zu fahren.[320] Die Politik als Spiel – dieses Sinnbild gibt es wahrscheinlich, seit über Politik nachgedacht und geschrieben wird. Man sollte freilich vorsichtig damit umgehen; es birgt die Gefahr der Verharmlosung, denn die Politik ist eben doch mehr als Spiel, zumal es um Menschenleben geht. In dem Vergleich liegt dennoch auch Aussagekraft. Zweifellos gehört es zu den Merkmalen dieser Diktatur, dass sie Außenpolitik als Risikospiel betrieb.[321]

Erstaunlicherweise nahmen die Nazis beim Glücksspiel manches vorweg, was heute längst Alltag ist. Nach 1945 öffneten die Casinos in Deutschland – in Baden-Baden, Bad Homburg, Bad Neuenahr und Hamburg – ihre Pforten. Weit weniger luxuriöse Spiellokale schossen überall aus dem Boden. Heute gehören sie zum Stadtbild und sind längst nichts Verbotenes mehr. Nur die Fenster verklebt man noch, damit von außen kein Uneingeweihter hineinsehen kann.[322] Glücksspiel und -spielzeug kann man für gefährlich halten, weil der Rausch des Risikos unkalkulierbar ist. Aber die Spiele um höchste Einsätze, mit Glück und Unglück, sind immer betrieben worden; sie lassen sich kaum per Gesetz abschaffen. In anderen Fragen kehrten die Nazis wiederum um, was die Demokratie an Freiräumen errungen hatte.

4 DAS BISSCHEN LIEBESSPIEL

Spiel und Spielzeug der Sexualität

Sexualität und Spiel

Sexualität gilt als höchste Eskalationsstufe des Spiels. In der Alltagssprache findet sich dieser Zusammenhang, der den meisten Menschen sonst eher unbewusst bleibt. »Doktorspiel« nennen wir beispielsweise das zaghafte Herantasten von Kindern und Jugendlichen an die geheimnisumwitterten Regionen ihrer Körper. Dass diese Form des Spiels überhaupt existierte, wollten Anfang des 20. Jahrhunderts nur wenige Menschen wahrhaben. Sexualität und Spiel standen vielmehr im Gegensatz zueinander, denn Erstere sollte die ernste Sache der Erwachsenen sein und bleiben, während Letzteres in die Domäne der Kinder fiel. Die Natur sei durchzogen von sinnlichen Andeutungen, schrieb etwa der Pädagoge Otto Anthes 1908. Nur sachte würden sie den reifenden Menschen zur Sexualität hinführen. Nicht zu früh dürfe man deshalb sexuelle Aufklärung bei der Jugend betreiben: »Die Seele der Kinder mit einem verfrühten Wissen belasten, wo es danach verlangt und dazu bestimmt ist, sich im zärtlich schmeichelnden Traumleben der Phantasie der ernsten Wirklichkeit entgegen zu spielen? Denn das steht mir fest: wenn der Vorhang vor dem großen Geheimnis emporrollt – eine Überraschung gibt es immer, ein Erschrecken, ein schauerndes Zurückweichen. Was aber auch die Aufklärung nicht verhindern kann, das ist der Widerwille, der Abscheu, der Ekel, der sich in dieses Erstaunen mischt.«[323] Zu den wenigen Wissenschaftlern, die etwa zur gleichen Zeit das sexuelle Spiel von Kindern offen thematisierten, zählte Sigmund Freud. Für die meisten Zeitgenossen war es eine ziemlich unfassbare Provokation, was der Begründer der Psychoanalyse in einer Vorlesung, veröffentlicht im Jahr 1917, als Beispiel beschrieb: »Zu ebener Erde wohnt der Hausbesorger, im ersten Stock der Hausherr, ein reicher und vornehmer Mann. Beide haben Kinder, und wir wollen annehmen, dass es dem Töchterchen des Hausherrn gestattet ist, unbeaufsichtigt mit dem Proletarierkind zu spielen. Dann kann es sehr leicht geschehen, dass die Spiele der Kinder einen ungezogenen, das heißt sexuellen Charakter annehmen, dass sie ›Vater und Mutter‹ spielen, einander bei den intimen Verrichtungen beschauen und an den Genitalien reizen.«[324] Sigmund Freud wurde für seine Ideen heftig angegriffen. Er hatte es, wie man glaubte, auf die Zerstörung kindlicher Unschuld abgesehen.[325] Aber der Tabubruch war vollzogen und das Thema im Raum. Mitte der 1920er-Jahre bezeichnete Wilhelm Stern – Jugendpsychologe und Erfinder des Intelligenzquotienten – die jugendliche Erotik als das »Ernstspiel«, eine widersprüchliche und dennoch passende Wortschöpfung. Mit der Sexualität von Erwachsenen könne dieses Kinderspiel nicht gleichgestellt werden. Doch es stelle »eine unbewusste Liebesschule« dar, sei wertvoll für die Entwicklung. Man solle es behutsam fördern, nicht sanktionieren und bestrafen. Auch das war eine revolutionäre Forderung.[326]

Noch einen erheblichen Schritt weiter ging Sigmund Pfeifer bereits 1919. Der Psychoanalytiker, der sich für Freuds Theorien begeisterte, wollte den Ursprung des menschlichen Spiels ergründen. Er befand, dass alle Spiele einen sexuellen Kern aufwiesen, wenn er auch spielerisch verkleidet zu sein schien. Einig war man sich schon lange, dass Spiele auf dem Lustprinzip gründen und durch Wiederholung derselben Tätigkeit charakterisiert seien, manchmal sogar bis zur totalen Erschöpfung. Pfeifer meinte, die meisten Spiele seien im Ursprung auf eine verdrängte oder infantile Sexualität zurückzuführen, die sich Bahn brechen müsse und nach Ausdruck suche. Viele Kinderspiele sind durch körperliche Bewegung charakterisiert. Pfeifer konstatierte einen »sexuellen Lustcharakter der Geschwindigkeit«, und es sei »allgemein bekannt, dass die schnellen Bewegungen beim Kinde, sehr oft auch bei Erwachsenen, erotische Lustgefühle – speziell im Unterleibe, aber auch im Allgemeinen – verursachen können. Zum

Beispiel beim Schaukeln, Drehbewegungen, Fahren, Fallen«. Ohne Lustgewinn sei das »Spiel kein Spiel, sondern nur eine nicht lustvolle Arbeitsleistung«. Die Art, wie das Kind mit der Puppe spielte, konnte nach Pfeifers Ansicht auf seinen sexuellen Charakter hindeuten. Wie gespielt wird, gibt demnach Auskunft über Machtgefühle, Perversionen, Versagensängste. Das schien sogar noch im Alter nachzuwirken. Pfeifer hatte das Beispiel einer Frau vor Augen, die eine Vorliebe für Körperflüssigkeiten entwickelt hatte. Angeblich hatte sie in frühester Jugend stundenlang am Brunnen mit Wasser gespielt und dieses Spiel als lustvoll empfunden. Die vorwiegend sexuelle Deutung des Spiels gipfelte bei Pfeifer in einem radikalen Satz: »Die Betätigung der erogenen Zonen und der sexuellen Partialtriebe sind der Prototyp des Spieles, da bei diesen der reine Lustcharakter am klarsten zum Ausdruck kommt, solange die moralische und kulturelle Unterdrückung dieses Bild nicht beeinflusst, was bald, aber keineswegs mit einem Schlage erfolgt.«[327] Demnach hatte das Spiel also mit dem Sexualtrieb zu tun. Kinder konnten ihn noch nicht ausleben, und bei Erwachsenen wiederum schien er eingeengt. Das Spiel war die Fassade, dahinter schienen unerfüllte oder verdrängte Wünsche zu wirken. Über das Verhältnis von Spiel und Sexualität, zumal bei Kindern, wird bis heute gestritten.

Die Alltagssprache weist an weiteren Stellen auf den Zusammenhang hin. Das sinnliche Umgarnen, der Flirt sogar der Beischlaf werden poetisch als Liebesspiel bezeichnet. Sexuelles ist oft hinter Worten versteckt, die mit Spiel zu tun haben. Junge männliche Prostituierte von graziler Erscheinung nannte man im Szenejargon früher »Puppenjungen« – ein gleichnamiger Roman, der 1926 von dem deutsch-schottischen Schriftsteller John H. Mackay erschien und im Schwulenmilieu Berlins angesiedelt war, erhitzte damals die Gemüter.[328] Was die sexuelle Lust und Fantasie beflügelt, ob das Hineinschlüpfen in Rollen oder die Begegnung mit Unterwerfung und Macht, ist im Volksmund als Spiel geläufig. Um aufkeimender Unlust zu begegnen, suchen Menschen nach Ratschlägen für Stellungsspiele. Die sexuelle Vereinigung wird eingerahmt, zumindest von jenen, die in der Kunst der Liebe bewandert sind, von Vor- und Nachspiel. Ein Pionier der britischen Sexualwissenschaft, Ellis Havelock, schrieb Anfang der 1920er-Jahre über die spielerische Funktion der menschlichen Sexualität; nichts sei ernster als die sexuelle Begierde. Und nichts sei so voller Spiel wie die menschliche Liebe. Im Liebesspiel fänden im Idealfall Körper und Geist im Gleichklang zusammen. »Die Liebhaber in ihrem Spiel«, befand Havelock, »bewegen sich in den höchsten menschlichen Gefilden, zugleich von Körper wie Geist.«[329]

Spiel und Spielzeug der Liebe

Es gibt die viel weniger offensive und mehr reizende Seite des Spiels mit der Liebe. Das Tanzen hatte der Basler Psychologe Karl Groos 1899 zu den sogenannten Bewerbungsspielen gerechnet, ebenso wie die vielfältigen Kraftproben der Männer vor den entzückten Augen der Frauen. Überhaupt erscheint die Annäherung der Geschlechter immer durch spielerische Regeln charakterisiert zu sein. Karl Groos fand ein passendes Bild aus dem Tierreich: Das Reh flieht vor dem wilden Werben des Bocks – es flieht zwar, aber springt doch stets im Kreis.[330] Wer geliebt werden will, dem schmeichelt es, dass er im Spiel erobert wird; und wer jemanden begehrt, will im Liebesspiel siegreich sein. Bei Rainer Maria Rilke heißt es: »Liebe auch lässt sich den Wellen vergleichen / Sehnsucht wälzt ihre Wogen zum Ziele / flüchtendes Nahen, nahendes Weichen / heiligster Ernst und doch schönstes der Spiele.«[331] Erotisches Spiel heißt Ringen mit Sehnsucht und Begehren. Der Maskenball gilt als Inbegriff des erotischen Spektakels. Verkleidet und getarnt hinter Masken loten die Hedonisten die Grenzen des Intimen aus. Die Bohemiens der Weimarer Republik ließen den Maskenball im Berlin der 1920er-Jahre aufleben: »Im Allgemeinen neige ich zur Enthaltsamkeit. Doch habe ich, wie jeder Mensch, eine Schwäche. […] Ich schwärme für Maskenbälle«, gestand eine Berlinerin 1922: »Auf Maskenbällen enthüllen sich die im täglichen Leben verschleierten Seelen unserer Mitmenschen. Wir erfahren um ihr Innerstes, um ihre Leidenschaft, um ihre Sehnsucht. Jeder Bräutigam wird die Zukünftige erst auf einem Maskenball richtig kennen lernen, die Braut den Geliebten ebenso.«[332] Zu den schillernden Partys, auf denen die Nachtmenschen ihren erotischen Karneval feierten, gehören aufreizende Requisiten: Masken, Fächer, Kostüme. Heinrich Zille widmete dem Treiben ein ironisches Aquarell. Gepresst in zu enge Kostüme erprobt sich die Ballgesellschaft, mehr unfreiwillig komisch als erotisch erfolgreich, am Spiel mit den Reizen. Doch nur, wer das Verhüllen und Enthüllen virtuos betreibt, beherrscht die Regeln der Sinnlichkeit wirklich.

Liebe ist mit körperlichem Begehren natürlich nicht gleichbedeutend. Und die menschliche Sexualität wiederum ist – entgegen bürgerlicher und tradierter Normen – nicht abhängig von Liebesgefühlen. Ein Sprichwort besagt, mit Gefühlen spiele man nicht. Doch es ist, wie so viele andere, lediglich ein Sprichwort. Liebesgefühle werden nämlich in vielen Spielen zum Thema gemacht. Das verträumte Mädchen sitzt allein im Gras, rupft die Blüten vom Gänseblümchen und fragt sich dabei: Liebt er mich, liebt er mich nicht? Solche Spiele werden als Liebesorakel bezeichnet.

Allgemein übliche Gesellschaftsspiele können erotische Komponenten erhalten. Das Flaschendrehen zum Beispiel kann darauf hin gespielt werden; die sich drehende Flasche bestimmt, wer aus dem Sitzkreis sich am Ende küssen wird. Das unter Jugendlichen ähnlich beliebte Fragespiel »Wahrheit oder Pflicht« kann die Funktion einer erotischen oder sexuellen Mutprobe annehmen. Der Reiz liegt darin, dass Dinge auf Anweisung zu tun sind, die sich in der Normalität des Alltags verbieten würden. Ähnliche Gesellschaftsspiele mit anzüglicher Begleitmusik sind aus dem Mittelalter und der Frühneuzeit überliefert. Ein Beispiel beschrieb der Theaterdirektor und Schriftsteller Alban von Hahn im Jahr 1889 in einer Spiele-Enzyklopädie. Männer und Frauen stehen einander in zwei gleich großen Gruppen entlang einer Linie gegenüber. Durch unbeteiligte Mitspieler, die dasselbe in der nächsten Runde durchlaufen, werden ihnen die Augen verbunden. Die Erblindeten werden auf neue Plätze positioniert, sodass sie nicht mehr wissen, wer ihnen am Anfang gegenüberstand.

Ertönt der Ruf »Vorwärts, Liebesgötter!« tasten sie sich vor, stoßen auf jemanden, nehmen die Binde ab und sind angenehm überrascht, mit wem sie gepaart wurden.[333] Das erotische »Blinde-Kuh«-Spiel galt in bürgerlichen Kreisen lange Zeit als anstößig.

Seit jeher laden Erwachsene Spiele und Spielzeug mit erotischer Energie auf. Von bekannten Spielregeln gibt es erotische Varianten; Tabus, aufgerichtet durch Konventionen oder eigenes Schamgefühl, sind durch das Spielen weitaus einfacher einzureißen. »Alle Erotik beruht auf der Überwindung von Hemmungen«, schrieb Karl Krauss 1902.[334] Ein kleines Spielzeug solcher Art wurde in dieser Zeit recht populär. Als sogenanntes Liebesthermometer kam es in den Handel. Ursprünglich ein typisches Produkt der Jahrmarkt-Unterhaltung, war es etwa um 1900 im Hausgebrauch. Es lässt die Magie der mittelalterlichen Alchemie aufleben: Zwei kleine Hohlkugeln aus Glas sind mit einem Röhrchen verbunden. Wird die untere Kugel mit den Händen umschlossen, erhitzt sich die Flüssigkeit im Innern durch Wärme der Hände. So steigt sie im Röhrchen nach oben. Je höher die Flüssigkeit auf der Skala klettert, desto mehr begehren zwei Menschen einander angeblich. Das Liebesorakel teilte also dem Anschein nach mit, was die beiden aus Gründen des Anstands einander nicht sagen konnten.

Sexualität und Erotik kennen demnach Spielzeug und Spielregeln.[335] Nicht alles ist hohe sinnliche Kunst. Manches ist profan und zielt auf lustvolle Erregung. Bereits Kartenspiele aus dem 16. Jahrhundert fallen mit obszönen, selbst heute noch anstößig wirkenden Szenen auf. Kulturwissenschaftlich ist dies damit erklärt worden, dass Nacktheit in jener Zeit weit weniger tabuisiert war. Die Menschen zumal auf dem Land schliefen nackt, badeten nackt, schufteten in sengender Sommersonne auf den Äckern nur leicht bekleidet; auch den Adeligen waren nackte Körper nichts Unbekanntes. Damit die Spielkarten einen voyeuristischen Reiz ausübten, mussten sie umso derber ausfallen.[336] Aufmerksamkeit erregte besonders ein französisches Kartendeck, das in der Epoche des Biedermeier Mitte des 19. Jahrhunderts entstand. Nur dem ersten Anschein nach handelt es sich um gewöhnliche Spielkarten. Hält man diese Karten gegen eine Lichtquelle, tritt im wahrsten Sinne ihre Vielschichtigkeit zutage. Könige, Buben und Damen lassen ihre Röcke und Hosen fallen, präsentieren schamlos Intimstes in lasziven Posen. Im frühen 20. Jahrhundert waren dieses und ähnliche Kartenspiele unter Eingeweihten gut bekannt. Gehandelt werden durfte damit nicht. Ein Antiquar in Berlin, der solche Abbildungen 1910 unter der Ladentheke verkauft hatte, wurde vom Reichsgericht wegen der Verbreitung von Pornografie zu einer saftigen Geldstrafe verurteilt.[337] Eduard Fuchs, ein marxistischer Kulturwissenschaftler, beschrieb 1904 diese alten Spielzeuge: »Der wichtigste Handelsartikel [...] waren die zahlreichen und verschiedenen Scherzartikel, wie z.B. Lichtbilder, mechanische Ziehbilder, erotische Spielzeuge, erotische Kartenspiele usw. Beim ersten Anblick erscheinen alle diese Dinge durchaus harmlos: eine unschuldige Rokkokoschönheit bewundert eine Rose, ein Schäfer und eine Schäferin spielen harmlos im Kreise ihrer Lämmer, ein würdiger Priester segnet sein Beichtkind. Die Situation ändert sich jedoch sofort, wenn man die Bilder ans Licht hält oder die Mechanik in Bewegung setzt. Die Kleider der unschuldsvollen Schönheit werden durchsichtig, man sieht, dass die keuschen Schäferspiele höchst unzüchtiger Art sind, und der Segen des würdigen Priesters wandelt sich zum unzüchtigen Verbrechen an seinem Beichtkind.«[338] Eine Spielkarte ist von besonderem Interesse. Sie zeigt einen kleinen Gegenstand – quasi ein Spielzeug im Spiel. Die Königin verbirgt es unter ihrem schmuckvollen Kleid vor dem Betrachter; fällt nun aber das Licht auf die Karte, offenbart sich das kleine Ding als ein Phallus, den die blaublütige Dame zwischen ihre nun entblößten Beine führt. »Man konnte gespannt sein, wie das DDR-Publikum reagierte, wenn ein Verlag ein verführerisches Produkt aus der Tasche zog, das in unbändiger Sinnesfreude an die Grenze der Pornografie stieß«, schrieb der Verleger, der das alte Kartenspiel viel später und erstmals auf den deutschen Markt gebracht hatte.[339]

Erotisches oder sexuelles Spielzeug kennt man natürlich aus der jüngsten Vergangenheit und Gegenwart. Zumal in Westdeutschland scheint es untrennbar mit dem Namen Beate Uhse verbunden. 1919 in Ostpreußen geboren, hatte die ehemalige Kunst- und Fliegerpilotin, die bei Ende des Zweiten Weltkriegs in britische Gefangenschaft geraten war, mit viel Mut und Unternehmungsgeist in Flensburg Anfang der 1950er-Jahre den Grundstein für ihr Erotikimperium gelegt. Dieser lebenserprobten Frau ging es nicht nur ums Geschäft, sondern mehr noch um weibliche Emanzipation, Beratung und Hilfe in sexuellen Fragen und gesellschaftlichen Aufbruch. Die Zeit dafür schien reif. Als sehr erfolgreiche, aber auch umstrittene Geschäftsfrau stieg Beate Uhse zur Protagonistin des sexuellen Umbruchs in der Bundesrepublik auf. Ihre Produkte – erst viel später Love-, Joy- oder Sex-Toys genannt – trugen maßgeblich dazu bei, dass das Spiel mit der Sexualität allmählich konsensfähig wurde. Die Nachfrage nahm in den 1980er-Jahren stark Fahrt auf. Heute ist das ein Massenmarkt. Die Erotik-Industrie erzielt Milliardenumsätze. Ihre Hartgummi- und Plastikfabrikate sind fast zu Lifestyle-Produkten avanciert. Noch immer werden sie in der Schublade vor neugierigen Augen versteckt, aber die Besitzer schämen sich ihrer kaum noch. Es sind auch nicht länger nur Hilfs- oder Ersatzmittel, wie in früheren Jahrzehnten, vielmehr sollen sie kreatives anregendes Spielzeug sein. Zumindest werden sie mit diesem Versprechen beworben und mit dieser Hoffnung gekauft. Auf mehr oder weniger geschmackvollen Messen sehen Schaulustige heute offen, was Anfang des 20. Jahrhunderts nicht nur unsichtbar geblieben, sondern überdies gesetzlich verboten gewesen wäre. Das Spielzeug für Erwachsene scheint jungen Datums zu sein. Es ist nicht ganz falsch, das so zu sehen.[340]

Der Godemiché

Sexuelles Spielzeug ist aber längst nicht nur in der neusten Zeit zu finden. Das wusste Beate Uhse, die auf deren Geschichte verwies, um zu zeigen, dass man sie als etwas Natürliches ansehen konnte.[341] Es gab sie schon immer und wahrscheinlich nahezu überall auf der Welt. Das berühmteste Produkt, an das man unwillkürlich denkt, ist die künstliche Nachbildung des männlichen Geschlechts – der Dildo, wie wir ihn jedenfalls in der Gegenwart nennen. Kulturgeschichtlich ist er sicherlich kaum vom Phallus-Symbol zu trennen, seit frühester Zeit steht es für Fruchtbarkeit, Kraft und Vitalität. Die moderne Archäologie stieß im 19. Jahrhundert auf winzige Anhänger, die als Grabbeigaben gedient hatten. Von antiken Kunstwerken, Darstellungen auf Vasen und Geschirr sowie als Zierde an Gebäuden kannte man das Symbol schon seit Längerem. Es sei aber eben nicht nur ein Kult- oder Schutzobjekt, glaubte Carl August Böttger, ein Schriftsteller und Archäologe im 19. Jahrhundert. In der griechischen Antike, zum Beispiel auf der Theaterbühne und bei festlichen Tänzen, konnten künstliche Geschlechtsteile zur puren Belustigung des Publikums dienen. So trugen die Tänzer, wie Böttger entdeckte, »einen ungeheuren Phallus von rotem Leder um die Schamteile gebunden und erregten dadurch das Gelächter der Weiber und Kinder. Die Lustspiele des Aristophanes liefern uns hiervon die überzeugendsten Beweise. In den Wolken, wo der Dichter seine Sittsamkeit auf Unkosten seiner Nebenbuhler geltend zu machen sucht, legt er dem Chore [...] folgendes Geständnis in den Mund: ›Mein Spiel ist züchtiger Natur. Ich hab's zuerst gewagt, den dicken roten Phallus, der vorn herunterhing und den Kindern so viel Spaß machte, abzulegen.‹«[342]

Eine kleine fachliche Sensation stellte im Jahr 1890 der Fund eines ägyptischen Papyrus aus dem dritten vorchristlichen Jahrhundert dar. Die Mimiamben des Herodas galten bis dahin als verschollen. Die neun kurzen Akte des altgriechischen Poeten, von dem man bis heute kaum etwas weiß, erschienen in deutscher Übersetzung drei Jahre später und wurden im Kaiserreich einem eingeweihten Publikum bekannt. Im Zentrum steht das Leben gewöhnlicher Leute; es geht um Prostitution, viel Derbes und Obszönes wird ausgebreitet. Ein Fragment enthält das intime Gespräch zweier Frauen, vermutlich Dienerinnen in einem Tempel auf der Insel Kos in der östlichen Ägäis. Es kreist um einen Baubon – einen Phallus, um den es in dem Stück geht. Eine der beiden Damen hat das ungewöhnlich gut gearbeitete Erotikutensil von einem Schuhmacher überreicht bekommen. Ihre Gesprächspartnerin hat bereits davon gehört. Sie stellt die Freundin zur Rede. Woraufhin sie schamhaft flüsternd gesteht: »Unsern

Männern hebt sich – wir sind ja unter uns – das Glied nicht so, und mehr noch – weich, wie holder Schlaf, ist alles.« Zu unvorsichtig sei sie jedoch gewesen. Denn sie habe ihr Spielzeug einer dritten Tempeldienerin geliehen: »Ich ließ mich durch ihr Bitten und Fleh'n erweichen, und gab ihn ihr, eh' ich ihn selber brauchte; doch sie, als ob sie auf der Gasse ihn gefunden hätte, verschenkt ihn, auch an solche, die nicht dazu gehören.« Der Lederphallus, mit purpurroter Farbe verziert, ist auf der Insel plötzlich in aller Munde. Die Freundin der unglücklichen Verleiherin will natürlich erfahren, wer dieser mysteriöse Schuhmacher wohl ist, der ihr das Prachtgeschenk gemacht hat. Sie fällt auf die Knie und fleht demütig: »Wenn du mich lieb hast, sag mir's! Was guckst du mich an und kicherst? […] Kniefällig bitt' ich dich, lüg mich nicht an, Korittchen, sondern sag mir, wer ihn gemacht hat!« Endlich, nach einigem Hin und Her, lässt sie sich erweichen. Auf der Insel Chios habe sie diesen Meister der Kunst getroffen, ein kleiner, kahlköpfiger Mann, der den Frauen im Geheimen Gutes tue: »Doch in seiner Wohnung arbeitet er und treibt den Handel heimlich, denn vor den Zöllnern ist ja keine Tür dermalen sicher. Aber Werke sind es, wie von Athene!« Die Freundin zieht los, um nach Chios zu reisen und das verbotene Objekt in ihren Besitz zu bringen. Der Übersetzer, Otto Crusius, ein namhafter Altphilologe, kommentierte sichtlich irritiert, es handele sich »um eine widerliche Unsitte, von der hier die Rede ist«. Tatsächlich ist es ein mehr als zweitausend Jahre alter Beleg für die Geschichte eines lange nur im Verborgenen gehandelten Spielzeugs.[343]

Die Bezeichnung Dildo kam offenbar erst zur Mitte des 20. Jahrhunderts aus dem englischsprachigen Raum nach Deutschland. Die genaue etymologische Herleitung ist nicht geklärt. Zu Anfang des Jahrhunderts kannten die meisten Deutschen das sexuelle Spielzeug allenfalls unter anderem Namen, nämlich als Godemiché, was auf die größere Verbreitung und Herstellung in Frankreich verweist. Iwan Bloch, geboren 1872, war in Deutschland einer der ersten, die über den Godemiché nicht vorwiegend aus Gründen trivialer oder frivoler Unterhaltung, sondern mit wissenschaftlichem Interesse und

Anspruch schrieben. Er war praktizierender Mediziner in Berlin und interessierte sich für alles, was mit Sexualität und Körperlichkeit zu tun hatte. Mit seinem kontroversen Buch ›Das Sexualleben unserer Zeit‹, erschienen 1907, gilt er als der Begründer der Sexualwissenschaft in Deutschland. Es ging Iwan Bloch darin um nichts weniger als gesellschaftliche Aufklärung durch wissenschaftlichen Fortschritt: zu Fragen der Körperhygiene und Verhütung, zur Behandlung und Vorbeugung von Geschlechtskrankheiten, nicht zuletzt um Verständnis davon, wie körperliche Liebe, Erregung und die Kultur des Liebeslebens funktionierten. Am Rande blickte Bloch dabei sogar auf die Objekte des sexuellen Spiels. Sie waren zwar an den Rand der Gesellschaft gedrängt, schienen aber zugleich überall in der Geschichte präsent. Obgleich verboten und verschwiegen, waren diese Dinge verbreiteter als angenommen. »Am häufigsten«, stellte Bloch fest, »werden tägliche Gebrauchsgegenstände zur autoerotischen Befriedigung benutzt«, wobei er nun alle möglichen Gegenstände aufzählte, die den Menschen zu verschiedenen Zeiten und in fast allen Teilen der Welt zum Lustgewinn dienten.[344] Zum bekanntesten Sexualspielzeug der Moderne wusste Bloch ebenfalls einiges zu sagen. Er kannte das intime Gespräch der zwei Tempelfrauen aus den Texten des Herodas. In der neueren Literatur, vorwiegend aus England und Frankreich, ließ sich der Godemiché ebenfalls nachweisen. Selbst Shakespeare hatte ihn erwähnt. In antiken Darstellungen wie auch mittelalterlichen Holzschnitten konnte man auf den Phallus stoßen; dort war er meist zusammen mit dämonischen Kräften abgebildet. Ein Godemiché aus Rosenholz, etwa Ende des 18. Jahrhunderts wahrscheinlich in Frankreich gefertigt, brachte es bei einer Auktion in Essex vor einigen Jahren übrigens auf stolze 3 600 Pfund.[345] Paris war tatsächlich die Werkstatt für alle möglichen verfemten Objekte. »Das 17. und 18. Jahrhundert«, hieß es in einem deutschen Text von 1905 über Frankreich, »offenbaren uns eine grenzenlose Unsittlichkeit, ein Überwuchern und eine Ausartung des Geschlechtslebens, wie sie selbst in den verderbtesten Zeiten des Römischen Reiches nicht vorgekommen sein dürfte. Alle Bande der Moral und Sitte waren gesprengt. Man genoss das Leben um jeden Preis.«[346] Auch Iwan Bloch bezog sein Wissen zum Großteil aus Frankreich. Bei Graf Mirabeau, Schriftsteller der Aufklärung und zentrale politische Figur zur Zeit der Französischen Revolution, hatte er zuerst über das kleine Instrument gelesen, mit dem sich angeblich die gehobene Pariser Damenwelt wollüstig vergnügte. Bloch übersetzte Mirabeaus abenteuerlichen Augenzeugenbericht, wohl ebenso fasziniert wie zugleich irritiert. Tatsächlich meint man, jene Melange aus Faszination und gekränkter Männlichkeit herauszulesen, die über gut zwei Jahrhunderte die Karriere dieses erotischen Spielzeugs begleitete: »Ganz aus Silber hergestellt, war es mit einer Art von glattem und sehr hartem Firnis in den natürlichen Farben überzogen«, hatte Mirabeau 1786 über seinen Fund berichtet. Die Beschreibung hat etwas Kurioses: »Im Übrigen war es leicht und dünn gearbeitet, im Inneren hohl. Durch die Mitte des leeren Mittelraumes zog sich eine Röhre, von dem gleichen Metalle und fast von der doppelten Stärke einer Gänsefederpose, in welcher sich ein Kolben befand; die Röhre schloss sich mittelst einer Schraube dicht an ein anderes Endchen an, das durchbohrt und am Grunde des Kopfes festgelötet war. Demzufolge ergaben sich leere Räume rings um diese kleine Spritze und innerhalb der Wände, welche das Glied imitierten. […] Man füllt den Godemiché […] mit Wasser, welches so weit erwärmt worden ist, dass man es noch eben an die Lippen zu bringen vermag, ohne dieselben zu verbrühen. Dann verschließt man die Öffnung mittelst des Korkes, an dem ein Ring angebracht ist, um ihn zurückziehen zu können, und füllt dann die kleine Pumpe, indem man den Druckkolben zurückzieht, mit einer dünnen, weißlich gefärbten Lösung von Fischleim, die man bereithält. Die Wärme des Wassers teilt sich sofort auch dem Fischleim mit, der, soweit dies möglich ist, der menschlichen Samenflüssigkeit ähnelt.«[347] Iwan Bloch behauptete, solche Instrumente seien seit dem Hochmittelalter besonders in den Nonnenklöstern verbreitet gewesen. Das sei ein Indiz für die sittliche Korruption der Geistlichkeit. Zumal Frankreich liefere zahlreiche Beispiele für Praktiken und Objekte, wie sie unter anderem in den Schriften des Marquis de Sade nachweisbar seien – »kleine Kugeln aus Stein«, auch »schwarze

Ringe […] zur künstlichen Irritation der Frauen« hätten die Männer genutzt. Über die Bordelle in Paris wisse man, dass die Betten oft mit Spiegeln versehen seien, es Stühle zum Fesseln ebenso wie Ruten gegeben habe.[348] Diese Dinge würden möglicherweise in Deutschland ebenfalls benutzt, wie Bloch zurückhaltend mutmaßte. Von dubiosen Händlern würden die Produkte aus Frankreich angekauft und in Katalogen in Deutschland als Gummi- und Hygieneartikel beworben. In aller Offenheit durfte ihr Zweck nicht benannt werden. »Ob sie wirklich existieren«, schrieb Bloch vorsichtig, »weiß ich nicht, da ich niemals ein derartiges Fabrikat zu Gesicht bekommen habe.«[349]

Spielzeug oder Instrument?

Die Sexualwissenschaft steckte um die Jahrhundertwende in den Kinderschuhen. Iwan Bloch war ein Pionier, aber sicherlich nicht völlig frei vom Geist der Zeit. Aus seiner Sicht handelte es sich nicht um Spielzeug für Erwachsene, sondern um Instrumente zur reinen Triebbefriedigung; raffiniert und kunstvoll, so wie es Graf Mirabeau berichtet hatte, waren sie letztlich doch nur mechanische Dinge zum Stillen der sexuellen Begierde. Iwan Bloch galt die Masturbation, anders als den meisten Zeitgenossen und Fachkollegen, als in der Natur des Menschen verwurzelt; immerhin konnte man sie kulturübergreifend beobachten. Doch Lustbefriedigung, gar mithilfe eines Objekts, schien auf die Gefahr zu verweisen, dass die menschliche Sexualität stets ins Perverse, Tierische, Wilde oder gar Krankhafte umschlagen konnte. Schon 1885 hatte der Anthropologe Hermann Ploss in seinem Erfolgsbuch ›Das Weib in der Natur- und Völkerkunde‹ über die vermeintlich unsittlichen Bräuche unter den »wilden« Völkern jenseits der zivilisierten Welt berichtet. Deren triebhaftes Verhalten erinnere »an das gegenseitige Bespringen der Kühe und an das Onanieren der Affen«, ihre sexuellen Instrumente und erotischen Zierstücke galten ihm als »Mittel zur Sättigung unnatürlicher Wollust«.[350] Spätere Auflagen des Buches, die der Berliner Ethnologe Maximilian Bartels bearbeitet hatte, zeigten allerdings, dass derartige Dinge eben auch in der Kulturgeschichte Europas vorzufinden waren. In der englischen Übersetzung des Werkes aus dem Jahr 1935 tauchte der Godemiché erstmals als »plaything« – Spielzeug – auf.[351] Der Bedeutungswandel, der sich mit der Zeit vollzog, wird darin sichtbar. Ein weiterer deutscher Sexualwissenschaftler, Max Marcuse, berichtete 1918, dass die Eingeborenen in Australien wohl dasselbe Wort für Orgasmus wie für Spiel benutzten. Wie er zu dieser Behauptung kam, ist nicht ersichtlich. Er saß einem ethnologischen Irrtum auf.[352] Den Aborigines fehle, so Marcuse weiter, der sittliche Ernst, der mit »Erreichung einer gewissen Kulturphase« einhergehe. Sie wüssten überhaupt nicht, dass die Sexualität der Fortpflanzung und damit der Existenzsicherung der Menschheit diene – insofern also kein Spiel, sondern eine sehr ernste Angelegenheit darstelle. Wie die meisten Naturvölker, die höhere Kulturstufen noch nicht erklommen hätten, sähen die Eingeborenen Australiens in der Sexualität etwas, das dem Spiel gleiche. Für Marcuse standen sie daher auf einer Stufe mit Kindern.[353]

Iwan Bloch sah das sehr ähnlich. Der Godemiché, heißt es bei Bloch, erlaube es den Frauen, »die Rolle eines Mannes [...] zu spielen«.[354] Doch der Spiel-Begriff war nicht theoretisch durchdacht. Was Bloch 1907 über den Godemiché berichtete, atmete noch ganz den damaligen Zeitgeist. Vom Godemiché führte auch aus Sicht Blochs der Weg direkt hinüber zum »zivilisierten Affen unserer Zoologischen Gärten«, zu jenen »primitiven Völkern«, wo die Onanie angeblich »noch mehr verbreitet, als unter zivilisierten Rassen« sei.[355] In der ersten Jahrhunderthälfte galt die Selbstbefriedigung gemeinhin als ein primitiver Akt. Es war eine triebhafte Handlung, die man im Geheimen vollzog und derer man sich schämte. Manche meinten, die Masturbation könnte physisch schädlich sein. Anderen galt sie, wenn man es zu weit damit trieb, als ein Anzeichen für geistige Umnachtung und Schwachsinn. Das kulturell hochentwickelte und erotische Liebesspiel schien im rein Körperlichen der Verwahrlosung preisgegeben. Wer sich gar an Gegenständen erregte, sank erst recht auf die Stufe von Tieren herab. Die frühe Sexualwissenschaft wirkte medizinisch aufklärerisch. Auch Iwan Bloch räumte Irrtümer zuhauf beiseite. Sie war zudem weit unbefangener als die meisten Zeitgenossen und zeigte sich in ihren Folgerungen durchaus progressiv. Gleichzeitig blieben Sexualwissenschaftler natürlich in vielerlei Hinsicht der Mentalität der Zeit verpflichtet.[356]

Für Erotik-Artikel existierte im frühen 20. Jahrhundert natürlich noch kein Massenmarkt. Das wäre unvereinbar gewesen mit dem, was das Gros der Zeitgenossen als anständig und zulässig ansah. Und insbesondere rechtliche Gründe waren ausschlaggebend: § 184 des Reichsstrafgesetzbuches bestimmte, dass bis zu einjährige Gefängnis- oder hohe Geldstrafe drohte, falls »Gegenstände, die zu unzüchtigem Gebrauche bestimmt sind, an Orten, welche dem Publikum zugänglich sind, ausgestellt oder solche Gegenstände dem Publikum angekündigt oder angepriesen« würden.[357] Das traf auf Objekte ebenso zu wie auf Schriften, Abbildungen oder pikante Darstellungen mit sexuellem Inhalt. Erotik und Sex fand im Halbdunkel der großstädtischen Vergnügungsviertel natürlich dennoch statt. Das sprichwörtlich älteste Gewerbe der Menschheit wurde in den abseitigen Gassen und Winkeln der Großstädte toleriert – obgleich nicht akzeptiert – wie es immer schon toleriert worden war. Auch Iwan Bloch kam vom Godemiché gleich auf das Inventar der Bordelle zu sprechen, wo »noch heute die Prostituierten recht primitive lederne Phalli, wie sie schon von Herodas und Aristophanes geschildert worden sind, zu erotischen Praktiken und Schaustellungen« nutzten.[358] Ins zwielichtige Abseits verdrängt, galt das anrüchige Spielzeug den Menschen als hohes Tabu. Fremdwörterbücher der Zeit bieten immerhin interessante Hinweise. Die männliche Angst vor jenen Dingen, die scheinbar nur die Lust der Frauen befeuerten, leuchtet grell auf: Im Revolutionsfolgejahr 1849 hieß es über den Godemiché, es handele sich um ein »Werkzeug wollüstiger Frauen«, und noch 1910 konnten sich die Leser über das von »geilen Frauenzimmern zur Unzucht gebrauchte Instrument von Gummi« kundig machen.[359] Fast schon positiv fiel eine Beschreibung weitere 15 Jahre später aus: »Ihre Herstellung erfordert viel Geschicklichkeit und geschieht von Spezialisten der Gummibranche.«[360]

Weil diese Geräte zumal aus Sicht der männlichen Zeitgenossen vorwiegend der weiblichen Lust dienten, verstießen sie gegen das allgemeine Sittlichkeits- und Schamgefühl. Frauen wurde eine eigene, vom Mann unabhängige Sexualität nicht zugebilligt. Bei Mädchen würde der Geschlechtstrieb sich lange Zeit nicht quälend bemerkbar machen, meinte etwa der Schriftsteller Emil Lucka 1913. Erst durch die Begegnung mit einem Mann würde ihre Lust erwachen. Deshalb sei bei Frauen »die einsame Befriedigung unvergleichlich seltener und vorwiegend auf Hysterische beschränkt«.[361] Kein Zufall, dass in der Zeit der Weimarer Republik gerade lesbische Frauen aufbegehrten: »Wenn man einmal Zeuge sein darf, was für ein Urteil sich Uneingeweihte über die homosexuelle Frau bilden, dann stellt man sich [...] eine Frau niedrigster Sorte vor. Alle möglichen Laster, wie zügellose Sinnlichkeit, Trunksucht, Spielwut usw. hängt man ihr an, als ob diese Frau ohne Moral wäre. Vor allen Dingen malt man sich ihre ›Perversität‹ in den schrecklichsten Farben aus«, hieß es Mitte der 1920er-Jahre in der ersten Zeitschrift für homosexuelle Frauen.[362]

Angeboten, vertrieben und gekauft wurden diese Dinge dennoch – auch Letzteres übrigens durchaus von Männern. In den Katalogen und Annoncen firmierten sie nicht als Spielzeug, sondern sie waren getarnt als Gummi-Waren oder Hygieneartikel. Gesetze konnte man nicht ignorieren, aber umschiffen. Wer einen Liebesschmöker oder ein Aphrodisiakum bestellte, konnte auf Nachfrage auch Liebesinstrumente oder Kondome erwerben. Ein Berliner Versandgeschäft firmierte unter einem Namen, der jedem Verdacht, man verkaufe Obszönes, den Wind aus den Segeln nahm: Medicus, gewissermaßen die Apotheke des Liebesspiels.[363] Insbesondere die Freikörperkultur bewirkte, dass man – obgleich nicht offen – allmählich unbefangener mit den Spielarten der körperlichen Liebe umging. Die FKK-Bewegung, früher als Naturismus bekannt, war weit mehr als das, was heute davon übrig ist: Eine neue Beziehung zwischen Körper und Seele sollte entstehen, der eigene Körper erkundet, auch die Beziehung zwischen Mann und Frau auf eine natürliche, nicht befangene oder schambehaftete Grundlage gestellt werden. Gelegentlich verquickte sich die

Freiköperkultur allerdings schon mit völkischer Ideologie. Und später missbrauchten die Nationalsozialisten sie für ihre eigenen Ideen vom rassistischen Körper. In den frühen 1920er-Jahren hatten sich diverse Zeitschriften, Verlage und Geschäftsfelder im Umkreis der sexuellen Emanzipationsbewegungen etabliert. Blättchen – mit Namen wie »Ehe«, »Ideal-Lebensbund« oder »Heirat und Ehe« – brachten Ratschläge für das Liebesleben, glückliche Eheführung oder eine Körperpflege frei von verbotenen Zonen. Das waren aufrührerische Inhalte. Zum Verkauf annonciert: Aktfotos, Ratgeberliteratur rund um Sexualität und Körperhygiene, Gummiprodukte wie Kondome und Ringe, alles getarnt als Hygieneartikel. Kaum etwas ist in der Liebe so voraussagbar wie das Abflauen der Leidenschaft. Händler versprechen, verlorene Intimität zurückzubringen. Das ist die Grundlage der Erotikindustrie.[364] Was die Menschen heute mit Achselzucken goutieren würden, konnte Gemüter erregen.

Erotische Dinge

Puppen, eigentlich Spielzeug für Kinder, wurden aufreizend gekleidet. Sie säßen, hieß es in einer Illustrierten, gelegentlich »mit schlanken dünnen Beinen auf der Sofalehne und lächeln ihr süffisantestes Lächeln. Obwohl das Antlitz überlegene Ironie widerspiegelt, lockt der rot gemalte Mund, locken die leicht zusammengekniffenen Augen, lockt die ganze raffinierte Gestalt.«[365] Puppen standen nun auch in den Schaufenstern der großen Modehäuser, aufreizend und auffallend gekleidet. Manchmal trugen sie lediglich Unterwäsche. Und ein anderes Mal hatten sie sogar ihre Verhüllung fallen gelassen und zeigten schamlos künstliche Nacktheit. Das seien Dinge, wie Beobachter meinten, die Gedanken »durchaus nicht unangenehmer Natur in uns wachrufen oder unsere Phantasie […] angeregt abirren lässt. Wem aber schadet das? Die Straße ist ja schließlich kein Kinderzimmer und ein gesunder Junger oder ein gesundes Mädel werden lediglich beim Anblick von Wachspuppen […] noch lange nicht außer Rand und

Band geraten. Ungesunde sexuelle Neugierde bei Jugendlichen hat bestimmt ganz andere Quellen. Deswegen brauchen wir die Straßen nicht des kleinen bunten Schimmers zu berauben, der uns sicherlich oft genug eine unverhoffte kleine Freude bereitet«.[366]

Nach der Jahrhundertwende waren die ersten Vibratoren auf den Markt gekommen: klobige Elektrogeräte aus Metall, die rein äußerlich wenig Lustvolles verströmten. Sie stimulierten nicht nur, sondern sollten bei Nöten wie sogenannter weiblicher Hysterie, innerer Rastlosigkeit, selbst gegen das Fortschreiten des Alters Abhilfe bieten. Hersteller aus Großbritannien und den USA hatten zur fünften Weltausstellung in Paris im Jahr 1900 erste Modelle präsentiert. Als deren Vorläufer gilt »Granvilles Hammer«, ein elektrisch angetriebener Kasten mit Gummiaufsätzen, die ausgewechselt werden konnten. In England 1869 patentiert, sollte auch dieses Gerät zur fachärztlichen Behandlung »weiblicher Hysterie« eingesetzt werden. Die Massageapparate gerieten mit der Zeit kompakter. In den USA zogen sie bereits vor dem Ersten Weltkrieg in den Hausgebrauch ein. Hierzulande blieben sie zunächst noch eine Rarität. Allerdings zog man rasch nach. In vielen Zeitungen wurden Vibratoren annonciert. Schönheitssalons verliehen sie gegen Gebühr. »Gymnastik und Sport tuen es nicht immer allein«, berichtete im Jahr 1928 eine Illustrierte über modernste Körper- und Schönheitspflege: »Oft muss zu kräftigeren Mitteln gegriffen werden. Regelmäßige Massage, Punktrollern, Vibration, nicht zuletzt plastische Chirurgie sind der Jungbrunnen der modernen Frau.«[367]

Vibratoren waren kein Spielzeug. Ihre Anwendung galt als medizinisch, der Gesundheit und Schönheit dienlich. Verspannungen konnten sie angeblich abbauen, seelische Leiden sollten sie lindern. Die Grenze zur Scharlatanerie war fließend. Der »Medico-Vibrator« sollte bei Gelenkentzündungen, Hexenschuss oder Schwächegefühlen helfen. Einen anderen Vibrator wiederum sollte man behutsam in die Ohrmuschel einführen, um Ohrensausen, Schwerhörigkeit sowie Tinnitus zu behandeln.[368] Dass diese Apparate allerdings, mit etwas Geschick, für sexuelle Wohlgefühle im Unterleib sorgten, war ein offenes Geheimnis. Historikerinnen und Historiker haben darauf hingewiesen, dass die Hersteller aus rechtlichen Gründen nur die medizinische Anwendung betonten; gleichzeitig beinhaltete das Marketing für diese frühen Vibratoren aber vielfach schon erotische Symbole und Chiffren. Über ein elektrisch betriebenes Handgerät mit Namen »Sanax« hieß es fast gewagt offenherzig, die Wirkung sei »sehr wohltuend und angenehm«, das Gerät dürfe »wegen seiner ausgezeichneten Massage-Wirkung in keinem Hause fehlen«.[369] Am Ende der 1920er-Jahre tauchten die elektrischen Diener – in dem heute noch üblichen Format – in ersten pornografischen Filmen und auf illegal gehandelten Fotografien auf. Das Wunderwerk war enttarnt.[370]

Sexualität und Technik prallten in den 1920er-Jahren aufeinander. Das rief Mahner und Warner auf den Plan. Liebe drohte zur Ware abgewertet zu werden. Längst nicht nur die Konservativen sahen einen Verfall der Sitten oder gar das Absterben der höheren Liebeskultur heraufziehen. Die politisch Progressiven äußerten ebenfalls ihre Bedenken. »Liebe und Sexualität im mechanischen Zeitalter« lautete der Titel eines bemerkenswerten Artikels im ›Vorwärts‹. Vornehmlich sollte darin gezeigt werden, dass im kapitalistischen System die Frau immer mehr zum Objekt erniedrigt würde. Die Diagnose ist bis heute brandaktuell. Die Kritik lebt in Debatten um sexualisierte Werbung und den Missbrauch des weiblichen Körpers für Zwecke des Konsums fort.

In den 1920er-Jahren wurde mit erotischen Abbildungen bereits massiv geworben, nicht nur explizit in Blättern der sexuellen Reformbewegung oder der Freikörperkultur. Illustrierte und Magazine bedienten offensiv das Begehren. Die Zauberkunst, die Erotik von nackter Sexualität unterschied, sah man immer mehr verschwinden, weil alles sich auf das ausgesprochen Körperliche und Dingliche reduzierte. Nicht mehr die Frau an sich wird beachtet, umgarnt oder im Spiel der Erotik aufs Podest gehoben. Allein ihre Körperlichkeit wird verherrlicht, ihr Körper bewertet, der Mensch selbst zum Objekt degradiert. Der ›Vorwärts‹ warnte zur Wende der 1930er-Jahre nicht nur vor einer Zerstörung der geheimnisvollen Erotik, sondern auch vor den Objekten und materiellen Dinge als solche. Mehr und mehr drängten sie sich zwischen die menschliche Liebe: »Verdinglichung bedeutet, dass an die Stelle der Beziehungen zwischen Personen solche zwischen Sachen treten. Die Dinge drängen sich vor die Menschen. Für unseren Zusammenhang: Der Einbruch der Technik in das erotische Leben bedeutet die Fixierung der Erotik an dinghafte Elemente, die am Wesen des Menschen vorbeigehen.«[371] Ähnlich fiel die Diagnose der Sozialdemokraten an anderer Stelle aus: Mit der Industrialisierung war die Menschheit in das Zeitalter des Konsums eingetreten. Die Gefahr dämmere herauf, »Sexualität für Liebe zu nehmen und sie triebhaft ohne schöpferische seelische Schwingungen an verschiedenen Objekten auszuleben«.[372] Sollte sogar das schöne Liebesleben der Herrschaft der kalten Technik unterworfen werden?

Magnus Hirschfeld, ein Spielzeugsammler?

Das Denken über die Sexualität bewegt sich in der Moderne zwischen zwei Polen. Auf der einen Seite stehen Natur und Kultur, auf der anderen Seite die Technik, welche die Natürlichkeit bedroht. Was in der Sexualität als natürlich angesehen wird, gilt als gut und rein. Dringen aber Technik und Objekte in den behüteten, verspielten Raum der Erotik ein, scheint die Sexualität zu einer schmutzigen und perversen Angelegenheit herabzusinken. In den 1920er-Jahren begann man die Verbindung von Sexualität und Technik gerade erst zaghaft zu erkunden. Es war der Pionier und Sexualwissenschaftler Magnus Hirschfeld, der als Erster ohne intellektuelle Empörung erkannte, dass Objekte zum Bestandteil des Liebesspiels und der menschlichen Sexualität werden können, ja sogar schon immer dazugehörten; obwohl er in diesen Dingen – anders als heute – natürlich keine Spielsachen sah. Hirschfeld war in vielerlei Hinsicht seiner Gegenwart um mindestens ein halbes Jahrhundert voraus. Sein Fall zeigt zugleich eine menschliche Tragödie. Magnus Hirschfeld, geboren 1868 in Kolberg in Westpommern, stand auf der Seite der politischen Linken. Akademisch gebildet und homosexuell, machte er sich als vehementester Kritiker des § 175, der sexuelle Handlungen zwischen Männern unter Strafe stellte, einen Namen; tatsächlich noch bis ins Jahr 1994 behielt dieser Paragraph seine Gültigkeit. Magnus Hirschfeld war außerdem Jude. Er verkörperte – man mag es für geschmacklos halten, darauf hinzuweisen – fast sämtliche Klischees, die antisemitische Kreise von Juden damals pflegten. Der kauzige und kräftige, doch in seiner Erscheinung nicht unsympathische Sexualwissenschaftler mit Nickelbrille und wuchtiger Nase entwickelte sich ab Anfang der 1920er-Jahre für rechtsradikale Zeitgenossen zur Hassfigur. Hirschfeld bot eine ideale Angriffsfläche für jene, die glaubten, in der verlotterten Republik von Weimar greife der Ungeist des Judentums um sich.

Im Mai 1919 gründete Hirschfeld das Institut für Sexualwissenschaft in Berlin. Es entwickelte sich zum Mekka der sexuellen Reformbewegung. Die wissenschaftliche Einrichtung sollte allerdings nicht verkopft und ausschließlich akademisch wirken. Man wollte lebenswirklich und nah an den Nöten der Ausgegrenzten, Kranken, Rat- und Hilfesuchenden sein. Das Institut war ein Privatprojekt, keine universitäre Einrichtung, wurde aber von Anfang an unterstützt von Medizinern und Psychologen. In einer imposanten Villa am Berliner Tiergarten, die Hirschfeld mit gestifteten und privaten Geldern erworben hatte, gab es in den 1920er-Jahren diverse Abteilungen: zur Behandlung von seelischen und körperlichen Leiden, zur Beratung von Müttern, auch eine Station für sogenannte Spezialfälle – für Geschlechtsberichtigungen, was eine medizinische Revolution darstellte – sowie eine Forensik, die Gerichte bei Strafverfahren beispielsweise gegen Sexualverbrecher unterstützte. Vieles, was am Institut praktiziert wurde, erwies sich als wegweisend, manches ist noch heute umstritten, anderes wiederum indiskutabel geworden. Das Institut beherbergte außerdem eine Bibliothek, eine ethnologische Abteilung mit kleinen Ausstellungsräumen sowie ein sexualwissenschaftliches Archiv, dessen Bestände Jahr um Jahr weiter anwuchsen. Man forschte und behandelte gleichzeitig Patientinnen und Patienten. Außerdem wurde öffentlich ausgestellt, was menschliche Liebe und Sexualität einschließen konnte. Ein Kulturmuseum der Sexualität hatten Hirschfeld und Kollegen hier geschaffen; überhaupt die erste Ausstellung dieser Art in Deutschland. Provokation war einkalkuliert. Staunende Besuchergruppen, die kaum glauben konnten, was sich vor ihren Augen auftat, führte man regelmäßig durch die Villa.[373] »Das Museum des Instituts war eine in der Welt einzig dastehende Sehenswürdigkeit«, urteilte Ludwig Levy-Lenz rückblickend. Der Sexualreformer hatte sich damals in der Eheberatung des Instituts engagiert, was auch die umstrittene Beratung zur Empfängnisverhütung meinte. 1933 floh er vor der Hetze der Nazis ins Ausland. Nach dem Zweiten Weltkrieg verfasste er seine Memoiren. Sein feines Sensorium für Sensation hatte darin keinen Deut nachgelassen: »Kurz und gut, was hier zusammengetragen war, glich einem Labyrinth menschlicher Leidenschaften und Verirrungen! Wir besaßen eine Unzahl von Gegenständen, die als Sexualfetische gedient hatten: eine Sammlung [...] Schuhe in allen Farben, Stiefel, von denen einige bis weit über die Oberschenkel zu schnüren waren. Im gleichen Museumsraum stand ein Ausstellungsschrank mit Zöpfen und Haarbündeln, die ein einziger Zopfabschneider abgeschnitten und aufbewahrt hatte. Von einem Wäsche-Fetischisten erbten wir eine Auswahl der schönsten, reichhaltigsten, delikatesten und intimsten Wäschestücke, die jemals getragen wurden. Wir besaßen in unserem Museum Selbstbefriedigungs-Apparate vom einfachen Godemiché bis zum Lusterzeuger mit elektrischem Antrieb, darunter einen in Form eines Dreirades mit Tret-Antrieb.«[374]

Das museale Kuriositätenkabinett, das die Zeitgenossen sämtlich in helle Aufregung versetzte, forderte den bürgerlichen Zeitgeist heraus. Das Anrüchige und Absonderliche, Erotische bis Pornografische stand offen zur Ansicht aus. Dass selbst die merkwürdigsten Spielarten der Sexualität derart präsentiert wurden, sollte zwei Dinge bewirken: Zum einen konnte man die Vorstellung von dem, was als natürlich galt, provokativ in Frage stellen, zum anderen die Doppelmoral und Schizophrenie der bürgerlichen Gesellschaft eindrucksvoll vorführen. Viele Besucher zeigten sich begeistert, ein Großteil war wohl ehrlich neugierig, andere gewiss angewidert. Als Bordell, Treffpunkt für Perverse und homosexuelle Verführungsstätte war das Institut bereits verschrien, kaum dass es aus der Taufe gehoben worden war. Im Mai 1920 inspizierte ein Staatsbeamter die Hirschfeld-Villa, um das fragwürdige Treiben zu untersuchen. Wirklich Illegales konnte er dort zwar nicht entdecken. Doch Hirschfelds Konkurrenten hatten wirkungsvolle Verleumdungen in die Welt gesetzt: Das Institut gelte als »Anstalt der Kuppelei«, erläuterte der polizeiliche Bericht, wo sich Ehepaare nach Anweisung betätigten, sogar ein »Verführungsraum« für Jugendliche sei angeblich vorhanden. Das Institut könne man als eine Art von luxuriösem Bordell bezeichnen, frequentiert bevorzugt von Homosexuellen. Die Sammlung und das Laboratorium gäben »zu lebhaftestem Zweifel Anlass, ob hier wirklich Wissenschaft getrieben würde«.[375] Das Verfahren gegen Hirschfeld verlief im Sande, doch Gerüchte und Lügenmärchen über das vermeintlich abartige Institutstreiben waren weiterhin im Umlauf. Dem Institut taten sie Unrecht.

Magnus Hirschfeld wusste, dass wissenschaftliche Forschung, wenn sie zum Wesen und zur Kultur der menschlichen Liebe und Sexualität vordringen wollte, nicht nur vom Standpunkt der Medizin aus betrieben werden durfte. Geschichte, Ethnologie, Psychologie und Kulturwissenschaft sollten ihren Anteil erhalten. Das Institut sammelte nicht nur die Kuriositäten, sondern auch Kunst- und Kulturgüter, antike Darstellungen, Gemälde und Objekte aus fernen Ländern. Zu sehen gab es Kleidungsstücke, alte Kartenspiele mit erotischen Motiven, Schmuckstücke wie Broschen und Anhänger, auf denen man obszönen Liebesszenen begegnete; diverse Objekte von Fetischisten, Fabrikate der Gummi-Industrie, auch Dinge des Alltags, die sich in Lustobjekte verwandelt hatten. Ein Großteil der Sammlung fiel später dem Wüten der Nazis zum Opfer. Glücklicherweise fand Hirschfeld derart viel Gefallen an ihnen, dass er in einem Buch ausführlich über sie berichtete. 1930 erschien ›Liebesmittel‹, ein grandioses Werk, das er mit dem Sexualwissenschaftler Richard Linsert verfasst hatte. Ein buntes Tableau von Reizmitteln ist darin ausgebreitet: Tränke, Gifte, Genussmittel, Naturmaterialien und technische Apparate, die in vergangenen Zeiten, entfernten Kulturen oder in der Gegenwart – und hier taucht der Begriff tatsächlich häufiger auf – dem Liebesspiel dienten. »Das mechanische Reizmittel par excellence für Frauen ist der Godemiché«, berichteten Hirschfeld und Linsert: »Im Altertum dachte man glücklicherweise über die Anwendung künstlicher Glieder zum Zwecke der Reizsteigerung viel freier.«[376] Beispiele aus der Antike, für das alte Ägypten und Babylon, China, Japan oder die Philippinen breiteten sie lustvoll aus. Ein Potpourri von Wissenschaft, Aufklärung und Provokation: »In unserer ethnologischen Sammlung besitzen wir einen besonders merkwürdigen Godemiché aus dem Haussaland (Britisch-Nord-Nigeria), Madigo genannt, an dessen unterem Ende sich eine Schweinsblase befindet. Sie wurde vor dem Coitus mit Reismilch oder dem Saft des Dalaku-Baumes gefüllt und bei eintretendem Orgasmus wurde durch Druck auf die Schweinsblase die Ejaculation imitiert. Ähnliche Instrumente werden von Paris aus verbreitet, wo man Apparate kennt, die man je nach Wunsch durch Aufblasen vergrößern oder verkleinern kann.«[377] Gewissermaßen wieder Mann seiner Zeit meinte auch Hirschfeld, dass der Godemiché jedoch nur den Händen von Frauen nützlich sei. Entweder hatte sich ihr Partner als ungenügend erwiesen, oder er kam als kunstvoller Ersatz für das Liebesspiel lesbischer Damen zum Einsatz. Am Biphallus – dem doppelten Godemiché – könne man unschwer erkennen, dass dem Gerät die Funktion einer Prothese zufalle.[378] Allerdings hätte Hirschfeld am Prunkstück der Institutssammlung vielleicht ebenso das Gegenteil zeigen können.

Der intime Schatz stammte aus Japan und datiert wahrscheinlich auf das Ende des 18. Jahrhunderts. Dem Institut war er durch einen Unbekannten überlassen worden. Die japanischen Prunkstücke fanden in diversen sexualwissenschaftlichen Schriften der 1920er-Jahre Beachtung. Heute sind sie im Besitz der Magnus-Hirschfeld-Gesellschaft. Eine Schachtel aus Holz, auf den ersten Blick völlig unscheinbar, behütet die alten fernöstlichen Liebesinstrumente: drei Godemichés von unterschiedlicher Größe, gefertigt aus Horn. In Japan werden sie als Harikata bezeichnet. Dazu zwei kleine, an einem

Faden zusammengebundene Kügelchen sowie verschiedene Ringe, die offenbar für das männliche Geschlecht als Reizverstärker oder auch Zierde dienten. Diese Instrumente für Mann und Frau liegen in der Holzschachtel versöhnlich nebeneinander. Wahrscheinlich hatte es sich um das intime Spielzeug eines Ehepaars aus der japanischen Oberschicht gehandelt.[379]

Friedrich Krauss, ein österreichischer Sexualforscher und guter Kollege Hirschfelds, hatte schon rund zehn Jahre zuvor über die Bedeutung der Liebeswerkzeuge für die japanische Gesellschaft berichtet. 1911 schrieb er, halb erstaunt und halb bewundernd, von deren Offenheit: »Angesichts der in Japan herrschenden Freiheit im Geschlechtsverkehr und der endlosen Möglichkeiten, den Geschlechtstrieb auf jede natürliche Weise zu befriedigen, sollte man es von vorneherein gar nicht glauben, dass trotzdem die Menschen auch noch zu mechanischen Reizmitteln greifen. […] Die Sache ist so wenig geheim und gilt so wenig als anstößig, dass sich die Industrie öffentlich in ihren Dienst stellt.«[380] Eine japanische Mythengestalt regte in den 1920er-Jahren die Fantasie der deutschen Experten ebenfalls an. Auf einem alten Holzschnitt fand sie sich in höchst merkwürdiger Szenerie abgebildet: Ein auf seinen Hinterbeinen aufrecht stehender Fuchs, versteckt hinter dicken Heuballen, hält eine Schlinge in den Pfoten. Einem Phallus, als Lockmittel aufgestellt, nähert sich derweil behutsam ein Mädchen. Sie tappt nichtsahnend in die erotische Falle, welche der Fuchs ihr gestellt hat. Die deutschen Zeitgenossen, die von den religiösen Traditionen Japans kaum Genaueres wussten, befanden, dass der Fuchs auf dem Bild ein Dämon sein müsse, eine Gottheit der Prostituierten und Bordelle. Seine Phallus-Falle sollte die verhängnisvolle Lust der Frauen symbolisieren. Der Inari-Kult hat in Wahrheit verschiedene Erscheinungsformen; der Fuchs ist nicht zuerst eine Gottheit für das Obszöne, sondern er steht mit Fruchtbarkeit, Reis, Ernte und Handwerk in Verbindung. Selbst Gestalt und Geschlecht von Inari sind wandelbar. Allerdings steht der Fruchtbarkeitskult mit dem Phallus tatsächlich in Verbindung.[381] Viele Patienten hatten ihre eigenen Liebesmittel dem Institutsarchiv zu Anschauungszwecken überlassen. Dazu zählten Reizringe, künstliche Scheiden, Stäbchen, auch Fingerlinge für die Massage, Gummihandschuhe, Pumpen, Fesseln, Kondome mit Gravuren sowie Klemmspangen aus Metall für die Genitalien. Viele der Dinge waren für Männer angefertigt und sollten die Potenz steigern helfen. Frauen hatten, wie sie einräumten, sich mit handelsüblichen Flaschen oder Duschköpfen Vergnügen verschafft. Hirschfeld und Linsert waren nicht von allem angetan. Manches Instrument barg gesundheitliche Risiken. Patienten hatten sich verletzt, manche aus Unkenntnis an Präparaten vergiftet. Wieder andere schienen von krankhaften Neigungen inspiriert. Aus ihrer Sicht waren die Objekte deshalb kein Spielzeug, obwohl sie durchaus den Begriff Liebesspiel benutzten. Ein halbes Jahrhundert mitsamt Werbekunst der Unternehmer, erotischen Bucherfolgen und populären Filmen sollte es noch benötigen, bis die Menschen ihre heimlichen Dinge als Spielzeug oder *Sex Toy* umschrieben. Bis heute haben Sexual- und Kulturwissenschaft zu diesem Terminus Abstand gehalten; es wird von Werkzeugen, Geräten und Instrumenten gesprochen, als handele es sich bei der menschlichen Sexualität um ein Handwerk.

Ein geschäftstüchtiger Verleger aus Wien

Hirschfeld und Linsert hatten in ihrer Zeit Wichtiges gezeigt. Auf dem Zusammenspiel von Natur und Technik gründet die Kultur des Menschen, wie man mit Blick auf seine frühesten Werkzeuge schon lange wusste. Warum sollte es dann in der Sexualität anders sein? Der Basler Spieltheoretiker Karl Groos hatte 1899 festgestellt: »Dass die ganze Menschheit, vom Erwachsenen bis zum Kinde, vom raffinierten Kulturmenschen bis zum primitiven Jäger, von dem Vertreter unseres Jahrhunderts bis zu seinen urzeitlichen Ahnen eine Geneigtheit zeigt, sich spielend mit Gegenständen aus dieser Sphäre zu beschäftigen, ist eine Tatsache, die man zwar beklagen, aber kaum als unerklärlich bezeichnen kann.«[382] Kam die Technik auch im Liebesleben vor, so war dies nicht an und für sich wider die Natur oder ein Ausdruck von Perversion, Sünde und Dekadenz. Nur wissen sollte man, ob ein Liebesmittel gut oder schlecht, anregend oder nutzlos, wirkungsvoll oder schädlich war. Für Magnus Hirschfeld bedeutete dies schlicht Aufklärung in einer unaufgeklärten Zeit: »Nicht neue Strafgesetze, Aufklärung tut not«, lautete seine Forderung.[383]

Leo Schidrowitz, 1894 in Wien geboren, der als Autor und Verleger tätig war[384], erkannte, dass Sex umso besser verkäuflich wäre, je mehr die Lust der Menschen an sinnlichen Entdeckungsreisen und Körperkult wuchs. Erotik avancierte zum einträglichen Genre. Der junge Mann, der als Theaterkritiker begonnen hatte, verdiente Anfang der 1920er-Jahre ein Zubrot primär mit Erotikliteratur. Der Anspruch wuchs schnell darüber hinaus. An Wissenschaftlichkeit sollte es diesem Genre nicht fehlen. Ab Mitte der 1920er-Jahre erschienen diverse illustrierte »Sittengeschichten«. Sie sollten ein breiteres Publikum mit den »Auswüchse[n] der Hemmungslosigkeit« aus der Geschichte der Menschheit bekannt machen. Neben der Leitung des Verlags für Kulturforschung Amonesta & Co sammelte Schidrowitz seit 1925 alles, was mit Erotik und Sexualität zu tun hatte und stellte die Fundstücke in den Verlagsräumen aus: Fotos von merkwürdigen Gerätschaften, die teils bei Razzien im Rotlichtmilieu in Berlin und Wien konfisziert worden waren, oder beispielsweise eine schauerliche erotische Maschine in Menschengröße aus der Asservatenkammer der Dresdner Kriminalpolizei; aus Hirschfelds Sammlung Fotografien von Berliner Dirnen, die ihre Kunden im Rollenspiel mit Peitschen malträtierten. Leo Schidrowitz trug auch Kosmetika, Hygieneartikel, Kleidungsstücke und Lustpuppen zusammen sowie »intimste Gebrauchsgegenstände, welche alle im Sexualleben selbst eine Rolle spielen«.[385] Der Hobby-Sexologe eröffnete sogar ein Institut für Sexualwissenschaft in seiner Heimatstadt Wien. Anders als das Berliner Vorbild ging es hier nicht um Beratung und Behandlung von Patienten, sondern ausschließlich um die Sammlung und um Vortragstätigkeit. »Es öffnete ein schlanker, sehr eleganter Herr die Tür«, heißt es im Bericht eines Besuchers. Gastgeber Schidrowitz führte »durch einen großen, saalartigen Raum, der rundherum sehr schmale Tische mit Vitrinen und an den Wänden merkwürdige Instrumente zeigte. Offenbar war der Saal für Vorträge bestimmt, denn es standen zirka ein Dutzend Sessel rechts und links«. Der gut gekleidete Herr habe mit viel Sachkenntnis alles erklärt: »Es handelte sich bei den zur Schau gestellten Instrumenten um Vorrichtungen zur Steigerung der Sexuallust, während in den Vitrinen intime Anweisungen und Zeichnungen aus allen Ländern zu sehen waren.«[386] Die Institutsarbeit krönte Schidrowitz mit der Herausgabe des vierbändigen »Bilder-Lexikons der Erotik«, abgeschlossen 1931. Mit der Vorliebe für skandalträchtige Enthüllungen gingen einige Fehler und Übertreibungen einher. Doch war es ansonsten eine kundige und lesenswerte Pionierleistung, an der Sexualwissenschaftler – darunter auch Magnus Hirschfeld – Psychoanalytiker, Ärzte, Kriminologen und Literaturwissenschaftler beteiligt waren.[387]

Über alte Gesellschaftsspiele informierte das Lexikon, dass sie – soweit für Erwachsene gedacht – häufig erotischer Natur gewesen seien. Da gab es zum Beispiel ein Schuhe-Spiel, das man am englischen Hofe im 19. Jahrhundert spielte. Eine Gruppe von Adeligen saß zusammen im Kreis. Sie ließen ihr Spielzeug, versteckt unter ihren Gewändern und Röcken, im Kreis umherwandern. Einem Auserwählten fiel die Aufgabe zu, der erotischen Wanderschaft des Schuhs möglichst aufmerksam zu folgen, um am Ende sagen zu können, unter wessen Gewand er sich verbarg. In mehr oder minder geschmackvollen Varianten bis heute bekannt sind Spiele, bei denen die Beteiligten mit verbunden Augen erraten, wer sich ihnen anzüglich nähert. Von manch einem erotischen Spiel aus dem Mittelalter konnte nur noch der Name ermittelt werden: »Zwei wollten in die Blumen fallen« oder »Zwei geilten miteinander viel« hießen unzweideutige Spiele, die das Lexikon aufzählte.[388] Es verschwieg den Lesern auch die konkreten Hilfsmittel der Lust nicht. Der Godemiché hatte seinen Auftritt zum Beispiel als »Witwentröster«, orientalisches Haremsspielzeug, altgriechisches Kultobjekt, kunstvoller Glaspenis aus der italienischen Renaissance, nicht zuletzt als Bordell-Produkt und moderner Artikel der französischen Gummi-Industrie. Reizkugeln für Frauen würde es geben, die aus Asien stammten, als »Rinotama« geläufig seien und deren Wirkung »einer angenehmen Vibration« gleiche; oder Sexpuppen und Seemannsliebchen, die als »Godemiché für den Mann« tituliert wurden. Ebenfalls als hygienische Gummiartikel getarnt und verkauft würden sie den Leibesschmerz von Fernreisenden stillen. Den obszönen Kartenspielen des 16. Jahrhunderts galt ein Eintrag, und der Hinweis, von Hausierern, fliegenden Händlern und in schummrigen Etablissements würden Erotikspiele mit anzüglichen Darstellungen aber noch immer verkauft, fehlte nicht.[389]

Der gerissene Verleger betrieb auf diese Weise sein Geschäft mit der Neugierde der Zeitgenossen. Doch steckte zugleich mehr dahinter. »Sind dies nun alles Perversionen des Geschlechtstriebes?«, fragte er in einem seiner populären Sittenbücher. Die Antwort: »Nein, es sind lediglich – mehr oder weniger geschmackvolle – Ausdrucksformen natürlicher Sexualität.«[390] Längst nicht alles, was gezeigt und beschrieben wurde, war hohe erotische Kunst. Einige Dinge hatten sogar mit schlimmsten Straftaten zu tun. Anderes stand kontrovers zur Debatte. Welchen Sinn sollte es haben, diese Themen zu verschweigen oder zu verbieten? Hugo Bettauer, ein österreichischer Autor und Journalist, der sich für die sexuelle Emanzipationsbewegung engagierte, forderte 1924, »die Axt an ein uraltes System der Heuchelei und Verlogenheit« anzulegen. Eine Revolution der Erotik nahe. Am Ende, wenn Konventionen und falsche Zwänge fortgefegt wären, stünde die Freiheit durch Wissen und Ehrlichkeit, die zur wahren Glückseligkeit führe: »Der Habgier, der Selbstsucht, der Dummheit und Bösartigkeit von Menschen war es vorbehalten, Gott Eros zum Verbrecher zu stempeln, erotisches Spiel mit Schmutz zu besudeln.«[391] Der Weg war gefährlich. Hugo Bettauer traf es weit schlimmer als andere, die Ähnliches hofften. Angefeindet von rechtsradikalen Gruppen, wurde er zwei Jahre später in den Redaktionsräumen seines erotischen Aufklärungsmagazins ›Er und Sie‹ mit Schüssen niedergestreckt; er erlag seinen Verletzungen 16 Tage später, sein Attentäter kam nach nur 18 Monaten Haft auf freien Fuß.[392] Die Hoffnung auf sexuelle Aufklärung, die eine Minderheit von Schriftstellern und Wissenschaftlern auf diese Weise verband, erfüllte sich in den 1920er-Jahren noch nicht. Leo Schidrowitz, dessen Bücher erstaunlicherweise von der staatlichen Zensur lange unbehelligt blieben, musste seine Verlegerexistenz schließlich doch aufgeben. In Wien hatte er längst die Rolle eines Außenseiters, auch finanzielle Probleme nahmen mit der Zeit zu. Mit seiner Frau floh er vor den Nazis 1938 nach Paris. Seine Bücher wurden verboten, das Institut und der Verlag geschlossen. Im Zweiten Weltkrieg landete das Paar in Brasilien. Verwandte, die in Wien geblieben waren, wurden im Holocaust ermordet.[393]

Schund und Schmutz

Schon vor der »Machtergreifung« der Nazis drehte sich in Deutschland der Wind. Von sexueller Emanzipation sprach nach Anbruch der Weltwirtschaftskrise 1929 kaum noch jemand, umso mehr von Sauberkeit, Ordnung und Sitte. Es ist ein Kennzeichen unruhiger Zeiten, dass viele Menschen umso mehr auf Stabilität und Autorität setzen. Die Sexualität blieb davon nicht unberührt. Bereits Anfang Januar 1927 trat das »Gesetz zur Bewahrung der Jugend vor Schund- und Schmutzschriften« in Kraft. Im Prinzip hatte dieses Gesetz sogar seine Berechtigung. Mit Film und Fotografie hatte der Vormarsch der modernen Pornografie seinen Anfang genommen. Was in der Wissenschaft noch verpönt blieb, nämlich die Sexualität als etwas Spielerisches zu verstehen, war im Rotlichtmilieu und illegalen Erotikhandel längst vollzogen. Die Polizei konfiszierte Flugschriften und Werbematerialien sowie illegale Annoncen und Kataloge. Vieles überschritt selbst aus heutiger Sicht die Grenzen bei Weitem. Ein Händler, der gefasst wurde, hatte Ende der 1920er-Jahre zum Beispiel mit Bildern sehr junger Mädchen geworben; gezeigt würde »jede Spielerei, was es gibt, auch Godemiché-Sachen und Spiele mit Hunden«, »verliebte Spielereien vor dem Spiegel, wie Röcke hochheben, Beine zeigen, […] Aus- und Ankleiden in süßer Wäsche, Bettsteigen und allerhand Pikantes«.[394] Fast jede Darstellung galt damals auf gleiche Weise als unsittlich und verderblich. In der Illegalität verflossen deshalb auch die Grenzen, die zwischen Akt und Erotik, harter Pornografie sowie Ausbeutung und Missbrauch bestehen, aber vom Staat gar nicht erst gezogen wurden.

Seit dem Mai 1920 existierte bereits ein sogenanntes Lichtspielgesetz. Filme durchliefen eine Vorzensur, wodurch Erotik und Pornografie aus der Öffentlichkeit in private Hinterzimmer verbannt wurden. Fasziniert berichtete jemand aus Berlin über den ersten Streifen, den er in privater Gesellschaft gesehen hatte: »Der Film [...] stellte eigentlich nichts anderes dar, als ein Mädchen, das sich dem Zuschauer anbietet. Das Eigentümliche daran war, dass auf diese Weise der Zuschauer des Films einbezogen wurde, dass er gewissermaßen zum Mitspieler wurde.«[395] Doch ungleich schwerer ist zu beantworten, wo und wann etwas Geschriebenes zur Pornografie fällt. Das »Schundgesetz« von 1927 nannte keine inhaltlichen Kriterien. Mit der Zeit entstand ein Zensurapparat. Die Prüfer nahmen vor allem die sogenannte Literatur der Unterwelt ins Visier. Die Verleger ihrerseits suchten erotische Schriften unter dem Etikett »Sexualwissenschaft« zu schützen. Titel wie »Das Kamasutra«, »Lehrbuch der Liebe«, »Josefine Mutzenbacher«, »Tolle Nächte«, »Ehen zu dritt« oder »Die Liebschaften der Lilly Schröder« wurden jetzt als wissenschaftliche Standardwerke annonciert.[396] Das half aber nur bedingt. Was als unsittlicher Schund enttarnt und bewertet wurde, war zwar nicht automatisch verboten. Es durfte aber nur unter der Ladentheke verkauft werden. Die Händler sollten dazu gebracht werden, diese Schriften gar nicht erst anzuschaffen.[397] »Ein Schrifttum, das die Jugend nicht zu Gesicht bekommt, das weder materiell noch schriftlich vorgezeigt und angeboten werden und nur dem, der es namhaft verlangt, unter der Theke verkauft werden darf, ist kein lohnendes Objekt«, fasste es ein Befürworter des Schund-Gesetzes zusammen.[398] Schriften, die Unsittliches zeigten oder bewarben, sollten – über den Jugendschutz hinaus – verschwinden.

Besonders hart traf es Ende der 1920er-Jahre die sexuelle Reformbewegung und die Weimarer Freikörperkultur. Aus Sicht der Ultrakonservativen waren sie für Dekadenz und Verfall verantwortlich zu machen. Bereits Ratschläge, wie man richtig verhüten konnte, galten ihnen als bedenklich. Traten Hinweise für das Liebesspiel, Nacktfotografien oder explizite Beschreibungen menschlicher Körper hinzu, wurden die staatlich legitimierten Sittenwächter aktiv. Verbannt wurden Ausgaben homosexueller Zeitschriften sowie sexuelle Aufklärungsmagazine, obwohl kein pornografisches oder – aus heutiger Sicht – bedenkliches Material darin zu finden war. Gegen zahlreiche Illustrierte, die seit Jahren erotische Aktfotografien zeigten, drohten ebenfalls Verfahren. Besonders der Werbeteil wurde den Magazinen zum Vorwurf gemacht. Vieles davon lag im Graubereich zwischen Legalität und Illegalität. Erotische Inserate und die »Zusendung gewisser Arten von Preislisten und Katalogen« hätten sich ausgebreitet wie eine Seuche, befand die Fuldaer Bischofskonferenz Anfang Dezember 1929.[399] Nicht einmal Kondome galten als sinnvolles Utensil eines gesunden Sexuallebens, sondern – besonders, wenn sie verziert, bunt oder gar mit Noppen versehen waren – als pornografische Scherzartikel.[400] Um die Verbreitung solcher Produkte zu verhindern, sollten die Werbeplattformen der Händler verschwinden. Eine Schrift könne, »selbst wenn ihre Textbeiträge nicht schmutzig sind, durch schmutzige Inserate den Schmutzcharakter erhalten und unter diesem Gesichtspunkte auf die Schundliste gesetzt werden«, lautete die Begründung des Landesjugendamts Rheinland im Verfahren gegen ein Aufklärungsmagazin im Juli 1928: »Als solche Inserate sind […] anzusehen: Aktfotos gratis, Fotos nach dem Leben, Echte Aktkunst, Privataufnahmen, Gummi-Artikel, Gummiwaren usw. […] Die Häufung schmutziger Inserate sowie der Nachweis von ›Aussprache-Zirkeln‹ und die Ankündigung von Vorträgen über Sexualreform, Eherecht und Körperkultur müssen sehr wohl Anlass sein, die Nummer auf die Schundliste zu setzen.«[401] Politische Linke, moderate Konservative, viele liberale Professoren und namhafte Literaten liefen gegen das Gesetz Sturm. Die politische Zensur konnte auf dem Fuß folgen, auch eine Beschneidung der Kunstfreiheit drohte. Der Willkür schien Tür und Tor geöffnet. In den Kreisen der Kritiker wurde es abfällig Verdummungsgesetz genannt. Bis in die Abenddämmerung der Weimarer Republik blieb es das wichtigste Instrument einer konservativen Koalition der Sittlichkeit. Solange das Gesetz existierte, waren der Aufklärung und sexuellen Emanzipation, zumal der Minderheiten, enge Grenzen gezogen. Ironischerweise trugen die Nationalsozialisten 1935 das Gesetz zu Grabe. Das Gros des Schrifttums kontrollierten sie mittlerweile ohnehin.[402]

Gegenaufklärung

Das Liebesspiel ist ein Politikum, das Geschichte macht. Der Eindruck drängt sich auf angesichts der hitzigen Diskussionen darüber, wie viel sexuelle Offenheit einer Gesellschaft zuträglich ist. Hat das Lustspielzeug auf das geheime Innenleben einer Gesellschaft negative Wirkung? Führt sexuelle Freizügigkeit zu Dekadenz und Niedergang? Solche Fragen erhitzten die Gemüter noch lange.[403] Als in der Bundesrepublik um 1970 wieder einmal eine heftige Debatte entbrannte, konnte man in einer Zeitung lesen: »Dem Untergang Roms und dem Untergang der Weimarer Republik ging eine Sex-Welle voraus, die sich freilich der heutigen gegenüber wie ein zarter Frühlingshauch ausnahm.«[404] Dekadenz und Hedonismus hatten angeblich zu sittlichem Niedergang und schließlich zum Verfall der Ordnung geführt. Historisch gesehen war diese Rückschau so falsch wie nur möglich. Nicht Liberalität, sondern eine verbreitete Sehnsucht nach Autorität und Sicherheiten hatte den Weg in die NS-Diktatur geebnet.

Magnus Hirschfeld bekam das früh zu spüren. Gruppen ultrakonservativer, völkischer und deutschnationaler Couleur machten gegen den Juden und Homosexuellen mobil. »Verunglimpfungen, wie sie jeder neuen und guten Sache beschieden sind, haben auch wir in Kauf nehmen müssen; wir haben sie nicht durch Polemiken, sondern am besten durch positive Leistungen widerlegen zu können geglaubt und gedenken mit dieser Methode, durch die wir schon so manchen Gegner eines Besseren belehrt und für uns gewonnen haben, auch in

Zukunft fortzufahren«, hatte das Institut für Sexualwissenschaft 1921 berichtet.[405]

Mit dieser Art von Gegnern ließ sich jedoch nicht reden. Rassenhass, Schwulenfeindlichkeit und Fanatismus war mit Argumenten kaum beizukommen. In München 1920 wurde Hirschfeld nach einem wissenschaftlichen Vortrag von fanatischen Studenten attackiert. Man ließ ihn schwer verletzt auf der Straße liegen. Die Nazi-Presse trieb ihre Kampagnen gegen das Institut in den folgenden Jahren voran. Als Akt der Rache ist es vielleicht zu verstehen, dass der Sexualwissenschaftler Levy-Lenz einige Jahrzehnte später behauptete, es hätten von Perversionen geplagte Nazis am Institut Hilfe gesucht. Einen Liebesknaben des Obersten SA-Chefs Ernst Röhm habe man unter den Patienten gehabt. Das fällt wohl eher in den Bereich der Legendenbildung.[406]

Früh wurde Hirschfeld vor drohenden Gefahren gewarnt. Nach einer langen Vortragsreise durch die Welt kehrte der Sexualwissenschaftler 1932 nicht ins politisch umkämpfte Deutschland zurück. Die demokratische Ordnung war tief zerrüttet und unter dem Präsidialkabinett Franz von Papens de facto schon Geschichte. Die Nazis standen an der Türschwelle zur Macht. Hirschfeld blieb in der Schweiz, siedelte später nach Frankreich über, wo er bis zu seinem Tod im Mai 1935 auf letzte Rettung seines Lebenswerks hoffte. Seine wissenschaftlichen und populärwissenschaftlichen Schriften wurden nach Hitlers Machtantritt Ende Januar 1933 verboten.[407] Die Liste der Verfemten wurde nun lang und immer länger. Kaum jemand, von dem die Rede war, ist davon verschont geblieben: Iwan Bloch, Sigmund Freud, Leo Schidrowitz, Ludwig Levy-Lenz, Richard Linsert und viele andere hatten sich, wie die Nationalsozialisten behaupteten, auf dem »Feld der Untergrabung der Moral im Geschlechtsleben« betätigt. Ungeist und Unmoral sollten dem neuen Deutschland ausgetrieben werden. »Nun haben diese jüdischen Kreise […] Propaganda im Sinne ihrer Ideale in die Öffentlichkeit selbst hineingetragen und sind Sturm gegen alle Schranken der überkommenen sittlichen Ordnung gelaufen. […] Es gibt für sie keine feste Sitte, keine Moral in Ehe und Familie, alles wird

1 Das Kartenspiel »Schwarzer Peter«, der von dem König von Serbien verkörpert wird, 1915

2 Plakat mit der Figur des »Kohlenklau«, 1944

3 Die Kinder des Kaisers beim Kriegsspiel, abgedruckt in der Zeitschrift ›Moderne Kunst‹, 1889

4 Kinder salutieren neben einem Schneemann mit Pickelhaube und Gewehr, Winter 1915

5 Reklame der Firma Ch. Weiss für eine Mundharmonika in Form einer Granate: »Wenn der Feinde Kugeln summen, unsere 42er brummen, spielen wir in aller Ruh' Weiss Harmonika dazu.«

6 »Ringo«, das Weltkriegsspiel von Friedrich Kleißl, 1916

11 Werbeanzeige für »Stabil«-Walthers Metallbaukasten, ›Deutsche Spielwarenzeitung‹, 1929

12 Reklame für »Tupo, der Schraubenmensch«, ›Deutsche Spielwarenzeitung‹, 1933

13 Spielzeug für Mädchen: Reklame der Firma Carl Sieper für eine Kindernähmaschine, ›Wegweiser‹, 1938

14 Im großen Roulettesaal des Spielcasinos von Zoppot, 1934

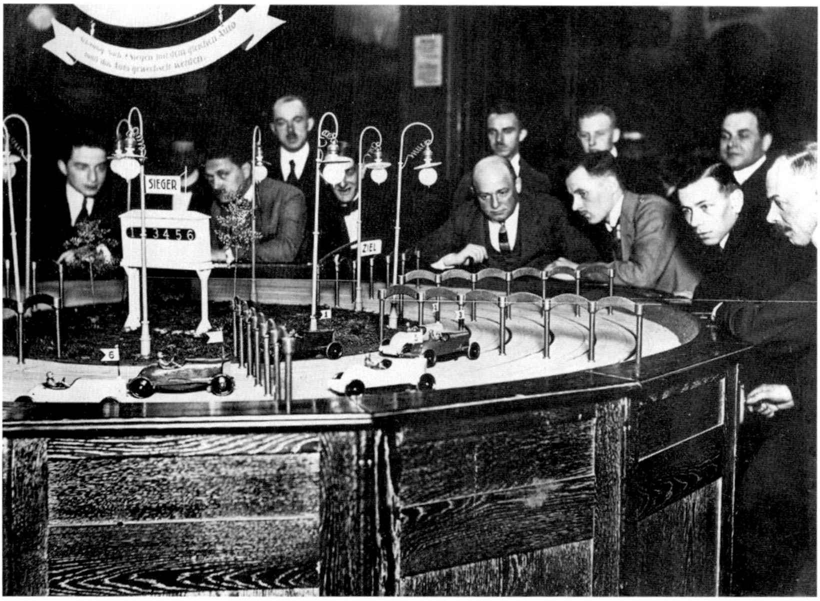

15 In den Jahren nach dem Ersten Weltkrieg wuchs die Spielleidenschaft. Rennspiele, deren Einsatz etwa 6 RM betrug und die man mit einer Kurbel in Betrieb setzte, waren besonders beliebt, Foto vermutlich 1920er-Jahre

16 Kinder spielen mit wertlosen Geldscheinen nach der Währungsreform und Ausgabe der Rentenmark am 15. November 1923

17 Wenn nach Mitternacht die Polizeistunde eingetreten war, suchten in den Straßen der Großstadt Falschspieler und unsichere Existenzen, wie Kokain-, Likör- und Zigarettenverkäufer ihre Opfer. In ständiger Flucht vor der Polizei, Oktober 1924

18 Das japanische Dildo-Kästchen, Glanzstück der Sammlung im Institut für Sexualwissenschaft von Magnus Hirschfeld in Berlin

19 Plünderung des Instituts für Sexualwissenschaft in Berlin am 6. Mai 1933

20 Das Brettspiel »Der Siegeslauf des Hakenkreuzes«, 1933

25 Das umfangreiche Sortiment von Elastolin- Soldatenfiguren der Firma Hausser, vom Infanteristen bis zu Generaloberst Hermann Göring (unterste Reihe 6. v. re) und Paul von Hindenburg (unterste Reihe, ganz rechts), Katalog 1936/37

26 Hermann Göring bei der Vorführung der neuen Modelleisenbahnanlage, einem Geschenk zu seinem 50. Geburtstag von Ernst Völk, dem neuen Besitzer der Firma Trix, Carinhall, 12. Januar 1943

27 Plakat mit der typischen Kasperfigur für die Hohnsteiner Puppenspielbühne, Holzschnitt des Grafikers Rolf Trexler, um 1928

28 Handpuppe des Juden, gestaltet von Harro Siegel, aus dem Figurenkatalog des Reichsinstituts für Puppenspiel, ca. 1939

29 Vor dem Spielwarenladen des Zabulon Levy. Aus dem hetzerischen Bilderbuch ›Trau keinem Fuchs auf grüner Heid und keinem Jud bei seinem Eid‹ von Elvira Bauer, 1936

30 Junge beim Bemalen eines Spielzeuglastwagens im Ghetto von Warschau, um 1941

31 Im Ghetto Warschau gefertigtes Spielzeug, um 1941

32 BDM-Mädchen beim Aufbau einer Spielzeugschau im Kasino der Reichsjugendführung, Berlin, Spielzeug hergestellt von der Hitlerjugend, November 1942

33 Geraubte Spielsachen aus den besetzten Westgebieten im Lager des Einsatzstabes Reichsleiter Rosenberg in Paris, um 1942/43

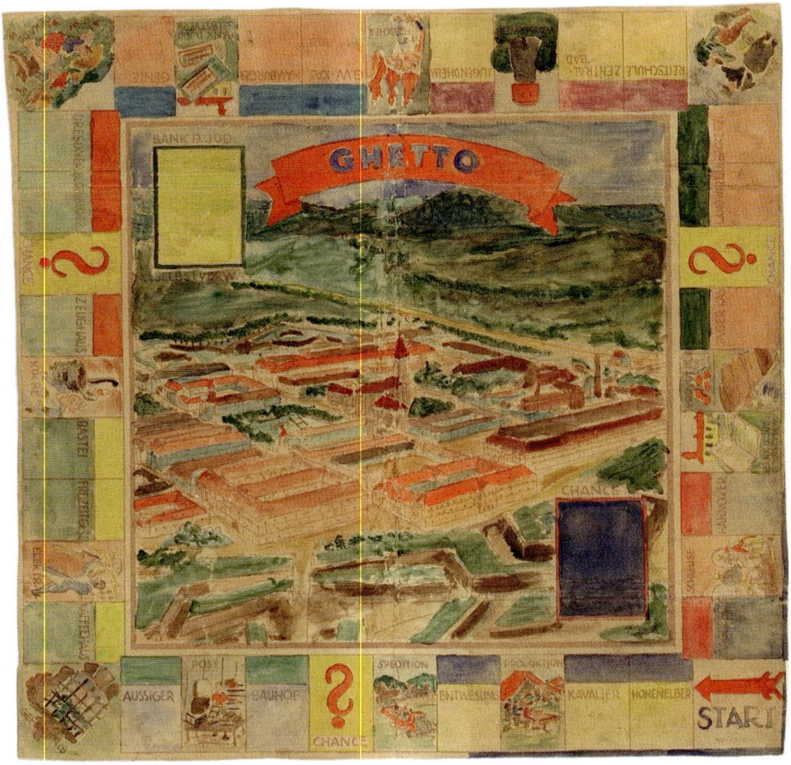

34 Das »Ghetto-Monopoly« aus Theresienstadt von Oswald Pöck, um 1941/44

35 Zwei Jungen paddeln in einem Boot aus einem Flugzeugtank, Juni 1948

mit ätzender Säure aufgelöst. Juden waren es auch, die die Sexualwissenschaft zum Geschäft erniedrigten und Deutschland bis zu einem gewissen Grade zu einer ›Pornographie-Zentrale‹ machten«, behaupteten die Nazis.[408] Das Institut für Sexualwissenschaft überlebte das Jahr 1933 nur einen Wimpernschlag lang.

Am 6. Mai marschierte eine Kolonne von Studenten mit Fahnen und Gesang vor dem Hirschfeld-Institut auf. Der Jungtrupp verschaffte sich gewaltsam Zugang zum Gebäude. Randalierend und demolierend zogen die uniformierten Männer durch die Räume. Bibliothek, Archiv und Sammlung wurden geplündert. Ein Teil der »Schundliteratur« wurde im Mai auf dem Opernplatz in Berlin ins Feuer geworfen. Sofern man befand, dass es sich nicht um reinen Schmutz handelte, wurden die Bücher entwendet und für das Fachpublikum auf Bibliotheken in Deutschland verteilt. Die museale Sammlung mit erotischen Devotionalien wurde zertrümmert, zerschlagen oder gestohlen. Die meisten Objekte des Instituts gelten bis heute als verschollen. Zum Teil wird weiterhin nach ihnen gesucht. Man weiß heute nicht einmal genau, was dort alles ausgestellt wurde.[409] Man kann sich ausmalen, dass der ein oder andere beim Raubzug durch die Villa etwas fand, das er gut gebrauchen konnte. In der Hosentasche versteckt und mitgenommen, fand vielleicht ein kleines Liebesspielzeug aus der Vitrine einen neuen Besitzer. Am 14. Juni 1933 wurde das Institut für Sexualwissenschaft auf staatliche Anweisung endgültig geschlossen. Die meisten Mitarbeiter mussten ins Exil fliehen. »Armes, deutsches Vaterland! Schöne, geliebte Heimat, ob ich Dich wohl noch einmal wiedersehe!«, hatte Magnus Hirschfeld am 26. November 1931, vier Jahre vor seinem Tod, notiert.[410] Er hat seine Heimat nicht wiedergesehen.

Die Zeit der sexuellen Emanzipationsbewegung war nach 1933 schlagartig vorüber. Zur Grundlage für Liebe und Sexualität wurden Rassismus und völkischer Kult einer totalitären Diktatur. Dass es sich beim Liebesspiel nicht nur dem Wort nach um eine Form des Spiels handelt, zeigt sich wohl erst dann, wenn spielerische Freiheit ein Ende nimmt. Die Nationalsozialisten pervertierten, was Sitte und Anstand bedeuteten. Der Staat und seine Ideologen entschieden, was sittlich und der »Rasse« angeblich zuträglich oder aber schmutzig und unrein sein sollte. Die Nationalsozialisten bedienten sich zwar durchaus einiger Forderungen der frühen Sexualreformer, aber instrumentalisierten deren aufklärerisches Anliegen für ihre eigene Idee vom rassistischen Volkskörper. Mit der Liebe und Ehe zu verspielt umzugehen, davor warnte 1941 Hans F. K. Günther, der wichtigste Rassentheoretiker in der NS-Zeit. Verliebtheit, Spontanität und Romantik zählte er zu den verwirrenden Einflüssen, die eine sinnvolle Partnerwahl oft schädlich beeinflussten. Manchen Menschen müsse man von der Ehe und Fortpflanzung abraten und anderen beides verbieten: Kranken, unweiblichen Frauen und unmännlichen Männern, Homosexuellen, Landstreichern, grob unsittlichen Individuen, ja auch Frauenrechtlerinnen und Schwachsinnigen oder gewissen Künstlern, die von niederer Begierde getrieben seien.[411] Liebe und Sexualität waren im Nationalsozialismus keine reine Privatangelegenheit mehr, sondern mussten dem öffentlichen Interesse und der sogenannten Volksgemeinschaft und Volksgesundheit dienen. Angesichts der neuen Offenheit gegenüber dem menschlichen Körper und der Sexualität, welche die Nationalsozialisten durchaus an den Tag legten, kann man dennoch nicht von einem Fortschritt oder gar von Modernisierung sprechen. Denn hinter der progressiven Fassade und dem völkischen Körperkult stand das staatliche Verbrechen. Sexuelle Minderheiten wurden verfolgt und die psychisch und körperlich Kranken sterilisiert. Vermeintliche Perversionen und sexuelle Obsessionen projizierten die Nationalsozialisten in ihrer Rassenpropaganda auf die Juden. Ein weiterer bedeutender Rassentheoretiker des Dritten Reiches meinte im Rückblick auf die Weimarer Republik: »Diese Verflachung der geschlechtlichen Moral […] wurde noch gefördert durch die Erzeugnisse des modernen, besonders jüdischen Schrifttums. Theater und Zeitschriften wetteiferten darin, alles ins Lächerliche zu ziehen, was dem anständig denkenden Teil der Deutschen noch heilig war. […] Zeitschriften und Schmutzblätter sorgten dafür, dass der Strom der Zote und die Schlammflut des Schmutzes in breite Bahnen geleitet wurde.«[412] Sexuelle Aufklärung wurde nun in den Dienst biologischer

Reproduktion gestellt. Das war alles andere als ein Spiel der Liebe. »Es gibt kein gleiches Recht für alle«, erläuterte der Rassentheoretiker weiter: »Wer Kinder haben könnte und keine hat, ist minderwertig. Und der Staat hat absolut keine Veranlassung, Minderwertige noch irgendwie zu unterstützen. Gefördert wird also nur die gesunde Ehe, die gesunde Familie. Bekämpft muss aber wiederum das werden, was darauf ausgeht, diese biologische Gesundheit zu untergraben.«[413] Wer lieben, heiraten und sich fortpflanzen durfte, regelten ab dem Jahr 1935 die sogenannten Nürnberger Rassegesetze. In diesem wahrhaft obszönen Staat hatte in Deutschland eine völlig neue Zeit begonnen, selbst in Hinblick auf eine Geschichte über Spiel und Spielzeug.[414]

5 DAS SPIEL MIT DEM HAKENKREUZ

Spielwaren in der nationalsozialistischen Diktatur

Aufmarsch der SA

Nicht ausgeschlossen, dass sich in wenigen Jahren alles zum Besseren wenden würde. Seit Längerem hielt der Nürnberger Geschäftsmann Hermann Spear sich an dieser Hoffnung fest. Zwar deutete nichts auf Besserung der Lage hin, aber der Betrieb musste weiterlaufen, manch Mitarbeiter hielt ihm trotz Widrigkeiten die Treue, nicht zuletzt nahm ihn die Familientradition in die Pflicht. An diesem Tag Anfang September 1938 blickte er vielleicht vor Schreck gebannt aus dem Fenster seines Büros, oben gleich unter dem Dach der Fabrik in Nürnberg. Seit nunmehr drei Jahren trug er hier allein die Verantwortung. Jetzt konnte es keinen Zweifel mehr geben, dass die Zukunft noch viel dunkler werden würde. Auf der gegenüberliegenden Seite der Stadt inszenierte Hitlers NSDAP gerade den alljährlichen Reichsparteitag. Dieses Mal stand der Propaganda-Festtag unter der Losung »Großdeutschland«, denn das Deutsche Reich hatte sich seinen Nachbarn Österreich einige Monate zuvor einverleibt. Ganz Nürnberg schien daher in bester Stimmung. Zehntausende waren für das Spektakel eigens angereist. Der selbst ernannte Führer stand auf dem Gipfel der Macht. Hermann Spears Sicht auf die Dinge war eine andere. Das Bild unten auf der Straße hätte bedrohlicher kaum sein können. Verleumdungen jeder Art und Schärfe kannte die Familie Spear inzwischen. Die lokale und überregionale Nazi-Presse hatte bereits vor Jahren gegen die Nürnberger Spielwarenfabrik und ihre jüdischen Inhaber zum Angriff geblasen. Derart massiv waren die braunen Schergen bislang aber nicht aufgetreten. Ein Fotograf vor Ort hielt die Szene fest: Ein SA-Trupp von einigen Hundert Mann ist vor dem Gelände der Fabrik aufmarschiert, braun uniformiert, mit Reiterstiefeln, fast jeder von ihnen hat ein mannshohes Hakenkreuz-Banner geschultert, vier Jungen und ein kleines Mädchen schauen von abseits der Straße auf den gut organisierten Tumult herüber. Sie stehen stramm, den rechten Arm zum Hitlergruß weit gestreckt; als hätten sie auch nur den Hauch einer Ahnung davon, worum es hier eigentlich geht. Der Fotograf, wahrscheinlich selbst aus den Reihen der SA, rückte die Kinder mit voller Absicht mitten ins Bild: Fast hat es den Anschein, als seien sie die eigentlichen Dirigenten dieses antisemitischen Wutmarsches.

Von der Fabrik, direkt an der Stadtgrenze zwischen Nürnberg und Fürth im Jahr 1899 errichtet, existieren heute nur letzte Reste in einem grauen Gewerbegebiet. Kein historischer Ort, nicht einmal ein winziger Hinweis auf diese Geschichte. Die kleinen Produktionshallen sind ebenso verschwunden wie der dicke Schornsteinschlot auf dem Hauptgebäude. Der Großteil des Fabrikkomplexes fiel bereits dem Bombenhagel des Zweiten Weltkriegs zum Opfer. Der Mittelbau steht noch. Verschwunden ist nur das Firmenlogo, das oben in den roten Backstein eingraviert war. Ironie der Geschichte: Eine kleine Spielhalle befindet sich dort, wo einst ein führender Produzent von Spielwaren seinen Sitz hatte. Als im September 1938 hier der SA-Trupp aufmarschierte, stand auf einem Schild am Wegesrand in dicken Lettern ein berüchtigtes Zitat des Historikers Heinrich von Treitschke: »Juden sind unser Unglück«, der Lieblingssatz aller radikalen Antisemiten in Deutschland. Der Fotograf nahm es mit aufs Bild. Spätestens an diesem Tag wird Mitarbeitern wie Inhaber klar geworden sein: Das Unternehmen hatte im nationalsozialistischen Deutschland keine Zukunft mehr, jedenfalls nicht in den bisherigen Händen.

Die Firma J.W. Spear & Söhne war 1879, von dem jüdischen Geschäftsmann Jacob Wolf Spier ursprünglich als Exportgesellschaft für Kleinwaren gegründet worden. Dass er schon zu Beginn auf dem lukrativen amerikanischen Markt Fuß fassen wollte und zehn Jahre in den USA verbrachte, erklärt die englische Schreibweise des Namens. Die Familie ging später zur Spieleproduktion über; Innovation und Kreativität machten das Unternehmen bald im In- und Ausland erfolgreich. Seit 1930 gab es eine Zweigfirma in Enfield nördlich von London. Geleitet wurde sie von Richard Spear, Bruder von Hermann und wie dieser Enkel des Firmengründers.

Spears produzierte Spiele für Alt und Jung; unzählige Kartenspiele, oft mit Motiven und Themen zu Natur und Technik, Brettspiele – zur Entdeckung des Nordpols im Jahr 1831 oder eine exotische Fahrt mit dem Orientexpress, dem »König der Züge« – sowie viel Technik- und Bastelspielzeug. Grundausstattung in Kinderzimmern ist bis in die Gegenwart das Angelspiel, mit dem Kleinkinder durch das Fischen mit einem Magneten ihre Feinmotorik schulen. Mit der Etablierung der nationalsozialistischen Diktatur schlug diese Erfolgsgeschichte rasch in das Gegenteil um. Die antisemitischen Rufmordkampagnen hinterließen auf beiden Seiten des Ärmelkanals Spuren. Ein Großteil der Familie wanderte aus Deutschland aus. Hermann Spear mit Ehefrau Else und Sohn Herbert blieben zurück. Die Nationalsozialisten hetzten in der Presse unermüdlich. Zumindest ein Teil der Fabrik-Belegschaft schlug sich auf die Seite der neuen Machthaber. Sie forderten die »Arisierung« des Unternehmens, die Enteignung und Übergabe des Nürnberger Werkes an nicht-jüdische Deutsche. Kaum einen Monat nach dem Aufmarsch der SA-Kolonne vor dem Werksgelände brannten in der Nacht auf den 10. November 1938 im Land Synagogen, wurden Geschäfte überfallen, jüdische Bürger verschleppt. Hermann Spear, im Morgengrauen in seiner Wohnung verhaftet, fand sich kurz darauf im Konzentrationslager Dachau wieder. Während Sohn Herbert und Ehefrau noch rechtzeitig zum Bruder nach England flohen, begann für den Vater ein jahrelanger Leidensweg. Man raubte ihm die Familie, den Besitz, zuletzt sein Leben. Die Unternehmensgeschichte von Spear & Söhne ging jedoch mit all der abscheulichen Perfidie dieser Zeit weiter. Für den jetzt »arisierten« deutschen Teil des Unternehmens hatte Ende 1938 das Spiel mit dem Hakenkreuz gerade erst begonnen.[415]

Das Spiel mit dem Hakenkreuz

Andere waren schon seit etlichen Jahren um viele Schritte weiter. Die Deutschen kannten die bombastisch überladenen Szenen der Nürnberger Reichsparteitage von unzähligen Fotos nur zu gut, auch aus den Zeitungsberichten oder Filmen der Wochenschauen, vielleicht sogar aus eigenem Erleben. Die Spielwarenbranche hatte früh etwas Besonderes parat: Mit einer Miniaturkulisse zur Präsentation in Schaufenstern und Warenhäusern sollte die Parteitagsfaszination auch im Rest des Landes lebendig werden. Das Modell des mittelalterlichen Marktplatzes mitsamt Altstadtkulisse von Nürnberg aus Pappe und Sperrholz war angefüllt mit Tribünen am Straßenrand, mittendrin kleine SA-Kolonnen, Hakenkreuz-Standarten und Papierfähnchen. Die Fachorganisation VEDES hatte das Schaustück für ihre Mitglieder hergestellt. Natürlich stand mittendrin eine Miniaturfigur Hitlers in seinem Automobil. Erhaben steht der Reichskanzler und Führer vorn in seinem schwarz lackierten Mercedes, vorbeifahrend am Spalier grüßender und uniformierter Massen. »Das Publikum war von diesem Schaustück begeistert«, zeigte sich ein Händler aus Duisburg erfreut, der eine Kulisse des Nürnberger Reichsparteitags mit mehr als 1500 Spielfiguren ausgeschmückt hatte. Im Laden konnte man fast alle Bestandteile kaufen.[416] Die pechschwarze Limousine nebst Figuren von Reichskanzler und Chauffeur, dem SS-Mann Erich Kempka, brachte die Nürnberger Spielwarenfabrik Tipp & Co 1934 zuerst auf den Markt. Das Unternehmen war früh »arisiert« worden; der jüdische Inhaber Philipp Ullmann musste bereits 1933 vor den Nazis nach England fliehen. Hitlers Karosse, mehrfach neu aufgelegt, war über ein Jahrzehnt hinweg eines der begehrtesten Produkte für Sammler wie für Kinder.

Längst war die Diktatur in die Haushalte deutscher Familien eingerückt. Es gab wohl kaum ein Unternehmen, das sich an diesem Einmarsch nicht irgendwie beteiligt hätte. Kein Befehl und keine Anordnung von oben stand dahinter, ebenso wenig ein durchdachter Propagandaplan der neuen Machthaber. Wie das Hakenkreuz in die

Spielkultur kam, zeigt sich schon ganz am Anfang. Auf Adolf Hitler, seit dem 30. Januar 1933 Reichskanzler, setzten nach den schweren Verwerfungen der Weltwirtschaftskrise viele Deutsche all ihre Hoffnungen. Nicht zuletzt war ein großer Teil der Menschen froh, sich der vermeintlichen Unzulänglichkeiten der Weimarer Republik und ihres parlamentarischen Systems entledigen zu können. Bei der letzten Reichstagswahl Ende März 1933, die noch einen Rest an Demokratie aufwies, votierten fast 43 Prozent für Hitler und die NSDAP; die meisten, die zu diesem Zeitpunkt noch anders gewählt hatten, beugten sich in Bälde dem staatlichen Druck oder schwenkten willfährig ein. Es folgte eine Phase, die als sogenannte Gleichschaltung von Staat und Gesellschaft bekannt ist. Was im Rückblick oft vergessen oder ignoriert wird: Die ersten Monate der Diktatur wiesen durchaus das Rauschhafte einer kollektiven Begeisterung auf. Das Land befand sich wie im geisterhaften Taumel. Zumindest diejenigen erlebten das so, die nicht gleich zu Anfang – wie Sozialdemokraten, Kommunisten und Juden – als Feinde der »Volksgemeinschaft« in das Visier der Verfolgung gerieten. Wo fanatischer Eifer herrscht und sich Gegner zu Mitläufern wandeln, ist Geld mit Leichtigkeit zu verdienen. Das wusste, wer die Zeichen der Zeit erkannte. Hakenkreuze in allen Größen schmückten die Straßen, Fahnen flatterten aus den Fenstern, Porträts des Führers hingen an den heimischen Wänden, und wer einen Laden oder ein Lokal besaß, warb auch dort mit den Zeichen und Symbolen des Dritten Reiches. Nun schlug die Stunde der großen und kleinen Geschäftemacher.

Das zeigen Werbeanzeigen in Zeitungen und Branchenblättern, die Händlern und Kunden allerlei Neuheiten der Industrie präsentierten. Seit Frühjahr und Sommer 1933 warfen Unternehmer auf den Markt, was die Deutschen scheinbar gierig kauften: Knöpfe, Suppenschüsseln und Essbesteck mit Hakenkreuz, Kalender mit großformatigen Bildern des Diktators, Schmuck oder Spardosen mit Parteiabzeichen, sogar ein »Thermometer mit Hakenkreuz und Originalbild des Führers« zum Fieber messen.[417] Und natürlich zahlreiche entsprechende Spielsachen; als buntes Puzzle ließ sich zum Beispiel Hitlers

Bildnis auseinandernehmen und zusammensetzen.[418] Manch findiger Geschäftsmann schoss im Eifer über das Ziel hinaus. Im nationalen Taumel überschritten einige die Grenze zur Lächerlichkeit. Besonders dort, wo der Nationalsozialismus auf das Spiel traf, drohte der Würde des neuen Staates Gefahr.

Kein anderer Repräsentant der Bewegung stand 1933 als Symbol so hoch im Kurs wie der SA-Mann. Er marschierte in den Kinderzimmern als Aufziehpuppe hin und her, fand sich in Bilderbüchern und Stempelspielen für Kinder oder mit eiserner Miene auf den Zigarettendosen der Erwachsenen. Die schillerndste Ikone der braunen Miliz war Horst Wessel, ein Jurastudent und gleichzeitig junger SA-Führer aus Berlin. Mitte Januar 1930 hatten ihn Kommunisten an der Türschwelle zu seiner Wohnung mit einem Kopfschuss niedergestreckt. Horst Wessel starb drei Wochen später. Diverse Mythen ranken sich um das Geschehen bis heute: Ging es um politisch motivierten Hass allein oder war Anlass des Mordes ein privater Streit, der sich an Wessels Untermieterin, einer 18-jährigen Prostituierten mit Kontakten ins kriminelle Milieu, entzündet hatte? Es war wohl eine Mischung aus beidem. Die Nationalsozialisten jedenfalls verklärten ihn umgehend zum Helden und Märtyrer der Bewegung. Ein markiges Lied, das der junge Mann Ende der 1920er-Jahre für seine SA geschrieben hatte, wurde derart berühmt, dass es später offiziell als Hymne der NSDAP diente. Mit solchem Totenkult ließ sich leicht Geld verdienen. Der merkwürdigen Sentimentalität der Wessel-Verehrung setzte eine kleine Spieldose die Krone auf, die Ende 1933 erschien. Zog man sie auf, spielte die metallene Dose das berühmte Horst-Wessel-Lied ab. Die Schwester Ingeborg, die den Tod des Bruders gekonnt für sich nutzte und gut am Heldenkult verdiente, war schon im Frühjahr 1933 auf die Idee gekommen. Es gab über Monate hinweg Einwände, auch von Seiten der Partei, dem Andenken an den ermordeten Kameraden sei mit einem Spielzeug nicht würdig gedient. Selbst Joseph Goebbels, dessen Reichsministerium für Volksaufklärung und Propaganda am 13. März eingerichtet worden war, hielt von dem Geschäftsgebaren der jungen Frau nicht viel. Doch sie konnte sich gegen alle Bedenkenträger durchsetzen. Eine Spielwarenfabrik aus Fürth, die seit 1874 Klang- und Musikprodukte herstellte, produzierte die nur mit einem schlichten Aufdruck versehene Devotionalie. Seit November 1933 erklang zu Ehren des SA-Märtyrers das Horst-Wessel-Lied aus der Spielzeugdose.[419]

Anti-Kitsch-Gesetz

Derartige Produkte mit Bezug zur Sturmabteilung erfreuten sich am Anfang wachsender Beliebtheit. In den wenigsten Fällen schien die Kreativität der Geschäftsleute der SA wirklich zur Ehre zu gereichen. Eine Sparbüchse, verkauft seit dem Frühjahr 1933, darauf montiert ein SA-Mann aus Blech, der den rechten Arm mechanisch zum Hitlergruß reckte, war gerade noch erträglich. Aus Sicht des Regimes gab es weit Schlimmeres. Der Straßenkämpfer als Hampelmann sah sich kindlichem Ungeschick ausgeliefert. Man stelle sich das bildlich vor: Kleinkinder, die am SA-Mann vergnügt ziehen und zerren. Das Produkt wurde wie der schon erwähnte Hitler-Hampelmann rasch verboten. Viel später, mitten im Zweiten Weltkrieg, kam übrigens ein Unbekannter im dänischen Untergrund auf eine ähnliche Idee. Er karikierte Hitler, Propagandaminister Goebbels, Reichsmarschall Göring sowie Außenminister Joachim von Ribbentrop, ehemaliger Händler von Schaumweinen und Likören, weshalb er als Säufer mit Flasche in der Hand dargestellt ist, als Hampelmänner zum Ausschneiden. Ein dänischer Bastelbogen als humorvolles Zeugnis des Widerstands gegen die deutschen Besatzer.[420]

Hakenkreuze mussten 1933 zudem als Motive auf Trillerpfeifen herhalten. Die Symbole des Dritten Reiches zum Mund geführt, um hineinzublasen? Das konnte nicht den Geschmack dogmatischer Nationalsozialisten treffen. Auch eine Unmenge an Kitschfabrikaten drohte den Markt zu fluten. Die Sorge der Machthaber um die Würde der eigenen Symbolik und Ikonen wuchs durchaus nicht grundlos; Zeit für ein »Großaufräumen«.[421] Am 19. Mai 1933 reagierte die

Reichsregierung mit dem »Gesetz zum Schutz der nationalen Symbole«. Es unterband die Herstellung und den Verkauf unautorisierter Artikel mit Bezug auf den Nationalsozialismus. In Zukunft durfte der NS-Ideologie entsprechende Artikel nur noch produzieren, wer sich vorher ein Muster von der Partei oder durch staatliche Prüfstellen genehmigen ließ. Verbotslisten mit Beispielen zur Mahnung wurden veröffentlicht. Viele Merkwürdigkeiten sind hier aufgeführt.[422] Zu gern würde man einen Blick auf diese verbotenen Dinge werfen, doch sie verschwanden spurlos. Von 1933 bis 1939 kamen auf Basis des Gesetzes 2159 Entscheidungen zur Veröffentlichung, darunter viele zu Spielsachen. Lediglich 511 Produkte wurden zugelassen.[423] Die Spielwarenbranche reagierte; Hersteller aus Nürnberg, Fürth oder dem Erzgebirge taten sich zusammen, Petitionen wurden eingereicht, Bittbriefe geschrieben, vor finanziellen Verlusten immenser Art gewarnt und Schreckbilder von Stellenabbau, Arbeitslosigkeit und Firmenschließungen an die Wand gemalt. Ein Telegramm an das Propagandaministerium in Berlin betonte, das Gesetz rufe »große Besorgnis« unter Nürnberger Firmen hervor, »da viele Artikel mit nationalen Flaggen, Bildern usw. hergestellt« würden.[424] Die Fachhandelsorganisation VEDES, in welcher viele Händler von Spielwaren seit 1904 vereint waren, protestierte ebenfalls.

Zum Verbotenen gehörten SA-Spielfiguren, die ein Gewehr schulterten; die braune Parteitruppe aber durfte auch aus Rücksichtnahme auf die Empfindlichkeiten der Reichswehr, auf deren Loyalität das Regime angewiesen war, nicht wie eine bewaffnete Armee erscheinen.[425] Abgelehnt wurden »SA- und SS-Puppen, auf Holzfüßen stehend, befestigt auf einem vierrädrigen Gestell zum Fortbewegen, dabei wackelige Wendungen ausführend: Karikatur!«[426] Ebenso erging es einem Malkasten, darin zum Ausmalen ein Bildnis Hitlers – was, wenn ein Pinselstrich danebenging oder kindliche Kreativität sich auslebte?[427] Die Flutwelle brauner Güter ebbte trotz aller Verbote so schnell nicht ab. Das Regime war sich durchaus auch der Vorteile bewusst, die sich für die staatliche Propaganda boten. Prüfstellen zeigten sich, zumindest bei Spielwaren, daher im Zweifelsfall oft gnädig. Das positive

Urteil wurde sogleich als eine Art Güteausweis genutzt: »Behördlich genehmigt«, »Gesetzlich geprüft«, »für ganz Deutschland zugelassen« oder »Vor Beschlagnahmung geschützt«, stand prominent auf den Verpackungen oder in Werbeanzeigen.

Im Februar 1934 verschärfte Martin Bormann, Leiter der Parteikanzlei und später einer der faktisch mächtigsten Männer in der Diktatur, die antisemitischen Maßnahmen: Jüdischen Geschäftsinhabern wurde verboten, »jede Art von Bildern unserer Führer, Uniformen und Uniformstücke sowie alle auf die nationalsozialistische Bewegung Bezug habenden Gegenstände wie z.B. auch Kinderuniformen, SA-Puppen und dergleichen« zu zeigen, anzubieten oder zu verkaufen«.[428] Einige der Betroffenen wurden verhaftet, nur weil sie – aus Unkenntnis – Kataloge und Broschüren ausgelegt hatten, in denen irgendwo Hakenkreuze abgedruckt waren.[429]

Politische Brettspiele

Zu einem Verkaufsschlager, der im Frühjahr 1933 eine Genehmigung durch die Politische Polizei in Bayern erhalten hatte, avancierte »Der Siegeslauf des Hakenkreuzes«, ein durchaus gelungenes Brettpiel und zugleich grandioses Beispiel dafür, wie umstritten Propaganda im Dritten Reich sein konnte. Ein »alter Kämpfer« der Bewegung hatte das Spiel angeblich schon in den 1920er-Jahren erfunden, nun aber – mit triumphaler Begeisterung – neu aufgelegt und an die Zeichen der Zeit angepasst. Konzipiert für zwei bis sechs Personen, präsentiert es auf einem aufwendig bunt bemalten Brett die Entwicklung der NSDAP von ihrer Gründung 1919 bis zu Hitlers »Machtergreifung«. Es existierte eine preiswerte sowie eine teurere Variante, verkaufte sich offenbar zehntausendfach und wurde vom Münchner Hersteller für Unterhaltung in den Parteizentralen oder als Lehrmaterial in der Hitlerjugend empfohlen. Ein Exemplar liegt zur Ansicht an einem Ort aus, wo man es vielleicht am wenigsten erwarten würde: in Jerusalem in der Gedenkstätte Yad Vashem, dem Zentrum des Holocaustgedenkens weltweit. Hier zeigt sich den Besuchern deutsche Geschichte, jedenfalls so wie das Brettspiel diese Geschichte präsentieren sollte.[430]

Die untergegangene Demokratie wird im Spiel der Zeit aufs Neue zertrümmert. Im Zentrum des Spielbretts befindet sich das Feld, das zu erreichen das Ziel der Spieler ist: 1933 ist die absolute Macht errungen. Bis dahin schlängelt sich ein langer, verwinkelter Weg, auf dem die Spieler mit Hakenkreuz-Figürchen über den Spielplan ziehen. Einige Felder werfen die Figuren im Wettlauf gegen die Weimarer Republik um Monate oder gar Jahre zurück, andere ermöglichen einen Sprung nach vorn. Der Spieler, der zuerst das Ziel 1933 erreicht, hat gewonnen.[431] Die erste Station ist eine Bierbrauerei mit Gaststätte in der Altstadt von München, damals ein beliebter Treffpunkt für allerlei völkische oder nationalistische Radikale und Geburtsstätte der nationalsozialistischen Bewegung. Hier wird im Oktober 1919 die Geschäftsstelle von Hitlers Arbeiterpartei eingerichtet. Die Anfänge waren in der Realität auf den ersten Blick nur wenig rühmlich. Kaum etwas deutete an, dass sich in einigen Jahren unter Hitlers Ägide das Land in Gänze verändern würde. Nächste Station im Spiel ist die erste große Massenversammlung der NSDAP im Festsaal des berühmten Münchner Hofbräuhauses. Dann wird Ende des Jahres 1920 die Parteizeitung ›Völkischer Beobachter‹ erworben, mit der die Nationalsozialisten künftig schlagkräftig gegen das System der Republik hetzten. Inzwischen besitzt man auch ein Parteiprogramm. Ein herber Rückschlag aber droht den Spielern am 8. November 1923; wer auf diesem Feld landet, muss ganz von vorn beginnen. Hitler und seine rechtsradikalen Partner riefen an der Feldherrnhalle in München zur nationalen Revolution auf. Danach sollte ein Marsch auf Berlin folgen. Der Putsch allerdings scheiterte kläglich, einige Braunhemden starben im Schusswechsel mit der Polizei. Die NSDAP wurde verboten. Weiteres Unheil folgt auf dem Fuß: Adolf Hitler wird nach einem aufsehenerregenden Prozess am 1. April 1924 zur Festungshaft in Landsberg verurteilt. Er kommt jedoch wenige Monate später vorzeitig frei und gründet die Partei neu.

Von hier aus geht es für die Spieler von Erfolg zu Erfolg. Man setzt allenfalls ein paar Mal aus, um Wahlsiege zu feiern oder gewaltige Aufmärsche zu bestaunen. Der Führer in seinem Flugzeug ist seit Ende der 1920er-Jahre auf Deutschland-Tournee; die Zeitungen berichten über diese imposante Art, Wahlkampf zu führen, und Millionen werden angeblich schon in Begeisterungsstürme versetzt. Spielfeld Nummer 83 ist eine besondere Etappe: 107 Abgeordnete besitzt die NSDAP seit der Wahl vom 14. September 1930 im Reichstag. Längst ist sie keine unbedeutende Splitterpartei mehr. Ihr Vormarsch ist jetzt kaum noch aufzuhalten. Einige letzte Hürden aber müssen bewältigt werden. Im April 1932 werden SA und SS durch Kanzler Heinrich Brüning verboten; das zwingt denjenigen, der auf diesem Feld landet, wieder zurückzuweichen. Das ohnehin nur bedingt wirkungsvolle Verbot hebt der Nachfolger Franz von Papen allerdings wieder auf, weil er – falsch kalkuliert – auf Hitlers Tolerierung im Reichstag hofft; man geht hier wieder einige Felder vor. Fast ist das Ziel erreicht: Kanzler Papen bietet Hitler im Sommer 1932 die Vizekanzlerschaft an, ein verlockender Griff zumindest nach Teilhabe an der Macht ist möglich. Aber Hitler lehnt das taktisch motivierte Angebot brüsk ab. Die Macht will er entweder ganz oder gar nicht. Kritik am Führer kommt angesichts seiner Kompromisslosigkeit auf, selbst unter eingeschworenen Nationalsozialisten. Ein letztes Mal muss deshalb der Spieler, der hier landet, pausieren. Die wankende Republik hält den Atem an. Letztlich aber wird sie dem Siegeslauf weichen: Das Reichstagsgebäude steht in der Nacht des 28. Februar 1933 in Flammen, angeblich die Folge eines Terrorakts der Kommunisten. Hitler, der sich gegen alle Blockaden durchsetzen konnte, ist als Kanzler bereits seit fast einem Monat im Amt. Er nutzt die Gunst der Stunde, zerschlägt die linke und demokratische Opposition in einem brutalen Gewaltexzess und legalisiert dies durch eine Notverordnung, die man verlogen »Zum Schutz von Volk und Staat« betitelt. Von einem weitgehend willfährigen Rumpfparlament lässt Hitler am 24. März sich sein »Ermächtigungsgesetz« absegnen. Wer dieses Feld zuerst erreicht, hat gewonnen. Die Demokratie von Weimar ist Geschichte, der Sieg errungen.

Das Brettspiel kann durchaus als effektives Produkt der Propaganda gesehen werden, gerade weil es die Rückschläge und Stillstände der braunen Bewegung ebenso thematisierte wie die kleinen und großen Erfolge auf dem Weg Hitlers zur Macht. Verzerrt, beschönigt, voller Auslassungen ist diese Geschichte auf dem Spielbrett gewiss, aber nicht plump oder Indoktrination mit dem Holzhammer. Doch es gab Bedenken. War es nicht ein Unding, dass im Siegeslauf pausiert oder gar zurückgewichen werden musste? Was sollte man zum Beispiel davon halten, wenn Hitlers wagemutiger Putsch vom November 1923 – schließlich eine Großtat aus Sicht der Nazis – spielerisch zum reinen Misserfolg wurde? Der Verleger sah sich mit starken Vorbehalten nicht nur der Gauleitung in München konfrontiert, auch aus dem Propagandaministerium in Berlin kam offenbar einiger Gegenwind. Im Zuge des »Anti-Kitsch-Gesetzes« wurden Verfahren eröffnet. Die bestellten Gutachter äußerten sich ablehnend. Doch aufgrund der bereits erteilten polizeilichen Genehmigung vom Frühjahr 1933 gelang es offenbar, die Entscheidung über ein Verbot jahrelang zu verschleppen. Bis Ende der 1930er-Jahre blieb das Spiel auf dem Markt. Verboten wurde es wahrscheinlich nie.[432]

Es war eines der originellsten, und auch optisch reizvoll, jedoch nicht das einzige Brettspiel dieser Machart. Diverse Varianten des klassischen Laufspiels gab es im Angebot. Parteisoldaten konnten sich mit dem Gesellschaftsspiel »SA-Kampf« (erschienen 1932) vergnügen. Es erhielt das begehrte Gütesiegel der Prüfer. Auf dem Brett, einem riesigen Hakenkreuz aus brauner Pappe, ziehen vier Spieler durch Würfelwurf ihre uniformierten Parteisoldaten hin und her, bis einer zuerst alle Figuren ins Siegerfeld bringt.[433] Beim 1934 veröffentlichten »Hitler-Spiel« wiederum müssen die Figuren in ein SA-Heim gelotst werden. Und bei »Durch Kampf zum Sieg« – laut Untertitel das »Original Hakenkreuz-Gesellschaftsspiel« – handelt es sich um ein Plagiat des viel berühmteren »Mensch ärgere Dich nicht«. Es funktioniert genauso, einzig die Spielfelder formen ein Hakenkreuz. Dessen Hersteller stammte aus Berlin und war – jedenfalls nach eigenem Bekunden – NSDAP-Mitglied der ersten Stunde. Trickreich und gewieft scheint er gewesen zu sein. Er warb im Jahr 1933 mit der Behauptung, dass sein nationalsozialistisches »Mensch ärgere Dich nicht« seit Längerem in Hitlers Privatbesitz sei; er habe es selbst gespielt und der Erfindung gar seinen persönlichen Segen gegeben. Das Spiel erhielt schon früh die Zustimmung der Prüfer, angeblich direkt aus dem Propagandaministerium.[434] Fast alle diese Laufspiele besaßen sehr simple Regeln, ließen sich rasch erlernen und waren damit für kurzweilige Partien geeignet. Sie präsentierten zwar die Symbole des Nationalsozialismus, allerdings eher selten ideologische oder anspruchsvolle politische Inhalte. Echte Propaganda-Brettspiele also, die auf den Alltag der Menschen unter dem Hakenkreuz zugeschnitten waren, erschienen erst in der zweiten Hälfte der 1930er-Jahre, dann aber umso zahlreicher.

Eines der Prestigeprojekte, die Hitlers Diktatur zu Ansehen verhalfen, war der Bau der Autobahnen. Das infrastrukturelle Mammutvorhaben hatten zwar bereits die Politiker der Weimarer Republik geplant und zum Teil begonnen, aber nun beanspruchte die Diktatur den Sprung in die Moderne für sich. Ende des Jahrzehnts war ein Großteil der Strecken fertiggestellt; den größten Nutzen besaßen sie in Zukunft für militärische Zwecke. Mehrere Brettspiele machten die »Reichsautobahnen« zum Thema. Für die Mehrheit der Deutschen blieb die »Fahrt durch das Großdeutsche Reich«, wie eines dieser Spiele hieß, reine Wunschvorstellung. Über ein Auto verfügte kaum jemand. Das Regime erfand folglich ein verlockendes Angebot: Mit einem Sparvertrag könne jede deutsche Familie bald ein eigenes Automobil besitzen. In Wolfsburg weihte man im Mai 1938 das Volkswagen-Werk feierlich ein; die Stadt hatte man eigens für den gewaltigen Fabrikkomplex aus dem Boden gestampft. Die blaugrau lackierten Einheitsautos, die hier vom Band laufen sollten, bezeichnete man als »KdF-Wagen« – benannt nach der Massenorganisation »Kraft durch Freude« (KdF), die angeblich für das Wohlergehen der Arbeiterschaft sorgte, aber primär deren Loyalität gegenüber den Machthabern sichern sollte. Der Kleinwagen blieb dennoch ein leeres Versprechen. Als in den Morgenstunden des 1. September 1939 der deutsche Angriff auf Polen den Krieg in Europa entfachte, war noch kein einziges Auto an die Sparer ausgeliefert worden. Und so blieb es, denn der

Konzern wurde nun für die militärische Rüstung benötigt. Doch mit dem 1940 erschienenen Brettspiel »Dein KdF-Wagen« ließ sich von dessen Besitz träumen, vom Erwerb der Sparmarken, mit denen die Deutschen ihr erstes eigenes Auto vorfinanzierten, sowie der Planung der Konstrukteure am Reißbrett, über die Montage bis hin zur Auslieferung und der ersten Fahrt über die Autobahnen. Das Spiel scheint derart erfolgreich gewesen zu sein, dass es mit dem unverfänglichen Titel »Dein Volkswagen« Anfang der 1950er-Jahre neu herauskam.[435]

Die politische Propaganda trat in den Spielwaren oft genug sehr sichtbar zutage. Millionen Minderjährige wurden nach 1933 in der Hitlerjugend zusammengefasst, der Jugendorganisation der NSDAP. Um Kinder für den Staat zu erziehen, gab es jetzt auch eine breite Palette an neuen Spielen. Nur wenige davon waren von der Partei eigens in Auftrag gegeben worden. Das Brettspiel »Jungvolk auf Fahrt«, das 1937 erschien, hatte einen Ausflug in ein großes Zeltlager zum Thema. Hunderttausende Kinder unternahmen in den 1930er-Jahren Fahrten mit der Nachwuchsorganisation. Im »Hitlerjugend-Geländespiel« oder bei »Blau gegen Rot«, einem Taktikspiel auf einer Geländekarte, wiederum ging es um die Bewährung im Kampf. Der sportlichen Auseinandersetzung – durch Boxen, Ringkämpfe oder Turnen – fiel in der Hitlerjugend ein hoher Stellenwert zu. Auch Wehrsport und Geländespiele waren zunehmend verbreitet: Ausbildung am Gewehr, geschicktes Bewegen im Gelände, Tarnung, Ausdauer sowie Selbstbehauptung in organisierten Gruppenkämpfen, die nicht selten in wildeste Prügeleien mündeten. Das nationalsozialistische Regime bereitete Knaben und heranwachsende Männer früh darauf vor, zu Soldaten zu werden. Das Pendant auf dem Spielbrett würde diese wichtige Erziehungsleistung der Hitlerjugend unterstützen, behaupteten daher die Hersteller. Wer das Exerzieren und Kämpfen auf dem Spielbrett erfahre, dem falle es viel leichter, mit den Härten ebendieser Ausbildung in der Wirklichkeit umzugehen: »Unentbehrlich zur Vorbereitung auf Geländeübungen! Belehrend und unterhaltend«, hieß es über das Brettspiel »Volk ans Gewehr«, das Mitte der 1930er-Jahre erschien. Die Hitlerjugend hielt von Spielwaren kaum etwas. Nur wenige ihrer Zeitschriften oder Leitfäden schenkten ihnen Beachtung. Das hatte mit ihrer Ideologie zu tun: »Die Erziehung zur Härte ist eine Grundlage der Erziehung zum Mut und schafft erst die richtige Plattform, auf der der heldisch gesinnte Mensch kämpfen kann«, meinte ein führender Hitlerjugend-Funktionär über die vormilitärischen Kraftspiele in der Jugendorganisation.[436] Was dort als Spiel bezeichnet wurde, hatte immer mit physischer und psychischer Abhärtung zu tun. Wer daheim etwa mit Spielzeug spielte, wurde in der Hitlerjugend eher verächtlich gemacht. Insofern produzierten die Spielwaren-Hersteller an der Ideologie der Nachwuchsorganisation vorbei.

Hitler im Quartett

Spiele und Spielsachen sollten – mal mehr, mal weniger – dennoch subtile Instrumente der Volkserziehung sein. Im Idealfall ging es nicht um politische Propaganda allein, sondern zugleich um Bildung und Vermittlung von Wissen. Von Hitler hatte jeder Deutsche, selbst irgendwo in der Einsamkeit der weiten Provinz, bereits gehört oder gelesen, als er Ende Januar 1933 zur Macht kam. Aber Hitlers Entourage, eilig versorgt mit Posten und viel Einfluss, war den meisten Deutschen bislang kaum bekannt. Wer sollten diese Männer sein, die nun alle Macht in Händen hielten? Darüber klärten Kartenspiele auf. Als besonders erfolgreich erwies sich das »Führer-Quartett«, das die NSDAP 1934 genehmigte. Der Münchner Erfinder und Verleger, Anton Lehner, besaß einen guten Draht zur Partei, außerdem Verhandlungsgeschick sowie ein sensibles Gespür dafür, was den Gutachtern schmeichelte. Er band die Partei und die Prüfer aus der Industrie- und Handelskammer von Anfang an eng ein. Er war sich nicht zu schade, mehrere Entwürfe seines Quartett-Spiels vorzulegen. Kamen Kritik oder Anregungen zur Änderung, nahm er dies dankbar an: Die Fotografie des »Braunen Hauses«, der berühmten Münchner Parteizentrale, sei nicht ideal gewählt – Lehner tauschte es sogleich gegen eine andere aus; die gemalten Bilder von SA und SS seien nicht gut,

Fotografien die viel bessere Wahl – Lehner erfüllte den Wunsch. Ende Juni 1934 erhielt er schließlich die offizielle Genehmigung. Sein Vorgehen zahlte sich aus, denn sowohl die Reichsleitung der NSDAP in Berlin als auch der NS-Lehrerbund fanden sehr lobende Worte. Einige andere, sehr ähnliche Spiele wurden zur selben Zeit verboten.[437]

Wie bei jedem Quartett-Spiel gehören jeweils vier Karten zueinander, diese sammeln die Spieler. Wer beginnt, fragt zunächst einen beliebigen Mitspieler nach einer Karte aus der Kategorie, die er sucht. Falls derjenige eine solche hat, muss er sie abgeben. Besitzt er hingegen keine, ist er mit Fragen an der Reihe. Es gewinnt am Ende, wer auf diese Weise die meisten Quartette in seinen Besitz gebracht hat. Schon im Ersten Weltkrieg wurde auch das Quartettspiel im deutschsprachigen Raum zum Propaganda-Produkt: Man sammelte zum Beispiel die großen Heerführer verschiedenster Waffengattungen oder die Karten, die unter der Parole »Durchhalten!« heimische Nahrungsmittel wie Kartoffeln oder Rüben zeigten, an denen zuletzt das Überleben des darbenden Volkes hing. In dieser Reihe propagandistischer Kartenspiele stand nun auch das »Führer-Quartett«.[438]

Die Spielkarten präsentierten alle hohen Potentaten des NS-Regimes, dessen Symbole, einige geschichtsträchtige Gebäude und sogenannte »Helden der Bewegung«, darunter selbstverständlich Horst Wessel. Adolf Hitler ist mehrfach und in zwei Kategorien vertreten: »Der Führer als Vorbild« und »Des Führers Werdegang«. Man sieht Hitler in unterschiedlichen Situationen und Zeiten seines Lebens: Er steht herrisch – schon als der Diktator, wie man ihn vor Augen hat – auf der Terrasse seines beschaulichen Domizils am bayrischen Obersalzberg oder noch als junger Mann verträumt am vergitterten Fenster in der Gefängniszelle in Landsberg. Er nimmt Blumen entgegen, die ihm ein Mädchen überreicht, spielt mit Blondi, der treuen Schäferhündin. Der Grat zwischen eleganter Propaganda und höchst albernem Kitsch ist auf diesen Spielkarten schmal. Aber es sind die Szenen, die sich bis in die Gegenwart in das kollektive Gedächtnis eingebrannt haben und die man damals in Illustrierten oder in den Wochenschauen im Kino erstmals bestaunte. Klaus Mann, der älteste

Sohn des Schriftstellers Thomas Mann, kannte das Quartettspiel und notierte ironisch in sein Tagebuch: »Der Führer als Naturfreund – als Hundefreund.«[439] Bei den meisten Deutschen dürften derartige Szenen ihre Wirkung allerdings nicht verfehlt haben.

Unheimlich, selbst hier, wirkt Heinrich Himmler, seit 1929 der Chef von SS und nunmehr auch der politischen Polizei. Er wird in den Kriegsjahren zum treibenden Organisator des Völkermords. Gekleidet ist Himmler auf seiner Spielkarte in die schwarze SS-Uniform, die Arme hat er vor der Brust steif verschränkt. Sein Blick wirkt kühl. Als tapfer, heldenhaft und überlegen soll diese Haltung erscheinen. Ziel des Bildes ist, den Betrachter das Fürchten vor dem Chef eines wachsenden Machtapparates zu lehren. In Wahrheit war er ein fanatisierter Ideologe und kleinbürgerlich penibler Massenmörder. Vor dem Reichsminister Hermann Göring – 1935 wird er Luftwaffen-Chef – besaßen die Menschen tatsächlich Hochachtung, weil er sich im Ersten Weltkrieg als waghalsiger Flieger bewährt hatte. Aber Göring war brutal und skrupellos, mit Machthunger ausgestattet, zugleich im Geiste noch immer kindlich; er sammelte, wie an anderer Stelle noch ausgeführt wird, mit Vorliebe Spielzeug. Eine weitere Eigenart war sein Faible für opulente Fantasieuniformen und übertriebenen Schmuck. Entsprechend sieht man ihn hier und auch in anderen Quartett-Spielen in prahlerischer Uniform mit zahlreichen Orden; in späteren Ausgaben hielt er in der Hand einen Marschallstab ähnlich dem Zepter eines Königs. Diese Insignie, 1938 feierlich von Hitler überreicht, war zuletzt aus zwei Kilo Elfenbein gefertigt, mit Gold und Brillanten verziert. Der Volksmund nannte den Selbstdarsteller treffend »Goldfasan«. Das Quartett zeigt ferner Bilder von Rudolf Hess, Stellvertreter des Führers, Propagandaminister Joseph Goebbels, Reichspräsident Hindenburg – als greisen »Vater der Nation« – und Reichsjugendführer Baldur von Schirach, den Chef der Hitlerjugend, die hohe Verbrecher- und Herrscherriege ist nahezu komplett. Einer jedoch fehlt: Ernst Röhm, der schwergewichtige Oberste SA-Führer mit dem Naturell eines ewigen Straßenkämpfers, der von Beginn an zu Hitlers engsten Vertrauten gehört hatte. Mittlerweile war er als Kopf einer Millionenmiliz und mit seiner Forderung nach Vollendung der NS-Revolution und einem »Volksstaat« zu gefährlich geworden. Zur Stabilisierung der NS-Herrschaft waren Ruhe im Innern und das Wohlwollen der konservativen Militärs notwendig. Kurz bevor das »Führer-Quartett« erschien, wurde Röhm auf Hitlers Befehl von SS-Männern am 30. Juni/1. Juli 1934 erschossen. Der »Nacht der langen Messer« fielen insgesamt Hunderte zum Opfer, die höheren SA-Führer und Gefolge, weitere missliebig gewordene Rivalen sowie verhasste Regimegegner und einige Unbeteiligte. Man behauptete, der homosexuelle SA-Führer habe mit einflussreichen Kameraden und anderen böswilligen Komplizen einen Putsch gegen Hitler vorbereitet.

In den 1930er-Jahren existierten diverse Kartenspiele mit Motiven aus Politik, Gesellschaft oder Militärwesen.[440] Soldaten und Technikbegeisterte sollten mit den Befehlshabern, Waffengattungen und vermeintlichen Helden der Wehrmacht spielen. Für Interessierte an der jüngeren Geschichte gab es Karten, die den Aufstieg der Nazis in der Zeit der Weimarer Republik bebilderten. Jugendlichen wurde Wissenswertes über die NSDAP und ihre Nebenorganisationen nahegebracht. Wer gern auf Reisen ging, den informierte ein Städte-Quartett über die schönsten Pilgerstätten des Dritten Reiches: München, die sogenannte »Hauptstadt der Bewegung«, die »Reichsbauernstadt« Goslar, Leipzig, die »Reichsmessestadt«, Graz, die »Stadt der Volkserhebung«, weil Nationalsozialisten hier früher und aggressiver als andernorts in Österreich auf Umsturz gedrängt hatten. Fast jede Stadt führte stolz einen solchen Ehrentitel. Diese Kartenspiele besaßen Bedeutung, vielleicht mehr noch als andere Spiele, weil sie auf einfachste Weise ideologische und politische Inhalte vermittelten. Laut Argument der Erfinder erfüllten sie einen staatlichen Bildungsauftrag. Nie sollten Spiele bloß unterhaltend wirken. Sie dienten mindestens gleichwertig der politischen Erziehung. Ein späteres Quizz-Spiel für Familien etwa – »Kennst Du sie?«, erschienen 1940 – fragte auf 100 Spielkarten nach Daten, Personen und Ereignissen der Geschichte. Gefragt wurde hier nicht nur nach der fernen Vergangenheit. Gefragt wurde nach dem Geburtsort Hitlers, Braunau am Inn in Österreich, oder danach, wann das »Erbgesundheitsgesetz« erlassen worden war; das Gesetz vom 14. Juli 1933 sollte – so der eigentlich korrekte, vollständige Titel – der »Verhütung erbkranken Nachwuchses« dienen und legitimierte bis 1945 die Sterilisation von etwa 400 000 Menschen mit Behinderung oder sogenanntem Schwachsinn.[441]

Nazi-Puppenwelt

Die 1930er-Jahre waren, wie schon die Zeit zuvor, weiterhin ein Jahrzehnt der Puppen. Diese traten den Deutschen jetzt immer häufiger im braunen Waffenrock entgegen. Die niedlichen Gestalten als Soldaten, Hitlerjungen, SA-Männer oder blonde Nazi-Mädchen verkleidet, avancierten anfangs zu Kassenschlagern. Kaum ein Fabrikant oder Hersteller aus dem Kunsthandwerk hatte nach 1933 nicht solche Puppen im Sortiment. Die Prüfstellen hatten auch hier ein wachsames Auge, aber legten nicht allzu strenge Maßstäbe an. Die meisten Kreationen kamen aus dem Raum Coburg-Sonneberg in Thüringen oder aus dem Erzgebirge, traditionelle Hochburgen der Puppen-Fabrikation. Sie galten als vorbildlich: »Jede dieser Puppen ist der Wirklichkeit nachgebildet. Für jede ist ein zu ihrer Größe passender Charakterkopf geschaffen, in dem sich die Hitler-Jungen und die es werden wollen wiedererkennen. Die Uniformen sind echt, von den Mützen und Kappen bis zu den braunen Blusen und bauschigen Hosen, den Trageriemen, Koppeln und Marschstiefeln. Selbstverständlich fehlt auch die Armbinde mit dem Hakenkreuz nicht; alles ist vorschriftsmäßig.«[442] Gezielt wurden Diktatur und Spielzeug zusammengeführt. Ein Hersteller aus Thüringen sandte im Frühjahr 1933 den Firmenwagen auf Werbefahrt durch das Land. Die Motorhaube hatte er mit aufmontierten Puppen dekoriert, einige in braune Uniform gekleidet, allesamt hoben den rechten Arm zum Hitlergruß. Wohl kaum jemand am Straßenrand fand das vorbeifahrende Auto befremdlich, denn die Firma verbuchte die kuriose Reklameaktion anschließend als großen

Erfolg; die Fahrt sollte übrigens lediglich den Beweis erbringen, dass die Puppen, aus wasserbeständigem Material gefertigt, selbst widrigsten Winden und sogar Platzregen trotzten.[443]

Wenige Deutsche hatten in dieser Zeit Geld genug übrig, um ihre Kinder reich zu beschenken. Die Auswirkungen der Weltwirtschaftskrise waren in den ersten Jahren der Diktatur noch allerorts zu spüren. Man machte den Kunden ein Angebot: Warum die Puppen, die man schon besaß, nicht günstig in die aktuelle Parteimode kleiden? Uniformen, Ledertornister, Mützen, Marschstiefel oder Abzeichen standen in allen Variationen zur Auswahl. In den 1930er-Jahren spielten – entgegen traditionellen Klischees – nicht nur Mädchen mit Puppen. Die Hersteller hofften, mit den uniformierten Gefährten besonders auch die männliche Jugend anzusprechen. Die NS-Pädagogen demgegenüber blieben konventionellen und eher archaischen Rollenbildern verhaftet: »Wie liebevoll sorgt das kleine Gretchen für ihre Puppenkinder daheim«, stand in einer perfiden Handreichung für Kindergärtnerinnen zu lesen: »Das kleine Hänschen schleicht sich indessen mit einem Stein an den Spatz heran, der vor der Haustür sitzt, um ihn zu töten. Hier der zukünftige Vaterlandsverteidiger, dort die liebevolle zukünftige Hausfrau.«[444]

Kleine Hersteller aus dem Kunsthandwerk, die auf dem Markt um Kunden zu kämpfen hatten, preschten mit den Nazi-Fabrikaten vor. Doch die größeren und bekannten Firmen folgten rasch dem Trend. Auch die Altmeisterin der Puppenindustrie, Käthe Kruse, sprang auf den Zug der Zeit bereitwillig auf. In den Werkstätten in Bad Kösen an der Saale, die sie mit ihren Töchtern inzwischen gemeinsam führte, wurden gut gefüllte Auftragsbücher abgearbeitet. Bis zu 16000 Puppen verkaufte Käthe Kruse pro Jahr, davon die meisten in Deutschland, aber eine beträchtliche Zahl zudem ins Ausland. Die ›NS-Frauenwarte‹, die wichtigste politische Frauenzeitschrift im Dritten Reich, rühmte die Puppenkönigin einige Jahre später als bahnbrechende Künstlerin, deren Handwerk von »Mütterlichkeit und unendlicher Liebe zum Kind« zeuge. Dass sie ihren frühen Erfolg und unternehmerischen Aufstieg teils dem jüdischen Tietz-Warenhaus zu verdanken hatte, wurde jetzt aber galant verschwiegen.[445] Im Sommer 1933 hatten die Kruse-Werkstätten drei Nazi-Modelle frisch ins Programm genommen. »Wie wir älteren als Kinder am liebsten mit Soldaten gespielt haben«, hieß es damals, »begeistern sich die Kinder unserer Gegenwart für die Braunhemden, für alles, was mit der SA und mit der Hitlerjugend zusammenhängt. Das hat auch den Puppen in der SA-Uniform oder im Kleide der Hitler-Mädel zu großer Nachfrage verholfen, was gewiss zu begrüßen ist, wo heute alles darauf ankommt, der Industrie und ihren Angehörigen Arbeit und Brot zu verschaffen, also jeder Artikel willkommen sein muss, der die Kauflust anregt.«[446] Das sah die bekannteste Geschäftsfrau der deutschen Spielwarenwelt sicherlich nicht anders. Schon seit 1929 gab es ihren Puppenjungen »Friedebald«, benannt nach ihrem zweitjüngsten Sohn, der dafür das Modell gewesen war. Mit dem Knabenkopf, gefertigt aus geprägtem Stoff und innovativ ausgestattet erstmals mit Echthaar, war Friedebald zur beliebtesten Puppe der Deutschen avanciert. Er wurde 1933 neu ausgestattet mit SA-Uniform oder denjenigen von HJ und Jungvolk. Die schönste Puppe der Welt, versprachen die Werbeannoncen, sei »aktueller als je« zu kaufen. Friedebald bewies seine Aktualität durch stramme Haltung und indem er den beweglichen rechten Arm zum Hitlergruß nach oben reckte.[447] Über welchen Zeitraum Kruse ihre politischen Fabrikate produzierte oder welche Zahl verkauft wurde, ist heute offenbar nicht mehr nachzuvollziehen. Schon im Jahr 1934 scheint sie die Werbung wieder eingestellt zu haben. Anders als kleinere Hersteller, die nur den deutschen Markt im Blick hatten, betrieb Käthe Kruse ein wichtiges Geschäft im Ausland. Dort kam der Nazi-Kitsch allerdings nicht nur schlecht an, die Einkäufer warfen zudem peinlich genau ein Auge darauf, wer in Deutschland mit den neuen Machthabern zu tun hatte. Das mag ein Grund gewesen sein, wieso sie das Experiment beendete. Zu Hitlers Staat hielt die Puppendame, die von der großen Politik eigentlich allgemein nicht viel hielt, ansonsten Distanz. Der Partei trat sie nicht bei.

Tradition und guter Ruf zumindest bewahrten Unternehmen nicht davor, zu Anfang das Spiel mit dem Hakenkreuz zu spielen.

Das gilt selbst für Steiff, die bis heute wichtigste deutsche Spielwarenmarke. Speziell für ihre Kuscheltiere weltberühmt, betätigte sich das Unternehmen aus Giengen an der Brenz aber auch auf anderen Gebieten und vertrieb in den 1930er-Jahren ebenfalls Produkte mit den Symbolen der Diktatur. Wenn der Herbstwind den »Stratoplan«, einen Wurfflieger, durch die Lüfte trug, dann prangte ganz hinten am Höhenruder das Hoheitszeichen des Deutschen Reiches.[448] Aus der Fabrik stammte zudem ein besonderer Fall von Nazi-Kitsch: der drollige SA-Mann zum Kuscheln.[449] Nicht nur im Rückblick aus der Gegenwart wirkt dieses Spielzeug seltsam und fragwürdig. Das Heer der Partei erzwang im April 1933 den Boykott jüdischer Geschäftsinhaber. SA-Männer plünderten Läden, raubten, marodierten und hetzten ihre Opfer durch die Straßen. Als dann am 10. November 1938 – zynisch als »Reichskristallnacht« bezeichnet – in ganz Deutschland Synagogen und Häuser in Brand gesteckt wurden, hatte der bedingungslose Einsatz von SA-Männern diesen antisemitischen Großpogrom überhaupt erst ermöglicht. Und Steiff präsentierte den braunen Terrormilizionär als niedlichen Kindergefährten aus Plüsch mit den runden Glasaugen und dem bekannten Markenzeichen, dem goldenen Knopf im Ohr; er trug die übliche Montur: braune Uniform, dazu Schaftmütze, Armbinde, Sturmriemen, polierte Reiterstiefel. Auf seiner braunen Krawatte prangte – was mehr eine nette Dreingabe war, als dass es die Alltagsrealität der SA darstellte – sogar ein kleines Hakenkreuz. An Weihnachten fand sich das Spielzeug als Geschenk unter den Tannenbäumen. Möglich, dass die Unternehmensleitung gute Gründe hatte, sich den Machthabern gegenüber mit solchen Produkten fügsam zu zeigen; denn für den amerikanischen Unternehmer Walt Disney die Puppen Mickey und Minnie Mouse zu produzieren, war Steiff etwa zu dieser Zeit vom Regime verboten worden.[450] Ähnlich wie im Fall der Kruse-Puppen verschwand der flauschige SA-Mann offenbar schnell wieder vom deutschen Markt, mutmaßlich ebenfalls aus Rücksichtnahme auf das gefährdete Exportgeschäft.

Mitte der 1930er-Jahre hatte sich die deutsche Spielwarenindustrie von der Weltwirtschaftskrise noch immer nicht erholt. Die Hochburgen darbten, besonders das Erzgebirge, und die kleineren Werkstätten hatten Arbeiter und Angestellte in hoher Zahl entlassen müssen. Das Regime stieß Werbekampagnen an, um die notleidenden Regionen zu unterstützen und die Deutschen beispielsweise vor dem Kauf preiswerter Spielwaren aus der Tschechoslowakei und Polen zu warnen.[451] Die Situation besserte sich zwar, aber nur verhältnismäßig langsam. Die Politik brachte außerdem nicht nur geschäftliche Vorteile, sondern viel Ungemach besonders für jene mit sich, die ihre Produkte ins Ausland verkauften. Die Judenverfolgung in Deutschland blieb jenseits der Staatsgrenzen nicht unbemerkt und Aufrufe zum Boykott deutscher Waren, auch der Spielsachen, häuften sich, was die Nationalsozialisten ihrerseits wieder als jüdische Gräuelpropaganda abtaten.[452] Frankreich drosselte zum Schutz der heimischen Industrie den Import auf gesetzlichem Weg seit Jahren, aber nach 1933 verstärkt.[453] In den USA, neben Großbritannien der Hauptabnehmer für deutsche Spielwaren, weigerten sich mehr und mehr Kunden, ihren Kindern Dinge zu kaufen, denen der Ruch des europäischen Faschismus anhaftete. Die »Anti-Nazi-League« zum Beispiel, eine im Mai 1933 in New York gegründete Organisation, mahnte im Radio, in Zeitungen und mit besonderen Aktionen vor deutschen Waren. Kampagnen rollten oft vor Weihnachten an. Wenn sich die Menschen durch die grell leuchtenden Einkaufsstraßen in New York drängelten, warnte sie der Weihnachtsmann vor Nazi-Spielzeug. Auf einem Foto ist eine solche Szene festgehalten: Der weißbärtige Santa Claus in seinem roten Kostüm steht an einer Straße irgendwo in Manhattan auf einem Wagenanhänger. Er reckt ein Schild in die Höhe, das für den Kauf nur amerikanischer Spielwaren wirbt. Auf den Plastikplanen am Wagenanhänger steht: »Kauft keine Nazi-Spielsachen« und »Nazi-Spielzeug ist getränkt in dem Blut Unschuldiger«.[454] Solche Mahnungen, auch die Agitation von antifaschistischen und jüdischen Organisationen, verfehlten ihre Wirkung wahrscheinlich nicht. Die deutsche Ausfuhr in fast alle westlichen Staaten war bis Kriegsbeginn weiter rückläufig.[455] Gewarnt wurden die Käufer besonders vor dem deutschen Militärspielzeug. Das hatte gute Gründe.

Militärspielzeug und Parteisoldaten

Die Diktatur in Deutschland rüstete sich längst für Hitlers Wunschkrieg. Im März 1935 waren die Wehrmacht und Luftwaffe offiziell gegründet worden, bereits ein Jahr später rückten Soldaten in das Rheinland ein, das bis dahin laut Bestimmungen des Versailler Friedensvertrags eine entmilitarisierte Zone dargestellt hatte. Massiv investierte der Staat in die Rüstung. Die Schmach des Ersten Weltkriegs sollte getilgt, die Nation zurück zur Größe geführt werden. Die Militarisierung blieb auch für die Spiele der Deutschen nicht folgenlos: »Die Zeiten haben sich geändert«, frohlockten manche Hersteller, »und vorbei ist's mit den blöden pazifistischen Hetzen der sogenannten Friedensgesellschaften und Frauenligen gegen alles militärische Spielzeug. […] Die nationale Erhebung in Deutschland hat den Wehrgedanken wieder aufleben lassen«.[456] In Patent-Anträgen sind die Innovationen der damaligen Zeit aufgeführt: Kleine Modelle für Lastwagen der Wehrmacht, Panzer, selbst schießende Geschütze und Haubitzen, allerlei Kampfflieger und Kriegsschiffe im Miniaturformat. Zahlreiche Brett- und Unterhaltungsspiele machten das Militär zum Thema. Hinzu kamen sogenannte Kindergranaten, Kindergewehre und -pistolen jeglicher Art. Es gab gar kleine Maschinengewehre, die – montiert auf Holzsockeln – sich in alle Richtungen drehen ließen, um den Feind zu beschießen; nur echte Munition fehlte, stattdessen erklang aus dem Innern das kräftige Knattern der Fantasiesalven. Spielzeug-Waffen, möglichst originalgetreu nachgebildet, hatte es bereits im Ersten Weltkrieg gegeben. Jetzt waren sie jedoch wieder besonders begehrt. Kurios erscheinen die fast lebensgroßen Artilleriegeschütze, auf die sich eine kleine Firma aus Rothenburg spezialisierte. Die Kanonen aus Metall, die sich mit kleinen Granaten befüllen und abfeuern ließen, waren den Experten ein Lob wert, weil »der Gebrauch in beinahe wirklicher Tätigkeit« erfolge, zugleich aber eine »Beschädigungsgefahr der spielenden Jungen […] vollkommen ausgeschlossen« sei.[457] Karl Bub, ein Unternehmen aus Nürnberg mit langer Tradition, bot ein stattliches Waffenarsenal auf: »Wir finden alle Kaliber vertreten, vom kleinen Infanterie- oder Graben-Geschütz angefangen, bis zum wuchtigen Steilfeuer-Geschütz, der naturgetreuen Nachbildung eines schweren Mörsers. Zum Schießen werden kleine Gummi-Granaten verwendet.«[458] Die bulligen Geschütze, weder für den Heimgebrauch geeignet noch erschwinglich für die meisten, lockten Eltern und Kinder immerhin in Läden und Kaufhäuser.

Dort konnte ein in jeder Hinsicht prächtiger Militärapparat bestaunt werden. Das Ministerium für Propaganda in Berlin hatte im Sommer 1933 angeregt, die Spielwaren noch mehr als bislang »in den Dienst der Erziehung zum wehrhaften und vaterländischen Geist zu stellen«.[459] Es durfte in Zukunft »keinen Jungen mehr geben, der auf seinem Weihnachtstisch nicht wenigstens eine Schachtel Bleisoldaten vorfindet, die ihn mit der Wehrmacht und mit dem nationalen Gedanken vertraut macht«.[460] Dass aus diesem Spiel irgendwann blutiger Ernst werden könnte, dämmerte nur wenigen Hellsichtigen. Zurückhaltung auf Anordnung gab es lediglich ein einziges Mal, als zur Olympiade 1936 in Berlin sich alle Augen der Welt auf das Geschehen in Deutschland richteten. Die Spiele inszenierte das Regime bekanntermaßen als gewaltiges Spektakel. Zum Eröffnungstag am 1. August hatten sich 8400 Berliner Jungen und Mädchen im Olympiastadion mit einem großen Festspiel und mit Tanz und Gesang den ausländischen Gästen präsentiert. Sie sollten »die Hingabe an das Vaterland als letztes Ziel des olympischen Gedankens« verkörpern. Auch die Hitlerjugend richtete anlässlich der Olympischen Spiele diverse Masseninszenierungen sowie zahlreiche Sportfestivitäten im ganzen Land aus.[461] Den Spielzeugkrieg im Schaufenster sollte in diesen Wochen hingegen kein Ausländer zu Gesicht bekommen: »Unser Führer hat mehrmals Heer und Flotte einen Hort des Friedens genannt. Wer danach es noch fertigbringt, neuzeitliche Schlachten [...] als Schaustück darzustellen, versteht unsere Zeit nicht. Er kann gewiss Soldaten aller Art groß zeigen, insbesondere auch das deutsche Heer, das letztere aber am besten in friedlichen Manöverbildern.«[462] Kaum waren die ausländischen Gäste abgereist, ließ man die Maske des Friedens fallen. Das Militärspielzeug besaß erhebliche Bedeutung, auch aus Sicht der NS-Pädagogen, um die Erziehung der Jugend zur Kriegsbereitschaft zu fördern: »So sehen wir sie da und dort zu viert oder fünft an den Straßenecken und in den Anlagen der Stadt zusammenstehen, die Köpfe voll großer Kampfpläne, dass ihnen das Blut in die Wangen steigt, und ausgerüstet mit Säbel, Gewehr und sonstigen fantasievollen Waffen. Und der, dem der Weihnachtsmann kürzlich einen richtigen Stahlhelm oder gar eine kleine Uniform unter den Weihnachtsbaum legte, der ist der Oberste vom Ganzen, Hauptmann, Major oder gar schon ein kleiner Feldherr mit klingendem Namen unserer Zeit. […] Und es kann auch nicht verwundern, wenn […] Tanks, Panzerwagen, Flugzeuge, Schlachtschiffe, Kanonen und Festungen in den Köpfen unserer Jungen […] das gesuchteste und begehrteste Spielzeug heute sind.«[463] Und ein Kunstpädagoge wiederum erklärte zum Ende des Jahrzehnts: »Die einzelnen Entwicklungsphasen des Spielzeugs gleichen den tatsächlichen Entwicklungsgängen eines Volkes in guten und schlechten Zeiten, und eine Geschichte des Spielzeugs ist zugleich auch eine Kulturgeschichte des Volkes. […] Der Eintritt des preußischen Soldaten unter Friedrich dem Großen in die Geschichte, die erste Eisenbahn fanden im Spielzeug genauso ihr Abbild wie heute der politische Soldat unter dem Führer, wie auch das moderne Großflugzeug.« Die Politisierung und Militarisierung sei nun einmal das Kennzeichen der Gegenwart. Endgültig vorbei sei nun die Epoche der Pazifisten, in der man das militärische Spielgerät verdammt hatte. Und das traditionelle Rollenbild wieder festigend hieß es: »Das Spielen mit Puppen und allem Zubehör lenkt das Mädchen durch das Spiel schon auf die höchste Aufgabe im Leben hin, auf die Liebe zum Kinde. Das Spielen mit Soldaten und soldatischem Gerät weckt die Begeisterung für soldatische Leistungen und legt frühzeitig den Keim zur Wehrhaftmachung in die Herzen der Jungen.«[464]

Die Deutschen spielten bevorzugt mit kleinen Soldaten und technischem Kriegsgerät, selbst junge Väter und gereifte Männer, die sich oft opulente Sammlungen zulegten. Der Absatz nahm offenbar derart gewaltige Dimensionen an, dass es solche Spielwaren heute noch bei Auktionen und Händlern in großer Zahl zu kaufen gibt. Die Wehrmacht im Miniaturformat war im Jahrzehnt der Diktatur ein kulturelles Allgemeingut und galt als politisch bedeutsam. Durch das »Formieren, Ordnen, Gliedern, Gegenüber- und Parallelstellen« der Figuren schien das zentrale »Ordnungsprinzip des Militärs« spielerisch eingeübt zu werden. So wurde das Schlachtfeld daheim zu einem »Lehrbuch der Geschichte«.[465] Die Marktführer, die seit mittlerweile drei Jahrzehnten die Deutschen mit solchen Miniaturfiguren versorgten, waren O. & M. Hausser aus Coburg und Lineol aus Brandenburg an der Havel. Die sehr preiswerten Figuren, gefertigt aus einer Leim- und Holzmehlmasse, hatten die älteren Zinn- und Bleisoldaten, mit denen die Kinder des gehobenen Bürgertums schon seit Kaisers Zeiten gespielt hatten, inzwischen fast verdrängt. Mit Krieg zu spielen war für alle sozialen Schichten erschwinglich geworden.

Zu den Tierfiguren, Soldaten aller Länder, Cowboys und Indianern gesellte sich nach 1933 der gesamte Apparat der Diktatur. Es gab die kleinen Figuren der hohen Machthaber von Joseph Goebbels über Rudolf Hess bis Hermann Göring; Hitler stehend auf einem Podest, sitzend im Auto, mit erhobenem rechtem Arm oder im Ledermantel. SA und SS marschierten zu Fuß oder ritten zu Pferde, uniformierte Hitlerjugend und BDM-Mädchen im blauen Rock vergnügten sich im Zeltlager, der Reichsarbeitsdienst hob mit Spaten Gräben für den Bau der Reichsautobahnen aus, die Wehrmacht natürlich zog gegen den Feind zu Felde. Hitlers Krieg hatte im kleinen Habitat der Spielzimmer längst begonnen: Sanitäter, Marine und Wehrmachtsoldaten im Kampfeinsatz, verwundet, als Funker, marschierend und musizierend kauften die Menschen begierig. Beide Hersteller erhielten die Freigabe der Produkte durch den Regierungspräsidenten von Potsdam, und im Juni bestätigte Propagandaminister Joseph Goebbels persönlich, dass er »gegen die Herstellung und den Verkauf der […] vorgelegten Spielfiguren […] einschließlich Darstellung des Herrn Reichskanzler« keine Bedenken anmeldete.[466] Viele kleinere Fabrikanten folgten dem Vorbild der Größeren, jede Menge militärisches Nazi-Spielzeug kam jetzt auf den Markt. Im Jahr 1938 lieferte allein Hausser etwa drei Millionen Figuren aus, die Hitler-Miniatur gab es zuletzt in sieben unterschiedlichen Posen.[467] Wer etwas Besonderes wollte, kaufte Hitlers Landhaus auf dem Obersalzberg als Modell. Die Kinder sollten sehen, wo der »Volkskanzler und Führer die Tage der Erholung im vertrautesten Kreise zuzubringen« pflegte.[468] Die anfangs so beliebten, massenhaft produzierten SA-Figuren allerdings wurden nach Hitlers Mordaktion im Sommer 1934 zu Ladenhütern.

Die Faszination der Kinder richtete sich ab Mitte des Jahrzehnts wieder auf das traditionelle Militär. 1936 führte das Psychologische Institut der Handelshochschule Nürnberg eine Umfrage unter 135 Schuljungen durch, mit welchem Spielzeug sie am liebsten spielten. Soldaten rangierten an erster Stelle, danach folgten Baukästen und die Eisenbahn. Die SA- und SS-Figuren, eigens aufgeführt, besaßen hingegen nur 3,7 Prozent der Befragten.[469]

Gleichschaltung einer Branche

Der Nationalsozialismus nahm nicht nur Einfluss auf die Spielkultur der Deutschen. Auch die Branche selbst wurde zugunsten des Hakenkreuzes neu sortiert. In fast jeder Spielwaren-Hochburg hatte es zur Zeit der Weimarer Republik zwar mindestens eine Unternehmervereinigung für eher lose Absprachen sowie je nach Sparte, gleich Dutzende Kleinstgruppierungen – beispielsweise für Puppen, Zinnfiguren oder Blechspielzeug gegeben. Aber eine verbandsmäßige Struktur fehlte. In der Zeit der harten Wirtschaftskrise schien der Mangel an Zusammenhalt besonders beklagenswert. Viele Unternehmer hofften, dass die Diktatur dem Chaos ein Ende machen würde. Der ruinöse Preiskampf sollte unterbunden und die darbende Industrie wieder auf die Erfolgsspur geführt werden. Einige Unternehmer ergriffen 1933 die Initiative, ohne dass es eine Vorgabe der neuen Machthaber schon gegeben hätte. Die Gleichschaltung kam von den Betroffenen selbst.

An der Spitze sowohl des »Reichsverbands Deutscher Spielwaren-Industrieller« mit Sitz in Nürnberg als auch der kleineren »Vereinigung bayerischer Spiel- und Metallwarenfabrikanten« stand seit dem

Frühjahr 1933 der Unternehmer Ernst Völk, geboren 1896 in Fürth. Seine Fabrik produzierte die Musikspieldose zu Ehren des SA-Märtyrers Horst Wessel. Sein Ziel lag, wie er stolz bekundete, »in dem restlosen Einsetzen für die nationale Regierung und in der tatkräftigen Unterstützung ihrer Maßnahmen«.[470] Später würde er an der Enteignung jüdischer Konkurrenten führend Anteil haben. Andernorts vollzog sich Ähnliches. Eine im Mai 1933 gegründete Vereinigung in Berlin schloss Juden von vornherein aus.[471] Die vielen neuen Initiativen strebten die Schaffung einer einzigen Organisation für ganz Deutschland an. Manche meinten, Juden sollten darin aber nicht kategorisch ausgeschlossen werden, schließlich ließen sie sich als Mitglieder viel besser kontrollieren.[472] Noch sprach kaum jemand aus, was später viele betrieben, nämlich Bereicherung am Besitz jüdischer Konkurrenten. Das Reichswirtschaftsministerium gab dem Reichsverband in Nürnberg den Vorzug. Im Sommer 1933 wurden alle Hersteller im Reich aufgefordert, in diese Organisation einzutreten. Ausnahmen sollte es in Zukunft nicht mehr geben.[473] Sogenannte Fachgruppen wirkten zur »Schaffung und Vertiefung des neuen Kameradschaftsgeistes« und zum »Wiederaufstieg des deutschen Volkes« auf die zugehörigen Fabrikanten ein.[474] Die Grundlage für die politische Kontrolle der Spielwarenindustrie und für die Enteignung der jüdischen Betriebe war gelegt.

Ähnlich lief es bei den Händlern. Für sie existierten ebenfalls mehrere Fachorganisationen, vor allem die Vereinigung deutscher Spielwarenhändler, VEDES, die bis heute die wichtigste ist. Vor dem Hauptsitz in der Moltkestraße in Nürnberg hatte man 1933 sogleich eine riesige Hakenkreuz-Fahne gehisst. Auch in den Kreisen der Händler drängten viele auf eine Neuordnung der Branche.[475] Wieder sollte ein großer Verband mit politischem Auftrag die Vorarbeit leisten. Mit Hermann Pöhls übernahm ein NSDAP-Mitglied die Führung. Alle Händler von Spielsachen und verwandten Produkten wie Kinder- und Korbwaren sollten nun im sogenannten Reichsverband der Spielwarenhändler zusammengeschlossen werden. Pöhls, seit Jahren überzeugter Parteigenosse, forderte: »Politisierung im Geiste des Nationalsozialismus«, »berufsständischen Aufbau« des Handels – was Gleichschaltung meinte – und Pflichtmitgliedschaft aller Spielwarenhändler.[476] Anfang 1934 waren bereits so viele freiwillig in den Reichsverband eingetreten, dass Pöhls vor Optimismus strotzte: »Als in Deutschland der Führer die Volksfront schuf, da kam auch für uns endlich der Tag der Einigung im Handel. Die Grundlage ist geschaffen. Sie ruht auf festem nationalsozialistischem Boden, der alles Gute nähren, aber alles überholte Liberale verdorren lassen wird.«[477] Zwei Jahre später fanden sich die Spielwarenhändler in der »Fachgruppe 10« – einer Abteilung der Wirtschaftsgruppe Einzelhandel im Reichswirtschaftsministerium – zusammen. Laut Satzung war sie eng mit dem nationalsozialistischen Staat verbunden. Die Leitung dieser Pflichtorganisation, welche die Einzelhändler gleichschaltete, teilten sich drei Männer vom Fach: Fritz Giesler war ein Kaufmann aus Düsseldorf. Nach 1918 hatte er etwa zwei Jahre bei der Firma Märklin gearbeitet, bevor er in das väterliche Geschäft eintrat. Er gehörte der NSDAP an. August Mayer, ehemaliger Frontsoldat und der Zweite im Bunde, führte erfolgreich ein Familiengeschäft in Stuttgart, wo er Spielwaren und Kinderwagen verkaufte – unter dem Namen »Korb-Mayer« existiert es dort bis heute. Er trat im Jahr 1933 der SS bei, schied aber zwei Jahre später offenbar auf eigenen Wunsch wieder aus. Als unheimliche Gestalt und eigentlicher Verbindungsmann der Diktatur fungierte der Dritte. Wer sein Porträt in den Fachblättern sah, wusste gleich, mit welchem Kaliber Nationalsozialist man es zu tun hatte: Schwarze Uniform, zusammengepresste Lippen, eisiger Blick, hohe Schirmmütze mit dem Totenkopf der SS. Egon Wiedling hatte seine Lehre in Hamburg gemacht, war eine Zeit lang in den USA und dort zu Beginn des Ersten Weltkriegs in Gefangenschaft geraten. Angeblich unter recht abenteuerlichen Umständen nach Deutschland zurückgekehrt, diente er zuletzt als Dolmetscher für das Heer. Beim Putschversuch Hitlers 1923 in München stand er an dessen Seite und erhielt dafür zehn Jahre später den sogenannten Blutorden, den der nunmehrige Reichskanzler Hitler anlässlich des Jubiläums für loyale Kämpfer der Bewegung stiftete. In München betrieb Wiedling seither ein Geschäft für Modelleisenbahnen, spezialisiert auf Märklin-Produkte. Außer in der Fachgruppe 10 saß er noch im Beirat der Handelskammer München sowie der Bezirkswirtschaftskammer Bayern.[478]

»Arisierung«

Für jüdische Fabrikanten und Händler war es jetzt wirklich ernst geworden. Die »Arisierung« der Branche lief auf Hochtouren. Zahlreiche Profiteure rissen sich fremdes Eigentum unter den Nagel, kannten weder Moral noch Anstand und Kaufmannsehre. Korruption, Gier und Vetternwirtschaft seitens der NSDAP kamen noch hinzu. Mancher schien in dieser Zeit wie ein Geier auf Ausschau nach sterbender Beute durchs Land zu ziehen. Wilhelm Möller, ein Exporthändler aus Hamburg, sammelte Eigentum von jüdischen Konkurrenten offenbar wie Trophäen: 1936 zuerst das hanseatische Handelsunternehmen »John Heß«, das über 50 Jahre in jüdischem Besitz gewesen war, zwei Jahre später dann eine Fabrik in Fürth und gleichzeitig – wenn man schon dabei war – noch eine weitere.[479] Man konnte das eigene Handeln bequem rechtfertigen, indem man behauptete, es sei zum Wohle der »Volksgemeinschaft«, Folge der Politik des Staates oder stünde im Einklang mit seinen Gesetzen. In Wahrheit war und blieb es immer Unrecht. Bei einer Manufaktur in Wien gaben sich die Käufer im Jahr 1940, also schon mitten im Krieg, nicht damit zufrieden, dass sie die Fabrik billig bekamen. Sie versuchten vor Gericht obendrein Ansprüche auf das Haus der Familie durchzusetzen, weil es zum Teil auf Fabrikgelände stand.[480] Schon Ende der 1930er-Jahre waren die meisten Firmen in die Hände mal mehr, mal weniger ruchloser Profiteure gefallen. Die Modelleisenbahn-Fabrik TRIX ging im Frühjahr 1938 – wie es hieß – im »Zuge der nationalsozialistischen Wirtschaftspolitik im völkischen Sinne« auf den Unternehmer Ernst Völk – den Vorsitzenden des Reichsverbands der Spielwaren-Industriellen – sowie sechs weitere Teilhaber über.[481] Den jüdischen Eigentümern blieb meist keine Wahl. Sie mussten dem Verkauf zustimmen, bevor sie meist ins Ausland flohen. Eine Fabrik für Blechspielwaren in Nürnberg hatte der Unternehmer Völk sich unlängst ebenfalls einverleibt. In der wichtigsten Spielzeugstadt Deutschlands waren Anfang des Jahrzehnts 29 Unternehmen im Besitz deutscher Juden gewesen, am Ende kein einziges mehr; alle liquidiert oder an »arische« Deutsche übertragen.[482]

Oft spielte bei Enteignung und Zwangsverkauf auch Gewalt eine ganz entscheidende Rolle. Wir kehren zurück zur Nürnberger Fabrik Spear, von der anfangs berichtet wurde. Zur Erinnerung: Den Unternehmer Hermann Spear hatten die Nazis Ende November 1938 verhaftet und verschleppt. Jetzt saß er seit einigen Wochen in einer Baracke des Konzentrationslagers Dachau, ohne Kontakt zu Familie und Außenwelt. Schläge, Verhöre, Drohungen, das alles sollte ihm deutlich machen, dass er noch froh sein konnte, wenn er am Ende mit dem Leben davonkam. Derweil liefen die Absprachen zur »Arisierung« von Spear & Söhne. Hauptinteressent für die lukrative Beute und bevorzugter Kandidat der Handelskammer Nürnberg war Hanns Porst, in der Bundesrepublik später bekannt mit seinen Fotogeschäften überall im Land. Porst, geboren 1896 in Nürnberg und Sohn eines Pinselmachers, stand mit seinem Fotogeschäft 1938 am Anfang der Aufsteigerkarriere. Es mangelte ihm nicht an Ehrgeiz. Festgelegt, in welche Richtung sein Geschäft expandieren sollte, hatte er sich ebenfalls nicht. Hanns Porst wusste gleich, dass er zuschlagen musste. So billig und leicht würde die Übernahme einer Fabrik vielleicht nie wieder zu haben sein. Anfang Dezember 1938 kam Hermann Spear plötzlich auf freien Fuß. Porst nämlich hatte sich für die Entlassung aus dem Konzentrationslager eingesetzt, weil für den Prozess der »Arisierung« formal die Einwilligung des Eigentümers notwendig war. Die Mühlen der Bürokratie mahlten noch immer nach juristischen Vorgaben. Selbst bei Verfahren, die jeder Rechtsstaatlichkeit spotteten, galt es, Genauigkeit zu bewahren. Eine Wahl blieb Hermann Spear nicht. Er bekam einen Vorvertrag über den Verkauf seiner Fabrik ausgehändigt, auf dessen Inhalt er keinen Einfluss hatte. Er unterschrieb. Wenig mehr zählte jetzt, als mit Frau und Sohn möglichst bald nach England zum Rest der Familie zu gelangen. Eine Ausreisebewilligung stellten die deutschen Ämter jedoch nur unter der Bedingung in Aussicht, dass er sich im weiteren Prozess der »Arisierung« gefügig zeigen würde.[483]

Porst fungierte nun als kommissarischer Leiter der Fabrik. Das Unternehmen krempelte er kräftig um, während er in den Verhandlungen mit Spear den Kaufpreis schamlos drückte. Monatelang zog sich das Verfahren hin. Das Ergebnis war – so die Biografen der Familie – ein Knebelvertrag, der die jüdische Familie enteignete und Porst eine Weltfirma zum Nulltarif bescheren sollte. Dass die »Arisierung« trotzdem nicht ganz in seinem Sinne endete, lag daran, dass nun auch der Staat Anspruch auf einen Anteil an der Beute erhob. Hanns Porst trat schließlich rund 70 Prozent des »Entjudungsgewinns« als Ausgleichszahlung an den deutschen Staat ab; eine Riesenenttäuschung für den findigen Unternehmer. Auf der anderen Seite war für den rechtmäßigen Eigentümer alles Entgegenkommen vergebens gewesen. Zwar hatten Ehefrau und Sohn das Land schon verlassen können, Spear selbst war aber notgedrungen zurückgeblieben. Inzwischen hatte Hitler seinen Krieg in Europa entfesselt, und für die Ausreise nach England war es jetzt zu spät, auch andere Wege waren versperrt. Die letzten Lebensjahre, getrennt von Frau und Sohn, müssen eine Zeit tiefer Verzweiflung gewesen sein. Hermann Spear konvertierte 1942 zum Christentum. Doch religiöse Konversion gewährte keinen Schutz vor dem Rassismus der Nazis. Im März 1943 verhaftete ihn die Gestapo erneut. Hermann Spear wurde am 10. Juli 1943 in Auschwitz ermordet.

Die Fabrik jedoch existierte weiter. Hanns Porst verschrieb dem Geschäft nicht nur eine wirtschaftliche Modernisierungskur, die tatsächlich notwendig gewesen war. Die neuen Spiele erhielten eine ideologische und politische Prägung. Den alten Markennamen behielt Porst, seit Sommer 1940 nunmehr Chef der Firma, zunächst bei; zwei Jahre später ließ er dann den Namen »Porst-Spiele« ins Handelsregister eintragen. Einige der bekanntesten Militärspiele, die in den ersten zwei Kriegsjahren noch erscheinen konnten, entstanden unter seiner Regie: Mit dem Brettspiel »Bomben auf England!« kam der Luftkrieg in die Haushalte der Deutschen. Flugzeuge kreisen über den

Britischen Inseln, lassen ihre explosive Ladung – kleine Plättchen aus Pappe – auf Munitionsfabriken, Städte, Hafenanlagen, Radarstationen regnen. Wessen Bomber die meisten Ziele auf dem Spielfeld treffen, gewinnt. Die echte Luftschlacht um England, welche die Invasion der Insel vorbereiten sollte, hatte im Frühsommer 1940 begonnen und forderte unter der britischen Zivilbevölkerung fast 30 000 Opfer. Auf deutscher Seite war der Materialverlust allerdings so kolossal, dass der Plan zur Eroberung Großbritanniens bereits im September auf unbestimmte Zeit verschoben und die Luftschlacht abgebrochen werden musste. Es war erst der Beginn einer beispiellosen Zerstörungskraft, die im Zweiten Weltkrieg aus der Luft entfesselt wurde.

Die Porst-Spiele machten nahezu jeden Kriegsschauplatz zum Thema. Beim See-Spiel »Kurs Ost-Nordost« schießen die Spieler mit Kriegsschiffen, die sie über eine Seekarte manövrieren, Salven gegeneinander, werfen Wasserminen und zerstören den Hafen des Gegners; in »Peng!« befeuert man sich mit Infanterie am Boden; und »Das große Belagerungsspiel«, das sein Vorbild in den Brettspielen des Ersten Weltkriegs fand, ebnet den Weg zur Eroberung einer Stadt, indem Artillerie feindliche Panzer und Schutzwälle zerfetzt. Einige Spiele sollten an die Front geschickt werden, um den Soldaten fern der Heimat – als hätten sie dort nicht genug mit Zerstörung zu tun – ein wenig Unterhaltung zu ermöglichen. Das Kriegsspiel auf buntem Pappbrett war dabei stets so abstrakt gehalten, dass die Realität von Vernichtung und Sterben kaum ins Bewusstsein der Spielenden rückte. Die Fabrik produzierte solche Spiele bis Ende des Jahres 1943, allerdings zuletzt – wie andere Hersteller auch – nur für den Export in von der Wehrmacht besetzte Gebiete. Hitlers gnadenloser Vernichtungskrieg holte die Deutschen schließlich ein. Die Fabrik lag bei Kriegsende weitgehend in Trümmern. Hanns Porst, von amerikanischen Soldaten verhaftet, wurde 1946 zu drei Jahren Gefängnis verurteilt, kam jedoch nach zehn Monaten wegen guter Führung vorzeitig frei und begann, sein Foto-Imperium aufzubauen. Er wurde zu einem der erfolgreichsten Geschäftsmänner der alten Bundesrepublik. Die »Arisierung« von Spear & Söhne hatte mit dem Kollaps der Diktatur jede rechtliche Gültigkeit verloren. Das Eigentum fiel zurück an die Familie, die den britischen Teil des Unternehmens in London während des Krieges weitergeführt hatte. Die Fabrik in Nürnberg erreichte nie wieder den Glanz oder die Bedeutung früherer Tage. 1994 übernahm der Spiele-Konzern Mattel aus Kalifornien das angeschlagene Unternehmen, zwei Jahre später wurde Spear's Games aufgelöst.

Das Spiel der Propaganda

Längst nicht alle Spielwaren standen in der Zeit der Diktatur unter direktem Einfluss der Staatsideologie. Das Spiel im Zeichen des Hakenkreuzes machte immer nur einen Teil dessen aus, was die Deutschen in den Läden und Warenhäusern kaufen konnten. Die Vereinnahmung durch den Staat fand jedoch dort ebenso statt, wo Produkte nicht gleich als nationalsozialistische Erziehungsinstrumente zu erkennen waren. Die Machtmenschen des Dritten Reiches inszenierten sich gern als Kinderfreunde, also auch als Liebhaber von Spielwaren. Ihre Besuche in den Werkstätten oder Fabrikhallen gehörten zum Alltag. Die Spielwaren-Hochburg Sonneberg in Thüringen stand seit Mai 1933 jedes Jahr im »Zeichen der nationalen Erneuerung«. Dort eröffnete die Messe, die einen »veredelnden und erzieherischen Einfluss auf den Geschmack von Herstellern und Abnehmern« bezweckte, meist der Gauleiter von Thüringen, Fritz Sauckel. Hitler kam in den 1930er-Jahren zu Besuch, hielt eine Rede, bestaunte die Erzeugnisse.[484] Die Thüringer Spielwarenschau, ein »Märchenreich der Kinder«, gastierte im Jahr 1934 für vier Wochen in den Messehallen in Berlin am Kaiserdamm. Alles hatte man hauptstädtisch hergerichtet: »Große Symbole des Dritten Reiches schmückten die Wände der Ausstellungsräume«, protzten die Organisatoren.[485] Das größte Schaulaufen fand weiterhin jedes Jahr zur Frühjahrsmesse in Leipzig statt. Die Spielwaren-Fabrikanten präsentierten die neuesten Produkte auf vier Etagen im Petershof in der Altstadt. Manchmal fand sogar Propagandaminister Joseph Goebbels, der die Leipziger Messe eröffnete, Zeit, um sich die neuesten Spielwaren vorführen zu lassen. Der Propagandaminister wusste um die Bedeutung der Spielwarenwelt. Besonders in Thüringen, wo Parteigenosse Sauckel mit der notleidenden Industrie zu kämpfen hatte, kam er mehrfach zu Besuch.

Der Minister für Volksaufklärung und Propaganda war ein Meister darin, die Deutschen für das Regime einzunehmen. Als einer der einflussreichsten Männer der Diktatur verstand Goebbels sich nicht nur auf rhetorisch geschickte Hassreden sowie auf gewaltige Inszenierungen vor scheinbar berauschtem Massenpublikum. Er wusste auch emotionale Bedürfnisse zu befriedigen. Als kulturbeflissener Demagoge besaß er ein Gespür dafür, dass Aufwiegelei, Hetze und Machtinszenierungen allein nicht genügten, um die Menschen zu gewinnen und sie an den Staat zu binden. Die Bevölkerung wünschte sich Unterhaltung im Alltag durch Film und Rundfunk oder wohlige Behaglichkeit im Kreis der Familie. Goebbels, selbst Vater von sechs Kindern, wusste das möglicherweise besser als manch anderer aus der Führungsriege der Diktatur. Wenn das Tagesgeschäft ermüdete oder politische Intrigen und Seilschaften an den Kräften zehrten, fand der Propagandaminister zur Ruhe dank seiner Kinder. Befremdlich, aber eben gar nicht selten, dass rücksichtslose Verbrecher liebende Väter sein konnten. Penibel hielt Goebbels in seinen Tagebüchern fest, wann und weshalb das Spielen mit den Kleinen ihn besonders entzückte: »Mit den süßen Kindern gespielt. Sie sind mein Glück und mein Sonnenschein«, heißt es am 11. November 1935. Und drei Jahre später, da lagen die Ausschreitungen gegen die deutschen Juden in der Reichspogromnacht erst wenige Tage zurück: »Der Führer spielt noch etwas mit den Kindern, die er sehr gern hat. Er bewundert ihre Phantasie und meint, alle großen Pläne würden in der Jugend gefasst, weil man da noch Phantasie habe. Das sei auch bei ihm so gewesen.«[486]

In der Goebbels-Propaganda fiel den Kindern und Spielsachen eine nicht unwichtige Funktion zu, besonders zu Weihnachten und in den Kriegsjahren, in denen das Bedürfnis der Menschen nach Besinnlichkeit und Frieden stärker wurde. Die eigene Familie setzte Goebbels für Propaganda geschickt ein. In den Illustrierten sah man

Fotos vom Minister am Gabentisch oder unter dem Tannenbaum mit vor Freude strahlenden Kindern. Schauerlich wirkt ein Bild von der »Volksweihnacht« 1937, aufgenommen im Saalbau Friedrichshain in Berlin: Hinter dem dekorierten Gabentisch steht Goebbels steif an der Seite uniformierter Komparsen, vor ihm die zwei jüngsten Töchter Hilde und Helga. Die Versammelten recken die Arme zum Hitlergruß in die Höhe. In den Augen der Mädchen meint man wenigstens ein bisschen Irritation zu erkennen – zu Recht, die Szene ist auf Anweisung entstanden. Goebbels blickt mit eiserner Miene auf seine Töchter herab, ohne jeden Anflug eines Lächelns. Im Hintergrund ist nationalsozialistischer Weihnachtsprunk aufgebaut: die Flagge mit Hakenkreuz, ein Reichsadler auf Podest, daneben der große Tannenbaum mit Geschenken, auch eine Puppe ist am Rande zu sehen. Sympathisch wirkt dieser völkische Kult nicht. Das gespenstische Motiv, das aus der Gegenwart so vielsagend scheint, war eher ein Ausnahmefall. Die Propaganda mit Kindern sollte das Herz wärmen, nicht zuerst den Fanatismus anfeuern. Für Hitler, der angeblich so gern und viel mit den Töchtern seines Ministers spielte, stand die Familie Goebbels stets bereit, wenn es darum ging, den Diktator in ein freundliches Licht zu rücken. Der Propagandachef fand in der Zeit vor Weihnachten auch den Weg in die Warenhäuser der Hauptstadt. Er ließ sich lachend, umringt von Kindern, ablichten, wie er großzügig Spielsachen verteilte.

Die Politiker des Dritten Reiches, das sollte so vermittelt werden, waren Kinderfreunde und nah am Volk. Das eigene ramponierte Image halfen derartige Inszenierungen ebenfalls aufzufrischen. Wegen privaten Eskapaden und ausschweifendem Lebensstil musste der Propagandaminister zeitweise um sein Ansehen besorgt sein. Goebbels präsentierte sich auch deshalb gern als liebender Vater und nahbarer Familienmensch. »Vor Kindern spricht's sich gut, wenn man Kinderseelen versteht«, pries er sich selbst, nachdem er vor der Hitlerjugend aufgetreten war.[487]

Das alles war perfide Täuschung. Das Regime war nie kinderfreundlich – nicht zuletzt, als man Tausende von indoktrinierten

Jugendlichen für einen verlorenen Krieg verheizte, schon gar nicht gegenüber jenen, die als sogenannte Asoziale, Fremdvölkische und Juden, sexuelle Abweichler sowie psychisch oder körperlich Kranke dem Raster einer inhumanen Ideologie zum Opfer fielen. Selbst für die Kinder des Propagandaministers gab es die väterliche Liebe nur im Zeichen des Dritten Reiches. In den letzten Stunden, bevor er sich in Hitlers Bunker dem Gericht der Sieger durch Selbstmord entzog, zeigte Goebbels, was seine Kinder ihm in Wahrheit bedeuteten. Alle sechs starben an Zyankali-Giftkapseln, verabreicht von ihren Eltern.

Hermann Göring, der Spielzeugonkel

Spielsachen stellten für Goebbels ein Material dar, das sich zur Propaganda gut einsetzen ließ. Bei Hermann Göring lag der Fall etwas anders. Der war tatsächlich ein begeisterter Spieler und Sammler. Die Zeit, in der Göring zu den wichtigsten Männern der Diktatur zählte, neigte sich nach der verlorenen Luftschlacht um England allmählich dem Ende zu. Der Oberkommandierende der Luftwaffe und Ministerpräsident Preußens – unter seinen diversen Titeln und Ämtern die beiden wichtigsten – zog sich mehr und mehr ins Privatleben und in den Morphium-Konsum zurück; was aber nicht heißt, dass er am Verbrechen der »Endlösung« nicht federführend beteiligt gewesen wäre. In den Kriegsjahren tat sich Göring unter anderem auch als Räuber von Kunst in großem Stil hervor. Aus den besetzten Gebieten Europas wurde nahezu alles herangeschafft, was sich in Museen, Villen und aus jüdischem Besitz an Wertvollem greifen ließ. Viel davon beanspruchte Göring für sich und sein Luxusleben. Der barocke Repräsentationstrieb beschränkte sich nicht nur auf große Kunst. Außerhalb Berlins, in der Schorfheide zwischen zwei Seen, lag sein gewaltiger Landsitz Carinhall, benannt nach seiner 1931 verstorbenen Ehefrau. Im weitläufigen Jagdschloss mitten im Wald stellte Göring in protzigen Hallen aus, was er angehäuft hatte. Mit Kegelbahn und Casino unterhielt er die Gäste. Ausgestellt in den Gängen war wohl auch sein feinstes Spielzeug: prächtige Holzkutschen mit Puppen in volkstümlicher Tracht, wertvolle Schiffsmodelle mit großen Segeln, außerdem – Göring war leidenschaftlicher Jäger – unzählige Tierfiguren aus Handarbeit.

Auf dem riesigen Dachboden seines Anwesens hatte er sich auf 100 Quadratmetern die größte elektrische Eisenbahnanlage des Dritten Reiches installieren lassen: 1200 Meter Schienen, 75 Weichen, 400 Meter Kabel, alles angetrieben von drei Transformatoren. Wenn Göring am Kontrollpult die Hebel und vielen Köpfe bediente, rauschten acht Märklin-Dampfloks gleichzeitig durch malerische Landschaften mit einer Miniaturstadt als Ziel, die Nürnberg nachempfunden war. Bei der Bemalung der Fachwerkhäuser, von denen zwei erhalten sind, hatte Göring angeblich selbst Hand angelegt. Wer auf dem Landsitz gastierte, ob Gefolgsleute, hohe Staatsführer oder ausländische Diplomaten, kam an einer Vorführung nicht vorbei. Auch Hitler sah sich die Spielzeuglandschaft bei einem Besuch an. Der Herzog von Windsor, der 1937 in Carinhall weilte, schritt behutsam auf Zehenspitzen über die Anlage, um eine Lok wiederaufzurichten, die Göring im Übermut entgleist war; der ehemalige Monarch, der im Jahr zuvor widerwillig auf den Thron verzichtet und die Krone an den Bruder übergeben hatte, hegte kaum verhüllte Sympathien für den Nationalsozialismus. Aus dem englischen Hochadel war er nicht der Einzige, der auf Tuchfühlung ging. Selbst nach Kriegsbeginn gastierten weiterhin hohe Staatsgäste auf dem Landsitz des Reichsmarschalls. Der faschistische Duce Mussolini bekam Görings Dachboden-Anlage ebenso zu sehen wie Miklós Horthy, Staatschef von Ungarn und seit 1940 Bündnispartner, oder Japans Außenminister Yosuke Matsuoka, dem Göring jedes kleine Detail seiner Bahnstrecke eifrig erläuterte.[488]

Die Passion Görings machte die Runde. Wer vom Fach kam und seine Leidenschaft teilte, wusste um dessen Vorlieben. Am 12. Januar 1943, es war sein 50. Geburtstag, erhielt die Spielzeugsammlung des Reichsmarschalls wieder einmal Zuwachs: eine neue Eisenbahnlandschaft, zwar viel kleiner als das, was er vom Dachboden gewohnt war, aber dafür ausgestattet mit neuester Elektrotechnik. Das Geschenk kam von Ernst Völk. Es war vielleicht ein Dank für die »Arisierung« des Trix-Werkes, das er als neuer Eigentümer seit einigen Jahren führte. Mit einem jungen Konstrukteur reiste er eigens nach Carinhall, um Göring in die Feinheiten der Technik einzuweisen. Der stand, wie ein Geburtstagsfoto zeigt, im Fantasiejackett vor dem Pult, drehte konzentriert die Knöpfe, verstellte die Schienen; ein merkwürdiger Auftritt für einen Mann, der zeitgleich den Tod von Millionen mitverantwortet.[489] In den folgenden Jahren nahm die Eisenbahnanlage offenbar derartige Ausmaße an, dass sie später ins Untergeschoss des Riesenanwesens verlegt werden musste. Andere Fotos, die von Görings Privatreich erhalten sind, zeigen diese Strecke, die sich nun auf zwei Ebenen durch Gebirgsmassen aus dekoriertem Pappmaché zog. Im Hintergrund, akkurat aufgereiht, ist auf einem Holzpodest noch anderes Göring-Spielzeug zu sehen: ein Artillerie-Geschütz, dazu ein Panzer sowie eine dicke Haubitze zum Transport auf Schienen. Der bizarre Spieltrieb des Reichsmarschalls bietet reichlich Stoff für merkwürdige Fantasien. Aber es geht um mehr als Anekdoten und komische Geschichten. Bewusst nutzte Göring sein Faible zur jovialen Selbstinszenierung, sogar für Diplomatie und Machtpolitik. Wer einem Gegenüber die private Passion derart offenbart, wie Göring es tat, kann dessen Sympathie und Gunst gewinnen. Spieltrieb macht liebenswürdig. Auch Propagandaminister Goebbels meinte, man müsse sich mit seinen Eigenheiten abfinden, ja sie hätten »manchmal etwas direkt Sympathisches an sich«.[490]

Für die Firmen Märklin und Trix, deren Eisenbahnen über Görings Schienen ratterten, aber auch für andere Spielwaren-Hersteller kam der Luftwaffenchef ohnehin wie gerufen. Eine bessere Werbung hätte es nicht geben können. Die Vertreter der Industrie schmückten das illustre Bild Görings für die Öffentlichkeit gelegentlich fantasievoll aus. So konnte ein Verbrecher – Ende Juli 1941 hatte er Reinhard Heydrich den Auftrag zur Vorbereitung der »Endlösung der Judenfrage« erteilt – als sympathischer Kinderfreund erscheinen. Das Kalkül war profan. Man sagte, das »Meisterwerk deutscher Spielzeugtechnik«, das er in seinem Besitz habe, sei keine Sonderanfertigung für den Minister. Jeder könne die Eisenbahnen kaufen und dem Reichsmarschall nacheifern. Im Übrigen präsentierte sich Göring an den Tagen vor Weihnachten ebenfalls gern der Öffentlichkeit, wie er Kindern – bevorzugt aus ärmeren Familien – Geschenke machte; dann verteilte er zum Beispiel Panzer und Flugzeuge. Mit Tochter Edda, geboren 1938, sah man ihn auf Fotos in den Illustrierten als liebenden Vater. Nicht einmal für solche Bilder hatte er seine Prunkuniformen abgelegt. Etwa Anfang 1940 nahmen Fachleute einige aufwendige Umbauten an der Eisenbahnanlage vor. Einmal mehr erschienen Porträts des spielenden Göring in den Fachblättern. Die Anlage hatte er sukzessive zum Schlachtfeld ausbauen lassen. An die dicken Querbalken aus Holz, die das Dach von Carinhall stützten, war eine spezielle Installation anmontiert. Bediente Göring die Knöpfe am Pult, ließen Modellflugzeuge von Tipp & Co kleine Bomben auf die Anlage regnen: »Zwischen dem 600 m langen Schienennetz tobt die Schlacht der Bleisoldaten. Da fehlt nichts, was ein Jungenherz erfreuen könnte. Feuerspeiende Tanks rollen gegen den Feind, Minenwerfer schießen mit Aufschlagzünder. Die Infanterie wird eingenebelt, Flakartillerie beschießt Flugzeuge, die an feinen Drähten hängen, über das Kriegsgelände schweben und ihre Bomben auf Bahnhöfe, Brücken und Wälder herunterfallen lassen. Dazwischen hockt der Kinderfreund Hermann Göring und strahlt vor Freude ebenso über den Spaß und Ernst seiner Neffen wie über das Kinderlachen Roswithas, seiner jüngsten Nichte. Das sind dann Feststunden für den Ministerpräsidenten.«[491]

So verband sich die biedere Sentimentalität mit dem Schrecken der Wirklichkeit. Propaganda unter dem Hakenkreuz ist nicht nur von höchster Staatsebene verordnet worden. Sie wurde auch von jenen im Kleinen angewandt, die sich in Wirtschaft, Staat und Gesellschaft einen Gewinn davon versprachen. Nie ging es bei solchen Inszenierungen allein um Volksgemeinschaft, Militarismus und hasserfüllten Rassismus. Perfide funktionierte Propaganda gerade dort, wo sie Menschlichkeit, Nähe und völkische Nestwärme vorgaukelte. Die Nationalsozialisten wussten das Bedürfnis nach Spiel und Unterhaltung ausgiebig für sich und ihr Polittheater zu nutzen.

Hermann Göring wird die Freude an seinen Eisenbahnen mitsamt Spielzeug-Krieg zuletzt vergangen sein. Am 28. April 1945, gut zwei Wochen vor der Kapitulation Deutschlands, ließ er Carinhall sprengen. Zurück blieb ein Trümmerfeld. Den vorrückenden Sowjets sollte sein prunkvolles Privatreich nicht in die Hände fallen. Die geraubte Kunstsammlung hatte Göring zuvor über Wochen mit Sonderzügen fortschaffen lassen; die US-Armee fand den Großteil in einem Bergstollen bei Berchtesgaden in Bayern versteckt. Seine Spielzeugsammlung gilt als verloren. Zuletzt bei Hitler in Ungnade gefallen und vom Drogenmissbrauch gezeichnet, war Hermann Göring mitsamt Familie im Frühjahr 1945 nach Bayern geflohen, von SS-Männern dort verhaftet, aber nach Hitlers Selbstmord wieder auf freien Fuß gesetzt worden. Er stellte sich den Amerikanern bei Salzburg. Der Prozess gegen die Kriegsverbrecher in der Spielzeug- und Reichsparteitagsstadt Nürnberg brachte seine Verantwortung für Gräueltaten und seine Beteiligung am Holocaust ans Licht. In allen Anklagepunkten für schuldig befunden, wurde Göring zum Tod durch den Strang verurteilt. Der ehemalige Reichsmarschall entzog sich am 15. Oktober 1946 der Strafe durch Suizid in seiner Gefängniszelle. Keine noch so effektive Propaganda und Selbstdarstellung währt ewig oder beeinflusst auf Dauer. Glücklicherweise ist Hermann Göring der Nachwelt weder als Spielzeugliebhaber noch als Kinderfreund in Erinnerung geblieben.

6 VOM SPIEL DER VÖLKER UND RASSEN

Finstere Spiele und rassistische Theorien

Jüdisches und arisches Schachspiel

Am 22. März 1941 erschien in der ›Pariser Zeitung‹, einem Presseorgan der deutschen Besatzungsmacht, auf Deutsch und Französisch ein Artikel des amtierenden Schachweltmeisters Alexander Aljechin. Es war der Beginn einer Serie von Beiträgen des russischen Schachprofis, in denen er maßlos gegen das Judentum wetterte. Die Tiraden sorgten in bürgerlichen Kreisen für Aufsehen. Darauf hatte der Autor spekuliert, der sich für die Gunst, die ihm die Nationalsozialisten seit einiger Zeit erwiesen, nun erkenntlich zeigen konnte. Vielleicht spielte auch die Lust an der Sensation eine Rolle. Die Texte wurden in Deutschland, was naheliegt, aber auch in den besetzten Niederlanden und sogar in Großbritannien nachgedruckt. Was die französische Bevölkerung und die deutschen Besatzungskräfte zu lesen bekamen, war an antisemitischer Gemeinheit kaum zu überbieten. »Sind die Juden als Rasse schachbegabt?«, fragte Aljechin. Was war seine Antwort und warum überhaupt hatte der international bekannte Schachstar Derartiges verfasst?[492]

Alexander Aljechin, geboren 1892 in Moskau, stammte aus einer wohlhabenden Adelsfamilie. Die Oktoberrevolution 1918 mit dem Beginn des Bürgerkriegs unterbrach abrupt seine beginnende Karriere. Einige Zeit inhaftiert, enteignet und ständig schikaniert, bot das sowjetische Russland dem Schachprofi keine Perspektive mehr. Anfang der 1920er-Jahre ging er ins Exil nach Paris und erhielt die französische Staatsbürgerschaft. 1927 wurde er erstmals Weltmeister. Bis weit in die 1930er-Jahre blieb er am Spielbrett fast ungeschlagen. Einige Partien gelten wohl bis heute als legendär. Nach der deutschen

Besetzung Frankreichs 1940 stellte sich Aljechin den Nationalsozialisten zur Verfügung. Er spielte später auf Turnieren in den deutsch besetzten Gebieten Europas und zu seinen Gönnern zählte Hans Frank, der Generalgouverneur des besetzten Polen. Viele russische Emigranten hegten die falsche Hoffnung, Deutschland würde die Heimat vom sowjetischen Joch befreien. Es wäre allerdings falsch, würde man in Aljechins Texten bloß Kollaboration aus Opportunismus oder einen Ausdruck trügerischer Illusionen sehen.

Der Auftakt der Artikelserie war eine hasserfüllte Abrechnung mit seinem alten Rivalen, dem kurz zuvor in New York verstorbenen Emanuel Lasker, ein deutscher Jude und ein Meister der Schachspielkunst. Lasker, geboren 1868 in einer Kleinstadt in Westpommern, promovierter Mathematiker, hatte sein Talent wie Aljechin mit Erfolg zum Beruf gemacht: Bis 1921 konnte er den Weltmeistertitel beeindruckende 27 Jahre unangefochten für sich reklamieren. Acht Mal traf er bei wichtigen Turnieren auf den wesentlich jüngeren Russen und war auch aus diesen Begegnungen meist als Sieger hervorgegangen. Lasker und seine Frau mussten 1933 vor der Verfolgung der Nationalsozialisten aus Deutschland fliehen und lebten in den USA. Auf Einladungen reiste Lasker in den 1930er-Jahren einige Male in die Sowjetunion. Dass er im roten Moskau Turniere bestritt, während Aljechin in der Heimat kaum mehr einen Fuß auf den Boden bekam, erzürnte den Russen sicher besonders.

Wie weit seine Missgunst wirklich ging, offenbarte sich nun in der ›Pariser Zeitung‹. Mit beißender Verachtung schrieb Aljechin, mit Lasker sei der hoffentlich letzte Schachweltmeister jüdischen Blutes gestorben. Dass Lasker in New York seine letzte Ruhe fand, war aus Sicht des Russen bezeichnend. Denn das sei eine Judenstadt, gar die Hauptstadt der Juden. Den Tod des Altmeisters sah er als Befreiung für den Schachsport. Es sei nur in einem Klima demokratischer Dekadenz möglich gewesen, wie es sich nach der Jahrhundertwende in Europa und der Welt ausgebreitet habe, dass ein Jude wie Lasker zum Weltmeister habe aufsteigen können. Die Periode demokratischer Finsternis neige sich, wie er verhalten prognostizierte, nun aber ihrem

Ende entgegen. Doch der Verstorbene habe Epigonen hinterlassen, sein jüdischer Geist würde weiterwirken. Die folgenden Artikel zeugen von einer Art antisemitischem Wutrausch des Verfassers. Name um Name reihte Aljechin aneinander, darunter bekannte Meister, persönliche Weggefährten und Konkurrenten, als ginge es ihm um eine lange Anklageliste gegen alle Juden der Schachgeschichte.

Für die Nationalsozialisten war es ein genialer kleiner Propagandastreich. Juden, behauptete der russische Champion, besäßen eine eigene Art zu spielen. Ja, sie seien am Spielbrett begabt, doch unterschieden sie sich von allen anderen Völkern und Rassen. Ihr niederträchtiger Charakter trete hier für jedermann sichtbar zutage. Das beweise nicht zuletzt eine Erfahrung, die er selbst gemacht habe: Juden mieden beim Spiel den offenen Kampf, verharrten stattdessen stets in einer Position der Defensive, um alles auszusitzen. Lasker sei das Paradebeispiel eines Defensivspielers gewesen. Nie würden Juden einen gleichwertigen Gegner suchen; nein, sie stürzten sich bevorzugt auf Jüngere, Unerfahrene und Schwache. Juden spielten nicht aus Vergnügen, Freude am Wettstreit, nicht einmal wegen der sportlichen Herausforderung. Allein das Preisgeld der großen Turniere wecke ihren Ehrgeiz. Der Russe griff fast zu jedem nur vorstellbaren Klischee. Exzentrisch und denkbar eitel blickte der amtierende Weltmeister gleichzeitig auf die eigene Karriere zurück, um sich zum unermüdlichen Kämpfer gegen das Judentum aufzuschwingen. Er wetterte beispielsweise gegen Siegerkomitees, die angeblich rein jüdisch besetzt worden seien, und gegen all jene, die sich als »Spielzeug einer ganzen Judenclique missbrauchen« ließen.[493]

Wenn es eine jüdische Spielweise gab, so musste folgerichtig ein Gegenbild existieren; ein spielerisches Ideal, das er – wiederum Zeichen seiner Eitelkeit – durch sich und in sich selbst verwirklicht sah. Aljechin meinte, das Schachspiel sei im Ursprung und Kern »arischer« Natur, basiere nämlich auf Kampf und müsse wagemutig gespielt werden. Alles führe am Ende auf dieses eine Prinzip zurück: der Gegner werde niedergerungen, seine Armeen würden ausgeschaltet, der feindliche König werde matt gesetzt. Im Gegensatz zum Juden, befand Aljechin, treibe den sogenannten Arier ein unbedingter Wille zum Sieg auch am Spielbrett an. Dem jüdischen Verteidigungsgedanken stünde eine »deutscheuropäische Idee des Angriffskampfes« gegenüber.[494] Im Schachspiel scheine der arische Mensch zu sich selbst zu finden, sich gar sein Wesen auszudrücken. Der Arier führe sich zur Vervollkommnung, indem und weil er spiele: »Sobald die Idee des Umzingelns der feindlichen Hauptfigur auftritt, ist kein Opfer der Zeit, des Raums und des Materials zu groß, um dieses Ziel zu erreichen. Deshalb ist das Schach [...] so anziehend, weil es in uns – manchmal auch nur unterbewusst – das menschliche Streben nach dem Ideal, die Freude des Selbstaufopferns für die Idee, in Erinnerung bringt. [...] Von welchem anderen Spiel könnte man dies auch nur annähernd behaupten?«[495]

Aljechin war nicht der Einzige und nicht der Erste, der sich Gedanken darüber machte, was das sogenannte jüdische und das arische Spiel unterscheiden sollte. Schon vor der Jahrhundertwende forderten schrille Stimmen den Ausschluss der Juden von den Wettbewerben und »Arisierung« der Vereine. Franz Gutmayer, ein Freizeitspieler aus Österreich, versuchte sich als Erster an einer Art rassistischer Schachspiel-Theorie. 1889 erschien sein Buch ›Der Weg zur Meisterschaft‹, vordergründig eine Anleitung zum vorbildlichen und richtigen Schachspiel. Doch Gutmayer pöbelte darin gegen »schmutzige Schacherjuden« und beschwor die überlegene Spielweise eines sogenannten Übermenschen; eine banalere Pervertierung der Philosophie Nietzsches ist schwer vorstellbar. Weitere Schriften mit ähnlicher Tonlage folgten. »Man muss diese hässlichen Tiere abstechen«, keifte Gutmayer enthemmt. Die Antisemiten erhielten allerdings erst unter dem Hakenkreuz den Rahmen, den sie brauchten, um ihr Spiel vom vermeintlichen Einfluss der Juden zu säubern. Die Namen der jüdischen Großmeister und Sieger wurden nach 1933 aus der Literatur getilgt. Juden durften in Deutschland nicht mehr an Turnieren teilnehmen und wurden aus den Vereinen ausgestoßen.[496]

Nach Kriegsende 1945 behauptete Aljechin, er sei zur Kollaboration mit den Deutschen genötigt worden. Er sei nicht der Verfasser der antisemitischen Artikel, man habe sie ihm untergejubelt. Stichhaltig belegen konnte er dies nicht. Die Ausrede glaubten ihm nur seine treuesten Bewunderer.[497]

Zwei Brettspiele

Wer Spiele erfindet, sieht darin oft pädagogische Lehrmittel. Sie sollen Geist und Intellekt, Kreativität und Fantasie fördern. Spiele besitzen Regeln und sind durch Erwartungen, Erfahrungen oder Konventionen eingerahmt, die Menschen an sie herantragen. Aljechins rassistische Texte sind Beispiele dafür, wie Spiel mit Sinndeutung oder politischer Ideologie aufgeladen werden kann. Es überrascht nicht, wenn im Spiel der 1930er-Jahre auch der Rassismus wiederzufinden ist, der diese Zeit insgesamt prägte. Wirft man einen Blick auf manche Spiele, ist dennoch kaum nachzuvollziehen, wie sie allen Ernstes entworfen oder gar mit Vergnügen gespielt werden konnten. Das zeigt das sicherlich übelste Produkt, das in den 1930er-Jahren erfunden wurde. Lediglich zwei Exemplare sind erhalten geblieben. Über den Ursprung ist wenig bekannt. Ein recht unbedeutender Hersteller brachte das Brettspiel 1938 auf den Markt. Nur der Firmenname – Günther & Co. – sowie der Herstellungsort Dresden sind dokumentiert. Davor und danach trat die Firma nicht wieder in Erscheinung. Der Erfinder ist unbekannt. Für sein Werk stand ein Kassenschlager Pate. Das beliebte Brettspiel »Fang den Hut!« aus dem Hause Ravensburger hatte die deutschen Haushalte rund zehn Jahre zuvor fast im Sturm erobert. Prinzip und Regelwerk, auch Spielbrett und Figuren sind ähnlich. Was als Neuinterpretation nun in den Verkehr kommen sollte, bewarb man als »zeitgemäßes und überaus lustiges Gesellschaftsspiel für Erwachsene und Kinder«, mit der Altersempfehlung: ab 12 Jahren. Dieses Brettspiel trug einen Titel, der jedem Deutschen sofort ins Auge springen musste: »Juden raus!«. SA-Männer skandierten diesen Slogan, und er stand an Mauern und Hauswände geschmiert. Man stelle sich eine deutsche Familie vor, Alt und Jung, Eltern und

Kinder sitzen gemütlich beisammen und vergnügen sich, indem sie Menschen deportieren.

Ein recht schmuckloses Spielbrett zeigt eine biedere Kleinstadt im mittelalterlichen Ambiente. Enge und verschachtelte Straßenzüge sind zu sehen, die Altstadt wird begrenzt von dicken Mauern aus Stein. Einige Juden wohnen hier und verdienen sich ihren Lebensunterhalt. Sie besitzen kleine Geschäfte und Läden, an deren Fassaden und Markisen ein paar Namen zu erkennen sind: Herz, David und Salomon; eine Arztpraxis: Dr. Hirschfeld steht auf dem Türschild am Eingang – wahrscheinlich eine Anspielung auf den verhassten Sexualwissenschaftler. Holzfiguren, gekleidet in bunte Uniformen mit großen langen Hüten, stellen deutsche Polizeibeamte dar. Die sechs Polizisten wachen jedoch nur dem Anschein nach über Gesetz und Ordnung in dieser Kleinstadt. Jeder Spieler dirigiert einen der Gesetzeshüter. Sie werden zu Spielbeginn auf den verwinkelten Straßen aufgestellt. Es wird reihum gewürfelt, die Spieler ziehen ihre Polizisten durch die kleinen Gassen, immer hin und her zwischen den Stadtmauern und dem Zentrum. Kommen sie bei ihren Patrouillen vor einem Judenhaus zum Stehen, nehmen sie kurzerhand einen Juden mit. Die werden als kleine Hütchen dargestellt, welche die Spieler sammeln. Darauf sind grotesk verzerrte, hässliche Fratzen aufgemalt. Die Schutzmänner stehen miteinander zudem im perfiden Wettstreit: Begegnen sie sich zufällig im Stadtzentrum, luchsen sie sich die gefangenen Juden gegenseitig ab. Das Ziel ist für alle Spieler gleich. Die jüdischen Bewohner müssen hinausgetrieben werden, damit man sie nach Palästina verschiffen kann. »Zeige Geschick im Würfelspiel / damit Du sammelst der Juden viel!«, fordert auf dem Spielbrett ein primitiver Reim zum Verbrechen auf. Am Rand des Spielfelds sind drei Menschen als Karikaturen dessen, was sie angeblich sein sollen, aufgemalt: Ein jüdischer Mann mit schwarzem Kittel und Kippa, eine grobschlächtige Frau in kariertem Kleid und mit Handtasche und ein Junge in schiefer Haltung mit einem Gepäckstück unter dem Arm. Sie sind in Eile. Kein SA-Mann oder SS-Scherge ist zu sehen, der sie daneben brutal antreiben würde. Diese Aufgabe fällt hier den Spielern und ihren Polizisten zu. Ein Reim erklärt: »Gelingt es Dir 6 Juden rauszujagen, so bist Du Sieger ohne zu fragen!« Vor den Stadttoren, dort, wo die Gassen hinführen, befinden sich Sammelplätze, von denen die Spieler jeweils eigene besitzen. Es gewinnt derjenige, der mit Geschick und Glück zuerst sechs Juden in sein Lager treibt. Die Familie, die sich daheim mit diesem Brettspiel amüsierte, konnte nicht im Zweifel sein, worum es hier geht.

Das Verbrechen ist nicht abstrakt oder anonym. Das Unrecht hat seine Wurzel nicht zuerst in der staatlichen Willkür, wird nicht einmal mit den Rassegesetzen begründet, welche die NS-Diktatur 1935 auf den Weg brachte. Das Verbrechen bezieht ein, fordert zum Mitmachen auf, drängt die Spieler zur Beteiligung, entlohnt sie mit Siegerglück. Unweigerlich werden Fragen aufgeworfen, die das Wissen der Deutschen um den Holocaust, ihre Beteiligung und individuelle Verantwortung berühren. Als »Juden raus!« im Herbst 1938 als Neuheit beworben wurde, war die Menschenvernichtung in den Konzentrationslagern, war auch Auschwitz als Symbol und Mahnmal dessen noch Zukunft. Aber jüdische Bürgerinnen und Bürger emigrierten gezwungenermaßen seit Jahren zu Zehntausenden ins Ausland, sofern sie noch konnten. Andere hofften, die Zukunft bringe eine Wendung zum Besseren und blieben. Viele hatte man ihres Besitzes enteignet, mit Berufsverbot belegt, willkürlich verhaftet. Das Regime versprach den Deutschen für die Zukunft eine außenpolitische Lösung des »Judenproblems«. Entweder sollten die Juden irgendwo weit nach Osten verbracht oder ihre Emigration in andere Staaten forciert werden; eben auch ins britisch verwaltete Palästina, wie hier im Brettspiel zu sehen. Nach dem Sieg über Frankreich 1940 entstand im Reichssicherheitshauptamt kurzzeitig – auf Basis von Ideen, die unter Antisemiten in ganz Europa seit Jahrzehnten diskutiert worden waren – ein wirres Konzept, das die Verschiffung des europäischen Judentums nach Madagaskar vorsah. Dieser sogenannte Madagaskarplan wurde in Deutschland öffentlich diskutiert, war jedoch logistisch nur Illusion, solange der Krieg mit der Seemacht Großbritannien anhielt. Die Bevölkerung hatte sich am Ende der 1930er-Jahre über das

Konkrete der Zukunft noch täuschen können, wenn sie wollten, aber das Unrecht als solches stand offen sichtbar vor aller Augen.

Ein weiteres Brettspiel ähnelte diesem Machwerk auf frappierende Weise. Zugleich hätte es gegensätzlicher kaum sein können. Das Spiel thematisierte ebenfalls die Emigration der deutschen Juden, jedoch aus ihrer eigenen Perspektive. In Berlin war bereits Ende 1932 eine Organisation mit dem Namen »Jugend-Alijah« (Aliijat Noar) ins Leben gerufen worden. Die Initiative hatte Recha Freier ergriffen, eine außergewöhnlich weltgewandte Lehrerin und die Ehefrau des Oberrabbiners von Berlin. Sie unterstützte seit einigen Jahren die Anliegen des Zionismus. Ihre Hilfsorganisation setzte sich in der Zeit der Diktatur ab 1933 zum Ziel, jüdische Kinder und Jugendliche vor der staatlichen Verfolgung aus Deutschland heraus und im Ausland in Sicherheit zu bringen. Bevorzugt in den Kibbuzim in Palästina sollten die Jugendlichen, meist etwa im Alter von 15 bis 17 Jahren, bei Adoptiveltern erzogen werden. Intellektuelle wie Hannah Arendt, die 1933 ins Ausland geflohen war, und prominente Zionisten engagierten sich für das Vorhaben. In Deutschland stieß Freier allerdings auf Widerstände, selbst in den jüdischen Gemeinden, wo man auf irgendeine Art von Arrangement mit dem NS-Regime hoffte. In Jerusalem gab es ein Alijah-Büro, das die Zionistin Henrietta Szolddas leitete. Es bemühte sich um die Eingliederung der Kinder und Jugendlichen, die an die unbekannte Umgebung in Palästina erst noch herangeführt werden mussten. Bis Ende des Jahrzehnts gelang es tatsächlich, einige Tausend Minderjährige aus Deutschland und Österreich ins Ausland zu bringen.[498] Die allermeisten ließen Eltern, Angehörige und gute Freunde zurück. Die Trennung von der Heimat musste ihnen unendlich schwerfallen. Auf ihre Reise in das Land der Hoffnung bereitete das Brettspiel vor. Der Jüdische Nationalfonds gab es im Jahr 1935 unter dem Titel »Das Alijah-Spiel« heraus. Es ist die erste lange Fahrt der Kinder in ein Gelobtes Land.

Das Spielfeld zeigt eine Karte, darauf das geografische Dreieck zwischen Europa, Kleinasien und Afrika, im Zentrum liegen Griechenland und der Bosporus. Die Reise der Kinder allerdings beginnt hoch im Norden, in einem kleinen, schmucken Haus an der Meineckestraße 10 in Berlin. Es ist der Sitz des Palästinaamtes. Die Berliner Niederlassung der Zionistischen Weltorganisation warb von 1924 bis zur erzwungenen Schließung des Büros 1941 für die Ausreise der deutschen Juden. Es wurden Visa beschafft, juristische Beratungen geleistet oder Sprachkurse angeboten. Ein Zug bringt die Kinder-Emigranten von hier aus zunächst nach München. Die jungen Reisenden bewegen sich, wie fast überall im neuen Deutschland, auf gefährlichem Pflaster. Ein Mann vor einem Pult ist auf dem Spielfeld zu sehen, der eine Art Rede hält – vielleicht ist er ein Zionist, der den Kindern letzte wertvolle Ratschläge für ihre Reise gibt. Von hier geht es im Flugzeug weiter in das faschistische Italien, zur quirligen Hafenstadt Triest; auch dies ist für Juden kein Ort, der zum längeren Verweilen einlädt. Ein Schiff wird mit schweren Gepäckstücken beladen, danach erst beginnt die Fahrt über das Mittelmeer, mit Zwischenhalt in Süditalien und bei Korinth in Griechenland. Kaum ein Jugendlicher hat bislang eine derart lange Reise hinter sich gebracht. Es gibt Hindernisse, die den Spielern das Vorrücken auf dem Spielbrett und die Ausreise erschweren: Die Koffer bleiben liegen, man verpasst das Schiff, wird krank auf hoher See oder spricht nicht gut genug Hebräisch, um sich in der neuen Heimat mit anderen zu verständigen. Sieger ist, wer zuerst das Refugium im Gelobten Land, mit grünen Palmen auf Wüstensand und fruchtbaren Äckern, erreicht.

Beide Brettspiele ähneln einander im Thema, aber sind grundverschieden in ihrem Ziel: Das eine bezweckt die Rettung von Menschen, das andere stellt Verbrechen an ihnen als Selbstverständlichkeit dar. Für das Alijah-Spiel ist die Zahl der verbreiteten Exemplare nicht bekannt. Wahrscheinlich kamen etliche Kinder mit dieser spielerischen Reise nach Jerusalem in Berührung, zumal wenn sie an jüdischen Einrichtungen oder Schulen verkehrten. Ein Bild aus dem Jahr 1935 des Fotografen Herbert Sonnenfeld zeigt seine Ehefrau, wie sie sich mit zwei Jungen der Theodor-Herzl-Schule in Berlin über das Spielbrett beugt. Beim Gegenstück »Juden raus!« ist die Sachlage noch weniger klar. Die Auflagenhöhe ist nicht dokumentiert, die Verbreitungszahlen sind heftig umstritten. Vorstellbar aus heutiger Sicht sind allenfalls fanatische Parteigenossen, die ihren Lieben eine zynische Freude bereiteten. Oder der Einsatz des Spiels in einer NS-Organisation, vielleicht sogar bei eher unpolitischen Deutschen, die sich für Tagespolitik sonst wenig interessierten. Es seien bis zu einer Million Exemplare des Spiels verkauft worden, behaupten manche. Das wäre für den kleinen Hersteller aus Dresden ein gewaltiger Erfolg gewesen sowie Beleg dafür, wie sehr die Deutschen den – eben nicht bloß staatlich angeordneten – Antisemitismus im Alltag verinnerlicht hatten. Die Indizien weisen in die gegenteilige Richtung, wie Ulrich Schädler darlegen konnte.[499] Ein kommerzieller Erfolg war das Brettspiel demnach nicht. Es erhielt nicht einmal Zuspruch aus den Reihen der SS. »Diese ›Erfindung‹«, urteilte das wichtigste SS-Leitorgan, »ist ein geradezu strafwürdiger Einfall, ausgezeichnet dazu geeignet, Wasser auf die Hetzmühlen der internationalen Judenjournaille zu gießen, die einen derartigen Unfug mit diabolischem Grinsen als ›Beweismaterial‹ [...] herumreichen würde, wenn er ihr vor die krumme Nase käme.«[500] Das Fernziel der »Entjudung« Deutschlands oder Europas und die entsprechenden Maßnahmen der Regierung könnten nicht auf einem Spielbrett abgebildet werden. Große politische Probleme ließen sich nicht durch den Einsatz eines Knobelbechers lösen. Unverschämt sei gar das Vorhaben, das Produkt auf der anstehenden Frühjahrsmesse in Leipzig öffentlich anzupreisen. Tatsächlich zog es die Firma, die für den Vertrieb zuständig war, nach der bitteren Pille offenbar vor, das antisemitische Brettspiel nicht weiter zu bewerben; was später manche zu der gewagten Mutmaßung veranlasste, es sei überhaupt nie an Deutsche verkauft worden.

Aus Sicht führender Ideologen schien das Spiel die Judenfrage zu banalisieren. Vielleicht war es auch deshalb problematisch, weil sich die Vertreibung nach Palästina – für die das Produkt auf schamlose Weise warb – als Scheinlösung entpuppen konnte. Verboten wurde es aber nicht, obwohl dies möglich gewesen wäre. Der Hersteller sah sich kurz nach den Pogromen vom November 1938 veranlasst, sein erst jüngst veröffentlichtes Produkt mit 33 Prozent Rabatt zu verramschen.[501] Das spricht nicht dafür, dass die Deutschen sich um dieses Brettspiel in Scharen gerissen hätten. Was die Gründe für die Zurückhaltung waren – die Geschmacklosigkeit des Spiels, die Kritik der SS oder schlicht die Tatsache, dass es unterhaltsamere Alternativen gab – lässt sich schwer mit Sicherheit beurteilen. Die Klärung der Frage nach der Verbreitung gäbe Aufschluss, wie weit die Zustimmung der »Volksgenossen« zur antisemitischen Politik tatsächlich reichte; nicht zuletzt, wie weit ihre Bereitschaft ging, an der Entrechtung der jüdischen Bevölkerung mitzuwirken. Die Tatsache, dass dieses Spiel zeitweise beworben und eben scharf kritisiert wurde, zeigt immerhin, dass die Bevölkerung sehr früh viel wissen, ahnen, befürchten konnte; und wie erschreckend wenig an Abscheu artikuliert worden ist. Denjenigen, die »Juden raus!« gekauft hatten, musste irgendwann dämmern, was an Grauen sie in ihrem Besitz hatten. Wie andere Produkte und Alltagsdevotionalien, die die Gesinnung ihrer Eigentümer verrieten, wurde es bei Kriegsende wahrscheinlich überall verbrannt, vergraben oder auf andere Weise beiseitegeschafft.

Ansonsten war die Argumentation der SS-Zeitschrift nur scheinheilig. Pädagogen, Funktionäre des Regimes und zahllose Kulturschaffende besaßen wenig Scheu, antisemitisches Gedankengut in die Spielkultur aufzunehmen und den Judenhass unter den »Volksgenossen« mit den Mitteln des Spiels zu schüren. Am ehesten schien dies dort möglich, wo sich Unterhaltung und völkische Erziehungsideale am besten in harmonischen Einklang bringen ließen. Eine unrühmliche Rolle fiel einer Figur zu, die bis in die Gegenwart jeder gut kennt: Kasper. Sein Theater bot dem Rassismus nach 1933 eine ordinäre Bühne – in Kindergärten, bei Veranstaltungen der Hitlerjugend, bei Werksfesten in den Betrieben, später in den engen Kasernen der Wehrmacht, wo die eingepferchten Soldaten unbeschwert lachen sollten.

Der braune Kasper

Die Renaissance dieser Figur im Zeichen des Hakenkreuzes kam unerwartet. In den frühen 1920er-Jahren stand das ehemals beliebte Handpuppentheater vor der Bedeutungslosigkeit, war die freche Handpuppe fast ausgestorben. Auf Festen im Dorf, von Großstädten ganz zu schweigen, traf man den Schelm im bunten Kostüm nur noch selten an. Ins bürgerliche Theater verdrängt, war der Spaßmacher zum Bühnenkunstwerk erstarrt. Fotografie, Film und Elektrizität waren jüngst in Unterhaltungsformen gemündet, von denen man sich bei Festivitäten und auf den Jahrmärkten mit einer Mischung aus Staunen und Schrecken faszinieren ließ. Erst jetzt begannen die Künstler, als Notbehelf zur Absicherung ihres Handwerks, aus Kasper einen pädagogischen Lehrmeister zu machen, dessen Tun Vorbild sein sollte. Es ist die auffälligste Verwandlung, die diese Figur durchlaufen hat. Kaspers Ursprung lag woanders. Auf den Jahrmärkten des 19. Jahrhunderts hatte er sich durch rüden und bäuerlichen Klamauk in Szene gesetzt: Als saufender Alkoholiker mit tiefroter Hakennase, in clowneskem Kostüm, auffällig auch durch viele ordinäre Reime. Fast immer hielt er die hölzerne Klatsche in der Hand, mit der er alle Gegner bewusstlos prügelte, die der Reihe nach die Bühne betraten. Kaspers wichtigste Bühnenfeinde, vom englischen »Mr. Punch« adaptiert, kamen sozusagen als Kulturimport von der britischen Insel auf deutsche Jahrmärkte: Das grüne Krokodil, der Gendarm als Repräsentant obrigkeitlicher Willkür sowie der Teufel oder der Tod. Die Geschichten kamen mal trivial, mal feinsinnig oder märchenhaft daher. Sie dienten aber durchweg volkstümlicher Unterhaltung. Bereits Ende des 19. Jahrhunderts war das Puppenspiel, wie bei den Werken des als »Kasperlgraf« bekannten Franz von Pocci, auch mit rassistischen Stereotypen angereichert. In dessen Geschichte »Kasperl unter den Wilden«, veröffentlicht 1895, muss sich der komische Held, nach Schiffbruch gestrandet auf einer Südseeinsel, gegen primitive Menschenfresser zur Wehr setzen.[502]

Im Ersten Weltkrieg hatte das Militär aller Seiten die Soldaten erfreut, indem man der Handpuppe zotige Witze in den Mund legte und sie auf der Bühne die Feinde verprügeln ließ. Die Sozialdemokraten und die Kommunisten stellten die Figur nach Kriegsende in den Dienst ihrer eigenen Sache. Die »Reichsarbeitsgemeinschaft der Kinderfreunde«, eine SPD-Organisation, brachte den »roten Kasper« in die Schulen und lud Arbeiterfamilien für das frohe Theater in die Betriebe, oder er hatte seine Auftritte in großen Zeltlagern für Kinder und junge Leute. Noch immer setzte sich der komische Held gegen das grüne Krokodil zur Wehr, machte Späße, aber nebenher berichtete er auch über Politik.[503] Meist endete sein Spiel damit – so erzählte ein Sozialdemokrat, der es für besser hielt, würde die Figur zum friedfertigen Republikaner werden –, dass er »alle seine Widersacher der Reihe nach totschlug. Manchmal erschoss er sie zur Abwechslung oder er hängte sie auf. Das war nun gewiss kein schönes Ende, aber es war für unsere kindlichen Empfindungen wenigstens ein moralisches: Kasperle, der in unseren Herzen einen festen Platz hatte, siegte über die Schlechten.«[504] Die Figur verband immer Volkstümlichkeit, barschen Frohsinn und Erzählkunst. Dieser Spaßmacher erschien nach 1933 nicht weniger verlockend als Erziehungsinstrument. Seine derben Charakterzüge wurden jetzt wieder betont. Weiterhin erzählte er meist Märchen und sagenhafte Geschichten, nun aber auch mit starker ideologisch-rassistischer Färbung. Der Harlekin mit tiefbrauner Gesinnung schlug mal tollwütige Marxisten in die Flucht, mal kämpfte er gegen eine angeblich jüdische Weltverschwörung oder verdrosch innere und äußere Feinde, im Krieg bevorzugt den britischen Premierminister. »Und wenn ein Übeltäter nicht von seinem Tun ablässt, holt Kasper die Pritsche. Das klatscht dann nur so. Er hat auch einen Holzhammer. Der hilft gegen den härtesten Schädel«, wurde Kindergärtnerinnen im Dritten Reich erklärt, denen man das Kasperlespiel zur Unterhaltung der Jüngsten empfahl.[505] Das auflagenstarke Hetzblatt ›Der Stürmer‹, dessen Herausgeber Julius Streicher ein glühender Antisemit mit pathologischen Zügen war, druckte im Jahr 1936 den Leserbrief eines Kindes ab, das der Redaktion angeblich geschrieben hatte; vielleicht war der Brief bloß frei erfunden. »Jeden Sonnabend spielt bei uns unser Heimleiter in seinem Handpuppenspiel ein Stück vom Juden vor«, hieß es da. »Wir besitzen eine Puppe, die einen richtigen Juden darstellt. Sie hat eine Nase wie der Satan. Wenn dann der Kasper kommt, dann rufen wir ihm zu, er möge den bösen Juden vertreiben.«[506]

Kaspers Bühnengeschichten stehen im Dialog mit den Zurufen und Stimmungen der Zuschauer. Er ist gleichermaßen sowohl Held als auch Narr in einer Person – eine komische Figur, über die man lacht, aber die durch Gejohle und Begeisterung in ihrem Tun zugleich angefeuert wird. Damals aus Sicht vieler Ideologen ein hervorragendes Instrument, um Meinungen zu lenken: »Weil das Puppenspiel in gleicher Weise das Kind wie den Erwachsenen anspricht, ist es eine Waffe, die wir in diesem Kampf nicht entbehren können. […] Wenn einer schulmeistern will, klappt man leicht die Ohren und das Herz zu. Kasper will nicht schulmeistern. Er spricht nur aus seiner Lebenserfahrung zu euch und niemand kann sich seinem Wort verschließen. Kasper predigt auch nicht bloß mit Worten, sondern er ist ein Kerl, der handelt. Er kennt keinen Zwiespalt zwischen dem, was er sagt, und dem, was er tut. Kasper packt gewiss oft derb zu. Aber er ist nicht bösartig. […] Damit wendet sich das Puppenspiel vor allem auch an den Erwachsenen, nicht mehr nur an das Kind. Darum brauchen wir es in unseren Gemeinschaften – im Dorf, im Betrieb, im Lager«, so forderte es die »Kraft durch Freude« (KdF), eine Massenorganisation, die Betriebsfeiern und Feierabendgestaltung sowie Freizeit und Ferien von Millionen von Deutschen durchdrang.[507] Es gab Wanderbühnen, die – staatlich anerkannt, von der Partei gefördert – mehrere Tausend Auftritte im Jahr bewältigten. Der rastlose Kasper begleitete selbst Reisen ins Ausland. Als propagandistische Prunkstücke der Diktatur galten besonders die KdF-Dampfer; angeblich waren sie stählerne Zeugnisse sozialer Wohltätigkeit. Den Arbeiterfamilien sollte durch sie ein Urlaub in fernen Ländern möglich werden. Das berühmteste der vier Schiffe war die Wilhelm Gustloff. Sie brachte Urlauber nach Norwegen, durch das Mittelmeer und auf die Insel Madeira. In den Kriegsjahren diente sie als Lazarettschiff. Ende Januar 1945, getroffen von einem sowjetischen Torpedo, versank der Vorzeigedampfer in der eiskalten Ostsee und riss Tausende Flüchtlinge in den Tod. Auf Deck hatten sich die Kreuzfahrer in den 1930er-Jahren gelegentlich vom Propaganda-Kasper unterhalten lassen. »Da sage noch einer, das Puppenspiel wäre nicht begehrt!«, freuten sich die KdF-Funktionäre, als Urlauber für Eintrittskarten zum Theater Schlange standen.[508] Für den Seegang durften in den 1930er-Jahren nur die Besten ihrer Zunft anheuern. Nach den harten Jahren der Wirtschaftskrise waren viele Puppenspieler froh, für ihre Kunst gut entlohnt zu werden.

Zu Bekanntheit gelangten im Dritten Reich besonders die Hohnsteiner Puppenspieler. Ihr Primus war Max Jacob. Er hatte sich mit seiner Theaterbühne auf der Burg Hohnstein im Erzgebirge bereits in demokratischen Zeiten einen guten Namen erworben. Die Burg, die vor 1924 ein Gefängnis gewesen war, hatte in den weiteren Jahren der Weimarer Republik als prächtige Jugendherberge gedient. Jacob galt als Matador eines Puppentheaters, das Volkstümlichkeit mit pädagogischem Anspruch und Witz verband. Nach der »Machtergreifung« 1933 besannen sich die Nationalsozialisten auf den vormaligen Zweck der Felsenfestung. Sie besetzten die Burg, um ein Konzentrationslager für ihre Gegner zu schaffen. Mehrere Tausend Gefangene – in der Mehrheit Kommunisten, renitente Sozialdemokraten, auch einige Juden – wurden dort eingepfercht und zu widrigsten Arbeiten gezwungen. Die Hohnsteiner Bühne musste um ihre Existenz nicht bangen. Jacobs Schauspiel war für die Gemeinde ein Touristenmagnet. Als Kompensation für die Umwandlung seines Puppendomizils zur Folterkammer erhielt er ein »Kasperhaus« zugeteilt; später bezogen die Puppenspieler einen kleinen Prachtbau, der zuvor auf einer Gartenausstellung in Dresden gestanden hatte. Jacobs Puppenspieler erhielten ihre Aufträge hauptsächlich von NSDAP-Nebenorganisationen. 1937 gastierten sie auf der Pariser Weltausstellung, wo Jacob im Wettstreit gegen Puppenspieler aus allen Teilen Europas eine Goldmedaille errang. Die Diktatur dankte jeden unscheinbaren Propagandaerfolg: Ein erster Kasperle-Film für die Kinos war unter Jacobs Leitung bereits 1936 gedreht worden, nun kamen weitere hinzu, auch

Radiosendungen. In den Kriegsjahren wurden die Puppenspieler für die Truppenbetreuung eingesetzt. Auch nach 1945 blieb Max Jacob weiterhin ein gefragter Künstler. Er sei nie durch die Nationalsozialisten beeinflusst worden, behauptete Jacob felsenfest. Was allerdings der Wahrheit nicht ganz entsprach. In einer Würdigung des Puppenspielers hieß es 1937, in der Weimarer Republik sei alles Völkische verpönt gewesen: »Aber Max Jacob glaubte an das Echte, Lebensfähige alles dessen, was das Wort Volkstum umschließt. Und er glaubte an seine Mitarbeiter und nicht zuletzt an seine eigene Kraft.«[509]

Das Reichsinstitut für Puppenspiel

Man ging noch einen Schritt weiter. In Berlin existierte seit 1939 ein »Reichsinstitut für Puppenspiel«. Das kuriose Projekt hatten Reichsjugendführung, KdF, Deutscher Gemeindetag und das Propagandaministerium gemeinsam angestoßen. Das Ziel sollte sein, alle Puppenspieler und ihre Theaterbühnen organisatorisch zusammenzufassen, sie in nationalsozialistischer Weltanschauung zu schulen und mit Spielplänen zu versorgen. Auch Max Jacob war daran beteiligt. Nicht nur in die hohe Politik und die Staatsbürokratie, sondern in jeden noch so kleinen gesellschaftlichen Winkel Deutschlands galt es, die Gleichschaltung hineinzutragen und alles mit Ideologie zu durchdringen. Als »echt deutsche Kleinkunst« sollte das Puppentheater in Zukunft gleichberechtigt neben dem Schauspiel auf den Spielplänen stehen.[510] Die Leitung übernahm ein altgedienter Hitlerjugend-Funktionär, der in seiner Freizeit leidenschaftlich mit Handpuppen spielte. Andere Führungsleute kamen ebenfalls vom Fach: Harro Siegel, Professor an der Staatlichen Kunstschule Berlin, war in den 1920er-Jahren mit Marionetten, die er erdacht und selbst gebaut hatte, auf Spielfahrt durch halb Europa gezogen. Der biedere Muff seiner Zeit war ihm von Haus aus eigentlich fremd: Seine beiden Brüder – beide homosexuell – lebten ihr Leben in relativer Offenheit, er selbst war Experimenten nicht abgeneigt.[511]

Harro Siegel war ein kreativer Kopf. Die Marionetten aus seinen Händen sind fantasievolle Wesen: wundersame Gestalten aus fremden Erdteilen, zierliche Damen, mythische Tierwesen, fliegende Fische, Kraken, Teufelsgestalten. Der Sumpfriese Grendel, ein schuppiger Drache aus der mittelalterlichen Sage vom Helden Beowulf mit gewaltigen Reißzähnen und krallengespickten Klauen, ist vielleicht eine seiner eindrucksvollsten Kreationen; das germanische Heldenstück war im Jahr 1939 erstmals aufgeführt worden. Am Institut wurde Siegel zum künstlerischen Leiter ernannt. Die Bühnenstücke verfasste der Dramaturg Hermann Schultze. Er arbeitete in den 1930er-Jahren für Theater und Rundfunk. Von ihm stammten einige der Geschichten, die in der Zeit der Diktatur als empfehlenswert galten.[512] Es gab Abenteuergeschichten, Märchen, Amüsantes und Derbes, Aufführungen für Kinder sowie für Erwachsene. Etwas mehr als 20 Bühnen wurden in den Kriegsjahren zudem an die Front geschafft, um die Wehrmachtssoldaten zu erfreuen.[513] Rassismus und Demagogie blieben nicht ausgespart.

Ein antisemitisches Märchen der Gebrüder Grimm gehörte zum Repertoire: »Der Jude im Dorn. Ein Märchen-Kasperspiel mit politischer Bedeutung«, hieß das Stück, das 1939 veröffentlicht worden war.[514] In der Originalfassung des 19. Jahrhunderts spielt ein gutmütiger Knecht die Hauptrolle, der – von seinem Herrn nach Jahren der Plackerei lachhaft schlecht entlohnt – zu einer Zaubergeige kommt, die ihm ein Zwerg zum Dank für eine gute Tat schenkt. Es ist das einzig Freundliche, das dem Knecht nach Jahren der schikanösen Ausbeutung wiederfahren ist. Spielt er auf dem magischen Instrument, müssen die Umstehenden tanzen, ob sie es wollen oder nicht. Als der Knecht zufällig einem Juden am Wegesrand begegnet, zwingt er ihn mit seiner Geige zum Tanz. Es ist ein boshaftes Spiel. An einer Dornenhecke reißt sich der Jude die Kleider auf, er fleht verzweifelt um Gnade. Schließlich übergibt er seinem Peiniger alles Geld, das er bei sich trägt, um das Martyrium zu beenden; später erst wird klar, dass der Jude das Geld zuvor selbst gestohlen hat. Er sucht bei einem Richter um Gerechtigkeit und will, dass der Knecht bestraft wird. Doch am Ende landet er selbst am Galgen, weil der Knecht nun auch den Richter mit der Geige zum Tanzen zwingt. Der Knecht kommt nach alldem ungeschoren davon. Eine Moral, wie wir sie erwarten würden, bietet das Märchen nicht. Gerade deshalb lässt sich die Faszination, die es auf die NS-Ideologen wohl ausübte, umso leichter erschließen: Nicht am gewinnsüchtigen Herrn, der lediglich anfangs vorkommt, lässt der Knecht seine Rache walten, sondern an irgendeinem Juden am Wegesrand, der die Rache aber schon deshalb verdient, weil er Jude ist. Eine ideale nationalsozialistische Kasper-Geschichte: an niedere Instinkte appellierend, rassistisch und rau, etwas brutal, mit genug Klamauk, um sich daran zu erfreuen.

Der Dramaturg Schultze griff, um das Stück zeitgemäßer erscheinen zu lassen und die Rollen von Gut und Böse klar zu verteilen, dennoch gravierend in die Vorlage ein. Der namenlose Jude ist nun eine Hauptfigur mit Namen Levi Blauspan – ein raffgieriger, fieser Intrigant, der nichts weniger als ein ganzes Königreich beherrschen will. Zum Auftakt betritt er die Bühne, um das Publikum mit einem diabolischen Monolog in seine finsteren Machenschaften einzuweihen: Während er sich den greisen König mitsamt Hofstaat durch Geldverleih und Wucherzins gefügig macht, hegt er den Plan, die königliche Prinzessin zu ehelichen. So will er seine Machtfülle im Reich vervollkommnen. Diese »Blutschande« sollte das Publikum besonders erzürnen. Ein Jude, der sich eine Prinzessin zur Ehefrau nimmt? Seit dem »Blutschutzgesetz« vom 15. September 1935 standen sexuelle Beziehungen und Eheschließungen von Juden mit sogenannten Deutschblütigen unter Strafe. Es finden sich in der Neufassung weitere Anspielungen auf den Zeitgeist. Der Name des Bösewichts verweist auf den Attentäter Herschel Grynszpan. Der hatte in Paris im November 1938, nachdem er aus Deutschland geflohen war, den NS-Diplomaten Ernst von Rath getötet. Den Mordanschlag des Emigranten hatten die Nationalsozialisten zum Vorwand genommen, um die gewaltsamen Pogrome gegen die deutschen Juden loszutreten. Sonst bewegt sich das Bühnenstück in etwa entlang der Vorlage. Die jüdische Intrige aufgedeckt, erhält Kasper zur Belohnung die Hand der Prinzessin.

Dieses Märchen war längst nicht das einzige Bühnenstück mit antisemitischem Inhalt. Es gab andere, die u.a. »Judenmischlinge« dem Spott des Publikums aussetzten. Die Figur des Juden müsse »als der Feind des Guten« unbedingt auf die Bühne, wurde gefordert. Auf Befindlichkeiten, etwa bei den »paar Judenkindern in der Schule«, dürfe man keine Rücksicht nehmen.[515]

Siegfried Raeck, der Leiter des Puppeninstituts, verstieg sich gar zu der Behauptung, deutsche und jüdische Kinder würden das Puppenspiel grundsätzlich anders verfolgen. Während deutsche Kinder den Kasper gegen dessen Bühnengegner bedingungslos in Schutz nähmen, würden – wie Forschungen angeblich zeigten – jüdische Kinder stets dem Schwächeren in den Rücken fallen. Hatte man »jüdische Kinder in den Reihen, ergaben sich plötzlich für den Spielenden ganz andere Wendungen. Wollte die Hexe den Kasper, der sich versteckt hatte, finden, dann konnte sie ruhig einen Beutel Geld [dem Publikum] versprechen, und die deutschen Kinder führten sie hohnlachend irre, die jüdischen aber riefen dazwischen: ›Wie viel haste denn drin in dem Sack?‹[516]

Das Berliner Puppenspiel-Institut konzipierte nicht nur Vorführungen. Man baute auch die Handpuppen und Marionetten, die auf der Bühne zum Einsatz kommen sollten. Harro Siegel fertigte die meisten Modelle für das Institut an. Etwa 10000 Figuren soll das Institut allein 1942/43 gebaut und an NS-Organisationen ausgeliefert haben. Das breite Puppen-Ensemble präsentiert zweierlei: einerseits die Idealtypen und Helfershelfer der Diktatur, andererseits ihre Gegner und jene, die der rassistischen »Volksgemeinschaft« nicht zugehörten. Da gibt es den klassischen Kasper mit überlanger Schelmennase und roten Pausbäckchen. Er kommt aber auch in anderen Varianten daher, als hübscher Schutzmann mit auffallend schmalen Gesichtszügen, die ihn als nordischen Rassemenschen ausweisen sollen, oder als Wehrmachtssoldat und Flieger. Zwei Hexen sind, ebenso wie Teufelsgestalten und Drachenwesen, klassische Gruselfiguren. Die Kritiker und politischen Gegner der Diktatur sind bereits auf den ersten Blick auszumachen. Es gibt den fettleibigen Spießbürger, wie man ihn in den 1930er-Jahren vor Augen hatte. Er trägt einen wilhelminischen Schnäuzer, wie als Ausweis seiner reaktionären Gesinnung. Sein Mund steht vor ungläubigem Staunen, als würde er um Luft ringen, dümmlich offen. Er trägt altmodische Kleidung vom Typ eines steifen Beamten und ist mehr kaisertreu als loyal gegenüber dem Führer. Ihm ähnlich ist ein sogenannter Meckerer, eine Art Oberlehrer von hagerer Gestalt mit Kahlkopf und Brille, die Augen sind aus lauter Lebensverneinung krampfhaft zugekniffen. Von der vermeintlichen Größe ihrer Gegenwart begreifen beide nichts. Sie sind die Gestalten der verstaubten Vergangenheit, nicht die Gestalter der Zukunft. Einer der wichtigsten Feinde, zumindest nach 1939, war der Engländer.

Da wäre zuerst Neville Chamberlain. Seine Rolle ist gewiss eine besonders unglückliche. Die sogenannte Appeasement-Politik des Premierministers sollte den Krieg gegen Deutschland Ende der 1930er-Jahre eigentlich verhindern helfen. Chamberlain hatte viel für die Wahrung des Friedens auf dem Kontinent geopfert, selbst die territoriale Integrität der Tschechoslowakei Ende September 1938. Bis heute steht »Appeasement« für angeblich falsches Entgegenkommen, Kraftlosigkeit und Schwäche gegenüber den Despoten der Welt. Chamberlain als Puppe ist Mr. Regenschirm, wie er nach seinem liebsten Accessoire benannt wurde. Kein weitsichtiger Friedenspolitiker, sondern ein närrischer Intrigant. Im Mittelpunkt seines dürren Gesichts klafft ein wie zum Schrei weit aufgerissener Mund. Überlange Zähne mit Lücken provozieren Abscheu. Winston Churchill hatte auf den Bühnen ebenfalls seinen Auftritt. Zunächst Kriegs- und Flottenminister, beerbte er den glücklosen Chamberlain im Mai 1940 im Amt des Premiers. Für die Briten wurde ihr unnachgiebiger Kriegslenker spätestens mit seiner Blut-Schweiß-und-Tränen-Rede vom Mai 1940 zum Nationalhelden, zur Personifikation des Sieges- und Durchhaltewillens. Er hat die für ihn so markante Zigarre im Mund. Das rot angelaufene, pausbäckige Gesicht ist aufgedunsen, wirkt übersättigt und fast lächerlich. Das Institut verlieh der Puppe den primitiven Namen: »Das Lügenmaul«.

Natürlich darf die Figur des Juden nicht fehlen. Er ist eine finstere Karikatur, so wie die antisemitischen Klischees ihn seit jeher als Abbild des Bösen vorstellten. Sein Gesicht wird dominiert von einer abnormen Hakennase, dazu wulstige Lippen, eine gewölbte Stirn und hochgezogene Augenbrauen, die das Zeichen der Habgier sein sollten. Das NS-Regime präsentierte den Deutschen in der Propaganda verschiedene antisemitische Stereotype. Im Prinzip standen sie kaum miteinander in Einklang: So sollten die Juden der Menschheit nicht zugehörige, perverse und missgestaltete Triebwesen sein, zugleich aber auch gewiefte Strippenzieher, die mit Kapitalismus und Marxismus die Fäden einer großen »Weltverschwörung« in den Händen hielten. Die Handpuppe, darin lag vermutlich ihr kunstvoller Vorzug, vereinte diese beiden Stereotype. Etwas Tierisches und entmenschlicht Dämonenhaftes verkörperte sie ebenso wie die ruchlose Händlerintelligenz, die dem Judentum angeblich eigen sein sollte. Harro Siegel, der Schöpfer dieser rassistischen Gestalt, berichtete viele Jahrzehnte später mit Scham und sicherlich übertriebener Dramatik: »Diese Figur galt es noch hinzuzufügen. Vergebens suchte ich nach einem Ausweg – und fand keinen. Ein Kämpfer und Held war ich nicht. Verlust der Stellung, Berufsverbot wären zu ertragen gewesen [...]. Aber die drohende Möglichkeit des KZ erfüllte mich mit Panik – und so habe ich wider besseres Wissen und Gewissen diesen Juden gemacht – aus schierer Angst.«[517]

Rassistische Spieltheorien

Neben dem Reichsinstitut für Puppenspiel existierten im Jahrzehnt der Diktatur weitere Institutionen, die sich mit Spiel befassten. Pädagogen und Volkskundler, die ihr Wissen feilboten, gab es überall; Überzeugungstäter, viele unkritische Mitläufer an den Universitäten sowie jene, die ihre Forschungsanträge mit völkischem Vokabular frisierten. Ihr gemeinsames Ziel war ein Spielgut, das dem politischen Charakter der neuen Zeit entsprechen und den Ansprüchen des Staates genügen sollte. Das trieb mitunter kuriose Blüten. Im Spiel sollte wahlweise ein deutscher, germanisch-nordischer oder gar arischer Charakter zum Vorschein kommen. Sogar Gütekriterien für rassisch wertvolles Spielzeug wurden formuliert. Ebenso wie das Puppen- und Marionettentheater erlebte auch das Schattenspiel – eine Form der Bühnenkunst, bei der die Figuren im geschickten Spiel mit dem Scheinwerferlicht als Schattenwesen ihre Geschichten erzählen – in den 1930er-Jahren einen Aufschwung. Insbesondere in der Kultur- und Schulungsarbeit von Hitlerjugend und BDM wurde es eingesetzt. »Das Schattenspiel ist eine alte Volkskunst«, erklärte die bekannte Berliner Künstlerin Charlotte Reiniger. Sie bannte das Schattenspiel, deren Figuren sie entwarf, auf Film und versöhnte eine alte Spielform mit einem neuen Medium. Ihre wunderschönen Animationsfilme, in denen schattenhafte Feen tanzen und Grashüpfer auf Geigen spielen, haben kaum etwas an Faszination verloren. Man sieht hässliche Wesen mit grässlichen Pranken oder edle Wilde im Urwald mit Silhouetten von Riesenschlangen kämpfen. Die Pionierin des künstlerischen Illusionsfilms erzählte mit großer Vorliebe wundersame Kindergeschichten für Alt und Jung. »Ich werde oft gefragt«, berichte sie 1936, »ob man bald mit einem größeren deutschen Märchenfilm aus meiner Hand rechnen könne. Ich wünsche mir nichts Besseres. […] Sollte es dem BDM gelingen, ein Publikum zu schaffen, das [solche] Märchenfilme sehen will, so wäre ich sehr glücklich darüber. Es würde dadurch dem deutschen Volke eine alte Kunst erhalten und wieder neu erschlossen werden.«[518]

Je älter und volkstümlicher ein Spiel zu sein schien, desto mehr wurde es in den 1930er-Jahren zugleich vereinnahmt. Zur Verherrlichung von allem, was als volkstümlich galt, gehörte auch, dass der Reichsminister für Wissenschaft, Erziehung und Volksbildung im Mai 1939 verordnete, der übliche Begriff »Laienspiel« für kleine Theaterdarbietungen sei in Zukunft möglichst durch das Wort »Volksspiel« zu ersetzen.[519] Ein solches Volksspiel, das in NS-Organisationen aufgeführt wurde, trug den bezeichnenden Titel »Ewig ist das Blut«. Was die Laienspieler als Handlung auf die Bühne bringen sollten, liest sich wie folgt: »Es ist Krieg im Lande, die Männer halten die Front und in der Heimat müssen die Frauen Männerarbeit tun. Da schleicht sich das Gespenst des Zweifels ein, da wird manche Klage laut, da hören wir ein trotziges Aufbegehren gegen die Härten der Zeit. Bis aus der gemeinsamen Sorge um die Kinder, die der schwarze Sumpf zu verschlingen droht, die opferbereite und aufrechte Haltung der Frau erwächst, wie unser Volk sie in seinen schwersten Zeiten braucht.«[520] Spiel und Politik gingen auch auf den Theaterbühnen vielfach Hand in Hand. Da Menschen, Völkerschaften oder Rassen einander ungleich waren – die einen eben auf höherer und die anderen auf niederer Stufe –, mussten diese Unterschiede folgerichtig in ihrem Spiel und im Spielzeug erkennbar werden. Das glaubten jedenfalls die Experten.

Zu den Olympischen Spielen in Berlin 1936 kursierten in den völkischen Kreisen fast unzählige Aufsätze zu allen Themen rund um Sport, Wettkampf und Spiel. Viele davon wiesen einen rassistischen Tenor auf. Fast jeder, der etwas von der neuen Weltanschauung zu verstehen meinte, schien zu diesem Spektakel sich äußern zu wollen. Ein in Tübingen lehrender Archäologe, Otto Huth, der über gute Kontakte zu SS-Führer Himmler verfügte, wagte eine Vorhersage, die an Idiotie wohl ihresgleichen sucht. Der Wettstreit liege allen Indogermanen im Blut, behauptete Huth. Für Ball- und Kugelspiele hätten sie sich in Vorzeiten besonders begeistert, wie archäologische Funde zeigten. Selbst in Island seien entsprechende Zeugnisse gefunden worden. Was lag näher, als die Brücke zur Gegenwart zu schlagen? Für diese Sportarten, folgerte Huth anlässlich der Olympiade, besäßen die nordischen Völker eine günstige Veranlagung. Sie hatten diese Spiele ja schon immer gespielt. Der Sieg schien ihnen deshalb so gut wie garantiert.[521] Rudolf Ströbel, Altertumskundler und Parteimitglied, glaubte, man könne die Spezialitäten der sogenannten Nordvölker exakt benennen. Anders als andere sollten sie auch im Spiel über eine unbändige Liebe zur Ordnung verfügen: »Es gibt wohl kein Volk, das so alt wäre, dass es Körperübungen nicht als Selbstzweck betreiben möchte. Nordische Eigenschaft ist es aber, den Naturtrieb des Spieles planmäßig zu pflegen und zu ordnen, Regeln und Gesetze für die Spiele zu schaffen und so erst recht zur heiligen Volkssache zu machen.«[522] Wo der nordische Menschenschlag angeblich über besondere Begabungen verfügte, mussten folgerichtig andere ihm unterlegen sein. Da erstaunt es nicht, wie eingangs gezeigt, dass mancher sogar am Schachbrett nach weiteren Beweisen für rassische Eigenarten suchte. Jede These, und schien sie auch noch so verrückt, galt als erwägenswert.

Zur Erforschung, Pflege und Aufwertung des deutschen Spiels fanden die Ideologen zusammen. Ihre Ideen präsentierten sie in verschiedenen Zeitschriften, so in der ›Deutschen Volkskunde‹, angesiedelt im Umfeld des führenden Ideologen Alfred Rosenberg, der mit seinem Hauptwerk ›Mythus des 20. Jahrhunderts‹ unlängst zum Chefinterpret der NS-Ideologie aufgestiegen war.[523] Das Thema Spielzeug trieb die Theoretiker immer mal wieder um. Die »geschmacklose, industrielle Massenware« war aus ihrer Sicht am allerwenigsten geeignet, um das völkische Wesen des Deutschtums zu repräsentieren. Diese Produkte »mit süßlich, puppenhaften Gesichtern, Engelchen aller Art« und »verweichlichte Zwerge« genauso wie das Technikspielzeug – Baukästen, Eisenbahnen, Knallwerk und mehr – schienen allenfalls »den schlechten Geschmack der Großstadt« zu bedienen.[524] Nein, gutes Spielzeug sollte volkstümlich sein, musste von Hand gearbeitet werden, am besten aus Holz, vielleicht auch ganz ohne Lackierung oder knallige Farben. Es sollte durch ansprechende Schlichtheit die jugendliche Fantasie beflügeln und zur Natur, zum Ursprung aller Dinge oder dem wahren Kern des Menschseins zurückführen. Derartige Ideen waren nicht neu. Die Reformpädagogik hatte sich bereits seit der Jahrhundertwende gegen den Einfluss der Industrie auf den Alltag der Menschen ausgesprochen. Spiele sollten die Kreativität und Fantasie fördern, bei den Kindern das »Gefühl für Form, Farbe und Ausdruck« geweckt werden.[525] Zwischen Reformpädagogik und völkischer Ideologie sollte keine direkte Verbindung gezogen werden. Die NS-Ideologen knüpften jedoch an die Reformpädagogik gern an, um sie für Hitlers Staat zu instrumentalisieren: Das Kunsthandwerk, gleichgültig ob professionell oder als Laienübung, kam ihren romantischen Vorstellungen von echter, würdevoller Betätigung entgegen.

Werkarbeit, Herstellung der Dinge von der Hand des Einzelnen schien der hohen Kultur des deutschen oder »arischen« Menschen zu entsprechen. Die Massenprodukte aus den Fabriken galten den Dogmatikern als entartet. Es war kein Zufall, dass sich solche Stimmen umso mehr häuften, je weniger die Industrie kurz vor Kriegsbeginn noch Spielwaren herstellte. Die Mehrheit der Unternehmen musste Ende 1939 auf Bedarfsproduktion umstellen; wenn nicht gleich für Waffen oder Munition, so wenigstens für die Dinge des Alltagsbedarfs. Das Spielzeug wurde in den Kriegsjahren zur Mangelware. Das Basteln daheim in den Familien oder in größerem Maßstab in der Hitlerjugend, was eher als Notbehelf begann, priesen einige Ideologen als die Rückkehr zur wahren Volkskunst.

Man stelle sich vor, wie Kinder heruntergefallene Zweige von den Wiesen auflesen, um daraus filigrane Figuren zu schaffen. Im Herbst sammeln die Kleinen runde Kastanien und basteln Männchen daraus. Auf einem Bach fahren kleine Flotten aus Papierschiffchen dahin. Längere Stöcke, aufgesammelt im Wald, formen sich in der Fantasie zu Schwertern, und aus krummen Ästen werden kleine Pistolen. Die Eltern sitzen gemütlich zuhause und basteln aus Streichholzschachteln kleine Puppenhäuser, aus Holzstücken werden noch Tierfiguren und kleine Panzermodelle geschnitzt. »Zu den ersten Spielzeugen haben immer die Dinge der Natur Anregung gegeben. Aus Steinen, Zapfen, Früchten und Beeren, Moosen, Rinden und seltsam geformten Wurzeln, Blättern, Gräsern und Blüten sind Spielzeuge entstanden; sie haben die schöpferische Phantasie der Kinder angeregt zu den wundersamsten Gestaltungen und Deutungen. […] Die Hirten der Alp, die Holzfäller oder die Schäfer der Heiden haben in ihrer besinnlichen und einfallsreichen Art die schönsten Dinge geschaffen.«[526] Ein Oberlehrer aus Dresden sagte im Kriegsjahr 1940, die Kinder seien durch das käufliche Spielgerät über lange Zeit hinweg viel zu sehr verwöhnt worden. Ihnen sei deshalb das Wissen verloren gegangen, dass Spielsachen in alter Zeit oft nur aus Resten entstanden. Detailliert führte der Pädagoge aus, wie sich aus einer geschlachteten Weihnachtsgans viel Spielzeug herstellen lasse. In die Luftröhre könne man hineinpusten, um Klänge zu erzeugen. Eine Klapper für Kleinkinder entstehe, wenn man die Gurgel zurechtbiege und dann mit Ringen und Glasperlen bestücke. Weiteres mehr könnten alle Familien aus den Überresten ihres Weihnachtsbratens gewinnen, aus dem Brustbein einen kleinen Springbock, aus Federn und Knochen Pfeile, die Schwanzfedern seien verwendbar für den Bau kleiner Windräder. In alten Märchen würden solche Arbeiten erwähnt – und warum sollte man den Kindern nicht zeigen, dass Spielzeug aus vielen Dingen und selbst dem Leben der Natur entstehe?[527]

Das Basteln führte zum Ursprung des Volkstums, ja sogar zu einem der edelsten Charakterzüge des deutschen Menschen zurück, seinem natürlichen Sinn für echte und gute Arbeit. Diese Romantik, gepaart mit der Engstirnigkeit völkischer Ideologie, zielte allerdings oft auf banalste politische Indoktrination. Bei Werkarbeiten bastelten Kinder immer nach Skizzen und Vorlagen, die von Organisationen wie der Hitlerjugend bereitgestellt wurden; Modelle von SA-Heimen oder Parteizentralen und vor allem Militärspielzeug sollten so aus Kinderhand entstehen. Ein Werklehrer erläuterte 1940: »Die unvergleichlichen Leistungen unserer Wehrmacht und die Genialität der Führung erfüllen uns alle mit höchster Bewunderung und Dankbarkeit. […] Der Gedanke der Wehrerziehung […] kommt sicher sehr stark im Modellbauunterricht zum Ausdruck. Es ist augenscheinlich, wie dabei die Begeisterung für die Luftwaffe die Jungen erfasst. Ebenso ist es mit den Werkarbeiten, die das Stoffgebiet Heer umfassen: Panzerwagen, Autos, Kanonen usw.«[528] Was gutes Spielzeug war und wie es geschaffen, geformt, gespielt werden sollte, musste die Angelegenheit des Staates sein oder sollte es in Zukunft zumindest werden: »Gerade weil die Jugend in ihren empfänglichsten Jahren durch das Spielzeug vielfältige Beeinflussung erfährt, darf von diesen Forderungen auch nach keiner Richtung hin abgewichen werden. Die Bauten, die der Staat heute als Zeichen seiner Kraft und Geschlossenheit errichtet, die einheitliche Ausrichtung, die das gesamte künstlerische Schaffen erfährt, sollen alle nur die eine innere Haltung seiner Führung dokumentieren, und diese Haltung muss schließlich überall spürbar sein, bei den Bauten der Gemeinschaft des Staates und der Partei, in der Wohnung der Familie bis hin zum Spielzeug des Kindes.«[529] Die Nationalsozialistische Volkswohlfahrt, die an den Tagen vor Weihnachten jedes Jahr Spielzeugspenden an bedürftige Kinder verteilte, meinte, man müsse eine viel »schärfere Auswahl treffen und von vornherein alles aussondern, was nicht die Aussicht hat, als gutes, brauchbares Spielzeug« angesehen zu werden. Der Ball aus Gummi sei zu profan, viele süßliche Puppen zu sentimental. Das Spielzeug solle das Wesen von Kindlichkeit und Volkstum widerspiegeln.[530] Über den Kopf einer Handpuppe hieß es in beinahe unverständlicher Verklausulierung, er sei nur dann wahrhaft »lebendig, wenn er als solcher wirklich in unserem Volkstum lebt und von diesem getragen wird. [...] Immer dann, wenn ein Puppenspiel ursprünglich die Menschen zum Mitspielen veranlasst, sind die Puppen in ihrer Gestalt keineswegs willkürlich geformt, sondern diese Puppen sind stets an das Hergebrachte ihres Wesens gebunden.«[531] Über Holzfiguren wiederum, die pickende Hähnchen oder Hühner darstellten, urteilte ein Fachmann, sie seien »altes Volksgut«, weil in Pommern ebenso bekannt wie in Schwaben oder dem deutschen Osten.[532]

Arische Kinderspiele

Die Vorstellung, dass man über das Spiel eine Linie in uralten Zeiten oder sogar zu den sagenhaften Ursprüngen des »arischen« Menschen zurückverfolgen konnte, faszinierte viele Volkstumskundler dieser Zeit. Seit 1936 existierte in Berlin eine »Mittelstelle für Spielforschung«. Die Forschungseinrichtung war Teil der größeren »Arbeitsgemeinschaft Deutsche Volkskunde«, die wiederum dem Amt Alfred Rosenbergs angegliedert war. Von hier aus entstanden beispielsweise Praxisanleitungen zum Bau von Spielzeug für die Hitlerjugend oder die NS-Frauenschaft sowie Literatur über das Kaspertheater. Alles pendelte hin und her zwischen völkischer Romantik und Konzessionen an die technikaffine Zeit. Eine zentrale Figur der Mittelstelle war

Karl Haiding, eine kuriose, aber höchst interessante Persönlichkeit. Der Wiener kam ursprünglich aus der Jugendbewegung. Er studierte Volkskunde und Frühgeschichte und promovierte 1936 über sogenanntes volkstümliches Kindergut. Noch vor dem erzwungenen »Anschluss« seiner Heimat an das Deutsche Reich war Haiding in der Reichsjugendführung und in Rosenbergs Umfeld tätig, nur kurzzeitig unterbrochen durch seinen Kriegseinsatz, aus dem er Ende 1941 aus gesundheitlichen Gründen entlassen wurde. Als Schriftleiter der Zeitschrift ›Germanien‹ betreute er zwischenzeitlich zudem eines der wichtigsten Leitorgane zur Rassen- und Volkstumsforschung.[533]

Den jungen Karl Haiding faszinierten seit jeher die Brüder Jakob und Wilhelm Grimm, die in der ersten Hälfte des 19. Jahrhunderts alte Märchen und Sagen für ihre berühmten Sammlungen zusammengetragen hatten. Karl Haiding glaubte, etwas Ähnliches ließe sich auch für Spiele verwirklichen. Überall, ganz besonders aber auf den Dörfern, fänden sich Bruchstücke von Spielen aus früheren Jahrhunderten, in denen sich, wie kulturelle Schatztruhen, die Märchen, Geschichten und das ganze sagenhafte Wissen der Völker überliefert hätten. Auf dem Land, wo das Leben der Menschen ursprünglich und nicht von der industriellen Gesellschaft in Mitleidenschaft gezogen zu sein schien, ließen sich diese uralten Spielweisen und Riten finden. Sie sollten erforscht, dokumentiert, gesammelt werden. Einerseits galt es, diesen Schatz für die Zukunft zu bewahren. Andererseits sollten die Deutschen mit ihm an den Geist ihrer Vorfahren anknüpfen können. Die Wurzeln der Spiele, die er vorfand, schienen ihm bis auf das Germanentum in den frühesten Zeiten während der Besiedlung Europas zurückzureichen. Seit Ende der 1930er-Jahre reiste Haiding, ausgerüstet mit Kamera und in Wehrmachtsmontur, quer durch Deutschland, durch Teile Österreichs, auch nach Ungarn, Estland und Schweden. In den entlegensten Winkeln fotografierte er spielende Bauernkinder. Je abgeschiedener der Ort, desto mehr musste sich dort an Verborgenem finden lassen. Aus Sicht der Bauern, auf deren Höfen Haiding erschien, gab er wahrscheinlich eine skurrile Erscheinung ab: Ein sportlicher, hochgewachsener, keinesfalls unansehnlicher junger Mann in Uniform und mit Hakenkreuz-Armbinde, begleitet von einer Assistentin, steht vor ihnen. Er bittet darum, die Kinder beim Spielen fotografieren zu dürfen. Derweil werden gut vorbereitete Fragebögen verteilt und akribisch ausgefüllt. Die Forscher wollen von den Bauernfamilien verschiedene Dinge wissen – über die Lieder, die sie singen, und über Geschichten, die sie einander erzählen, natürlich auch über die Spiele, welche die Kinder nun vor ihren Augen spielen sollen. Für die Bauernfamilien ist jene »arische Überlieferungswelt«, von der Haiding ihnen bei dieser Gelegenheit vielleicht erzählt, sicher eine merkwürdige Vorstellung: Was sie wohl denken, wenn der junge Mann ihnen erklärt, die abgeschiedene Lebensweise des Bauerntums führe zurück auf die fernen Ursprünge des arischen Kulturmenschen?

Tausende Bildaufnahmen lagern in dicken Boxen archiviert, ansonsten weitgehend unbeachtet im Institut für Volkskunde in Salzburg.[534] Die Fotografien zeigen Kinder in bäuerlicher, traditioneller oder bürgerlicher Kleidung, auf Wiesen oder vor kleinen Gehöften aus Holz, die sich balgen, einander jagen und fangen. Mädchen in hübscher Tracht spielen Hochzeit. Eine Art Brautwerbung ist auszumachen, ebenso Wettkämpfe der Jungen um eines der Mädchen. Besitz und Raub sind wiederkehrende Motive. Arm und Reich wetteifern in Fraktionen gegeneinander. Die Kleinen träumen sich dann in die Gestalt von Habichten, von Füchsen oder Elstern. Zwei andere Gruppen jagen einander im Wechsel, als Gänse flüchten die einen, die anderen hasten hinterher als reißende Wölfe. Ein gefangener Dieb, umringt von den Kindern, wird öffentlich seiner Strafe zugeführt, indem sie ihn an den Haaren ziehen, an seinen Kleidern zerren. Die Kinder schlüpfen in die Rollen, die das Landleben und die Geschichten der Eltern ihnen vorgeben. Eine Gruppe von Mädchen verkleidet sich als Nonnen, derweil mimt ein Junge den Teufel. Er tanzt wild um sie herum. Die meisten Spiele werden von Gesängen, Reimen oder Sprüchen begleitet. Zu den Kinderspielen suchte Haiding nach Analogien in Märchen, Sagen und in alten Liedern: Manche, wie das Märchen von Frau Holle, sind noch heute gut bekannt, viele andere aber weitgehend vergessen. Die Mittelstelle für Spielforschung nahm auch alte Volkslieder auf Tonband auf; viele Hunderte Minuten Tonmaterial warten neben dem Konvolut Fotos darauf, entdeckt zu werden.

Karl Haidings fast obsessive Leidenschaft für das Spiel der Kinder mag aus heutiger Sicht abwegig erscheinen. Doch ganz unbegründet war seine Spielforschung nicht. Jeder Mensch kennt ähnliche Spiele aus der eigenen Kindheit, zum Beispiel die noch immer beliebte »Reise nach Jerusalem«, bei der die Kinder zur Musik um Stühle tanzen und wenn die Musik aussetzt, sich schnell einen Sitzplatz erobern müssen; umstritten ist, woher das Spiel stammt, möglicherweise aus der Zeit der Kreuzzüge. Manche dieser Spiele werden über viele Generationen weitergetragen, andere jedoch sterben aus, wenn sie aus der Mode kommen oder in einem Widerspruch zum Zeitgeist stehen. Das Spiel vom »Schwarzen Mann«, wie es meist Grundschulkinder bis in die Gegenwart spielen, zählt zu den Spielen »der schwindenden und wachsenden Zahl«, wie Karl Haiding diese Spielform nannte. Die Szenerie ist sicher geläufig: Eine Gruppe von Kindern ist auf einer Wiese im Freien oder im Inneren eines großen Raums versammelt. Eines der Kinder wird anfangs auserkoren, die Rolle des Schwarzen Mannes zu mimen. Der steht den anderen mit weitem Abstand gegenüber und ruft ihnen dann fragend zu, ob sie Angst vor ihm hätten. Die Kinder verneinen. »Und wenn er kommt?«, fragt der Spieler beharrlich nach. Die Gegenüberstehenden antworten: »Dann laufen wir!«, und Kinder wie Jäger laufen los auf die gegenüberliegende Seite. Wen der schwarze Mann im Lauf berührt, der schließt sich ihm an. Runde für Runde geht das so weiter. Die Zahl der Flüchtenden nimmt ab, die der Fänger zu. Das Spiel ist in jüngster Zeit in Verruf geraten. Man ist der Ansicht, es schüre eine frühkindliche Angst vor Menschen mit anderer Hautfarbe. Das Spiel stamme aus der Epoche des europäischen Kolonialismus; es gehöre abgeschafft, mindestens aber müssten der Name und die Zurufe der Spieler verändert werden. Auf den ersten Blick liegt das nahe. Erbschaften aus der Zeit der Sklaverei und des Imperialismus finden sich viele. Man denke an den bekannten Zählreim von den »zehn kleinen Negerlein«, der in der zweiten Hälfte des 19. Jahrhunderts als Kulturimport aus den USA nach Europa kam und in Kinderbüchern, Liedern, aber auch in Spielen rassistische Stereotype verarbeitete. Die historischen Wurzeln des Spiels vom »Schwarzen Mann« reichen, sagen manche, bis ins Mittelalter. Möglicherweise rekurriert die Schreckfigur eher auf einen Aussätzigen, der in seiner Umgebung die Pest – den schwarzen Tod – in Umlauf bringt.[535] Der Ursprung ist bis heute nicht sicher geklärt. Bei solchen Fragen kann Spielforschung Antworten suchen. Darin liegt ihre Berechtigung. In den 1930er-Jahren ging es jedoch nicht in erster Linie um wissenschaftliche Erkenntnis. Karl Haiding und die Mittelstelle für Spielforschung suchten nach etwas anderem. Aus Sicht des Volkstumsforschers waren die dokumentierten Spiele der Landkinder Ausdruck ihrer völkischen Veranlagung. Er dachte, wie die meisten Volkstumskundler dieser Zeit, in ethnischen Großgruppen: Stämme, Völker und Rassen. Die Individualität der Spielenden war nebensächlich, ihr Spiel war die Kruste, die es aufzubrechen galt, um im Inneren auf ein völkisches Wesen oder eine Art Rassenseele zu stoßen. Sein Interesse galt einer »Stammeseigenart« der Spieler.[536] Daraus sollte im nächsten Schritt aber ein noch viel größeres Bild entstehen. Am Ende, meinte Karl Haiding 1939, wenn genug Material gesammelt sei, wäre man dann in der Lage, ein »allen arischen Völkern […] gemeinsames Spielgut« nachzuweisen und zu den »Wesensgrundlagen arischer Kultur« überhaupt vorzustoßen.[537] Was den sogenannten Arier, seine Kultur und sein Spiel ausmachte, blieb einmal mehr im Nebel der Ideologie verborgen.

Nie war überhaupt klar, was oder wen genau »Arier« bezeichnete und woher diese angeblich höherwertigen Menschen stammen sollten. In Europa ursprünglich ein Begriff der Linguisten, um eine Sprachfamilie aus dem persischen Raum zu bezeichnen, hatte der »Arier« in der zweiten Hälfte des 19. Jahrhunderts unter den Rassisten Karriere gemacht. Der Franzose Arthur de Gobineau und der Brite Houston S. Chamberlain hatten ihn in die fiebrigen Diskussionen der Zeit eingebracht. Nordisch, Germanisch, Indogermanisch und Arisch wurden in der Zeit der nationalsozialistischen Diktatur oft synonym verwandt. Die NS-Gesetzgebung sprach – nicht weniger diffus – vom deutschen Blut. Der SS-Archäologe Otto Huth glaubte, die sogenannte Urheimat der Arier sei das versunkene Atlantis gewesen. Heinrich Himmler gründete eigens eine Organisation, das berüchtigte »Ahnenerbe«, um den Ariern auf die Spur zu kommen. Er förderte Forschungsexpeditionen nach Tibet und Spanien. Selbst Sibirien stand als Wiege des Ariers einmal zur Debatte.[538] Die protestantischen »Deutschen Christen« wiederum versuchten, weil sie sich des jüdischen Alten Testaments entledigen wollten, Jesus Christus eine arische Abstammung nachzuweisen. Wo man über keine fundierten Belege verfügte, griff man zu Phrasen, erging sich in Romantik und dunklem Rassepathos. Der sogenannte Arier fußte im Kern so wenig auf Wissenschaft wie alle Mythen, mit denen völkische Ideologen sich beschäftigten. Auch Haiding wollte, wie er es klangvoll nannte, »Wesensforschung« betreiben: »Auf deutschem Boden aber, wo besonders die Jahrhunderte weltanschaulicher Unterdrückung das Spiel seiner ursprünglichen Stellung beraubt haben, ist im Munde der Kinder über alle Zeiten hinweg germanisches Erbe lebendig geblieben.«[539]

Spiel in der Euthanasie

Rassismus und Euthanasie verband eine biologistische Reinheitsideologie. Was nicht biologisch einwandfrei, praktisch arbeitsfähig oder vom medizinischen Standpunkt aus gesund schien, sollte ausgesondert und ausgemerzt werden. »Volkshygiene« war ein geläufiger Begriff dieser Zeit und Ausdruck eines Denkens, das als Eugenik bekannt ist. Nicht alle Deutschen spielten auf eine Weise, wie es vom sogenannten Arier erwartet wurde und zu hoffen war. Das Ideal eines »arischen Spiels« – was immer das sein sollte – schloss außer den Nicht-Ariern auch jene aus, die aus anderen Gründen nicht zur »Volksgemeinschaft« gehörten. Menschen mit körperlichen oder geistigen Behinderungen, die Kranken, Geistesschwachen und sogenannten Schwachsinnigen. Sie spielten anders als die Gesunden. Mediziner, Psychologen und Sozialpädagogen hatten sich seit der Wende zum 20. Jahrhundert damit intensiv befasst. Die Spielbeobachtung war ein anerkanntes Instrument der Heilpädagogik und Psychiatrie geworden. »Im Spiel des Kindes zeigen sich seine ersten geistigen Fähigkeiten, hier werden sie geübt und weiter ausgebildet«, fasste eine Wissenschaftlerin 1933 die Ergebnisse langjähriger Beobachtungen zusammen: »Beim schwachsinnigen Kinde muss sich also der geistige Rückstand und Mangel zuerst am deutlichsten im Spiele zeigen. Hier darf man auch zu verstehen hoffen, warum ein Kind eine bestimmte geistige Höhe überhaupt nicht oder nur verspätet erreichen kann. Spielt ein geistig besonders regsames Kind viel und gern, gestaltet es sein Spiel reich und mannigfaltig, so hat man dagegen beim schwachsinnigen Kinde festgestellt, dass es nur wenig oder gar nicht spielt.«[540] Das Spiel zeigte sich bei diesen Kindern meist als verzögert, war gehemmt oder defizitär. Sie konnten einfachstes Spielzeug wie Klötzchen oder Ringe nicht richtig greifen, oder sie verstanden ihre Bedeutung erst gar nicht. Sie schlüpften auch nicht, wie es für kleine Kinder sonst üblich ist, in Rollen. Sie entwickelten ebenso wenig ein richtiges Verständnis für den Unterschied von Schein und Wirklichkeit. Müde, träge, unkonzentriert war dieses Spiel. Man schrieb Beurteilungen in lange Listen und zog Rückschlüsse auf die Intelligenz und Leistungsfähigkeit der Kinder. Über Versuchsperson Paul – in der Entwicklung etwa drei Jahre zurückgeblieben – hieß es, er sei zu einfachsten Guckspielen nicht in der Lage, es fehle ihm an Aktivität und Durchsetzungsfähigkeit: »Schwach entwickelter Wille zeigte sich darin, dass das Kind einem Spielzeugentzug […] keinerlei Widerstand entgegensetzte.«[541] Ein vernachlässigter Junge mit Namen Franz, dessen Eltern man für asoziale Alkoholiker hielt, war »sehr nervös und unruhig und [er] hat Freude am Quälen und Zerstören, Wander- und Sammeltrieb. Er ist linkshändig.«[542] Bei einem kleinen Mädchen namens Käthe führte die wissenschaftliche Spielbeobachtung hingegen zu einer eher verhalten positiven Beurteilung: »Körperlich schwach, aber gesund. Die Mutter ist geisteskrank. Das Kind ist verträglich und hilfsbereit. Gedächtnis, Sprache und Sprachverständnis sind gut entwickelt. Das Kind ist leicht ablenkbar und sprunghaft, fasst aber verhältnismäßig schnell auf und hat gute Beobachtungsgabe.«[543]

Im Dritten Reich zielte die medizinische und psychologische Beobachtung allerdings nicht mehr nur auf Heilung und Förderung, sondern primär auf Erkennung und Aussonderung des Kranken. Viele Defizite hielten Wissenschaftler zudem für erblich bedingt. Man sprach von sogenannten Erbkranken. Und insofern untersuchte man nicht auch nur die einzelnen Kinder, sondern fragte vielmehr nach der »sozialen Brauchbarkeit der Sippe«, wie die Medizinerin Anna Leiter 1939 offen bekundete.[544] Angenommen wird, dass der Kinder-Euthanasie – ein Euphemismus für systematischen Mord durch Injektionen, Medikamente und Unterversorgung – bis Kriegsende 1945 mindestens 4500 Kinder und Jugendliche zum Opfer fielen. Viele, wie Anna Leiter, wurden zu Rädchen im Getriebe. Die Mediziner der »Kinderfachabteilungen« hatten ihre Opfer wissenschaftlich beobachtet, ihr Verhalten und ihr Spiel genau untersucht, entlang von Rastern und Kategorien dann abschließend beurteilt. Der Mord, die sogenannte Aussonderung des unwerten Lebens bekam auf diese Weise stets eine sozusagen wissenschaftliche Begründung. Während der Kriegsjahre fand eine erhebliche Radikalisierung statt. Was sollte man von einem Kind erwarten, wenn es noch nicht einmal mit seinen Klötzchen umzugehen wusste? Nie würde es Arbeit leisten und der Volksgemeinschaft immer nur zur Last fallen.

Eine der über 30 nationalsozialistischen Tötungsanstalten mit »Kinderfachabteilung« befand sich im sächsischen Großschweidnitz im östlichsten Teil des Deutschen Reiches. Man nimmt heute an, dass in der ehemaligen Heil- und Pflegeanstalt seit Dezember 1943 bis zu 270 Kinder und Jugendliche mit Medikamenten getötet wurden. Die Akten der Ermordeten wurden erst jüngst gehoben und durchleuchtet. Die meisten der jungen Patientinnen und Patienten waren aus anderen Pflege- oder Betreuungseinrichtungen überwiesen worden, weil man sich dort mit ihnen überfordert sah oder sie als nicht mehr »erziehungsfähig« und damit für die Zukunft nicht verwendbar einstufte. Der körperliche und seelische Verfall der sechsjährigen Christa – eigentlich ein »zartes, ansehnliches Kind«, wie die Patientenakte Auskunft gibt – ging in der Fachabteilung rasant vonstatten. Zwei

Wochen nach ihrer Einlieferung im Sommer 1943 ergab die fachliche Beobachtung: »Schwachsinniges, motorisch sehr unruhiges Kind, ungeordnet und unsauber, muss völlig versorgt werden, zu keiner Tätigkeit oder Spiel fähig.« Christa starb 16 Tage später.[545] Über Joachim, einen 15-Jährigen aus Leipzig, der offenbar eine geistige Behinderung und einen Herzfehler hatte, befanden die Ärzte: »Bei Beschäftigungen und in seinem Spiel kam er in seinen Leistungen einem 3–4-jährigen Kinde gleich. [...] Meist hockte er in stumpfer Untätigkeit herum und war auch zu noch so primitiven Aufträgen nicht zu gebrauchen.«[546] Siegfried hingegen, ein Junge im Alter von neun Jahren, schien in der Obhut von Sozialpädagogen zunächst einige gute Fortschritte zu machen. Er befand sich in einer speziellen Beobachtungsstelle in Moritzburg, unweit von Dresden. Deren Aufgabe bestand in der Begutachtung und anschließenden Verteilung von Kindern und Jugendlichen auf andere Einrichtungen in Sachsen. Sie wurde von einem jungen Psychologen, Hans Thomae, geleitet, der in der Bundesrepublik später eine beachtliche Universitätskarriere hinlegte. Anna Leiter war damals seine Kollegin. Die Ärzte der Aufnahmeeinrichtung berichteten im Gutachten über Siegfried: »Während er in den ersten Tagen viel herumstand, den Arbeitern, Burschen und Handwerkern mit offenem Munde zusah und zunächst zu keinem eigenen Spiel kam, beteiligte er sich schon nach etwa ein bis zwei Wochen an den gemeinsamen Spielen und zeigte dabei echte Freude und Vertiefungsfähigkeit. Das Bilderlotto erfasste er schnell. Auch die Bausteine verwendete er richtig und benutzte sie sinnvoll zum Legen einfacher Figuren, die er richtig bezeichnete (z.B. Haus, Stall). Seine Konzentrationsfähigkeit war dabei wechselnd. Oft ließ sie schon nach kurzer Zeit nach, während er bei lustbetonter, spielerischer Beschäftigung längere Zeit intensiv mittat.«[547] Ob der Junge als bildungsfähig wirklich eingeschätzt werden konnte, darüber wollte man in Moritzburg jedoch nicht abschließend urteilen. Für Siegfried setzte sich deshalb der Leidensweg durch verschiedene sächsische Heilanstalten fort. Am Ende wurde er dann in die »Kinderfachabteilung« verlegt. Anfang Februar 1945, nur einige Wochen vor Kriegsende, erhielten die Eltern den Brief des Anstaltspastors, der mittlerweile viel Übung darin hatte, zynisch Trost zu spenden: »Siegfried ist am 1. Februar mittags 12 Uhr an einer Lungenentzündung verstorben. Das Kind hat einen leichten Tod gehabt, da es aus dem Zustande völliger Benommenheit hinübergeschlummert ist in die Ewigkeit. Sein Ende bedeutete für Siegfried eine Erlösung von einem hoffnungslosen Leiden, das ihn nie rechte Freude an seinem Dasein hätte gewinnen lassen.« Der Pastor unterzeichnete seinen Brief an die Eltern mit Hitler-Heil.[548] Die wissenschaftliche Spielbeobachtung kann medizinisch natürlich sehr sinnvoll sein und Spielpädagogik hat sich als ein wichtiges Instrument erwiesen, um junge Menschen zu fördern. In der Euthanasie wurden sie jedoch dazu missbraucht, das Morden zu legitimieren.

Spiel und Verbrechen

Die nationalsozialistischen Ideologen hofften, wie gesagt, auf eine Wiederentdeckung des Natürlichen und auf die Rückkehr zum Ursprung wahren Volkstums.

Doch gewiefte Demagogen wie Propagandaminister Joseph Goebbels oder Hermann Göring, der leidenschaftliche Spielzeugsammler, wussten um die Wirkung, die von Spielzeug aller Art, von gefüllten Regalen, glitzernden Kleinstschätzen und Neuheiten ausging. Ob diese Produkte einem nordischen Rasse- und Volkscharakter entsprachen oder nicht, interessierte diesen Typus von Nationalsozialist wenig. Eine Spielzeugpolitik und Spiel-Ideologie ohne Widersprüche, wenn man es so nennen will, gab es im Dritten Reich dementsprechend nicht. In einem Punkt waren sich jedoch die völkischen Schwärmer und Parteipragmatiker einig. Der jüdische Einfluss sollte in jedem Fall gebannt und Spiel ausschließlich eine Angelegenheit der »arischen« Deutschen werden. Es reichte nicht, jüdische Geschäftsinhaber im Zuge der »Arisierungspolitik« zu berauben, Fabriken aus jüdischem Besitz in die Hände von »Volksgenossen« zu geben oder Juden aus den Vereinen zu stoßen. Selbst die Jüngsten sollten den Sinn dieser Gesetzgebung verstehen lernen und sich an den Maßnahmen des Regimes gar selbst beteiligen.

Kindern wurde der Antisemitismus während der 1930er-Jahre primär über Bücher nahegebracht. Die finstersten Hassschriften kamen stets aus Julius Streichers ›Stürmer‹-Verlag. Das Bilderbuch ›Der Giftpilz‹, veröffentlicht 1938, ist der heute bekannteste Fall. Die anspruchslose Handlung ist schnell erzählt: Eine Mutter streift mit dem Sohn durch einen nahe gelegenen Wald. Sie berichtet dem Jungen nebenher, dass es, eben wie in der Welt der Pflanzen, auch unter den Menschen toxische Geschöpfe gäbe: die Juden. Ein perverser und – wie für Streichers Verlag typisch – mit sexuellen Anspielungen gespickter Bilderbogen reiht Beispiel um Beispiel für die angebliche Niedertracht der Juden aneinander. Mit diesem Werk kamen zahlreiche Kinder in Berührung, selbst an Schulen, wo Lehrer den ›Giftpilz‹ manchmal verteilten. Ein weiteres Kinderbuch war 1936 unter dem Titel ›Trau keinem Fuchs auf grüner Heid und keinem Jud bei seinem Eid‹ erschienen. Das farbenprächtige Bilderbuch, angereichert mit boshaften Reimen, präsentierte den jungen Betrachtern alle nur denkbaren antisemitischen Klischees. Die Autorin Elvira Bauer, eine 21 Jahre junge angehende Lehrerin, hatte drei Jahre ohne Erfolg nach einem Verlag gesucht, bis sich der Agitator und Gauleiter Julius Streicher für ihren monströsen Giftschmöker erwärmte. Wie um ihre Geisteshaltung äußerlich unterstreichen zu wollen, zeigte sich die Autorin als Vorbildgermanin – mit langen Zöpfen, Amulett und in Leinentunika. Streichers Beihilfe bescherte der Frau einen Riesenerfolg, und das Buch erreichte mehrere Auflagen. Erika Mann, Tochter des berühmten deutschen Schriftstellers, war das perfide Bilderbuch eine kritische Besprechung wert. Es erreiche in den farbigen Illustrationen und begleitenden Versen einen »Grad an sadistischer Rohheit« und »demagogischer Verlogenheit«, wie er kaum anderswo zu finden sei.[549]

Etwa gegen Ende des Buches ist eine Alltagsszene zu sehen, die durch erschreckende Gewöhnlichkeit besticht: Drei Kinder stehen vor dem Schaufenster eines Ladens und bestaunen bunte Spielwaren.

Der aufmerksame Leser ahnt sofort, obwohl sie nur von hinten zu sehen sind, dass eines darunter wohl ein jüdischer Knabe sein soll. Er trägt dunkle, krause Haare und steht in schäbiger Kleidung ein paar Schritte abseits. Das Geschäft selbst gehört ebenfalls einem Juden. Ein Schild über dem Fenster weist auf den Inhaber hin: Zabulon Levy. Der Vorname bezieht sich auf einen der zehn Söhne Jakobs in der Bibel, dem Erzvater der Israeliten. Der Nachname Levy leitet sich ebenfalls von einem der historischen Stämme Israels ab, war in Deutschland verbreitet und als jüdisch bekannt. Eine blonde hübsche Frau und ihre ebenfalls blonde niedliche Tochter gehen an dem Laden vorbei. Die Blicke des Mädchens fallen auf die Waren im Fenster. Ihre Mutter reagiert ungehalten und mahnt eindringlich: »Ins Judenkaufhaus gehen wir nicht! […] Nur das, was deutsche Hand geschafft / Durch deutschen Fleiß und deutsche Kraft, Soll'n deutsche Frauen kaufen. Drum wollen wir nur laufen / Ins Haus der deutschen Waren, Wo wir auch mehr ersparen, Weil billig alles ist und echt! Beim Juden aber kauft man schlecht!«[550] Die junge Autorin griff auf, was für die Geisteswelt völkischer Kreise typisch war. Juden schufen die Dinge nicht selbst, die sie überteuert verkauften. Vielmehr würden sie Produkte zum Schaden der Volkswirtschaft gezielt aus dem Ausland importieren. Deutsche Waren stammten dagegen aus Handarbeit, zeugten vom Fleiß und von der Kraft ihrer Schöpfer. Mit der Realität in Deutschland hatte das nicht das Geringste zu tun. Es war völkische Ideologie und Demagogie in Reinform. Ganz am Ende des Kinderbuchs gipfelt die antisemitische Hetze in der Vertreibung der Juden. Es ist eine der gemeinsten Illustrationen des Buches. Männer mit Gepäck ziehen auf einem Trampelpfad durch dörfliche Landschaft. Sie sind als hässliche Kreaturen mit gekrümmten Nasen dargestellt. Grimmig schauen sie drein aus dunklen, tief unterlaufenen Augen, ihre Hände gleichen haarigen Tierpranken. Eine korpulente Frau läuft inmitten des Trecks, neben ihr ein kleiner Junge – wahrscheinlich derselbe vom Schaufenster des Spielwarengeschäfts. Ein deutscher Michel sitzt derweil, angelehnt an einen Baumstamm, barfuß im Gras. Er trägt eine schwarze Harlekinsmütze, lacht vergnügt und spielt auf einer Ziehharmonika, während der Judentross an ihm vorbeizieht. Selbst die Gänse am Wegesrand beschimpfen die Juden mit lautem Gegacker.[551]

Die Motive und Bilder dieses ›Stürmer‹-Buches ähneln denen des erwähnten antisemitischen Brettspiels »Juden raus«. Die Enteignung und Vertreibung der deutschen Juden rechtfertigen beide mit infamer Offenheit und beide sind Paradebeispiele dafür, mit welcher Vehemenz der Antisemitismus in die Spielkultur der 1930er-Jahre eindringen konnte. Nationalsozialistische Pädagogen vereinnahmten das Bedürfnis nach Unterhaltung und Spiel für die Rassenideologie der Diktatur. Manche Wissenschaftler suchten nach »artgemäßen« Spielen oder rassischen Eigenarten der Spielenden. Spielzeug zeigt die Welt, wie sie ist oder aus Sicht ihrer Erschaffer sein soll. Selbst Verbrechen konnten in dieser Zeit zu Inhalten von Spielen oder durch sie gerechtfertigt werden. Die Wirklichkeit ging noch weit über das hinaus, was auf Spielbrettern, in Kinderbüchern oder auf Theaterbühnen zu sehen war. Spiel und Verbrechen verband eine Dimension realer Gewalt. Nach Kriegsbeginn wurde Spielzeug aus den besetzten Gebieten in Europa geraubt. Zwangsarbeitskräfte, darunter oft Kinder, mussten in den Werkstätten der Ghettos und Konzentrationslager für die Besatzer schuften – Spielzeug, das auf Weihnachtsmärkten an deutsche Familien verkauft oder an Bedürftige verteilt wurde. Die Geschichte dieses vergessenen Blutspielzeugs ist zu erzählen.

7 DAS SPIEL DES ÜBERLEBENS

Spiele und Spielzeug im Holocaust

Die Ghettostadt

Eine Kleinstadt scheint emsig bei der Arbeit. Niemand ist tatenlos, nichts wird achtlos weggeworfen, alles verwertet. Die Fotografien, aufgenommen Ende des Jahres 1941, wollen diesen Eindruck zumindest vermitteln. In den Fabriken, Werkstätten und Lagerhallen, selbst daheim arbeiten die Menschen bei Tag und noch tief in der Nacht. Männer und Frauen, meist in mittlerem Alter, manche in einer Art Arbeitsuniform sind zu sehen. Sie stehen oder sitzen vor Werkbänken, hämmern, hobeln, bedienen Schleifgeräte und Schneidewerkzeuge. Ein Aufseher, gut gekleidet und mit strengem Blick, geht durch die Reihen, um alle Handgriffe zu prüfen. Das blecherne Scheppern der Maschinen meint man zu hören. Eine ehemalige Lagerhalle ist wie zur bestens organisierten Fabrik umfunktioniert: Arbeitskräfte, diesmal mehrheitlich Frauen, bedienen Nähmaschinen. Bei Tag fällt viel Sonnenlicht durch die großen Fenster der Halle, im Winter und nach Einbruch der Abenddämmerung spenden kleine Glühbirnen über den Werkbänken das notwendige Licht für lange Arbeitstage. Gleich nebenan flicken Menschen zerschlissene und löchrige Uniformen. Sie sitzen zwischen aufgetürmten Textilien. Die Kleidungsstücke werden andernorts sortiert, gestapelt, nochmals mit prüfenden Blicken inspiziert. Fast alles, was man sich für den täglichen Bedarf vorstellen kann, wird in den Hallen und Werkstätten hergestellt oder repariert: Zahnbürsten, Teller und Besteck, Hüte, Bekleidung, Möbel, Seife, Pfeifen. In einigen Hallen sind auf engstem Raum Hunderte Männer und Frauen tätig. Nicht alles wirkt so professionell. Der Realität, die hinter diesen Bildern steckt, kommt man gelegentlich ein

Stück näher. Man sieht dunkle Schuppen in Hinterhöfen und enge Zimmer, die kurzerhand zu Arbeitsstätten umfunktioniert wurden. Der Putz bröckelt von den Wänden und geschlafen wird auf harten Pritschen, manchmal gleich neben dem Arbeitsplatz. Hier herrscht Tristesse, Not und Mangel. Näheres Hinsehen verrät: Das sind keine gewöhnlichen Orte. Die Menschen tragen eine Armbinde, darauf der Davidstern, der sie als Juden ausweist. Die Aufnahmen, festgehalten von einem jüdischen Fotografen, stammen aus dem Ghetto von Warschau. Die Deutschen verschleppten seit Mitte 1940 eine halbe Million Menschen hierher, die – eingesperrt, von der städtischen Außenwelt fast isoliert – dem Hungern und Sterben überlassen wurden. Tausende kamen monatlich um. Wer nicht an Unterversorgung und Krankheiten starb, wurde deportiert – viele in das Vernichtungslager Treblinka nach Ostpolen. Zuletzt fiel dem Ghetto die Funktion eines Arbeitslagers zu, bevor die letzten Verbliebenen zur Ermordung ebenfalls verschleppt werden sollten. Am 19. April 1943 kam es zum berühmten Warschauer Aufstand. Die Deutschen schlugen den Widerstand der Verzweifelten über Wochen hinweg erbarmungslos nieder. Alltag und Arbeit, Sterben und Tod lagen bis dahin auf erschreckende Weise dicht beieinander.

In den ersten Jahren des Ghettos hatten zwei Arten von Werkstätten und Fabriken existiert, die von den Deutschen genehmigt wurden: Die einen standen unter direkter Verwaltung deutscher Firmen, die anderen wurden mit Billigung der Deutschen von Juden selbst betrieben. Die Arbeitsmöglichkeiten waren bei den Menschen der Gefängnisstadt begehrt, weil die Werkstätten ein wenig mehr an Sicherheit und Versorgung boten; besonders dann, wenn Juden sie leiteten. Freiwillig oder lohnenswert war diese Arbeit in keinem Fall. Die Bezahlung war gering, die Zustände am Arbeitsplatz waren oft katastrophal. Vor der Deportation schützte Arbeit allenfalls eine Weile, vor Hunger und Krankheit gar nicht. In allen Werkstätten waren die Menschen überwiegend für die Deutschen, speziell für den Bedarf der Wehrmacht und die Besatzungsverwaltung tätig. Illegale Betriebe, die für den Bedarf der Ghetto-Bevölkerung produzierten, gehörten zur Schattenwirtschaft. Sie waren angewiesen auf Schmuggel von Rohstoffen oder Recycling der Abfälle. Die Fotografien zeigen wahrscheinlich ausschließlich Arbeitsstätten, die unter Verwaltung des Judenrats standen und zugunsten der Deutschen produzierten. Sie sollten mutmaßlich die Produktivität des Ghettos und die Leistungsbereitschaft der Beschäftigten gegenüber den Deutschen belegen; man hoffte, sich durch den hohen Arbeitseinsatz unentbehrlich zu machen.[552]

Eines der Bilder zeigt einen unbekannten Jungen, etwa 13 oder 14 Jahre alt, in einer kleinen Werkstatt beim Bemalen von Spielzeug. Er trägt geflickte Arbeitskleidung, eine Schirmmütze, hält in der linken Hand einen langen Pinsel, in der rechten einen kleinen Lastwagen aus Holz. Das ist offenkundig seine alltägliche Aufgabe, für die er inzwischen gut gerüstet scheint. Vorn auf dem Tisch liegen weitere Fahrzeuge oder deren Bestandteile, alle von ansprechender Handwerkskunst, die er schon bemalt hat oder noch bemalen muss. Die meisten Arbeiter dieser Werkstätten hatten einen fachmännischen Hintergrund. Vor dem deutschen Angriff auf Polen 1939 war rund die Hälfte der jüdischen Bevölkerung Warschaus im Handwerk tätig. Die Kinder und Jugendlichen gehörten oft zu Familien, bei denen mindestens die Väter als Handwerker gearbeitet hatten, manche waren selbst schon in jungen Jahren in den Beruf hineingewachsen. Üblicherweise lief die Herstellung eines Produkts auch im Ghetto arbeitsteilig ab, worauf prall gefüllte Säcke hinten im Raum hindeuten. Oder nebenan, vielleicht auch im Gebäude auf der anderen Straßenseite, saß ein Tischler, der das Holzspielzeug anfertigte. Dem Jungen fiel die Aufgabe zu, es zu bemalen. Ein weiteres Foto, vermutlich aus einer ähnlichen Werkstatt, zeigt einen Mann mittleren Alters bei der Herstellung einer Puppe. Vom menschenunwürdigen Alltag im Ghetto ist er sichtlich gezeichnet. Durch eine offene breite Tür, welche zwei Räume in der Werkstatt voneinander trennt, erhascht man einen Blick ins Nebenzimmer. Weitere Puppen in diversen Größen stehen dort eng aufgereiht. Es scheint, als wären sie schon fertig, nur bekleidet sind sie noch nicht. Dafür gibt es eine Nähmaschine und die Stoffballen, die ebenfalls am Rand der Fotografie zu sehen sind. Eine Schneiderin ist wohl im selben Raum tätig, vielleicht die Ehefrau des Puppenbauers. Wie viele der Arbeitsstätten im Ghetto Spielzeug anfertigten, ist nicht mehr nachzuvollziehen. Warschau war kein Einzelfall. Ähnliche Bilder sind im Ghetto von Łódź entstanden, auch hier wurde an Spielzeug gearbeitet. Der Fotograf Mendel Grossman kam bei einem der Todesmärsche 1945 ums Leben; vor der Auflösung des Ghettos hatte er die Filmrollen in einem kleinen Mauerloch versteckt, wo sie später gefunden wurden.

Im Ghetto von Warschau lebten im Januar 1942 etwa 100 000 Kinder und Jugendliche unter kaum vorstellbaren Bedingungen – hungernd, krank, viele davon verwahrlost, sich selbst überlassen, zu Waisen gemacht, bettelnd auf den Straßen.[553] Aber für sie war dieses Spielzeug sicher nicht bestimmt. Die meisten Güter aus den Ghetto-Werkstätten, auch die Spielsachen, gelangten auf legalem oder illegalem Weg über Vermittler, Umwege und Schmuggel auf die sogenannte arische Seite der Stadt. Der Schwarzmarkthandel blühte. »Eine Spezialität des Ghettos war die Herstellung von Spielzeug«, so die Historikerin Ruta Sakowska.[554] Die Güter wurden direkt für die Deutschen hergestellt oder für polnische Käufer. Tatsächlich gab es Spielsachen fast nirgends in ausreichender Zahl zu kaufen. Spielzeug und Spiele waren in den Kriegsjahren Mangelware. Die Nazis ließen selbst in Ghettos und Konzentrationslagern produzieren, womit die Kinder deutscher Familien später spielen sollten.

Der Mangel an Spielzeug

Mit Kriegsbeginn brach die Spielwarenproduktion ein. Größere Hersteller schwenkten auf Rüstungsproduktion um. Das Deutsche Reich benötigte militärische Güter und Ausrüstung oder zivile Dinge des Alltagsbedarfs. Das Spielzeug, obwohl nicht ganz unwichtig für die Moral, war keine vordringliche Aufgabe der Fabrikanten mehr. Am 15. April 1943 wurde die Herstellung von Spielwaren per Gesetz verboten.[555] Bedeutende Unternehmen waren fortan für die Wehrmacht tätig. Die Firma Karl Bub aus Nürnberg ließ die Großhändler wissen, man sei im »vollen Einsatz für den Endsieg«. Markes & Co aus Lüdenscheid, die mit der Marke DUX viel Technikspielzeug, wundersame Flugapparate und kreative Baukasten-Systeme unters Volk gebracht hatten, vertagten das Geschäft auf die Zeit nach dem erhofften Sieg: »Vorerst haben wir wichtigere Aufgaben zu erfüllen und bitten unsere Kundschaft um Geduld.«[556] Familien und Kinder standen vor leeren Regalen. Noch mehr als im Ersten Weltkrieg drohte Spielzeug zur Mangelware zu werden. Die Fachhändler gaben sich Ratschläge, wie man angesichts des schrumpfenden Sortiments zumindest ein schönes Schaufenster dekorieren konnte.[557] Und in den Zeitungen lasen die Deutschen Anleitungen zur Abhilfe: Pappe bot das Material, um ein Brettspiel zu basteln, aus Streichholzschachteln wiederum konnte ein hübsches Puppenhaus entstehen.[558] Eine NS-Frauenzeitschrift empfahl, die Fotos von Ritterkreuzträgern aus Zeitungen auszuschneiden. Man könne sie auf Pappe kleben und beschriften. So entstünde auf einfache Weise ein zeitgemäßes Militär-Quartettspiel.[559] Die Kreativität der Einzelnen ersetzte nun, was die Industrie nicht mehr leistete.

Die Dinge des Spiels begleiten die Menschen durch ihre Geschichte. In unserem Alltag gehört Spielzeug zu den Selbstverständlichkeiten. Sobald diese kleinen Dinge fehlen, werden sie aber schmerzlich vermisst. Dann wird den Menschen bewusst, wie wichtig das Spiel für sie und für ihre Kinder ist. Das NS-Regime musste sich sorgen. Zu befürchten stand, dass an Weihnachten, falls es keine Geschenke unter den Tannenbäumen geben würde, die Moral der Deutschen Schaden nahm. Sicher, die Bevölkerung würde sich vom Staat nicht nur deshalb abwenden, weil es an Neuheiten zum Spielen mangelte. Einen Anlass zum Unmut sollte es jedoch gar nicht erst geben. Eine Lösung für das Problem schien in der staatlichen Jugendorganisation zu liegen. Millionen Jugendliche standen in der Hitlerjugend zur Verfügung. Gleich im ersten Kriegsjahr erhielt sie eine besondere Aufgabe. Reichsjugendführer Arthur Axmann erteilte den »Auftrag zur Herstellung und Beschaffung von Spielzeug«.[560] Es sollte sichergestellt werden, dass zu Weihnachten Geschenke da waren. »Jedem Kind ein Spielzeug« lautete die Parole der staatlichen Propaganda. Das großflächig organisierte Basteln und Werken durch die Mitglieder der Hitlerjugend wurde gar zur »heimatlichen Kriegsaufgabe« erklärt.[561] Die Verantwortlichen hofften, »den Mangel an gutem Spielzeug [...] vollständig ausgleichen und so viel herstellen« zu können, dass »zum Weihnachtsfest [...] alle Soldatenkinder beschenkt« würden. Der Verkauf zugunsten des Kriegswinterhilfswerks sollte nebenbei für einen zusätzlichen Geldsegen sorgen.[562] Der Bedarf müsse »soweit wie möglich durch die Jugend selbst gedeckt werden [...], um auf diese Weise die Spielzeugindustrie für den erhöhten Rüstungseinsatz zu entlasten«.[563] Mit martialischem Jargon rief man Millionen von Minderjährigen zum »Wettrüsten« auf. Das sei »kein sinn- und zweckloses Basteln, sondern eine volkswirtschaftlich bedeutende Leistung. Der alljährliche Bedarf an Spielsachen kann heute nicht mehr von der Spielzeugindustrie allein gedeckt werden. Diejenigen, die früher dafür gearbeitet haben, stehen heute im grauen Rock an allen Fronten dieses Krieges. Sie sehen in den fleißigen und geschickten Händen der deutschen Jugend die besten Sachwalter ihrer einstigen Arbeit, und sie erwarten von euch die gleichen guten Arbeiten, die einst die deutsche Spielzeugindustrie weltberühmt gemacht haben.«[564] Soldatenkinder sollten bevorzugt versorgt werden. Später gingen die Geschenke vor allem an die Familien, die ihr Hab und Gut im Bombenkrieg verloren hatten.

Mädchen und Jungen wurden meist im Spätsommer und in den Herbstmonaten in die HJ-Heime beordert. Die Reichsjugendführung hatte in den Jahren zuvor eigene Werkstätten eingerichtet, wo man Jugendliche im Handwerk unterrichtete. Das zahlte sich nun aus. Fast überall wurde gebastelt, geschnitzt und gehobelt, immer nach Mustern und Vorlagen – Häuschen aus Sperrholz, kleine Ritterburgen, viele Tierfiguren, Hampelmänner, Dominosteine, auch Modelle von Panzern, Kampffliegern, Kanonen und Kriegsschiffen. Der Bau eines kleinen Kreuzers oder Lastwagens sollte die Jüngsten für das Militär begeistern. Man präsentierte deshalb bevorzugt solche Erzeugnisse in der Propaganda. »Unsere Werkarbeit hat«, gestand man offen, »wie alles, was wir in unseren Einheiten tun, erzieherischen Wert. Mit der Werkarbeit können wir unsere Pimpfe geschmacklich ausrichten.«[565] Am Ende des »Wettrüstens« standen vielerorts Ausstellungen, bei denen die besten Bastelarbeiten öffentlich präsentiert wurden.[566] Das blieb bei den Deutschen nicht ohne Wirkung. Mancher erinnerte sich Jahrzehnte später an die schönen Geschenke zurück, welche die Partei ihnen übergab: »Jedenfalls hatte die Hitlerjugend für Kinder, deren Vater im Krieg gefallen war, Bastelarbeiten hergestellt. Und da hatten wir einen großen Ball bekommen«, berichtete eine Frau aus Sachsen über eine Kriegsweihnacht: »Der war entweder mit Sägespänen oder mit Lumpen gefüllt, ich weiß es nicht mehr. Die eine Seite rot, die andere blau. Der war richtig stabil genäht, mit dickem Stoff, und der Stoff glänzte schön. […] Und dann waren noch ein paar Laubsägearbeiten dabei, wir haben uns sehr gefreut. Vor allen Dingen über den Ball.«[567] Nicht nur die Moral an der »Heimatfront« sollte auf diese Weise aufrechterhalten werden. Gleichzeitig schien eine Möglichkeit aufgetan, um »Jungen und Mädel im Kriege zu beschäftigen […] und sie von der Straße« fernzuhalten.[568]

In den Metropolen stieg die Jugendkriminalität massiv an. Junge Menschen streiften in Banden durch Trümmerruinen. Es kam zu Raubzügen, vereinzelt keimte dabei Opposition und Widerstand auf. Junge Menschen versuchten, der Hitlerjugend zu entgehen. Die Organisation hatte an Attraktivität mittlerweile stark eingebüßt; ein repressiver Apparat war entstanden, der jugendliche Freiheit durch Befehle, Vorschriften und Bürokratie im Keim erstickte. Die Spielzeugherstellung sollte Begeisterung bei den jungen Menschen neu entfachen. Allen Heranwachsenden würden solche Bastelarbeiten große Freude bereiten, selbst wenn sie zugunsten anderer und unter Aufsicht geschah, glaubten die Hitlerjugend-Führer. Dass sie nicht ganz falsch lagen, zeigt das Beispiel von Wolfhilde aus München. Ende 1941 schrieb das Mädchen über das Basteln in ihr Tagebuch: »Was waren das für aufregende Wochen für uns. Ein richtiges Wettschaffen war es geworden. Unsere Gruppe fertigte einen Zug nach dem anderen, nebenan wurden Wiegen und Küchen hergestellt. War das ein Wogen und Treiben in der Werkausstellung, doch war auf unserem Weihnachtsmarkt ein noch größeres Gedränge.« Stolz sei sie gewesen. Denn der Rundfunk habe am Abend berichtet, sie hätten in Deutschland die beste Leistung erbracht. Der Weihnachtsmarkt sei voller Spielzeug gewesen. Den Ausfall der Industrie hatten die Kinder angeblich wettgemacht, dem Winterhilfswerk konnten sogar 50 000 Reichsmark als Erlös übergeben werden: »Doch die Freude der Kinder ist unser schönstes Dankgeschenk«, notierte das junge Mädchen.[569]

Noch Jahrzehnte später meinte Reichsjugendführer Axmann in seinen Memoiren, die Spielzeugherstellung sei eine der wunderbarsten Leistungen der Jugend während des Krieges gewesen. Er selbst habe stets das »Leuchten der Kinderaugen« gewollt.[570] Natürlich verschwieg er wesentliche Zusammenhänge. Die Werkarbeit fand nämlich auf Basis der Jugenddienstpflicht statt. Das Gesetz, Anfang 1939 erlassen, wurde im Krieg rücksichtslos durchgesetzt. Wer nicht teilnahm, konnte auch strafrechtlich verfolgt werden. Heranwachsende wurden in Haft genommen, wenn sie sich vor dem Dienst drückten; die Eltern waren angehalten, die Kinder zur Hitlerjugend zu schicken, sonst drohten auch ihnen ernste Konsequenzen.[571] Die Werkarbeit war – wie auch viele andere Arbeitseinsätze – eine Pflichtveranstaltung. Verweigerung wurde sanktioniert. Das Schnitzen, Hobeln und Schrauben an den Nachmittagen in den HJ-Heimen glich zudem oft ermüdender Akkordarbeit. Nur, »wenn am laufenden Band gearbeitet wird, kann am meisten geschafft werden«, mahnten die HJ-Funktionäre.[572] In Wahrheit handelte es sich um staatlich organisierte Kinderarbeit, lediglich verschleiert von Tausenden Propaganda-Fotos mit lachenden Kindern. Im Jahr 1942 konnten – zumindest nach offiziellen Angaben – 8,5 Millionen Spielsachen für den Verkauf sowie für Kindertagesstätten und bedürftige Familien hergestellt werden.[573] Man nahm die Geschenke natürlich dankbar entgegen. Eine BDM-Führerin aus Weimar berichtete vom »Ansturm der Bevölkerung beim Ankauf der Spielzeuge«. Man habe sich regelrecht um sie gerissen.[574]

Propaganda ist die Kunst, Menschen zu täuschen und zu blenden.

Die Realität wird zur Unkenntlichkeit verfälscht, die Wahrheit allenfalls in Ausschnitten abgebildet. Das war in diesem Fall nicht anders. Die Zeitungen präsentierten Kinder und Jugendliche hundertfach beim Basteln. Einen ernsthaften Ersatz für die Industrie bot die Werkarbeit aber nicht. Die Hitlerjugend stand seit 1939 ganz im Zeichen des Krieges: Die männlichen Jugendlichen wurden auf ihren zukünftigen Einsatz vorbereitet, die Mädchen für alle Belange der »Heimatfront« in Beschlag genommen – zur Unterhaltung der verwundeten Soldaten, für Besuche in Lazaretten, Spendensammlungen, ganz zuletzt auch für die Herstellung von Artikeln des alltäglichen Bedarfs. Die Spielzeug-Herstellung konnte meist nur in ländlichen Regionen annähernd erfolgreich sein, die der Krieg bis zum Ende verschonte. Ungelernte Kinderhände waren außerdem wenig geeignet, um kunstfertige und in jeder Hinsicht ansprechende Produkte in Massen herzustellen. Es fehlte meist schon an Farben für eine hübsche Bemalung, die Schnitzereien fielen eher grob aus. Sicher, in Zeiten des Mangels gab es eben nur den Maßstab des Krieges. Wer konnte da wählerisch sein oder wollte gar die Ergebnisse der Mühe, die sich die Jugendlichen machten, kritisieren? Aber die meisten dieser Spielsachen waren zum Verkauf nicht geeignet. Was die Hitlerjugend auf Ausstellungen mit viel Stolz vorzeigte, stammte oft aus einer Zusammenarbeit mit Kunsthandwerkern vor Ort. Nur eisernen Ideologen und Traumtänzern konnte einfallen, die Notproduktion aus Kinderhänden als die Rückkehr zur wahren Volkskunst zu verherrlichen.

Der Raub von Spielwaren

Der staatliche Aufwand half also wenig, um dem Mangel beizukommen. Zunehmend schaffte man deshalb Spielwaren aus den besetzten Gebieten in Europa heran. Der »Einsatzstab Reichsleiter Rosenberg«, eine im Juli 1940 gegründete Mammutorganisation, ist heute für europaweiten Kunstraub und Plünderung von Bibliotheken berüchtigt. Die Rauborganisation schaffte auch massenhaft Einrichtungsgegenstände und Alltagsgüter aus den besetzten Westgebieten ebenfalls ins Reich. Die »Möbel-Aktion«, die Rosenbergs Dienststelle organisierte und 1942 anlief, bestand in der Plünderung von mehreren 10 000 Wohnungen. Ursprünglich für die deutsche Verwaltung der besetzten Ostgebiete vorgesehen, bedienten die Transporte im Kriegsverlauf jedoch vermehrt »bombengeschädigte Volksgenossen«. Die Juden hätten den Krieg in Europa losgetreten und zu verantworten, behauptete die Lügenpropaganda des Dritten Reiches. Nun sollten sie für die entstandenen Schäden haften.[575] Der Maßstab dieses Raubs war gewaltig. Im Großraum von Paris hatten die Plünderer etwa 18 500 Wohnungen von Juden listenmäßig erfasst. Bis zum November 1943 waren bereits 9 000 ausgeräumt. Das Hauptaugenmerk lag auf Wertgegenständen: antike Möbel, kostbarer Schmuck oder elektrische Haus- und Küchengeräte, die man in Deutschland benötigte. Das Lager in Aubervilliers, einem Vorort von Paris, war eines von sechs Sammelstellen in Westeuropa. Ein ehemaliges Kaufhausgebäude, wo man in verschiedenen Abteilungen ganze Zimmereinrichtungen zusammengestellt hatte.[576] Auf Fotografien ist auch das geraubte Spielzeug der Kinder zu sehen.[577]

Bereicherung und Raub gab es natürlich vor allem in Deutschland. Wohin gelangten das Mobiliar und eben auch die Spielsachen jener Familien, die geflohen oder verhaftet, verschleppt und deportiert worden waren? Auf die Höllenfahrt in die Lager durfte nur das Nötigste mitgenommen werden. Für Kinder war nur vorgesehen, was sie selbst tragen konnten. Das zurückgelassene Eigentum wurde konfisziert, der Wert geschätzt, vor Ort verteilt, gespendet, verkauft. Juden zwang man gar, Vermögenserklärungen abzugeben, bevor sie in die Züge gepfercht und ihren Peinigern überlassen wurden. In der Bürokratie dieses Verbrechens fand sich für jeden Gegenstand die passende Kategorie: Spielzeug und Spiele waren unter »f) Kinder-, Fremdenzimmer, Salon« oder bei »VII Sonderposten (sonstige Gegenstände des Haushalts)« einzutragen.[578] Die Kinder verloren ihre liebsten Dinge: »Man durfte nur mitnehmen, was in den Koffer reingeht und da hab ich meine Eisenbahn natürlich nicht reingeben können«, erinnerte sich Uri Ben Rehav, ein Junge aus Wien, der damals noch den Namen Wilhelm führte, an den Verlust seiner geliebten Märklin-Lok. Er wurde 1942 in das Ghetto Theresienstadt verschleppt.[579] Wenn nicht die NS-Volkswohlfahrt, Partei oder staatliche Stellen das Raubgut für sich sicherten, wurde es in eigens eingerichteten Verkaufshallen unters Volk gebracht. Neben Abteilungen für Möbel, Elektrotechnik, Geschirr, Textilen und Parfümerie gab es zum Beispiel in Wien eine kleine Verkaufsstelle für konfiszierte Spielwaren.[580] Zum Verkauf kam wahrscheinlich nur Hochwertiges – wie Wilhelms Eisenbahn, die einen guten Erlös versprach. Anderes wurde gespendet oder entsorgt.

Erinnerungen an den Verlust von Spielzeug haben in den Erzählungen von Holocaust-Kindern oft einen großen Stellenwert. Für Erwachsene sind diese Dinge nicht bedeutsam. Für die Kinder sind sie wichtige Bestandteile ihrer Welt. Judith Kerr, geboren 1923 in Berlin, gab ihrem Roman-Welterfolg mit autobiografischen Zügen den genialen Titel: ›Als Hitler das rosa Kaninchen stahl‹, die liebste Kostbarkeit des kleinen Mädchens Anna, das mit seiner Familie vor der Verfolgung der Nationalsozialisten zunächst nach Paris und dann nach London flieht. »Es hatte schwarze, aufgestickte Augen – die Glasaugen waren schon vor Jahren ausgefallen –, und es sackte so reizend zusammen, wenn man es auf die Pfoten stellte. Warum hatte sie nur statt ihres lieben rosa Kaninchens den Wollhund mitgenommen? Das war ein arger Fehler gewesen und sie würde ihn nie wieder gutmachen können.« [581] Was zurückblieb, gelangte in die Hände anderer. Auch die gewaltsamen Räumungen der Ghettos in Polen im Rahmen der »Aktion Reinhardt«, die im Juli 1942 anlief, spülten solche Alltagsgüter massenhaft in die Hände der deutschen Besatzer. Die Ghettos hatten sich in verlassene Geisterstädte verwandelt. Wenn die zurückgebliebenen Habseligkeiten der Deportierten noch zu gebrauchen waren, wurden sie an die Bevölkerung verteilt oder verkauft. Im harten Winter 1943 versorgte das Winterhilfswerk etwa 46 000 »Volksdeutsche« in Polen durch die kostenlose »Ausgabe von Bekleidung, Schuhen, Haushalt- und Textilwaren und Spielsachen«.[582] Es ist nachgewiesen worden, dass sich darunter teils Ghetto-Raubgüter befanden. Gelegentlich gab es Beschwerden, wenn beispielsweise aus Versehen auf einem Kleidungsstück der Judenstern nicht entfernt worden war. In Anbetracht all der verschiedenen Wege dieses Raubs erscheint die Annahme nicht unbegründet, dass Kinder geschenkt bekamen, was zuvor den Verschleppten gehört hatte.

Besonders Hermann Göring pflegte selbstverliebt das Bild des sozialen Wohltäters. Der spielfreudige Reichsmarschall, ebenso auf persönliches Ansehen bedacht wie besorgt um die etwaige Wankelmütigkeit in der Bevölkerung, befahl im August 1942 eine eigene »Weihnachtsaktion«. Aus Frankreich, den Niederlanden und Belgien sollten »Kosmetika, Spielzeug und allgemeine Geschenkartikel« herangeholt werden. Die Beschaffungsaktion erfolgte dieses Mal über den Schwarzmarkt. Ein Wert von etwa 176 Millionen Reichsmark kam bei den Großeinkäufen zusammen. Kisten- und stapelweise, insgesamt mehr als 11 000 Tonnen Geschenke für die dritte Kriegsweihnacht transportierten Sonderzüge ins Reich. Am Ende kam es zu logistischen Problemen, weshalb die Auslieferung nicht überall rechtzeitig zu den Festtagen erfolgte. Vom Bombenkrieg verwüstete Regionen und Großstädte wie Köln sowie Standorte der Rüstungsindustrie wurden besonders bedacht. Die »Volksgenossen« erhielten die Bedarfsartikel und Geschenke zu Schleuderpreisen, als Spende über die Volkswohlfahrt oder in Folge von Sonderzuteilungen, welche die Ernährungsämter vor Weihnachten ausgaben. Bedürftige Kinder konnten sich an neuen Puppen, Kaufläden, Schaukelpferden und Fahrrädern erfreuen. Woher diese Güter stammten, die wie aus dem Nichts auftauchten, verschwieg man der Bevölkerung. Die Menschen fragten ohnehin nicht nach. Eine neue »Weihnachtsaktion« hatte man für das Jahr 1943 angedacht. Vermutlich ist sie infolge der verschärften Kriegslage nicht mehr durchgeführt worden.[583]

Blutspielzeug

In Anbetracht dessen, was sich zeitgleich in den Ghettos und Mordlagern in Zentral- und Osteuropa abspielte, scheint das alles noch zu verblassen. Tatsächlich sind jedoch Arbeitskräfte, darunter unzählige Kinder, ausgebeutet worden, um Deutsche mit Blutspielzeug zu versorgen. Werkstätten wie jene im Ghetto von Warschau hat es auch andernorts gegeben. Einige Beispiele sind dokumentiert. In einer Manufaktur, die ein ehemaliger Spielzeug-Fabrikant leitete, im Ghetto Łódź in Zentralpolen mussten vorwiegend Kinder im Alter von sechs bis zehn Jahren arbeiten. Im Winter 1941 fertigte die Manufaktur einige Tausend Spielzeuge.[584] Mendel Teichtal, damals 11 Jahre alt, hat von einer ähnlichen Werkstatt in dem 1941 eingerichteten Ghetto von Bochnia bei Krakau berichtet. Für einfachste Arbeiten habe man bevorzugt Kinder eingesetzt. Er selbst musste stinkende Müllhalden nach Blechteilen und allem Verwertbaren durchforsten. Daraus sei später Spielzeug entstanden.[585] Besonders gut dokumentiert sind die Werkstätten im Ghetto Kauen in der litauischen Stadt Kaunas. Das Massengefängnis mit rund 30 000 Bewohnern hatten die Deutschen im August 1941 von der Außenwelt abgeriegelt. Die Spielzeug-Fabrik von Kauen fertigte 1942 in wenigen Wochen rund 1500 Spielsachen. Ein Mitglied des Ghetto-Judenrats schrieb unter Lebensgefahr Protokolle, die heute ein bedeutendes Zeugnis des Holocaust sind. Die Spielzeug-Produktion des Ghettos wird darin mehrfach erwähnt. Mit hoher Effizienz werde gearbeitet. Es entstünden Produkte von ansprechender Qualität. Oft waren gelernte Kunsthandwerker in den Werkstätten beschäftigt, die wahrscheinlich hofften, dass die Anerkennung ihrer Leistung sich wie eine Art Lebensversicherung auswirke. Neben anderen Dingen wurde überwiegend Holzspielzeug gefertigt. Jack Brauns, als Jugendlicher in Kauen, erinnerte sich an Zigarettenboxen und besonders Schachbretter aus Holz, die man im Auftrag der SS hergestellt habe.[586] Auch Puppen entstanden in Kauen, wie Irena Veisaitė, später eine landesweit bekannte Theaterwissenschaftlerin, bezeugte. Die Puppen wurden aus den Kleidungsstücken der Toten genäht, ihr Inneres bestand aus Sägemehl, das man in der Holzwerkstatt beschaffte: »Ich war schrecklich hungrig die ganze Zeit hindurch und vor allem hatte ich Angst, erschossen oder deportiert zu werden.« Froh sei sie gewesen, wenn sie am Ende eines langen Arbeitstages bloß am Leben gewesen sei.[587] Werkstätten, die sonst beispielsweise Kleidung herstellten, band man in den Wochen vor Weihnachten in die Spielzeug-Produktion mit ein. Die Güter seien zum Transport nach Deutschland bestimmt gewesen, wie viele Überlebende einhellig berichteten.[588] Tatsächlich hielten die Ghetto-Protokolle aus Kauen im November 1942 fest, es sei auch eine Ausstellung organisiert worden. Der deutsche Stadtkommandeur habe die Spielwaren eingehend inspiziert, die Produkte für hervorragend befunden. Einige würden zur Begutachtung an Reichsmarschall Göring nach Berlin geschickt. Übrigens besagte ein Gerücht, das unter den Bewohnern des Ghettos die Runde machte, es sei eine lange, kunstvolle Holzpfeife unter den vielen Präsenten, die dem hohen Nazi in Berlin im Speziellen imponiert habe. Derlei Legenden schürten für eine Weile die Hoffnung, den Deutschen sei das Ghetto mit den Arbeiterinnen und Arbeitern viel zu wertvoll, als dass sie die Gefangenen ermorden würden. An Weihnachten sollte, wie es in den Protokollen des Judenrats heißt, das Spielzeug an die deutsche Bevölkerung verteilt werden.[589] Das Ghetto Kauen wurde im Herbst 1943 auf Weisung Himmlers in ein Konzentrationslager umgewandelt. Es existierte bis Juli 1944. Als die Rote Armee weiter vorrückte, wurde das Lager liquidiert, die Bewohner wurden in Todesmärschen oder per Zug in andere Mordlager gen Westen evakuiert.

War Spielzeug derart begehrenswert, dass man es den Opfern nicht nur raubte, sondern es – besonders zynisch – durch die Opfer sogar anfertigen ließ? Eine Teilantwort bietet eine Akte im Bundesarchiv in Berlin. Dort lagern zwei erstaunliche Listen. Nur wenige, unscheinbare Seiten, aber ihr Inhalt ist bewegend. Die Akte gehört zum überlieferten Bestand der »Deutschen Ausrüstungswerke GmbH« (DAW) – ein verbrecherisches Wirtschaftsunternehmen unter dem Dach der SS, das im Mai 1939 geschaffen worden war. Die DAW zeichnete in den Kriegsjahren für die Ausbeutung von Häftlingen in den Konzentrationslagern verantwortlich. Schuhe wurden gefertigt, Uniformen repariert und geflickt, Kisten oder Schränke gebaut, kleinere Dinge aus Holz wie Teller und Besteck geschnitzt. Das Unternehmen besaß in Berlin offenkundig eine »Zentrale für Spielzeug«, wie der Name der Akte lautet. Besonders im Konzentrationslager Dachau war eine rege Spielzeugproduktion angelaufen. Allein 1942 mussten dort einige Hundert Häftlinge rund 15 000 Produkte fertigen: Kasperle-Figuren, Puppen und Puppenwagen, Rodelschlitten, sogar ein Kinderkarussell.[590] Auch in anderen Konzentrationslagern gab es kleine Spielzeug-Betriebe. Auf den erhaltenen zwei Inventurlisten der Spielzeug-Zentrale, die Auskunft über die Bestände der DAW von 1942/43 geben, ist das Blutspielzeug aufgeführt. Sie datieren auf den letzten Tag des jeweiligen Jahres. Der wohltätige Weihnachtstrubel war bereits vorüber, die Regale der Zentrale fast geleert. Was 1942 noch auf Lager war, ist trotzdem beachtlich: Dutzende Tierfiguren geschnitzt aus Holz, Häuschen für Bauernhöfe, kleine Tannenbäume zur Dekoration, Lastautos, Eisenbahnen, ein Karussell bestückt mit Reitern und Mädchen, Kreuzer, Panzer. Ende 1943 – als die Spielwarenherstellung für die Industrie in Deutschland gesetzlich verboten war – wuchs die Spielzeug-Zentrale des SS-Unternehmens zum beachtlichen Depot. Man hatte die hungernden Häftlinge zu Höchstleistungen angetrieben. In den Tagen unmittelbar nach Heilig Abend waren noch 740 Würfel auf Lager, mehr als 15 000 Tierfiguren, 134 Puppenbetten, 251 Kinderschubkarren, 47 Puppenwiegen, 1000 Panzer, 300 Schiffe, über 2000 Zweiräder, 1400 Froschleitern, 400 Spielzeug-Gewehre sowie etwa 300 kleine Kanonen. Die DAW errechnete für diese Spielwaren einen Wert von immerhin rund 22 500 Reichsmark.[591] Für welchen Zweck genau sie bestimmt waren, ist aus den Listen nicht ersichtlich.

Die Würfel wären für die Frontsoldaten, in Kasernen und Lazaretten geeignet gewesen. In der Wehrmacht wurde mindestens so leidenschaftlich gewürfelt wie schon im Ersten Weltkrieg. Ein altes Landknechtslied, das im Rundfunk zu hören war und von den Soldaten beim Marsch gesungen wurde, hieß »Das Leben ist ein Würfelspiel«, darin die ironischen Verse »Noch würfeln wir um unser Glück / Und um ein gut Gelingen / Vielleicht auch bald um das Genick / Wenn die Granaten singen«. Spezielle Propagandakompanien waren im Zweiten Weltkrieg für die Unterhaltung der Truppe tätig. In den Lieferungen für die Soldaten enthalten: Hautcremes, Schallplatten, Grammophone, Brettspiele wie »Mensch ärgere Dich nicht«, das Wehrschach sowie eben Würfel und Würfelbecher.[592] Würfel können mit vergleichsweise wenig Aufwand hergestellt werden. Es lag nahe, sie von Hand der Häftlinge produzieren zu lassen. Gadi Kfir, ein Forscher aus Israel, hat vor einigen Jahren Interviews mit Frauen geführt, die als Kinder in einer Würfel-Werkstatt im Ghetto von Sosnowiec arbeiten mussten. Die Wehrmacht war am 4. September 1939 in die Stadt in Oberschlesien eingerückt. Das Ghetto mit etwa 45 000 überwiegend jüdischen Bewohnern war das größte der Region, bis es Ende 1942 Zug um Zug geräumt und die Bewohner deportiert wurden. Die Verwaltung der Manufakturen oblag, wie auch andernorts üblich, dem Judenrat. Manchmal ließ sich ein deutscher Inspekteur sehen, um die Arbeitskräfte zu kontrollieren und die Produkte zu inspizieren. Die Überlebenden berichten, ihre Würfel seien für die Wehrmacht und Lazarette vorgesehen gewesen. »Oft wurden die Kinder gezwungen, die ganze Nacht zu arbeiten, wenn es darum ging, eine bestimmte Anzahl für die Soldaten fertigzustellen«, erzählte eine der Frauen. Dunkel, feucht und muffig sei es in den engen Kellerräumen der Werkstatt gewesen. Etwa 150 Kinder hätten dort Sägemaschinen und Schleifwerkzeuge bedient. Mittels Schablone und schwarzer Farbe malten sie schließlich die kleinen Punkte auf die Würfel. Ständiger Hunger zehrte an ihnen, die zarten Kinderhände schmerzten, oft rissen sie sich Wunden an den Geräten. Meist arbeiteten sie vom Morgengrauen bis in die Abendstunden. Die Würfel stellten sie in drei Schritten her: Lange Holzbretter, die eine geeignete Dicke aufwiesen, mussten zurechtgeschnitten werden, dann schliff man sie glatt. Zuletzt nahm man den Farbbottich und die Schablonen zur Hand. Eine geniale Erfindung erleichterte später ihre Routinen. In einem Metallbehälter, den man drehte und dessen Innenwände mit Schleifpapier ausgelegt waren, glätteten sich die kleinen Würfel durch Reibung selbst. Für die Kinder hing – das wussten sie – ihr Leben an diesen Würfeln. Trotz der Härten seien sie sehr froh gewesen, dass sie in der Werkstatt Arbeit gefunden hatten. Das Vorzeigen der Arbeitskarte konnte eine

Weile – einen Tag nur, vielleicht ein paar Wochen oder gar Monate – vor drohender Deportation bewahren. Als das Ghetto aufgelöst wurde, war auch für sie das Überleben zur Glückssache geworden.[593]

Das brutale System der Ghetto- und Lagerzwangsarbeit orientierte sich in erster Linie an der deutschen Rüstung sowie an den Bedürfnissen der Wehrmacht. Die Spielzeug-Herstellung fand nicht in riesigem Maßstab statt. Vieles an Dokumenten ist vernichtet worden. Welche Mengen an Blutspielzeug für die Deutschen gefertigt wurden, ist mit absoluter Sicherheit nicht zu sagen. Entscheidend ist aber, dass es dieses Spielzeug überhaupt gab. Propaganda im Dritten Reich zeigte den Deutschen nur, was die Angehörigen der Hitlerjugend oder deutsche Soldaten in der Freizeit für die Kinder bastelten. Noch Ende 1943 hatten, verkündete die Propaganda, Soldaten im besetzten Polen in großem Stil während »ihrer Freizeit […] Weihnachtsgeschenke für die Kinder« im zerbombten Hamburg gefertigt. »Die Zahl der Spielsachen wird sich noch beträchtlich erhöhen durch aus Galizien hinzukommende«, wie es hieß.[594] Dass zum Spiel der Deutschen Dinge gehörten, die in den Ghettos und Mordlagern teils von Kinderhänden entstanden, blieb natürlich unerwähnt.

Spielzeug als Mahnung

Während die Diktatur um den Anschein von Wohltätigkeit bemüht war, blieb den Opfern der Verbrecher an Vergnügen und Spiel wenig übrig. Wer in die Ghettos oder Konzentrationslager deportiert wurde, hatte das meiste seiner Habseligkeiten zurücklassen müssen. Einiges gab es selbst in den finstersten Mordstätten der Nationalsozialisten. Und was es nicht gab, das ersetzte Kreativität und Fantasie. Ist inmitten des Grauens gespielt worden? Spieltheoretiker nehmen an, dass das Erleben, Deuten und Bewältigen der Welt für jeden Menschen im Spiel beginnt. Fast immer bleibt es in irgendeiner Form ein Bestandteil des menschlichen Lebens. Man könnte sagen, wer spielt, beweist seinen Willen zum Leben.

Der kleine Weggefährte eines jüdischen Jungen ist vor einigen Jahren zu Weltbekanntheit gelangt. Eine Ausstellung in der Gedenkstätte Yad Yashem hat ihm dazu verholfen. Yehudit Inbar, die israelische Kuratorin, wählte den Titel »Kein Kinderspiel« für die Wanderausstellung, die das erhaltene Spielzeug des Holocaust zeigt. Dieser Teddybär erzählt eine Geschichte recht ähnlich zu jenen bunten Murmeln, die das Mädchen Anne Frank einer guten Freundin überließ, bevor sie in ihr berühmtes Versteck in Amsterdam abtauchen musste. Das rein Äußerliche ist nicht seine Stärke. Die beschwerliche Reise durch die Zeit hat Spuren hinterlassen: Das Fell ist abgeschabt, die nackte Stoffhaut zerschlissen, fleckig, die Knopfaugen fehlen, schlimmste Blessuren sind notdürftig geflickt. Der Kopf ist nicht mehr original. Ein Hund hatte den alten irgendwann in den Kriegsjahren beim Spiel abgerissen, aber der Junge bestand darauf, dass der Bär weiterleben, also einen neuen Kopf bekommen müsse. Dieser Teddy, wie die Kuratorin ohne jede Ironie treffend berichtete, wurde zur wertvollen Mona Lisa der Ausstellung. Manchmal sagen die Menschen, aber ohne es so zu meinen, an diesem oder jenem Gegenstand hänge ihr Leben. Im Falle von Fred Lessing und seinem Bären ist das wörtlich zu nehmen. Geboren 1936 in Den Haag, war er gerade sechs Jahre alt, als die jüdische Familie im Oktober 1942 entschied, sich dem Befehl zur »Umsiedlung« gen Osten zu widersetzen. Sie tauchte in den Untergrund ab, immer in Angst vor der Verfolgung und dem Verrat der Kollaborateure. Der Junge bekam einen neuen Namen und gefälschte Papiere, die ihn als christlichen Holländer auswiesen. Seine dunklen Haare wurden gefärbt und aufgehellt. Ortswechsel folgten – immer neue Verstecke mit unbekannten Gesichtern und Menschen, die ihn bei sich aufnahmen, meist getrennt von Eltern und Geschwistern. Alle Hinweise, die das Leben retten konnten, waren tief verinnerlicht: sich nicht öffentlich zeigen, nie den Unterkörper irgendwem gegenüber entblößen, wenig reden, niemandem trauen, Gefühle und Tränen unterdrücken. Nicht einmal freundliche Helfer durfte er wissen lassen, wer er in Wirklichkeit war. Nur der Teddy wusste in solchen Momenten um die Wahrheit wie auch um geheimste Gefühle. »Überall um mich herum war Gefahr, und er war der einzige Freund, den ich hatte«, sagte Fred Lessing 1993, als er erstmals ein längeres Interview über sein Leben und das seines Bären gab. Der kleine Weggefährte erinnere ihn daran, »nicht zu erwachsen, nicht zu belesen und philosophisch und analytisch« über den Holocaust zu berichten.[595] Die Trennung von seinem Spielzeug fiel Fred Lessing bis ins hohe Alter schwer. Sie war für einen guten Zweck: Bis heute wird sein Teddy neben anderem Holocaust-Spielzeug in Jerusalem ausgestellt.

Solchen Spielsachen fällt in den Berichten der verfolgten Kinder und auch der Kriegskinder oft erhebliche Bedeutung zu. Sie wurden zu Freunden, Wegbegleitern, waren Familienmitglieder oder gar Personifikationen des eigenen Selbst, weil sie dieselben Dinge zu durchleben und zu fühlen schienen. Kinder, die in den Ghettos und Mordlagern der Nazis gefangen waren, besaßen meist keine solchen Begleiter aus früheren Tagen, die Halt oder Zuversicht bieten konnten. Etwas, das es nicht mehr gab, musste neu ausgedacht, von Hand gebaut oder als Produkt der eigenen Fantasie mit Leben gefüllt werden. Der Kampf ums Überleben macht erfinderisch. Handwerker, die in den Ghettos über Werkzeuge verfügten, schnitzten Spielfiguren oder fertigten Brettspiele zum Verkauf jenseits der Mauern und Zäune, manche für sich selbst, Freunde oder die Kinder des Ghettos. Schachfiguren, Spielbretter, kleine Tierfiguren, handgemalte Kartenspiele oder aus Stoffresten notdürftig gefertigte Puppen sind erhalten geblieben. Der Realität des Elends ließ sich nicht entfliehen, aber das Leid wenigstens für den Moment mildern. Im Ghetto von Warschau schufen die Bewohner kleine Refugien für die Kinder wie Spiel- und Fußballplätze. In Kinderheimen konnte gespielt werden. Sobald im Winter ein Teich mit Eis bedeckt war, liefen Menschen darauf Schlittschuh. In Sand und Dreck malten die Heranwachsenden ihre kleinen Spielfelder. Die Kinder erfanden ihr eigenes Spielzeug: »Außerhalb des Ghettos bekommen Kinder schöne und passende Spielsachen geschenkt«, notierte Oskar Rosenfeld, ein Schriftsteller, der einige Zeit später ermordet wurde, im Ghetto von Łódź: »Den Kindern des Ghettos wird ein solches Glück jedoch nicht zuteil. Sie müssen sich ihre Spielzeuge selbst schaffen. Immerhin ist das jüdische Kind talentiert genug, sich ohne die Phantasiegebilde des Spielzeugfabrikanten zu behelfen. Unsere Kinder sammeln leere Zigarettenschachteln. Sie schneiden die bunten Vorderseiten aus und stapeln sie, bis sie einen ganzen Packen zusammenhaben. Spielkarten. Und sie spielen. Sie zählen die Karten und teilen sie aus. Sie ordnen die Karten nach Farbe und Name. Grün, orange, gelb, braun, sogar schwarz. Sie spielen Spiele, die sie sich selbst ausdenken, sie ersinnen Systeme, lassen ihrer Phantasie freien Lauf.«[596]

Mit Hilfe des Spiels konnte dem Horror des Alltags begegnet werden. Die Welt, in der es stattfand, wird dadurch nicht einfacher oder gar harmloser, wie der Holocaust-Spielforscher George Eisen konstatierte. Gerade der Kontrast von Spiel und Massenmord macht die Tiefe und Komplexität des Bösen ersichtlich.[597] Die Künstlerin France Audoul, die wegen ihrer Mitgliedschaft in der Résistance in Toulouse 1943 von der Gestapo verhaftet und in das Konzentrationslager Ravensbrück verschleppt worden war, hielt auf 32 erstaunlichen Grafiken das alltägliche Grauen des Lagers und die Gesichter der Menschen fest. Eine ihrer Skizzen trägt den Titel »Le kommando tragique« (Das tragische Kommando) und zeigt Frauen, sogenannte Funktionshäftlinge, bei ihrer alltäglichen Schinderei. Sie stapeln ausgemergelte Hungertote auf einem Holzkarren zum Abtransport. Neben dem Leichenwagen sitzen zwei Mädchen im Dreck, die mit einer Stoffpuppe spielen, scheinbar unbekümmert und gewöhnt an den Tod. Die Kinder wirken, als wären sie – für den flüchtigen Moment des Augenblicks – in einer anderen, ihnen eigenen Welt zuhause. Spielten diese Kinder, um der düsteren Realität zu entfliehen, oder war der Horror der Wirklichkeit vielmehr ein Teil, vielleicht sogar Inhalt ihres Spiels? Spielforscher und Pädagogen haben schon immer die Frage behandelt, ob Kinder in ihrem Spiel eine eigene Fantasiewelt erschaffen oder sich darin bloß die Erwachsenenwelt spiegelt. France Audoul hat eine eigene Deutung gewagt. Die Kinder flüchten hier zwar in ihre Traumwelt. Doch ist sie ein Abbild der Realität. Schnell keimen beim Betrachten dieser Skizze Zweifel auf, ob die Kinderfantasie tatsächlich besser, friedlicher und schöner ist als die Wirklichkeit des Lagers. Die Puppe aus Stoff, mit der die zwei Mädchen spielen, sieht ebenso dürr, leblos und bleich aus wie die ausgehungerten Toten.[598]

Ein Monopoly aus Theresienstadt

Pädagogen halten Spielzeug üblicherweise für Lern- oder Bildungsmittel. Es sind Werkzeuge, bei deren Anwendung Fähigkeiten entwickelt werden. Die meisten Menschen, auch viele Spieltheoretiker, gehen gleichzeitig davon aus, dass das Spiel einen Gegensatz zum Ernst bildet. Wir halten das Spiel für etwas, das auf Vergnügen, Lust oder Unterhaltung beruht. Der Holocaust fordert diesen zweifachen Idealismus der Spieltheorien heraus. Äußerste Härten der Wirklichkeit verbinden sich mit dem Vergnügen des Augenblicks. Ein beeindruckendes Zeugnis dafür stammt aus dem Ghetto Theresienstadt. Es handelt sich um eine Adaption des berühmten US-amerikanischen Brettspiels »Monopoly«, das in den 1920er-Jahren ein Welterfolg geworden war. Die Theresienstadt-Version mit dem schlichten Titel »Ghetto« thematisiert das Leben und den Alltag im nationalsozialistischen Todeslager. Die Spielregeln sind genauso wie bei der populären Vorlage. Allerdings zeigt das bunte Spielbrett nicht die bekannten Felder – Grundstücke und Häuser, wo die Spieler ihr Geld investieren. Stattdessen wandern die Spieler durch Stationen einer Ghettostadt.[599]

Ausgedacht hatte sich das Spiel ein Mann namens Oswald Pöck. Leider ist sonst kaum etwas über ihn bekannt. In Prag 1893 geboren, lebte er dort vermutlich bis zum Beginn des Weltkriegs. Am 30. November 1941 wurde er nach Theresienstadt verschleppt. Dort arbeitete Pöck eine Zeit lang im Technischen Büro, eine Abteilung der Ghetto-Selbstverwaltung, deren Aufgabe unter anderem in der Anfertigung von Berichten, Statistiken und technischen Unterlagen für die SS-Kommandantur lag. Wahrscheinlich als Grafiker tätig, verfügte er hier über die Stifte, das Lineal, Farben sowie Werkzeuge, die er brauchte, um das Brettspiel mitsamt Spielkarten anzufertigen. Der

Spielplan ist auf braunem Karton gezeichnet. Akkurat sind die feinen Linien gezogen, die Felder wurden teils farbig bemalt, kleine Bildchen zeigen verschiedenste Orte und Szenen des Alltags. Mitten im Spielfeld ist, in fast meisterhaftem Detail, die Lagerstadt aufgezeichnet und mit Farben koloriert worden – eine steinerne Todeszone vor bildschöner Kulisse, abgeschirmt von der Welt draußen. Theresienstadt wurde zwar als Ghetto oder »Judensiedlung« euphemistisch bezeichnet und anfangs sogar ausländischen Besuchern vorgeführt. Tatsächlich entwickelte sich das Ghetto zu einem riesigen Sammel- und Durchgangslager, dessen eigentlicher Zweck darin bestand, die Inhaftierten später in die Konzentrationslager abzutransportieren. Dieser Wartesaal der logistisch perfektionierten Menschenvernichtung ist selbst eine Stätte des Todes gewesen. Aufgrund von Überfüllung, Versorgungsmangel und katastrophaler Hygiene brachen Krankheiten aus. Die Bewohner wurden in Massen geradezu dahingerafft. Allein im Jahr 1942 starben in Theresienstadt fast 16 000 Menschen, das war mehr als die Hälfte der Ghetto-Bevölkerung. Heute spricht man aus gutem Grund eher vom Konzentrationslager Theresienstadt, wenn man das Ghetto meint.

Der Grafiker Oswald Pöck kam auf die Idee für das »Ghetto-Monopoly« möglicherweise im Verwaltungsbüro, als er die Pläne des Lagers betrachtete. Die kleine Garnisonsstadt, mitsamt der Festung aus dem 18. Jahrhundert auf der gegenüberliegenden Seite des Flusses – hier hatte die Gestapo 1940 ein Gefängnis eingerichtet, die Grundsteinlegung des Ghettos –, verlieh durch Bausubstanz und Grundriss dem Durchgangslager eine klare Struktur. Das ist bis heute vor Ort gut nachzuvollziehen: Im Zentrum liegt der Marktplatz mit einer 1930 erbauten Kirche, die breiten Straßen sind wie Linien akkurat gezogen. Sie ordnen kompakte Häuserblöcke fast ähnlich wie die Felder auf einem Spielbrett. Diesseits dicker Festungsmauern führt eine breite Straße um die Garnisonsstadt herum. Dieser Grundriss war ideal als Brettspielvorlage. Beim Entwerfen seines »Ghetto-Monopoly« dachte Pöck wahrscheinlich an Kinder und Jugendliche, die neu im Lager eintrafen und nichts über das Leben im Ghetto wussten. Mit seinem Spiel ließ sich das Leben in der Gefangenenstadt unterhaltsam erlernen.

Mit den Figuren gelangt man spielerisch zu allen wichtigen Orten der Stadt: Zunächst zur Kavalierkaserne, wo alte Menschen und vermeintlich Geisteskranke zusammengepfercht waren, danach zu den Werkstätten in einer ehemaligen Reitschule, wo man Arbeit finden konnte, weiter zur Post, zum Kaffeehaus, zur Großküche, dem Wasserwerk sowie zur Fischerei und Bäckerei, Proviantur, Verwaltung und sogar zu einer Bank. Am Ende des Rundgangs kommt man wieder bei der sogenannten Schleuse an, dem Eingangsbereich. Für Uneingeweihte sieht es wie ein harmloser Spaziergang aus. Die Jugend des Ghettos liebte die Bastei am Südberg, ebenfalls eine Station auf dem Brett. Den Bewohnern war dort das Fußballspiel eine Weile erlaubt. Später wurde der Platz für den Bau neuer Baracken gesperrt. Die Todesorte bleiben dem Spieler zwar nicht erspart, aber das Grauen des Alltags ist im Spiel überdeckt mit bunter Farbe und hübschen Bildern. Man kommt auf dem Spielbrett am Gestapo-Gefängnis in der Kleinen Festung vorbei. Ein einzelner Häftling hinter Gitterstäben lugt ins Freie. Viele Tausend Gefangene, wegen offenem Widerstand oder Missachtung von Vorschriften festgenommen, saßen hier. Am Ende war die Festung zum Bersten überfüllt, die Zustände waren katastrophal und viele Hunderte starben. Der Monopoly-Rundgang führt außerdem an einer Großbaracke vorbei. Das waren die Massenunterkünfte des Ghettos, wo man die Zwangsbewohner meist getrennt nach ihrer jeweiligen Nationalität untergebracht hatte. Im September 1943 kamen etwas mehr als 1 000 Kinder per Massentransport aus Ostpolen nach Theresienstadt. In fünf Baracken wurden sie eingesperrt, für Wochen von der Außenwelt abgeschirmt, bevor die SS sie in das Vernichtungslager Auschwitz-Birkenau deportierte. Auf dem Spielbrett ist auch ein Feld namens »Spedition« zu sehen. Kein Ort im eigentlichen Sinne, vielmehr eine exponierte Gruppe von gewieften Händlern. Sie brachten geschmuggelte Nahrungsmittel, Kleidung, Zigaretten oder Briefe ins Ghetto, natürlich gegen Bezahlung, und kamen auf diese Weise zu Einfluss und Macht. Wer im Ghetto etwas von Wichtigkeit wollte und brauchte, der kam am Schwarzmarkt der Spedition nicht vorbei.

Wie im Original-Monopoly wird auch hier mit Geld gespielt. Es gibt sogar eine Bank, in der das Spielgeld deponiert wird. Auch hier muss es in die Gebäude, Straßen und Orte der Stadt investiert werden. Nur auf den ersten Blick erscheint das merkwürdig. Erfinder Oswald Pöck bewies morbiden Sinn für Humor. Tatsächlich existierte in Theresienstadt eine Bank. Sie brachte im Frühjahr 1943 eine Ghetto-Währung in Umlauf, die sogenannten Kronen. Nur in wenigen anderen Lagern der Nazis gab es Vergleichbares. Theresienstadt wurde, wie schon erwähnt, nach außen als »Judensiedlung« beschönigt. Ein Propagandafilm – ›Der Führer schenkt den Juden eine Stadt‹ – entstand, der den Deutschen zeigen sollte, wie gut es den jüdischen Bewohnern dort angeblich erging. Der Film, der öffentlich allerdings nicht aufgeführt wurde, enthielt heitere Spielszenen: ein Fußballspiel, die Aufführung eines Orchesters, Kinder mit Spielzeug und Erwachsene bei einer Partie Karten. Der Umstand, dass eine Währung existierte, sollte ebenfalls beweisen: In Theresienstadt verläuft alles in geordneten Bahnen. Die Bank wurde von der Jüdischen Selbstverwaltung betrieben, die Technische Abteilung hatte die Scheine der Ghetto-Währung entworfen. Wer hierherkam, musste sein Vermögen auf dieser Bank deponieren. Zwischen 50 bis 250 Kronen erhielt ein Bewohner dann je nach Status im Monat ausgezahlt. Das meiste blieb auf Sperrkonten liegen. Wer von draußen einem Insassen helfen wollte, konnte ebenfalls echtes Geld überweisen. Die Kronen benötigten die Zwangsbewohner, um an knappe Waren zu kommen, die Kleidung zurückzukaufen, die bei ihrer Ankunft entwendet worden war, das Kaffeehaus oder Ghetto-Theater zu besuchen oder an diverse Vergünstigungen durch Bestechung der Mithäftlinge zu kommen. Einen realen Wert, der über die hohen Festungsmauern von Theresienstadt hinausgereicht hätte, besaß das Fantasiegeld nicht; und im unmittelbaren Überlebenskampf gab es ganz anderes, das wertvoller war – Freunde, gute Kontakte sowie Zugang zur medizinischen Versorgung. Die Scheinbank existierte vor allem, weil sich mit ihr die

SS am fremden Vermögen bereichern konnte. Wer das Ghetto in ein ungewisses Schicksal verlassen musste, ließ sein Vermögen zurück. Die Leiter der Bank, die sich mit ihrer Arbeit eine Sonderbehandlung durch die Deutschen sicherten, wurden zuletzt nach Auschwitz deportiert und ermordet, ein Großteil des Ghetto-Fantasiegeldes sowie alle Unterlagen der Bank von der SS bei Kriegsende verbrannt. Das Monopoly von Oswald Pöck ist daher gar nicht so merkwürdig, wie es den Anschein haben mag. Wahrscheinlich kamen – das wäre die größte Ironie – sogar Theresienstadt-Kronen als Spielgeld zum Einsatz. Es ist ganz und gar ein Spiel des Lagers, zugleich Ausdruck von künstlerischer Kreativität, gewürzt mit viel Zynismus und schwarzem Humor. Nur einem Zufall ist es zu verdanken, dass es erhalten geblieben ist.

Der Wettlauf des Lebens

Das Leben im Lager brachte ein weiteres Brettspiel hervor, das wahrscheinlich ebenfalls in der Technischen Abteilung von Theresienstadt entstand. Vielleicht war Oswald Pöck daran beteiligt. Diesmal handelt es sich allerdings um eine Neuerfindung, die von der Hoffnung der Menschen im Ghetto, ihrer harten Monotonie und dem zufälligen Glück des Überlebens erzählt. Wieder ist viel schwarzer Humor mit im Spiel. Überliefert sind nur die Regeln, nicht das Brett selbst.[600] Mit Würfeln – wie bei Laufspielen üblich – ziehen die Spieler ihre Figuren durch die Kulisse des Ghettos. Alle sind in einem merkwürdigen Wettlauf um ihre Rettung. Das Martyrium des Lagers beginnt natürlich mit der Ankunft: Spielfeld Nummer 1 ist die »Schleuse«, der ins fahle Licht getauchte Saal einer Kaserne. Die Angekommenen werden nach Geschlecht getrennt, durchsucht, ausgezogen, inspiziert, und man nimmt ihnen weg, was sie besitzen. Der Überlebenskampf beginnt.

Vielleicht trifft man jedoch im Ghetto Theresienstadt Bekannte, Freunde, Mitglieder der Familie, die bereits einflussreiche Posten,

Ämter oder Funktionen besetzen. Der Bruder hat eine Anstellung in der Bäckerei, der Onkel ist vielleicht im Stab oder im Ältestenrat des Ghettos tätig; wer auf diesen Spielfeldern landet, darf vorwärtsspringen, hat deshalb einen Vorteil im Wettlauf des Lebens. Der Rest muss sich erst zäh hocharbeiten. Die erste Schlafstätte ist ein überfülltes Dachbodenquartier, danach schläft man schon in größeren Mannschaftsräumen. Später folgt ein Besuch im kleinen Kaffeehaus, eröffnet Ende 1942 auf dem Stadtplatz, wo man sich mit Kartenspiel vergnügt oder Schallplatten hört. Selbst Erfrischung im Badehaus ist möglich. Wichtige Vorteile hat, wer nun einen Posten bekommt: vielleicht als neuer Führer eines Arbeitskommandos, die im Ghetto »Hundertschaften« heißen, oder im Ordnungsdienst, einer Art Hilfspolizei der Jüdischen Selbstverwaltung. Ironisch ist das Sterben in der Lagerstadt thematisiert: In Arrest kommt, wer etwa Spinat schmuggelt. Aussetzen muss, wer schwer erkrankt ist und im Spital mangels medizinischer Versorgung dahindämmert. Landet man in endlosen Schlangen der Essensausgabe, kommt man auf dem Spielbrett nicht vorwärts. Auch die leidige Reparatur der Schuhe zwingt zum Pausieren. Läuse und Ungeziefer plagen die Wettläufer, die miefigen Aborte sind mal wieder besetzt. Der Strom fällt aus. Die Hygiene ist katastrophal. Wer deshalb etwas später erneut erkrankt, wird fast ganz an den Anfang zurückgeworfen. Wem solches Unglück passiert und wer die Spielfigur zurücksetzen muss, hofft beim neuerlichen Anlauf auf Spielfeld 12 zu landen: »Gottes Hilfe« sorgt für einen Sprung nach vorn.

Das Schicksal spielt mit den Spielern ebenso wie mit dem Leben der Bewohner. Beherrschen können sie es nicht. Die Welt des Ghettos ist fast ausschließlich Glückssache und das Überleben vor allem vom Zufall bestimmt. Wer diesen Wettlauf durch Theresienstadt am Ende meistert, die Figur zuerst auf Feld 50 zieht, ist gerettet. Als »Soph«, das ist hebräisch für Ende oder Schluss, bezeichneten die Bewohner des Ghettos den erhofften Tag der Befreiung, und so heißt auch das letzte Spielfeld. Nur wenige schaffen es bis hierher. Die erste Massendeportation von Bewohnern Theresienstadts in die Vernichtungslager datiert auf den 9. Januar 1942. Es folgten viele weitere Transporte. Am 26. Oktober 1942 ging erstmals ein Zug nach Auschwitz ab; bis Ende 1944 blieb es das Ziel der Menschentransporte. Das alles droht den Spielern selbst hier auf dem Spielbrett: Fast ist einer der Spieler zum Ende vorgerückt, nun hat er den Tag der Befreiung vor Augen, aber dann verlässt ihn zuletzt das Würfelglück. Spielfelder 48 und 49 heißen schlicht »Transport«, sind also reserviert für die Todeszüge nach Auschwitz. Wer dort landet, hat das Ghetto-Spiel so gut wie verloren. Mehr als 88 000 Menschen wurden bis zum Ende der Nazi-Herrschaft in Europa aus Theresienstadt deportiert. Unter ihnen war auch der Erfinder des »Ghetto-Monopoly«. Der Zug in die Todesfabrik verließ Theresienstadt am 29. September 1944, nur einige Monate vor der Befreiung des Lagers. Oswald Pöck ist wahrscheinlich dort ermordet worden. Sein Spiel hatte er im Ghetto zurückgelassen. Zwei junge Brüder, Pavel und Thomas Glass, die es in Theresienstadt zuletzt besaßen, bewahrten es auf; sie sagten später, sie hätten es allerdings nie gespielt. Heute wird es in Israel ausgestellt.[601]

Das Spiel der Täter

Das Konzentrationslager Auschwitz – tatsächlich war es ein gigantischer Komplex aus verschiedenen Lagern, darunter die dezidierte Vernichtungsstätte Auschwitz-Birkenau, wo im März 1942 erstmals Menschen mit Gas getötet wurden – ist zum Symbol für den systematischen Massenmord der Nazis geworden. Etwa 1 bis 1,5 Millionen Menschen sind allein hier ermordet worden. Selbst in dieser Hölle wurde gespielt. Das mag unser Vorstellungsvermögen stark strapazieren. Zum einen sind es die Täter gewesen, die spielten. Sie suchten Zerstreuung, Genuss oder Ablenkung. Häftlingsorchester musizierten, ebenso wie in einigen anderen Lagern, in Auschwitz für die SS-Offiziere. Zum Vergnügen der Wachleute wurden Fußballspiele oder Boxkämpfe veranstaltet. Wetten schloss man dabei ab, welcher Häftling sich behaupten und siegen würde. Hinzuweisen ist an dieser Stelle auf die zahlreichen Berichte über sadistische und gewalttätige Spiele, welche die SS-Männer oder das Wachpersonal sich ausdachten, um die Insassen zu malträtieren: Spießrutenlauf unter Prügeln, Wettläufe oder Krabbeln durch Stacheldraht. »Und am Morgen begannen die Deutschen ein Spiel mit uns zu spielen«, berichtete eine Überlebende. »Sie warfen Brotstücke in den Schlamm und schauten den Müttern mit Vergnügen zu, wie sie die dreckigen Krumen auflasen, mit Regenwasser wuschen und den Kindern zu essen gaben.«[602] Dass diese und andere Bosheiten und sogar Folter ähnlich wie Spiele zum Vergnügen zu funktionieren schienen, erlebten die Opfer von Misshandlungen als besonders verstörend: »Im Lager wurde ich wie ein Spielzeug behandelt«, versuchte ein Häftling aus der Vernichtungsstätte Kulmhof in Posen später zu beschreiben, was an Qualen man ihm dort zugefügt hatte.[603] Kaum etwas, das dem Spiel zugerechnet wird, besaß in dieser Umwelt Gültigkeit. Dinge wie Schaukeln, die sich in den Unterleib rammten, verwandelten sich in Folterwerkzeuge. Wachleute oder Kapos – Funktionshäftlinge, die in den Lagern mit Privilegien ausgestattet und oft nicht weniger Gewalt als die Deutschen anwandten – waren nicht alle pathologische Sadisten. Doch die Lager, die an sich auf Gewalt basierten, fungierten als abgeschlossene Räume, wo Gewaltanwendung nicht sanktioniert, sondern jederzeit ausdrücklich zugelassen und eingefordert wurde.[604]

Unter den Wachen war das Kartenspiel ebenso verbreitet wie Würfeln oder Schachspiel. Gelegentlich wurde auf Posten und damit in Sichtnähe zu den Häftlingen gespielt. In der sogenannten Solahütte, rund 40 Kilometer vom Lagerkomplex Auschwitz entfernt, bot sich dem höheren SS-Personal ersehnte Ablenkung in idyllischer Bergatmosphäre. Eine besondere Partie Karten ist für das Konzentrationslager Plaszow bei Krakau bezeugt. Der Filmregisseur Steven Spielberg hat sie in seinem Monumentalstreifen ›Schindlers Liste‹ 1993 berühmt gemacht. Die Antipoden der Partie: Auf der einen Seite ist Oskar Schindler, ein gewiefter Unternehmer und jovialer Lebemann, der zwar als opportunistischer Parteigänger der Nazis begonnen hatte, aber angesichts des Mordens zu schier unglaublicher menschlicher Größe fand. In seiner Emailwaren-Fabrik, nicht weit vom Lager entfernt, beschäftigte er Hunderte jüdische Frauen und Männer zum Schein, auch deren Kinder, um sie vor dem Zugriff der Mörder zu schützen. Auf der anderen Seite sitzt Amon Göth, der Kommandant des Lagers und aufgrund drakonischer Härte und Sadismus gefürchtet. Beide kannten sich bereits seit Jahren. Der Massenmörder schätzte den Unternehmer, weil er einen Hang zur sympathischen Leichtigkeit an den Tag legte. Letzterer wiederum wusste dies zu nutzen und seine Verachtung zu verbergen. In der Filmszene spielen die beiden eine Partie Blackjack in der Villa des Kommandanten. Göth, von den Lagerhäftlingen »Schlächter« genannt, willigt allerdings nur sehr zögerlich in den Einsatz ein, den Schindler ihm vorschlägt. Um was gespielt werden soll, ist selbst Göth wichtiger als Geld. Sollte er gewinnen, erhält er eine stattliche Summe aus Schindlers Vermögen. Ist ihm das Glück aber nicht hold, soll er auf eine Jüdin verzichten, für die er eine monströse Leidenschaft entwickelt hat. An diesem Abend ist der Kommandant betrunken und risikofreudig. Außerdem ist er von Natur ebenso Spieler wie Schindler, also willigt er ein. Nun wird um das Schicksal der Haushälterin Helene Hirsch gespielt, die unter den wankelmütigen und sadistischen Fittichen des Kommandanten Höllenqualen durchleidet. Nicht nur die junge Frau, sondern ebenso deren Schwester soll Schindler bekommen, sollte das Glück auf seiner Seite sein. Der gerissene Unternehmer hat am Ende tatsächlich die besseren Karten in der Hand. Beide Frauen kommen als unabkömmliche Arbeitskräfte auf die berühmte Schindler-Liste, die Leben rettete.

Die Filmszene basiert auf den Aussagen, die Helene Hirsch – eine von in Wirklichkeit zwei Haushälterinnen – gemacht hat: »Ich bin nicht Zeugin gewesen, aber ich hörte die Gerüchte«, berichtete die ehemalige Haushälterin des Kommandanten Jahrzehnte danach. »Man kam später zu mir rüber und sagte mir, während ich in der Küche war, mein Leben hätte an der Wendung einer einzigen Karte gehangen.«[605] Ob wahr oder nicht, Anekdote oder reales Geschehen, ist in diesem Fall zweitrangig. Die Szene ist nämlich als Metapher authentisch: Das Verbrechen des Holocaust war derartig perfide, dass eine Partie Karten über das Leben von Menschen entscheiden konnte. Eines der erstaunlichsten Stücke, die aus dem Lager gerettet wurden, ist tatsächlich ein Kartenspiel. Zwei »Schindler-Juden«, Heinz und Joachim Dressler aus Dresden, die nach ihrer Rettung im Mai 1945 in die Vereinigten Staaten emigrierten, bewahrten auf, was ein Mithäftling mühevoll gebastelt hatte: zwei Decks, jeweils 32 Skatkarten auf Karton, mit farbigen Motiven bestempelt. Es ist verbürgt, dass damit im Lager gespielt wurde. Was mit dem Häftling geschah, der die Karten von Hand fertigte, ist nicht bekannt. Die Brüder hatten ihn aus den Augen verloren. Im Konzentrationslager Plaszow sind etwa 8000 Menschen ermordet worden. Massendeportationen nach Auschwitz fanden bis in den Januar 1945 statt.[606]

Es spielten nicht nur die Täter und Mörder. Selbst die Häftlinge auf der anderen Seite des Stacheldrahts spielten, solange physische und psychische Kräfte noch dazu reichten. Selbst für Auschwitz gilt das. Man ist irritiert, führt man sich die unerträgliche Dimension dieses Todeskomplexes vor Augen, mit Außenlagern, Gaskammern, rauchenden Schloten, elektrisch geladenen Stacheldrahtzäunen, Wachtürmen, Baracken, ausgemergelten und eingepferchten Häftlingen, Leichenbergen und Massengräbern. Obwohl die Bilder des Grauens ja keinesfalls täuschen, fand auf diesem Gelände der umso paradoxere Alltag der Menschen statt. »Der Instinkt des Überlebens«, konstatierte der Historiker Hermann Langbein, der selbst Auschwitz überlebte, »lässt einen überall, wo es nur möglich ist, nach Ablenkung suchen.«[607] Vielleicht besitzt der Mensch einen inneren Drang zum Spiel, solange er Mensch ist und nicht endgültig gebrochen wurde. Es gab selbst hier Spielzeug, obgleich sicherlich nicht viel, welches als mahnendes Zeugnis und zur Erinnerung an die Ermordeten heute ausgestellt wird. Es sind die merkwürdigsten Überreste eines beispiellosen Menschheitsverbrechens.

Die Spiele der Häftlinge

Erich Fried, bekannter Lyriker und politischer Autor aus Österreich, stieß auf eine kleine Puppe aus Auschwitz. Von ihr ging, jedenfalls für ihn persönlich, eine spezielle Faszination aus. Geboren in einer jüdischen Familie in Wien 1921, hatte Fried vor Kriegsbeginn nach London fliehen können. Der Vater war an den Folgen eines brutalen Gestapo-Verhörs 1938 ums Leben gekommen. Die Hölle der Lager hatte er glücklicherweise nie selbst erleben müssen. Aber das Glück, entkommen zu sein, beschäftigte ihn bis ins Alter, ähnlich zu vielen, die der Verfolgung entronnen waren. 1967 besuchte er das Museum in Auschwitz. Dort stieß er auf ein Exponat, das zugleich Teil seiner eigenen Kindheit war: »Etwas hilflos sah ich den Haufen von teils zerstörtem, teils gut erhaltenem Spielzeug an«, berichtete Erich Fried über den verwirrenden Fund: »Plötzlich sah ich Moritz. Moritz war etwa fünfundzwanzig Zentimeter hoch, rothaarig, mit grüner Jacke und grünen Hosen. Er saß auf Rädern, so dass er sich, wenn man ihn an der Schnur zog, abwechselnd vorbeugte und zurücklehnte. Dabei schlenkerte er auch mit Armen und Beinen. Ich zog nicht an der Schnur; ich war auch durch eine gläserne Sperre von ihm getrennt, aber ich wusste es genau. Es war ein Wiedersehen. Moritz war meine eigene Puppe gewesen, zerbrochen, als ich vier Jahre alt war, jetzt aber völlig unbeschädigt. Dass Moritz ein Serienerzeugnis war, hatte ich als Kind natürlich nie überlegt. Ich erinnere mich auch nicht, in einem Spielzeugladen oder in einem Park, wo ich spielte, je einen zweiten Moritz gesehen zu haben. Erst in Auschwitz, mehr als vierzig Jahre nach dem Zerbrechen meiner Puppe, sah ich ihren Doppelgänger. Von diesem Augenblick an hatte Auschwitz eine neue Dimension für mich. Es war nicht mehr nur das unvorstellbar Andere, das völlig Fremde und Tote, sondern aus dem Leeren war etwas unheimlich Anheimelndes aufgetaucht und tauchte wieder und wieder auf.«[608]
Die Älteren haben vielleicht Objekte wiedergefunden, die ihnen aus dem eigenen Spiel noch vertraut waren. Die Jüngeren, die diese Spielsachen aus ihrer Jugend nicht kennen, werden möglicherweise

an andere Dinge erinnert oder in frühe Episoden des eigenen Lebens zurückversetzt. Solche privaten Momente inmitten einer Stätte des Entsetzens sind weder anrüchig noch obszön oder unangemessen, sondern geradezu wichtig für das Erinnern. Mit den Millionenzahlen des Völkermords geht etwas Überwältigendes einher. Die Toten werden unweigerlich zu Anonymen degradiert; der Einzelne geht unter in einer geisterhaften Masse, bleibt an sie gebunden und wird der eigenen Identität fast völlig beraubt. Schon im Begriff »Opfer« kommt das zum Ausdruck, obwohl es weder beabsichtigt noch wirklich vermeidbar ist. Ein Mensch ist nie nur das Objekt von anderen – eben kein Spielzeug, wie ein Überlebender des Lagers Kulmhof meinte. Man kann einen Menschen als Opfer nie hinreichend beschreiben. Die persönlichen Dinge sind für Gedenkstätten deshalb umso wichtiger. Sie räumen zwar nicht die Anonymisierung der Toten beiseite, aber sie verleihen den Opfern wieder Menschlichkeit, Individualität, eigene Fantasie und damit Würde.

Trotzdem bleibt die Tatsache doch merkwürdig, dass in Auschwitz gespielt wurde. Mit idealistischen Vorstellungen vom guten, reinen und nützlichen Spiel scheint das unvereinbar. Gewundert über das Spiel der Häftlinge haben sich im Übrigen selbst jene, die für das systematische Morden die direkte Verantwortung trugen. Diejenigen, die in den Lagern zum Sterben bestimmt waren, sollten – das hatten die SS-Kommandeure ihren Schergen eingebläut und sie waren im ideologischen Wahn davon selbst überzeugt – Untermenschen sein. Angeblich wert- und würdelos, Parasiten, keine echten oder wenigstens keine gleichrangigen Menschen. Wie konnten sie hier noch spielen? Die Frage beschäftigte, fast wie nebenbei, Rudolf Höß, der bis 1943 als Lagerkommandant von Auschwitz das Spiel von Häftlingen beobachtet hatte. Zuletzt abgetaucht, war der Massenmörder im März 1946 ausfindig gemacht und von der britischen Militärpolizei bei Flensburg verhaftet worden. Ende Mai wurde er an Polen ausgeliefert und für die Organisation und Durchführung des Mordens vor Gericht gestellt. In der polnischen Gefangenschaft zeigte Rudolf Höß sich kooperativ, sogar in den Grenzen seines Verstandes einsichtig. In der Zelle – bemüht, die eigenen Taten und das Morden zu erklären – verfasste der ehemalige KZ-Kommandant unter freien Stücken seine Autobiografie; eines der schaurigsten Dokumente, die im 20. Jahrhundert oder überhaupt je ein Deutscher verfasst hat. Verantwortung delegierte Höß bevorzugt an andere: in der Hierarchie weit nach oben an Himmler und Hitler, nach unten an SS-Leute, das Wachpersonal sowie triebhafte Gestalten, deren Unwesen er im Rahmen des Möglichen zu bändigen versucht habe. Sich selbst beschrieb er als bürokratischen Planer und Organisator. Bei allem Horror sei er Mensch mit Gefühlen geblieben; zwar unglücklich über die eigene Rolle, aber erfüllt von Pflichtbewusstsein und Treue. Befehle seien ohne Kritik auszuführen gewesen. Wohl sei ihm der Gedanke gekommen, dass dieses Massenmorden ein großes Unrecht sein könne. Aber es verbot sich, darüber zu sprechen oder der Idee durch Nachdenken gar weitere Nahrung zu geben. Rudolf Höß beobachtete gern, interessiert und ausgiebig. Zumindest beschrieb er sich später so.

Er wusste über alle Typen von Häftlingen und deren Eigenarten ausgiebig zu berichten – Völker, Religionen und Nationalitäten, politische Sträflinge und Berufsverbrecher, Homosexuelle, kaum etwas oder jemand entging seinem Urteil im Rückblick. Dass Kinder und Erwachsene in Auschwitz spielten, faszinierte ihn. Besonders meinte er das Spielen bei den Sinti und Roma, den »Zigeunern« beobachtet zu haben. Von allen Häftlingen im Übrigen seien sie ihm die liebsten gewesen. Die 4000, die in Auschwitz zuletzt noch am Leben waren, wurden in der Nacht vom 31. Juli zum 1. August 1944 in die Gaskammern getrieben. »Es war nicht leicht, sie in die Kammern hineinzubekommen«, schrieb Höß und erklärte, dem rassistischen Denken vollends verhaftet: »Denn in ihrer ganzen Art waren sie zutraulich wie Kinder. […] Auch Krankheiten und die hohe Sterblichkeit nahmen sie nicht so tragisch. Sie waren eben ihrem ganzen Wesen nach Kinder geblieben, sprunghaft im Denken und Handeln. Sie spielten gerne, auch bei der Arbeit, die sie nie ganz ernst nahmen. Sie mochten auch dem Schwersten die leichte Seite abzugewinnen. Sie waren Optimisten. Ich habe bei den Zigeunern nie finstere, hasserfüllte Blicke beobachtet. Kam man ins Lager, so kamen sie sofort aus ihren Baracken, spielten Instrumente, ließen die Kinder tanzen, machten ihre üblichen Kunststückchen. Es gab einen großen Kindergarten, wo die Kinder nach Herzenslust rumtollen konnten mit Spielzeug aller Art.«[609] Bis August 1944 hatte die SS mehr als 20000 Familien in einem gesonderten Sektor von Auschwitz-Birkenau untergebracht. Die Sinti und Roma mussten zunächst keine Selektionen durchlaufen, Kinder wurden nicht von ihren Müttern getrennt, ihr Spielzeug durften sie – im Gegensatz zu den meisten anderen Häftlingen – behalten. Im separaten »Zigeunerlager« gab es tatsächlich den Kindergarten, den Rudolf Höß in der Rückschau erwähnte, mit diversem Spielzeug, Karussell, Sandkasten und Schaukel. Das hatte nichts mit Fürsorge und sehr wenig mit Privilegien zu tun. Lagerarzt Josef Mengele, auf dessen Initiative der »Zigeuner«-Kindergarten 1943 wohl eingerichtet worden war, sah hier vielmehr ein menschliches Reservoir und bediente sich an den Kindern für seine medizinischen Experimente.[610] Den ehemaligen Häftling Helmut Clement ließ eine andere düstere Erinnerung nicht los. Zwei Sinti-Kinder hatten nah am Stacheldrahtzaun des »Zigeunerlagers« im Dreck gespielt. Ein SS-Mann schoss vom Wachturm zum Spaß auf sie. Er traf einen der Jungen in Bauch und Arm.[611] So unmittelbar nah waren sich in dieser Welt Spiel und Verbrechen. Zynisch ist daher, wie Auschwitz-Kommandant Höß im Rückblick über den angeblich wilden Spieltrieb der »Zigeuner« berichtete. Ihnen zuzusehen sei höchst interessant gewesen. Der Befehl zu ihrer Vernichtung habe ihn gerade deshalb bewegt: »Nichts ist wohl schwerer, als über dieses kalt, mitleidlos, ohne Erbarmen hinwegschreiten zu müssen«, schrieb der Massenmörder von Auschwitz beschönigend.[612]

Während, zumindest nach seiner Ansicht, das Spielen in der wilden, quasi kindlichen Natur der »Zigeuner« begründet lag, meinte er Ähnliches bei den Juden nicht beobachten zu können. Die Intelligenteren unter ihnen, behauptete Höß analog zur NS-Ideologie, kämpften rücksichtslos ums Überleben, selbst gegen Freunde und Verwandte. Die meisten seien jedoch körperlich rasend schnell verfallen und teilnahmslos gewesen. Ohne Kraft ergaben sich diese Menschen in ihr Schicksal: »vollkommen willenlose Gespenster wankten durch die Gegend«, die »wandelnden Leichen waren ein fürchterlicher Anblick«, »geduldig und stumpf«, »völlig teilnahmslos« – ja schließlich »sie waren Fatalisten«. Die Art, wie Höß über die Juden berichtete, war ähnlich entmenschlichend wie im Fall der Sinti und Roma. Bloß passte das Spiel in sein rassistisches Bild von den Juden nicht hinein.[613] Was der Kommandant diesmal ausließ oder nicht beobachtet haben wollte, war gleichwohl vorhanden. Kitty Hart, im polnischen Bielsko 1926 geboren, stammte aus einer jüdischen Familie, war aber katholisch erzogen worden. Sie kam mit 16 Jahren in das Lager. In ihren Erinnerungen schilderte sie einige surreale Szenen, wenn Spiel und Massenmord in Auschwitz zusammenkamen: Qualmende Schornsteine, beißender Gestank der Leichen, ausgehungerte Häftlinge, dazwischen aber ein Mädchen, das liebevoll ihre Puppe im Wagen schob, und ein anderes, das über ein Springseil hüpfte. Ähnliches haben andere Überlebende berichtet. Manche der älteren Häftlinge, solange sie aufrecht stehen konnten, spielten Fußball. Erwachsene, ausgezehrt und mit leeren Augen, kauerten vor den Baracken und spielten mit Murmeln. Die Kinder führten Tänze auf. Andere musizierten auf einer Mundharmonika. Derartiges zu beobachten wird die Mörder und Mordhelfer erheblich verwirrt haben: Das waren keine »Untermenschen«, wie sie dort sehen konnten, sondern Menschen, die inmitten des Tötens weitaus bewundernswerter waren als sie selbst.[614]

Man kann dieses Spiel vielleicht als Selbstbehauptung und den Ausdruck individueller Würde deuten. Im Angesicht des Schreckens und unter Todesangst haben Menschen ihren Drang zum Leben gezeigt. Das soll nicht bedeuten, dass dieses Spiel schön, gut oder erfreulich war. Idealistische Spieltheorien führen hier nicht oder kaum weiter. Es konnte, ganz im Gegenteil, hässlich und grausam sein. Kinder erfanden in Auschwitz Spiele, die sich zum Beispiel »Gaskammer« oder »Appell« nannten. Ihr Versteckspiel war nicht bloß Illusion, sondern Abbild alltäglicher Realität. Die Kinder reihten sich auch zu gespielten Exekutionen auf. In Todesspielen äfften sie die merkwürdigen Bewegungen und Laute der Sterbenden nach. Regeln erfanden sie für einen spielerischen Kampf um das wenige Essen, das sie besaßen. Zu einem Spielzeug konnte sogar der Stacheldrahtzaun werden. Es war eine Mutprobe, den Zaun zu berühren, um zu sehen, ob er unter Strom stand. Das alles hat wenig mit unserem Verständnis vom unterhaltsamen, lehrreichen oder gar behüteten Spiel zu tun. Aber es ist doch ein Ausdruck, sogar die Spiegelung ihres Lebens und Überlebens.[615]

Das Wachpersonal zeigte wenig Erbarmen. Berichte, wie sie von Jehuda Bacon stammen, sind relativ selten, aber sollen nicht unerwähnt bleiben. Der Vierzehnjährige war im Dezember 1943 mit seiner Familie aus Theresienstadt nach Auschwitz verschleppt worden. Dort wurde er einem Arbeitskommando zugeteilt. Seltsam, meinte Bacon retrospektiv, aber die ersten Tage habe er nicht als schlecht empfunden – jedenfalls besser als die elende Situation im Ghetto: »Das Merkwürdigste war, dass sogar die SS für uns gesorgt hat. Sie brachte uns einen Ping-Pong-Tisch, was etwas ganz Außergewöhnliches war.« Selbst in den Gaskammern sei, wie Bacon berichtete, mit Billigung der SS gespielt worden, wenn die Kammern leer und nicht in Benutzung waren. Der täuschende erste Eindruck hatte aber keinen Bestand. Von den rund 80 Jugendlichen, die Bacons Arbeitskolonne angehörten, lebten 1945 nur noch fünfzehn. Seine Eltern und die Schwester waren ermordet worden.[616] Viele Spielsachen sind in anderer Hinsicht zu Bestandteilen von individuellen Überlebenskämpfen geworden. Ein Schachbrett, das sich heute in Jerusalem befindet und ausgestellt wird, erzählt eine weitere Geschichte über die Häftlinge und ihre Peiniger. Im Sommer 1944 wurde Elhanan Ejbuszyc nach Auschwitz-Birkenau deportiert. Verzweifelt suchte der junge Mann dort nach einer Möglichkeit, das Unvermeidliche aufzuschieben. Der Leiter des Blocks, wo man den jungen Mann jetzt untergebracht hatte, galt als gewalttätig und trunksüchtig, außerdem war er Spieler. Schach war die bevorzugte Leidenschaft dieses SS-Mannes, aber ein eigenes Schachbrett besaß er nicht. Ejbuszyc andererseits konnte schnitzen. Er witterte die Chance, nahm allen Mut zusammen, und bot dem

Blockführer an, ein Schachbrett für ihn zu fertigen. Ein geeignetes, schönes Stück Holz für die Spielfiguren hatte er ebenfalls schon ins Auge gefasst: den massiven Totschläger, mit dem der SS-Mann die inhaftierten Juden für gewöhnlich zu schinden pflegte. Zum Erstaunen der anderen Häftlinge willigte der Blockführer ein. Er händigte ein Messer zum Schnitzen sowie den Totschläger aus. Solange Ejbuszyc in seinem Block an diesem Schachbrett arbeitete, also nicht ins Freie musste und sonst niemandem auffiel, schien sein Überleben zumindest ein Quäntchen mehr gesichert. Er hat überlebt, wenn auch am Ende mit Glück. Selektiert als Arbeitskraft für das Außenlager Görlitz des KZ Groß-Rosen wurde er aus Auschwitz fortgebracht und schließlich im Mai 1945 befreit. Das erst jüngst wieder ausgestellte Schachbrett ist ein Beispiel unter vielen, welches mit ähnlichen Geschichten von Holocaust-Überlebenden verbunden ist.[617]

Für eigenes Spiel und Spielen war den Gefangenen, wie überhaupt, in den seltensten Fällen ein Raum gelassen worden. Das lag in der zynischen Logik der nationalsozialistischen Tötungsstätten. Der niederländische Kulturhistoriker Johan Huizinga hatte 1936 das Spiel als die Wurzel der Kultur interpretiert. Bewusst naiv könnte man anders sagen: Solange der Mensch spielt, liefert er ein Zeugnis für Kultur und Menschlichkeit. Im Holocaust allerdings sollten Menschen zu Tieren degradiert werden. Häftlinge wurden physisch und psychisch gebrochen. »Wir lagen in einer Welt der Toten und Larven. Um uns und in uns war die letzte Zivilisation geschwunden«, schrieb Primo Levi über den Lagerkomplex von Auschwitz.[618] Aber wenn irgendwo ein Lebenswille wach geblieben war, ließ sich das Spiel der Menschen trotz allem nicht ganz eliminieren. Eine Erinnerung hatte sich schließlich selbst bei Rudolf Höß doch tief eingebrannt: »Einmal waren die kleinen Kinder so sehr in ihr Spiel vertieft, dass sie sich absolut nicht von ihrer Mutter davon wegreißen lassen wollten«, beschrieb er einen grausigen Vorgang. Jüdische Häftlinge wurden gerade in die Gaskammern getrieben: »Den um Erbarmen flehenden Blick der Mutter, die bestimmt wusste, was geschieht, werde ich nie vergessen. Die in der Kammer wurden schon unruhig – ich musste handeln. Alles sah auf mich – ich gab dem diensthabenden Unterführer einen Wink, und er nahm die sich heftig sträubenden Kinder auf die Arme und brachte sie mit der herzzerbrechend weinenden Mutter in die Kammer. Ich wäre am liebsten vor Mitleid von der Bildfläche verschwunden – aber ich durfte nicht die geringste Rührung zeigen. «[619] Rudolf Höß, der für seine Kälte und Erbarmungslosigkeit sich derart selbst bedauerte, wurde zum Tode verurteilt und am Morgen des 16. April 1947 auf dem Gelände des Lagers gehängt. Seine Leiche hat man wahrscheinlich im nahen Krematorium verbrannt.

Die Befreiung

Den Alliierten bot sich bei der Befreiung der Konzentrationslager ein Szenario des Schreckens. Die Gräueltaten schienen immer weniger begreiflich, je mehr das Ausmaß gerade im Beiläufigen zutage trat. Wahrscheinlich sind es besonders jene Anomalien gewesen, auf die man vielerorts stieß, die den besonderen Bruch des Holocausts mit Zivilisation und Humanität markierten. »Zurückgelassene Dinge der Opfer füllen riesige Warenhäuser in Lublin und ich habe […] Berge von Kinderspielzeug gesehen«, berichtete der kanadische Journalist Raymond Davies im August 1944 über das kurz zuvor befreite Konzentrationslager von Majdanek, einem Vorort von Lublin. Sein drastischer Bericht sollte die Menschen in der fernen Heimat für das Schicksal der Juden in Europa mobilisieren. Vor allem die Kinder zu sehen, ausgehungert und bleich, in jungen Jahren gealtert zu Greisen, versetzte selbst ihm, der viel Schreckliches gesehen hatte, einen Schock. Annähernd 80 000 Menschen, schätzt man heute, sind hier ermordet worden. Kinderleichen seien aus den Massengräbern im nahen Wald geborgen worden, schrieb der Kanadier. Den Toten gehörte, glaubte er, jenes Spielzeug, das die Deutschen im Lager Lublin gesammelt hatten.[620] Die Rote Armee, die das Konzentrationslager befreite, lud ein amerikanisches Filmteam ein, um das kaum Vorstellbare festzuhalten: »Selbst Kinderspielzeuge und Puppen eigneten sich die Henker an«, hieß es in einem Film, der in Deutschland später zur Entnazifizierung und Aufklärung der Bevölkerung gezeigt wurde. Zu sehen sind in kurzen Szenen, aufgetürmt zu hohen Bergen, diverse Puppen, Spielzeug aus Holz, Kinderwagen, Eisenbahnen, Autos sowie Rechenschieber für Kinder, welche die SS ihren Opfern abgenommen hatte. Hermann Vogel, ein SS-Mann, der für das Kleider-Depot von Lublin als Verwalter tätig gewesen war, bestätigte später, solche und andere Raubwaren seien tonnenweise nach Deutschland geschickt worden. Er müsse das wissen, denn er habe die Kisten versandfertig gemacht. Vogel wurde für seine Beteiligung an den Verbrechen von den Russen gehängt.[621] An einen anderen, nicht minder befremdlichen Anblick erinnerte sich William Scott zurück, ein US-Soldat, der die Befreiung des KZ Buchenwald bei Weimar erlebte. Er selbst hatte vor Monaten begonnen, Schach zu lernen, um sich mit den Kameraden bei Laune zu halten. Nun sah er, wie einige Gefangene in einer Baracke am Boden kauerten, völlig ausgemergelt, nur mit Lumpen bekleidet, dabei in ein Schachspiel tief versunken. Erstaunlich, wie Scott meinte, denn sie schienen weder das Grauen um sich herum noch den eigenen Verfall zu bemerken.[622]

Nahezu überall, wo die alliierten Soldaten die Mordstätten und Gefangenenlager der Nationalsozialisten vorfanden, hielt man das Erlebte auf Bild und Film fest. Die Geschichte von Joseph Schleifstein kam schon damals zu Bekanntheit. Heute zählt er zu den jungen Ikonen des Holocausts. Der Junge, geboren 1941 im Ghetto Sandomierz in Polen, wurde 1943 mit der Familie nach Buchenwald deportiert. Nur der Eingebung des Vaters, der den Sohn bei der Selektion zu Anfang in einem Sack versteckte und dann in das Lager hineinschmuggelte, hatte er sein Überleben zu verdanken. Wäre er als arbeitsunfähig ausgesondert worden, man hätte ihn wohl gleich ermordet. In Buchenwald blieb er eine Weile versteckt. Die SS-Wachen, die von seiner Existenz bald erfuhren, sahen in dem Kleinkind eine Art Maskottchen. Sie verrieten ihn nicht. Es half zudem, dass der Vater wohl den Ruf eines fleißigen und talentierten Arbeiters besaß. Er war für die Deutschen als Sattler tätig. So lebte der Junge annähernd zwei lange Jahre lang mitten im Konzentrationslager. Als die Amerikaner Buchenwald befreiten, filmten sie den Kleinen mehrfach. Mit gerade einmal vier Jahren war Joseph Schleifstein einer der Jüngsten, die das Lager überlebt hatten. Eine kurze Szene, die unmittelbar nach der Befreiung entstand, zeigt ihn in Häftlingsuniform, an der Jacke der dreieckige rote Winkel mit dem Buchstaben »P«, der ihn als politischen Gefangenen ausweist. Der Junge klammert sich fest an ein Spielzeug. Der Tretroller ist fast genauso groß, wie er selbst, und scheint ihm ein wenig Halt zu bieten – vielleicht ein Geschenk, das ihm die Amerikaner gemacht haben, möglicherweise stammt das Spielzeug aber noch aus dem Lager. Der kleine Junge ist sichtlich verängstigt und irritiert, die Augen füllen sich mit Tränen. Schließlich huscht doch ein schüchternes Lächeln über das zarte Gesicht. Die düstere Barackenkulisse, die ihn umgibt, scheint zumindest für den Moment vergessen. Ein Kind mit seinem Roller ist zu sehen, mehr nicht. Diese Verwandlung in Sekunden konnte niemanden unberührt lassen, der sie sah. Dutzende Aufnahmen des Jungen in der Umgebung von Buchenwald und mit seiner Häftlingskleidung entstanden, teils auch nachgestellt selbst Jahre später. »In die Zukunft zu sehen, bedeutet zu vergeben«, erklärte Schleifstein in einem Interview 1999, nachdem er ausfindig gemacht und die Lebensgeschichte des Jungen auf den Buchenwald-Bildern publik gemacht worden war.[623]

Was die Sieger bei Kriegsende auf diese Weise dokumentierten, sieht man heute zusammengeschnitten in Fernsehdokumentationen. Der Horror dieser Orte wird dem Publikum ins Bewusstsein gebracht. Die Bilder, die zum Zeitpunkt der Befreiung oder Tage danach entstanden, zeigen gelegentlich aber anderes. Abrupt konnte der Schrecken in vermeintlich banales Alltagstreiben münden. Ein Amateurfilmer der US-Armee hielt Anfang 1945 die Leichenberge in einem Konzentrationslager mit seiner Kamera fest, kurz danach sieht man Soldaten, die auf einer Wiese ausgelassen Baseball spielen oder auf Musikinstrumenten ein Konzert geben. Nach der Befreiung des Konzentrationslagers Bergen-Belsen unweit von Hannover errichteten die britischen Soldaten in Windeseile Schaukeln, von denen die befreiten Kinder und Jugendlichen vergnüglich in die Kamera lachten. In Buchenwald spielten die Befreiten, die noch bei Kräften waren, mitten auf dem Todesgelände Fußball. Auf den Fotos von dem Spiel sind die Männer teilweise noch in ihrer Häftlingsuniform zu sehen. Solche Zeugnisse scheinen über den Horror hinwegzutäuschen, belegen aber vor allem den Lebenswillen. Die Jüngsten, welche die Hölle erlebt hatten, waren der Kindheit und oft ihrer Familien beraubt, viele zu Waisen geworden. Die Älteren waren nicht weniger für den Rest ihres Lebens gezeichnet.

Spiel und durchlebtes Verbrechen

Überlebende des Holocaust berichteten später, sie hätten das Spielen erst langsam und von Grund auf neu erlernen müssen. Andere sagten, sie hätten überhaupt nie wieder wirklich, das heißt unbeschwert und frei spielen können: »Ich weiß, dass ich überhaupt kein Gefühl für das Spiel habe«, berichtete eine Überlebende etliche Jahre danach, »weil ich wohl nie gespielt habe, und ich bin überzeugt, dass man das Spielen lernt. Ich meine, man muss gespielt haben, um zu wissen, wie es geht.«[624] Und ein anderer Bericht: »Ich bin nicht gut darin, zu spielen, besaß nie Spielzeug. Vielleicht hatte ich welches, nur erinnere ich mich nicht. Bevor meine Eltern ermordet wurden, vielleicht da. Doch, ich bin ganz sicher, dass ich es hatte, bloß die Erinnerung daran ist weg.«[625] Diese Barriere, die den Zugang zum ungezwungenen Spiel unmöglich machte, ist auch das künstlerische Thema eines Tarockspiels, das der Slowene Boris Kobe 1945 anfertigte. Auf 54 Spielkarten verarbeitete Kobe, der Architektur und bis 1931 Malerei in Paris studiert hatte, die Erlebnisse aus drei Lagern: Im Februar 1945 hatte man ihn wegen Engagements im slowenischen Widerstand verhaftet, dann in das Konzentrationslager Dachau verschleppt. Die letzten Kriegswochen verbrachte er in zwei KZ-Außenlagern: Überlingen-Aufkirch und Allach bei München. Dort musste er in einem Stollensystem unter der Erde Zwangsarbeit für die längst sinnlos gewordene Rüstung der Deutschen leisten. Sein Tarockspiel fertigte er unmittelbar nach der Befreiung durch die US-Armee mit Tusche und Kreide an. Er skizzierte finsterste Szenen des Lageralltags.

Die Insassen in Dachau und ihre Peiniger sind auf den Karten abgebildet, auch das Bergwerk am Bodensee, wohin im Sommer 1944 die Rüstungsproduktion des Dritten Reiches verlegt werden sollte. Die albtraumhaften Motive des Spiels bieten Stoff genug für akademische Abhandlungen oder morbide Geschichten: Lagerbetten sind zu sehen, vollgestopft mit nackten Häftlingskörpern, Prügeleien untereinander um Eimer mit Suppe, Männer in zerrissenen Lumpen an Stacheldrahtzäunen. Die Kapos malträtieren ihre Mithäftlinge mit harten Peitschenhieben. Die deutschen Wachen sind stets nur schemenhaft angedeutet – als hohe Stiefel zum Beispiel, die wie aus dem Nichts nach Körpern treten, mit ihren Hunden, die sich in den Beinen der Geschwächten verbeißen. Auf den Farbkarten hatte Boris Kobe die geläufigen Motive, die zum Tarockspiel gehören – Könige, Damen, Buben und Narr – durch rätselhafte Kreaturen ersetzt: Die privilegierten Häftlinge, die mit den Deutschen auf gutem Fuß stehen, sind hier die Könige. Sie stopfen sich den fetten Leib mit Margarine und Würsten voll und ziehen zufrieden an dicken Zigarren. Die hohen Damen zerren wütend an den Haaren von jenen, die schöner und jünger sind als sie. Bübische Kapos verprügeln, bestehlen und verraten ihre Mitgefangenen. Der eigentliche Herr über sie alle ist der Tod, klassisch symbolisiert als Knochengerippe mit der Sanduhr. Die höchste Trumpfkarte, die alle anderen Karten schlägt, zeigt die Stärke der Hoffnung: Zwei Männer, der eine stammt aus dem Osten, der andere aus dem Westen, recken Fäuste und Hämmer in die Höhe.

Anders als in anderen europäischen Ländern wird in Deutschland Tarock heute eher selten gespielt. Ursprünglich stammt das Kartenspiel aus dem 15. Jahrhundert, zur Popularität kam es besonders in Italien und in der Habsburgermonarchie. Vielen ist heute nur das Tarot geläufig, eine esoterische Tochter des Tarockspiels. Bunt, farbenfroh, oft merkwürdig waren die Motive dieser Karten schon immer. Seit dem 18. Jahrhundert wurden sie deshalb von den Wahrsagern auf den Jahrmärkten benutzt, um den Menschen ihre vermeintliche Zukunft zu offenbaren. Das Spiel dahinter hatte allerdings nichts mit dem Übersinnlichen zu tun.[626] Boris Kobe hatte nicht die Absicht, Spielkarten zu fertigen, mit denen man spielen konnte. Sein Tarock-Spiel sollte kein echtes Spiel sein und nicht zum Vergnügen oder gar für Glücksspiel dienen. Deshalb baute er einen Fehler ein: Zwei Asse im Kartendeck anstatt zwei 10er-Karten, was die Regeln aushebelte und es unmöglich machte, damit eine Partie Tarock regelgerecht zu spielen. Die künstlerische Deutung des Erlebten kommt hier zwar sehr ähnlich zu anderen Holocaust-Spielen daher, die erwähnt wurden: Die Lager erscheinen als düstere Schicksalsorte, sind ein Glücksspiel, bei dem ausschließlich Glück oder Unglück regieren. Die Gefangenen beherrschen ihr Schicksal nicht mehr. Aber der Unterschied des Tarockspiels zu den meisten anderen Zeugnissen besteht darin, dass es eben nur vorgibt, ein Spiel zu sein. Aus Sicht von Boris Kobe verbot es sich, mit den Schrecken im Nachhinein zu spielen. Der Horror des Vergangenen wirkt wie ein Regelverstoß, ist ein Bruch im System. Der bewusst eingebaute Fehler im Kartendeck soll vielleicht auf jene Barriere hinweisen, die eine Rückkehr in die Normalität nicht nur des Spielens versperrt. Boris Kobe hat diese Sicht auf Spiel und durchlebtes Verbrechen künstlerisch grandios gestaltet und zugleich eine subjektive Deutung geprägt von viel Skepsis hineingelegt. Nach der Rückkehr in die slowenische Heimat 1945 wurde er Professor für Kunstdesign und Grafik an der Universität von Ljubljana. Seine Zeit im Konzentrationslager Dachau und als Zwangsarbeiter hat er bis zu seinem Tod 1981 nicht wieder zum künstlerischen Thema gemacht.[627]

Rückkehr zur Normalität des Spielens?

Wieder Freude am Spiel zu erleben konnte auch anderes bedeuten, nämlich in die Welt der Zivilisation, in den Alltag und die Normalität allmählich zurückzufinden. Nicht allen jedoch gelang die Rückkehr in die Normalität und den Alltag, sofern überhaupt, auf gleiche

Weise. Dass das Spiel besonders für die Jüngsten wichtig sein würde, um Vergangenes zu verarbeiten, spürte instinktiv oder wusste aus pädagogischer Erfahrung, wer sich um ihr Wohlergehen und ihre Zukunft bemühte. Die alliierten Sieger blickten nach Kriegsende in die Augen einer gewaltigen Tragödie: Millionen Menschen in Europa, die im Zuge des Krieges von den Deutschen und ihren Verbündeten verschleppt, vertrieben oder deportiert worden waren, galten nun als »Displaced Persons« (DP). Mehr als 141 000 jüdische DP, darunter viele Kinder, befanden sich noch Ende 1946 allein in der US-amerikanisch verwalteten Besatzungszone in Deutschland. Großteils hatte man sie in Camps, Lagern oder Waisenhäusern untergebracht, ihre Zukunft war ungewiss und unentschieden.[628] Primär der United Nations Relief and Rehabilitation Administration (UNRRA) fiel die Aufgabe zu, diese Kinder und Jugendlichen in ein neues Leben zu führen, ihre Verwandten – von denen oft nur der Hinweis auf ihre Ermordung zu übermitteln übrig blieb – ausfindig zu machen oder sie zurück in die Heimat zu bringen, aus der man sie fortgerissen hatte. »Manche hatten den überwiegenden Teil ihres jungen, unwirklichen Lebens in Belsen, Dachau oder einem anderen jener Horror-Lager zugebracht«, heißt es im Rückblick, den die UNRRA 1950 publizierte: »Um den Kindern die medizinische und psychologische Versorgung zu geben, die sie so dringend benötigten, wurden spezielle Abteilungen für sie in den Quartieren eingerichtet. Dort bekamen sie angemessenes Essen, Medizin, Unterricht, Sprachtraining – und langsam beigebracht, wieder zu lachen und zu spielen.«[629] In den DP-Camps waren, obwohl sie die Mehrheit stellten, nicht nur Juden untergebracht, sondern auch ehemalige Häftlinge und Zwangsarbeitskräfte fast aller Nationalitäten, welche die Nationalsozialisten verschleppt hatten.

Spiele und Spielsachen sollten ihnen zu kleinen Symbolen der Hoffnung werden und zum Versprechen einer besseren Zeit. Noch allerdings lag die Industrie in Trümmern. Ein Amerikaner, der zu Weihnachten 1947 in Polen weilte, schrieb in einem Brief in die Heimat, die meisten DP-Kinder könnten Spielwaren »nur durch die Schaufenster sehen, um zu wissen, dass es sie überhaupt gibt. Aber was für Spielsachen! Ich habe einen elektrischen Zug gesehen, einen sehr kleinen. Das meiste Spielzeug ist aber aus Papier, Kleidung und Holz gemacht. Ich schätze, dass die Preise zwischen sieben- bis zehnmal höher sind als in Amerika, und es ist von sehr schlechter Qualität«.[630] Das Rote Kreuz, die UNRRA und zahlreiche andere internationale Organisationen riefen daher zu Spenden auf. In vielen DP-Camps wurde nach Kriegsende außerdem von Hand gearbeitet, diesmal aber zum Wohlergehen jener Kinder, die der Krieg entwurzelt hatte. Zugleich bot sich den Beschäftigten eine Möglichkeit zur Berufsausbildung, die den Jugendlichen als Folge von Holocaust und Krieg oft gänzlich fehlte.[631] Kleidung, Betten, Bettzeug, Figuren, Brettspiele oder Puppen wurden gefertigt, Pakete für die Kinder quer über den Kontinent geschickt. In Übersee sammelten sowohl christliche als auch jüdische Organisationen Spenden für jene, die Krieg und Verfolgung durchlitten hatten. Trafen diese Pakete zu Weihnachten oder an jüdischen Festtagen ein, wurde das Auspacken meist feierlich zelebriert. Diverse Waisenhäuser, Schulen und Kinderheime boten Spielturniere und Freizeitangebote, junge Menschen lernten beispielsweise Schach, Mühle oder Dame zu spielen. Überlebende, die in verschiedenen DP-Camps untergebracht waren – eines in München, das andere im ehemaligen Konzentrationslager Bergen-Belsen – traten in einem großen Schachturnier, unter freiem Himmel in der Sommersonne, gegeneinander an. Das barg viel Symbolik.

Befreit, doch nicht frei, am Leben und trotzdem nicht lebendig, wurde zum Credo dieser Menschen. Materiell und ideell war die Situation in vielen DP-Camps häufig schwierig. In der Nachkriegszeit begann zwischen den verschiedenen Interessengruppen zudem ein unwürdiges Zerren um Zugehörigkeiten, Identitäten und die Zukunft besonders der entwurzelten Kinder. Die Momente des Friedens wurden umso wichtiger. »Die Weihnachtsfeiern sind ein großer Erfolg«, berichtete ein Amerikaner 1947 aus einem DP-Camp in Würzburg, wo vor allem Litauer, Polen und Ukrainer untergebracht waren, an die Familie daheim: »Wir hatten jede Menge Puppen, die in DP-Camps hergestellt wurden, und deutsche Spielzeuge gekauft. Du wirst Dich erinnern, dass die Deutschen vor dem Krieg einmal führend in der Spielzeugindustrie gewesen sind und sie kommen jetzt wieder. Wir haben eine deutsche elektrische Eisenbahn und die Jungen haben unter dem Tannenbaum eine schöne Strecke gebaut. Wir hatten auch elektrische Lichter am Baum. Alles in allem ist es für jeden ein schönes Weihnachten gewesen.«[632] Romantisch war das Leben junger Menschen fern solcher Feiern und Refugien nicht. Vereinzelt waren Kinder und Jugendliche, weil es keine anderweitige Unterbringungsmöglichkeit gab, nach Kriegsende über Monate hinweg in jenen Lagern untergebracht, wo sie von den Nationalsozialisten geschunden worden waren. Viele wollten nur weg aus Deutschland, das Vergangene hinter sich lassen. Die Notgemeinschaft eines Camps, Waisenhauses oder Lagers – auch in einem fremden Land, das sie als Akt der Humanität aufgenommen hatte – konnte den Verlust von Familie oder Heimat nicht ersetzen.

Spielsachen wurden zu kleinen Symbolen der Politik in der Nachkriegszeit. Wenn die Gesichter der Jüngsten sich für den Moment erhellten, schien jedenfalls aus Sicht der Erwachsenen ein nachträglicher Sieg über die Verbrecher und den Nationalsozialismus errungen. Die Fotos aus dieser Zeit zeigen häufig die Befreier, Retter und Politiker, die den Kindern Geschenke machten. Auf einem Bild aus dem Jahr 1947 sind die Ehefrauen des US-amerikanischem Botschafters und des tschechoslowakischen Präsidenten mit einigen überlebenden Kindern des Ghettos Theresienstadt zu sehen, die nun einem Waisenhaus in Prag lebten. Jedes Kind hält offenbar glücklich ein Geschenk in den Händen – eine neue Puppe, ein großes Plüschtier oder ein wundersames Spielzeug-Telefon. Es sind kleine Dinge, mit denen die Vergangenheit jäh in weite Ferne gerückt scheint. Die meisten lächeln wie befreit in die Kamera, andere blicken hingegen ins Leere. Viele dieser Bilder haben etwas Rührseliges.[633]

Zu sehen sind Akte der Herzlichkeit und ernst gemeinte Symbole des Neubeginns. Gefühle, Gedanken sowie das Spiel hinter den Bildern bleiben dem Betrachter verborgen. Sobald das Blitzlicht der Fotoapparate erlosch, die Kinder in ihren Zimmern waren und die

Pädagogen und Psychologen nicht mehr vor Ort, kam das Erlebte zurück. Erfahrungen trugen sich über Jahrzehnte und Generationen fort. James Edward Young, ein renommierter Judaist aus den USA, hat engste Freunde aus den Familien von Emigranten und Holocaust-Überlebenden. 1997 war Young an der Konzeption des Denkmals für die ermordeten Juden Europas in Berlin beteiligt. Vielen seiner Freunde, berichtete er, waren aus ihrer Kindheit Mord und Verfolgung vertraut. Nicht aus eigenem Erleben, aber sie hatten den Holocaust als Spiel fantasiert und nachgestellt: »Nicht leichten Herzens natürlich, sondern mit der obsessiven Ernsthaftigkeit von Kindern, die das Trauma einer Familie zu bewältigen versuchen. Für viele meiner Freunde, die im Nachkriegsamerika aufwuchsen, war der Holocaust ein gespenstischer Bestandteil ihres Haushalts, ein konstanter Schmerz, den sie als für die Ängste und Sorgen ihrer Eltern stets aufmerksame Kinder geerbt hatten. Insbesondere eine Freundin erinnert sich, als Sechsjährige unablässig »Holocaust-Verstecken« gespielt zu haben: von morgens bis abends stopfte sie ihre Barbie-, Ken- und Shirley-Temple-Puppen, zusammen mit ihrem kleinen Bruder, von einem Schrank in den nächsten, den Nazis dabei im Geiste stets einen halben Schritt voraus. Der Feind und die Jagd ließen sich leicht ausmalen, wie sie mir erzählte, doch was passieren könnte, wenn sie und ihre Babys gefangen genommen würden, war für sie damals buchstäblich unvorstellbar, wenngleich als entsetzliches Geheimnis kein bisschen weniger erschreckend.«[634] Das Verbrechen war noch lange kein abgeschlossenes Kapitel. Die Vergangenheit kann im Spiel fortleben.

Nachspiel

Trümmerspiele

Das Spiel der Nachkriegszeit fand in Ruinen und Trümmerwüsten statt. Ablenkung und Freuden des Augenblicks wurden in der Not umso wichtiger. »Es war, als wenn die ganze Geschichte von Bethlehem in den Ruinen von Kreuzberg stattgefunden hätte«, hieß es in einem amerikanischen Bericht über ein Krippenspiel in Berlin 1945, »in der Tat bietet der Bezirk eine phantastische Ruinenlandschaft als Kulisse.«[635] Die großen Städte lagen in Schutt und Asche, doch das Spiel blieb den Kindern. Sie rannten durch die Trümmerwelten, erkletterten zusammengebrochene Mauern, bargen die steinernen Bruchstücke als Bauklötze, bauten daraus hohe Türme und hübsche Pyramiden. Wohl zu keiner Zeit danach ist je wieder so viel auf den Straßen und im Freien gespielt worden: Kegeln, Murmeln, natürlich Fußball, auch Fangen, Cowboy-und-Indianer, auch Schach oder Kartenspiel.[636] Das Deutschland der ersten Jahrhunderthälfte war politisch und moralisch vollends kollabiert, der Alltag der Nachkriegszeit für die Menschen entbehrungsreich. Entsprechend angeschlagen sehen selbst die Spielsachen dieser Zeit aus, vielleicht wie die Menschen sich fühlten, die mit ihnen spielten; sie sind voller Blessuren, fleckig, teils zerrissen, weil aus Trümmern geborgen oder neu zusammengebastelt.

Dem Aufruf des Spielzeugmuseums Nürnberg für eine Ausstellung zur Nachkriegszeit waren 2015/16 viele Menschen gefolgt und hatten ihre Notspielzeuge aus Kellern und von Dachböden geholt oder in ihren alten Fotoalben geblättert. In der Ausstellung waren dann zahlreiche Schachbretter zu sehen, aber aus Kriegsgefangenenlagern von der Hand deutscher Häftlinge, mit charmanten Figürchen. Die Spielsachen der Kinder entstanden häufig aus Metallteilen und

Schrott. Spielzeug, das von der Katastrophe zwar zeugte, aber im gleichen Moment mit der Vergangenheit brach: Eine Patronenhülse, mit Schleifwerkzeug bearbeitet, oben durchbohrt und mit zwei Löchern versehen, wurde zur Trillerpfeife; aus den Filtern zweier Gasmasken ein Jo-Jo am Faden, ein kleines Zahlenroulette mit zurechtgebogenen Metallzeigern aus dem Rest eines Gasmaskenfilters. Aus Blechteilen hatte ein Junge eine imposante Ritterrüstung zusammengebaut. Die Ruinen der Trümmerstadt waren seine Festung. Ein grobes Stück Brennholz bot Material für ein kleines Auto: Zwei eingehämmerte Nägel vorn deuten Scheinwerfer nur an, oben hält eine rostige Schraube das Lenkrad fest, sonst hat das Auto nichts, was ein Auto haben sollte, nicht einmal einen Sitz. Die Fantasie ergänzt den Rest. Perfekt hat eine Mutter den Teddybären aus der gestohlenen Uniformhose eines US-Soldaten genäht. Man bestaunt die rührende Kreativität: Figuren, Tiere, Puppen, Kutschen, Häuschen, Steckspielzeuge aus Knöpfen, selbst gebastelte Brettspiele aus Pappe. Eines der erstaunlichsten Stücke war ein Paddelboot: Eigentlich ist es der Tank eines Flugzeugs, ein oval geformtes Stück Schrott. Aber nur ein Stück des Blechs musste man oben ausschneiden, sodass man im Tank sitzen konnte, um damit Boot zu fahren. Viele Familien, wie Fotografien belegen, hatten zeitgleich dieselbe Idee: Berliner Knaben sieht man in ihren Kanus, Hülsen zweier Bomben, wie sie in der Fantasie zur See fahren.[637]

Zum Notspielzeug zählte auch das, was man bei Kriegsende in die neue Zeit hinübergerettet hatte. Viel war es nicht. Umso mehr blieb es in der Erinnerung haften. Ein Mädchen, das mit der Familie 1944 aus Ostpreußen geflohen war, hatte eine Puppe mitgenommen. Die war aber nicht ihre eigene, sondern auch die ihrer Geschwister – das einzige Spielzeug, das die Familie auf der Flucht gen Westen mitnehmen konnte. Kaum etwas wird in Notzeiten mehr verlangt als das Teilen. Die Puppe versteckte das Mädchen in einem Schuppen, weil sie nicht wollte, dass die Schwestern mit ihr spielten. Nachts regnete es stark durch das Dach. Am Morgen war die Puppe durchnässt und fast hinüber. »Als ich Mutter die Puppe reichte, bekam ich meine erste Ohrfeige in meinem Leben. Zur Strafe durfte ich einen Monat lang nicht mit ihr spielen. Ich wusste nun, was teilen heißt.«[638] Zu Weihnachten 1945 bekam ein Mädchen eine Puppe geschenkt. Sie war aus einer zerschlissenen alten instand gesetzt. Der Onkel schnitzte Stumpen aus Holz als Ersatz für die abgerissenen Puppenarme, die Tante nähte zwei neue Kleider aus Stoffresten. Zumindest irgendetwas sollte die einzige Nichte an Heilig Abend als Geschenk bekommen: »In eine spitze Tüte wurde sie gesetzt, und ich durfte sie heimtragen. Unterwegs hatte ich die Tüte sicher 15mal aufgemacht, und mir die Puppe angesehen, es gab ja nichts zum Spielen. Keine spätere Puppe war mir so lieb wie diese.«[639]

Gewalt im Spiel?

Moderner Spielkonsum ließ auf sich warten. Die Industrie stellte aber die ersten Produkte auf Sparflamme wieder her. Vier Jahre lag die Kapitulation nun zurück, kein volles Jahr war die Bundesrepublik alt. Zeitgleich warf der Kalte Krieg seine Schatten voraus. Die erste Atombombe als Spielzeug war bereits in den Handel gelangt. »Ist es nicht grauenvoll, dass dieses Gespenst, vor dem wir alle erbeben, sich nun Eintritt in die Kinderstuben erschleicht, um dort einen Platz einzunehmen?«, fragte die CDU-Abgeordnete Maria Dietz im Bundestag im Juni 1950.[640] Das Parlament beriet gerade eine erstaunliche Gesetzesvorlage. Historisch ohne Beispiel: Die Herstellung und der Vertrieb von Kriegsspielzeug sollten in Deutschland zukünftig verboten werden. Dietz stammte aus der katholischen Frauenbewegung. Von Beruf Lehrerin, hatte sie das militärische Spielzeug der Nationalsozialisten noch klar vor Augen: »Ich bin der Ansicht, der deutsche Geist ist erfinderisch genug, um andere Spielzeuge zu gestalten, Spielzeuge, die einen konstruktiven Charakter haben; denn wenn das Kind mit Baukästen spielt, wenn es konstruktive Arbeit leistet, wenn es Brücken baut, wenn es bastelt, dann schafft es Werte, und dann wird in ihm der Geist des Wiederaufbaues gepflegt, den wir so sehr nötig haben, da wir ja noch in den Trümmern leben.«[641] Diesmal sollte das

Spielzeug dem Frieden und Wiederaufbau dienen. Der Sozialdemokrat Siegfried Bärsch mahnte ebenfalls: »Man könnte den Eindruck haben, als ob die ganze Angelegenheit eine Bagatellfrage sei. [...] Wenn man sich einmal mit der Psychologie des Kindes befasst, dann wird man begreifen, dass es sich hier um eine sehr wichtige Angelegenheit handelt.«[642]

Einige Abgeordnete hatten Änderungsanträge in die Debatte eingebracht. Für den heimischen Markt sollte Kriegsspielzeug zwar verboten sein, aber der Export sollte der Industrie möglich bleiben. Man befürchtete, die deutsche Spielwarenwelt würde nie wieder richtig auf die Beine kommen. Tatsächlich tat sie es nicht. Der Erfolg vergangener Jahrzehnte kam nach 1945 nicht mehr wieder. CSU-Mann Michael Horlacher, ein konservativer Katholik, war 1933 von den Nazis aus politischen Gründen in den Ruhestand versetzt worden. Die letzten Monate des Zweiten Weltkriegs hatte er im Konzentrationslager Dachau zubringen müssen – nur mit einigem Glück überlebte er. »Wer meinen Werdegang kennt, der weiß, dass ich nicht zu den Militaristen gehöre. Ich habe auch nicht das äußere Aussehen dazu!«, scherzte im Bundestag der übergewichtige Bayer mit ausgeprägtem Dialekt. »Ich habe das Emporkommen der Spielwarenindustrie genau erlebt. Ich habe als Kind selber gern mit Kriegsspielzeug gespielt. Ich habe mir Indianerdörfer aufgestellt und habe mit den Burgen gespielt. Wo sind denn die Grenzlinien des eigentlichen, des modernen Kriegsspielzeugs?« Auf Nürnberg, Fürth oder Coburg, die vielen Arbeitsplätze gelte es Rücksicht zu nehmen. Wenn das Ausland kaufe und nach Kriegsspiel verlange, sei es Unsinn, sich selbst wirtschaftlichen Schaden zuzufügen. Vielmehr ein Vorbild solle man zukünftig sein.[643] Am Ende des Tages passierte die modifizierte Vorlage tatsächlich den Bundestag. Doch Kriegsspielzeug ist nicht so leicht aus der Welt zu schaffen. Das Wirtschaftsministerium erarbeitete bis zum Oktober zwar ein Gesetz. Bundeskanzler Adenauer legte es jedoch auf Eis. Es taute nie wieder auf.[644] Mit Krieg spielten die Deutschen auch weiterhin. Amerikanische Jeeps kaufte man in der Bundesrepublik, während in der DDR das Equipment der Roten Armee und der eigenen

NVA gefragt waren. Zumal in Ostdeutschland transportierten Spielsachen und Spiele – mal subtil, mal offensiv – die Staatsdoktrin. Zum Beispiel gab es ein Quartett, das in die vermeintlich glänzende Welt der Sowjetunion einführte, oder ein hübsches Brettspiel zum 20. Jahrestag der DDR, auch ein Puzzle, bei dem man die Prachtbauten der sozialistischen Architektur zusammensetzte. Und ein Kartenspiel, das die Volksarmee mit allerlei Kriegsgerät zeigte, trug den Titel: »Auf Friedenswacht«. Natürlich zeugte nicht alles DDR-Spielzeug von Politik, nicht einmal die Mehrheit. Manches, wie die Fernsehfigur Pittiplatsch, die 1959 ihren ersten Auftritt hatte, zählt heute zu nostalgischen Klassikern der DDR-Kultur.[645]

Im Westen kam ein Verbot von Kriegsspielzeug Anfang der 1980er-Jahre erneut auf den Tisch. Pädagogen, Fachleute und viele aus der Friedensbewegung brachten sich in die Debatten ein. Das Bundesjustizministerium nahm den bekannten Standpunkt ein: Ein Verbot stehe nicht in Aussicht. Zu definieren, was zum Kriegsspielzeug zähle, sei nicht leicht, auch ein gesetzliches Verbot aus keinem Land der Welt bekannt.[646] Für alles, was die Grenze des Akzeptablen überschritt, war ja bereits eine Institution geschaffen worden. Für die Bundesprüfstelle für jugendgefährdende Medien, 1954 gegründet, rückten in den 1980er-Jahren vermehrt andere Spiele in den Mittelpunkt ihrer Tätigkeit. In die Vergnügungslokale und Spielhallen zogen neuerdings wuchtige Automaten ein, deren digitale Spielwelten – obwohl noch höchst abstrakt – oft mit Gewalt zu tun hatten. Dort begeisterten nicht nur lustige Spiele wie Pac-Man oder der Meilenstein »Pong« von 1972 – ein virtuelles Tennis, bei dem die Kontrahenten den Ball von einem Feld ins andere schlagen. Man kämpfte gegen außerirdische Invasoren, bestieg Panzer, verteilte brachial Prügel bei Straßenkämpfen. Die Computertechnik holte die Gewalt nach und nach auch in die Wohnzimmer. Die Prüfung von Computerspielen, die mit Altersfreigaben versehen, indiziert oder gar beschlagnahmt werden, gehört heute mit zu den bekanntesten Tätigkeitsfeldern der Bundesprüfstelle. Jüngst wurde entschieden, Hakenkreuze seien in digitalen Spielwelten erlaubt, zumindest unter bestimmten Bedingungen.

Die Debatten haben sich längst von den klassischen Spielwaren zum digitalen Spiel verlagert. Über den Zusammenhang zwischen Gewalttaten und der Spielerfahrung von jugendlichen Tätern wird gestritten. Während manche ein Verbot sogenannter Killerspiele fordern, verteidigen andere ihre Vorzüge; Reflexe und ein scharfes Auge seien gefordert, auch die Absprache mit Teamkameraden und viel Koordination – ein Sport also, kein blutiger Exzess. Mit Ergebnissen wissenschaftlicher Studien argumentierten beide Seiten. Wie sehr sich Einschätzungen über Spiele in der Praxis verändern, zeigt wiederum der Blick zurück: Digitale Gewaltspiele, die mal in den staatlichen Giftschrank kamen, werden heute regelmäßig vom Index gestrichen. Sie erscheinen nun als harmlos. Denn die virtuelle Gewalt hat an Realismus derart hinzugewonnen, dass auch die Maßstäbe verschoben wurden. Es ist nicht anzunehmen, dass diese Entwicklung in naher Zukunft eine gegensätzliche Richtung nimmt und Gewalt aus den Spielwelten verschwindet.

Das Spiel der Gegenwart

Schriebe man die Geschichte der Spiele und Spielsachen bis in die Gegenwart fort, träfe man auf viel Altbekanntes – auf Moden, die wiederkehrten, oder auf Spielwaren-Klassiker, die an Faszination bis heute kaum etwas einbüßten. Es wäre von der Augsburger Puppenkiste zu berichten und vom Sandmännchen, auch Kasper würden wir ein weiteres Mal begegnen. Die wissenschaftlichen Debatten in Pädagogik und Psychologie, wie sie in der ersten Hälfte des 20. Jahrhunderts geführt wurden, setzten sich in der zweiten Hälfte im Wesentlichen fort. Spielzeug gilt bis heute als didaktisches Lern- und Bildungsmittel. Spielsachen kommen im Kindergarten oder in der Sonderschulpädagogik gezielt zum Einsatz und ihnen wird eine wichtige Funktion für die Entwicklung des Menschen zugedacht. Auch die Technisierung des Spiels wird nahtlos weitergehen, ja sich erheblich beschleunigen, aber der Wunsch nach alternativem, natürlichem Spiel nicht verschwinden.

Die Spielwarenwelt ist heute viel reichhaltiger und erwachsener. Auch die Themen, die auf den Spielbrettern, Karten und im Spielzeug behandelt werden, haben sich im Verlauf der Zeit sehr stark verändert. Das westliche Spielzeug der 1950er-Jahre stand zuerst für das Wirtschaftswunder: kleine Kaufläden, Autos, Wolkenkratzer, Kinderfernseher. Manchem haftete der Muff alter Zeiten an, wie den Kinderküchen der Mädchen oder ihren süßlichen Puppenkleidchen. Anderes erklärte den Westdeutschen, wie ihr neues politisches System funktionierte – »Wir spielen Regierung«, ein herrlich naives Brettspiel, das 1952 erschien, sollte jungen Menschen die Grundregeln der neuen Demokratie veranschaulichen. »Wo früher einmal bleierne Rennpferdchen nach dem Takt der Würfel über den grünen Papperasen galoppierten, bewegen sich jetzt Kandidaten und Abgeordnete in Richtung auf das Parlament und die Regierungsgebäude«, rezensierte eine bekannte Zeitung das Demokratiespiel, das mit der Komplexität der Politik etwas überfordert schien.[647] Aber die Spielwaren nahmen mit der Zeit doch einen anderen Charakter an. Sie wurden internationaler. In der unmittelbaren Nachkriegszeit kam bereits viel aus dem westlichen Ausland. Die alten Cowboys und Ritter, Bauernhöfe, Stahlgiganten und Lastwagen verschwanden zwar bis heute nicht. Hinzu kamen aber die neuen Kinderzimmerhelden der globalen Populärkultur: He-Man, Barbie, Godzilla, Superhelden, Sternenkrieger. Der berühmte Zauberwürfel, erfunden 1974 in Ungarn, überwand den Eisernen Vorhang von Ost nach West. Im Digitalen tritt die Globalisierung des Spiels noch deutlicher zutage. Videospielfiguren wie Super Mario eroberten in den 1980er-Jahren die Welt. Nicht nur stehen die digitalen Spielwelten heute an fast jedem Ort auf dem Globus den Menschen offen, sie sind auch für einen internationalen Geschmack konzipiert. 3D-Brillen beginnen sich seit geraumer Zeit durchzusetzen, die das Eintauchen in die Virtualität immer intensiver erlebbar machen – ein technologischer Meilenstein, durch den die Grenzen zwischen Ernst und Spiel im 21. Jahrhundert noch weiter verwischt werden. Die älteren Spieltheorien, wie sie im 20. Jahrhundert aufkamen, betonten den Gegensatz: das Spiel sei etwas anderes als Ernst und Arbeit. Das ergab im Industriezeitalter Sinn. Heutzutage, in der Welt der Dienstleistungen und Informatik, ist der alte Gegensatz fast völlig fortgefallen. Menschen filmen sich, wie sie spielen, und stellen diese Filmclips ins Internet. Mit den Klicks der Zuschauer können sie Geld verdienen. Digitale Güter werden gekauft und verkauft. Und die Zeit der Spielerinnen und Spieler ist mitunter so sehr in Anspruch genommen, dass ein Begriff, der ursprünglich aus der Welt des Glücksspiels stammt, Allgemeingut wird: Spielsucht. Sie wird behandelt und untersucht, es werden Therapiemöglichkeiten geschaffen. An der Universität in Mainz wurde 2008 die erste Ambulanz für Spielsucht in Deutschland gegründet.

Schon immer war es einseitig, das Spiel nur als die Kinderwelt der Illusionen zu sehen, als etwas, das nur Kinder tun. Erwachsene spielten und spielen ebenfalls. Heute mehr denn je, die meisten Menschen verfügen über ausreichend Freizeit dafür. Während Spielwaren zu Anfang des 20. Jahrhunderts – nicht nur, aber überwiegend – für Familien, also für das Spiel mit Kindern, hergestellt wurden, zielen viele Produkte heute auf ein erwachsenes Publikum. Das Erläutern der Regeln mancher Brett- und Gesellschaftsspiele kann Stunden dauern; für viele Computerspiele gilt dasselbe. Dort wird nicht nur geschossen und getötet. Städte werden gebaut, Planeten besiedelt, dichte Geschichten erzählt – ein oft anspruchsvolles Regelwerk muss erst durchschaut und erlernt werden. Unmodern ist das simple Laufspiel geworden, von dem hier so oft die Rede war, mit den Figuren, die durch Würfeln über das Brett wandern – vielleicht weil es die erwachsenen Spieler nicht mehr ausreichend fordert.

Staunen kann man auch darüber, wie das Spiel zur Sexualität gefunden hat. Die Folge tief greifender gesellschaftlicher Umbrüche. In der Sexualität ist der Gegensatz von Ernst und Spiel aufgelöst, von dem früher vielfach behauptet wurde, dass es ihn gebe. Den Menschen heute ist es eine Selbstverständlichkeit: Sexualität bringt nur Freude, Intimität und Genuss, wenn sie spielerisch gelebt wird. Eine nur ernste, prüde oder der Fortpflanzung allein dienliche Sache soll unsere Sexualität nicht mehr sein. Was früher nur in der Verschwiegenheit genutzt wurde, gilt heute offen als Erwachsenenspielzeug. Eine riesige Palette an Fabrikaten wird beworben. Und eine ganze Branche lebt von unserem Verständnis der Sexualität als eine Art Spiel. Will man also wissen, was Spiel und Spielzeug ist, sind die Theorien zwar hilfreich. Den Bedeutungswandel von Spiel und Spielzeug erfassen sie erstaunlicherweise aber meist nur am Rande. Vielleicht gilt gerade das als Spielzeug, wovon die Menschen denken und sagen, ihr Umgang damit sei »spielerisch«. Das macht es allerdings nicht viel einfacher. Denn was ist Spielerisch? Die Vorstellungen, was das Spiel ausmacht, wo es beginnt und wann es endet, wann es gut und schön oder schlecht und unrein ist, unterliegen dem Wandel der Zeit, den wir in diesem Buch erkundet haben. Das Nachdenken über Spiele und Spielzeug lohnt. Es zeigt nicht nur, wie die Menschen der Vergangenheit über sich, ihren Alltag und ihre Umwelt dachten. Es bringt uns auch uns selbst und unserer Zeit näher.

Spiel ist für die meisten Menschen etwas Positives. Unsere Sprache ist voller Spiel, meist dort, wo es um Schönes geht: Kunst, Musik, Literatur und Theater. Mit dem Blick auf die erste Hälfte des 20. Jahrhunderts hat das Spiel sich jedoch auch von einer problematischen Seite gezeigt. Unsere Alltagsvorstellungen vom Spielen wollen nicht recht zu dem passen, was man in dieser Zeit vorfindet. »Zu weit entfernt scheint das Spiel der Kinder von den menschenverachtenden […] Plänen der Nationalsozialisten zu sein«, urteilte deshalb zu Recht der Münchner Pädagoge Ulrich Heimlich.[648] Und doch waren sich kindliche Unschuld und staatliches Verbrechen so nah. Zwischen dem Erziehungs- und Bildungsmittel einerseits und einem Instrument der Ideologie andererseits konnte der Grat schmal sein. Ja, das Spiel legitimierte staatliches Verbrechen – bis hin zum Massenmord. Diese Ideen und Konzepte vom Spiel sind uns sehr fremd geworden, von den damaligen Spielsachen und Spielen denken wir heute anders: mit Unterhaltung und Freude, Schönheit, Erholung, Bildung und Förderung haben sie aus heutiger Sicht oft nur wenig gemeinsam. Würde man im Gegenzug einen Zeitgenossen der 1920er- oder 1930er-Jahre in die Gegenwart katapultieren, er täte sich wahrlich schwer damit, unser Spiel und unser Verständnis vom Spiel in jeder Hinsicht zu verstehen. Spiel und Spielzeug unterliegen dem fortwährenden Wandel, denn sie spiegeln Geschichte und die Veränderungen der Gesellschaft. Wie wohl die Menschen der Zukunft über unsere Spielwelten und unser Spielzeug urteilen werden?

Anmerkungen

1 Zu den genannten Beispielen siehe Karl Groos, Die Spiele der Menschen, Jena 1899 sowie ders., Über die Necklust, in: Die Kinderfehler. Zeitschrift für pädagogische Pathologie und Therapie, 3. Jg., 1898, Nr. 2, S. 3 ff.
2 Ebd. S. 120.
3 Ebd. S. 401.
4 Karl Gröber, Kinderspielzeug aus alter Zeit, Berlin 1927, S. 1; hier genannte Beispiele ab S. 68.
5 Zum Themenkomplex vgl. umfangreich Monika Keppner, Die Spielsache im Spannungsfeld zwischen Spielmittel und Spielware. Das kindliche Spiel als Herausforderung im 21. Jahrhundert. Eine pädagogische Untersuchung, Münster/New York 2015, S. 101 ff.
6 Friedrich von Schiller, Über die ästhetische Erziehung des Menschen, in: DerS. (Hg.), Die Horen. 2 Stück, Tübingen 1795, S. 45–124, hier S. 88.
7 Platon, Nomoi (De legibus). Die Gesetze. Erstes Buch, in: Franz Susemihl, Platon's Werke, vierte Gruppe, neuntes bis fünfzehntes Bändchen, Stuttgart 1862.
8 A. Dannemann (Hg.), Enzyklopädisches Handbuch der Heilpädagogik. Unter Mitwirkung zahlreicher am Erziehungswerke interessierter Ärzte und Pädagogen, Halle 1911, S. 1626.
9 Siehe zu den Ausführungen Groos, Spiele der Menschen sowie beispielsweise Michael Andres, Sport. Spiel. Spannung. Philosophische Untersuchung des Spiels und seiner Inszenierung im Sport, London 2007, S. 56 und Ludwig Liegle, Anfänge der (pädagogischen) Kinderforschung, in: Harald Uhlendorff/Hans Oswald (Hg.), Wege zum Selbst. Soziale Herausforderungen für Kinder und Jugendliche, Stuttgart 2002, S. 57–75, hier S. 63 ff.
10 Willy Frank, Die Kunst ein Spiel, in: Deutsche Kunst und Dekoration. Illustrierte Monatshefte für moderne Malerei, Plastik, Architektur, Wohnungs-Kunst und künstlerische Frauenarbeiten, Bd. 48 (April–September 1921), S. 157.
11 Zum Streit und hiesigen Zitaten siehe Hermann Noack, Das Spiel. Über die Versuche seiner Erklärung und die Aufgaben seiner Sinndeutung, in: Zeitschrift für Ästhetik und allgemeine Kunstwissenschaft, 27. Jg., 1933, Nr. 2, S. 97–131.
12 Maximilian Harden, Guyaus Kunstphilosophie, in: Die Zukunft, 37. Jg., 1901, S. 414 ff., hier S. 416.
13 William Stern, Psychologie der frühen Kindheit bis zum sechsten Lebensjahre, Leipzig 1914, S. 212.
14 Schwarzer Peter, in: H. A. Pierer (Hg.), Universal-Lexikon der Gegenwart und Vergangenheit oder neuestes enzyklopädisches Wörterbuch der Wissenschaften, Künste und Gewerbe, 27. Bd., 2. Aufl., Altenburg 1845, S. 425.

15 Vgl. auch Old Maid, in: John D. Champlin/Arthur E. Bostwick, Young Folk's Cyclopedia. Games and Sports, New York 1890, S. 510.

16 Siehe dieses und zahlreiche weitere historische Motive bei Klaus Thiel, Schwarzer Peter. Verlage und Spiele 1840–1930, Lärchen 2015.

17 Norbert Blüm, Warum eine große Koalition die richtige Lösung für Deutschland und Europa wäre, Gastbeitrag, in: Süddeutsche Zeitung vom 8.12.2017.

18 Hierzu Lothar Wildmann, Einführung in die Volkswirtschaftslehre, Mikroökonomie und Wettbewerbspolitik, München/Wien 2007, 198 f.

19 Heinrich Bosse, Von russischen Fronten. Erinnerungen und Erlebnisse eines baltischen Arztes, Berlin 1919, S. 93.

20 Hans Prinzhorn, Bildnerei der Gefangenen. Studie zur bildnerischen Gestaltung Ungeübter, Berlin 1926, S. 14.

21 Ebd.

22 Zitiert nach Mathias Rösch, Die Münchner NSDAP 1925–1933. Eine Untersuchung zur inneren Struktur der NSDAP in der Weimarer Republik, München 2002, S. 454.

23 Stefan Mörchen, Schwarzer Markt: Kriminalität, Ordnung und Moral in Bremen 1939–1949, Frankfurt/New York 2011, S. 314 ff.

24 Vgl. Ruth Dirx, Die Quelle alles Guten liegt im Spiel. Friedrich Fröbel: Wegbereiter kindlicher Spieleerfahrung, in: Birgit Modl/Birgit Ziegler (Hg.), Festschrift zum 175. Jubiläum der Gründung der Allgemeinen Deutschen Erziehungsanstalt durch Friedrich Fröbel, Bad Blankenburg 1992, S. 42 f.

25 D. K. Knoke, Grundriss der Pädagogik und ihrer Geschichte seit dem Zeitalter des Humanismus, 2. Aufl., Berlin 1902, S. 202.

26 Groos, Spiele der Menschen, S. 521.

27 George Eisen, Spielen im Schatten des TodeS. Kinder im Holocaust, München/Zürich 1993, S. 162–174.

28 Brief von Hans Spatzl, 14. Juli 1915, in: Philipp Witkop (Hg.), Kriegsbriefe gefallener Studenten, Berlin 1918, S. 120.

29 Groos, Spiele der Menschen, S. 55.

30 Vgl. Wilhelm Heinitz, Instrumentenkunde, Potsdam 1929, S. 143–147.

31 Arnold Schering/Arrey von Dommer, Handbuch der Musikgeschichte bis zum Ausgang des 18. Jahrhunderts, Leipzig 1914, S. 750.

32 Vgl. hierzu zahlreiche Annoncen in der Deutschen Spielwarenzeitung (DSZ) während des Ersten Weltkriegs, im Speziellen: Die Herstellung der Mundharmonika, in: DSZ, 1921, Nr. 39 (September).

33 Alfred von Müller, Die Wirren in China und die Kämpfe der verbündeten Truppe, 1. Band, Berlin 1902, S. 226.

34 Mundharmonika, in: Vorwärts, 33. Jg., 1916, Nr. 33; derselbe Bericht in: Kriegszeitung der 7. Armee, 1916, Nr. 114.

35 Kleinmusik, in: Nachrichtenblatt für die Aufklärungsarbeit, 1917, Nr. 1.

36 Feldpost von Wilhelm Brebeck vom 6.1.1918, in: Knorr-Feldpost, 1918, Nr. 21 (Januar).

37 Kriegsskizze von Heinrich Otto Oelke, in: Die Feldgraue Korrespondenz, 1916, Nr. 1.

38 Siehe hierzu die Anzeigen der Hersteller in der DSZ, 1914, Nr. 20/23 (November); 1915, Nr.1/2 (Januar), Nr. 12/13 (Juni). Vgl. auch Werbung von Koch, in: ebd., 1915, Nr. 8 (Februar).
39 Hohes Spiel, in: Deutsche Zeitung für Ost-Taurien, 1918, Nr. 29.
40 Gustav Hochstetter, Spiel-Buch fürs Feld. Stoff und Anleitung zum guten Zeitvertreib, Berlin 1915, S. 4.
41 Ernst Jünger, In Stahlgewittern. Aus dem Tagebuch eines Stoßtruppführers, 3. Aufl., Berlin 1922, Vorwort zur 2. Aufl.
42 Ebd. S. 41.
43 Hans Weber, Aus meinem Kriegsbilderbuch, in: Daheim, 52. Jg., 1915, Nr. 34. Das Kriegsbilderbuch erschien 1915 im Leipziger Verlag Velhagen & Klasing. Auszüge wurden in verschiedenen Kriegszeitschriften publiziert.
44 Siehe das Beispiel »Feldherren-Spiel«, in: DSZ, 1916, Nr. 9 (April).
45 Wolfgang Panzer an seine Eltern und Geschwister, Brief vom 11.1.1917, in: Museumsstiftung Post und Telekommunikation, Feldpost 1914–1918, Nr. 3.2012.2822 (Transkript).
46 Industrie und Politik, in: DSZ, 1914, Nr. 16 (August).
47 Vgl. Neuheiten, in: DSZ, 1915, Nr. 7 (Februar).
48 Ein neues Kriegsspiel, in: DSZ, 1914, Nr. 19 (Oktober).
49 Silja Geisler/Beatrix von Mühlberg-Scholz, »Drollige Bilder« aus dem Soldatenleben. Bemerkungen zu patriotisch-militärischen Bilderbüchern und Spielen 1870–1914, in: dieS. (Hg.), »Wir spielen Krieg«. Patriotisch-militärische Früherziehung in Bilderbuch und Spiel 1870–1918, S. 56–63, hier S. 61.
50 Zitiert nach »Ringo«. Ein neues Brettspiel, in: DSZ, 1918, Nr. 8/9 (April).
51 Ebd.
52 Vgl. im Folgenden zur Geschichte des Spiels: Simone Michel-von Dungern, Mensch ärgere Dich nicht. Das »populärste Spiel der Nation« gestern und heute. Broschüre zur Wanderausstellung, Malerwinkelhaus 2014. Zur englischen Ludo-Kriegsvariante siehe Datenbank von GameBoardGeek.com, Eintrag Nr. 108634 (Berludo, 1914).
53 Zitiert nach Michel-von Dungern, Mensch ärgere Dich nicht, S. 22.
54 Rosa Kaulitz-Niedeck, Wie können sich die Frauen in der Kriegszeit nützlich machen?, Trier 1914, S. 9.
55 Herzliche Bitte für unsere Marine, in: Sonntagsgruß, 20. Jg., 1914, Nr. 37.
56 Kleinmusik und Spielkisten, in: Nachrichtenblatt für die Aufklärungsarbeit, 1917, Nr. 1 (September); Das Schachspiel im Felde, in: Papier-Zeitung. Fachblatt für Papier-Fabrikation, -Verarbeitung und -Handel, Bd. 40 (1915), Teil 1, S. 29 sowie Anzeige der Firma Spear & Söhne, in: DSZ, 1915, Nr. 8 (März). Vgl. auch Peter Tauber, Vom Schützengraben auf den grünen Rasen, Berlin 2008, S. 218 f.
57 Lazarettspiele, in: Daheim, 52. Jg., 1915, Nr. 16; Nochmals Lazarettspiele, in: ebd., Nr. 18.
58 Lazarettgeschenke. Spiele, in: Daheim, 51. Jg., 1914, Nr. 12.
59 Fritz Jahn, Alte deutsche Spiele, 3. Aufl., Berlin 1917, S. 5.
60 Siehe Fritz Jahn, Die Bedeutung des Spiels für unsere lieben Feldgrauen in ge-

sunden und kranken Tagen (Sonder-Abdruck aus der Zeitschrift »Das Rote Kreuz«, 1915, Nr. 9).

61 Ebd.

62 Einiges aus Feldpostbriefen, in: Heimatgrüße aus den Kirchspielen. Obersuhl, Heringen, Philippsthal, 1915, Nr. 4.

63 Eine zeitgemäße Aufgabe für Spielindustrie und -Handel, in: DSZ, 1940, Nr. 9 (August).

64 Beschäftigungs- und Gesellschaftsspiele als Liebesgabe, in: DSZ, 1915, Nr. 10/11 (Mai).

65 Ein neues Kriegsspiel, in: DSZ, 1914, Nr. 19 (Oktober).

66 Ebd.

67 Alban von Hahn, Buch der Spiele. Enzyklopädie sämtlicher bekannten Spiele und Unterhaltungsweisen, 5. Aufl., Leipzig 1909, S. 267.

68 Groos, Spiele der Menschen, S. 242.

69 Jakob Meckel, Studien über das Kriegsspiel, Berlin 1873, S. 9 und 50.

70 Rudolf Presber, An die Front zum Deutschen Kronprinzen, 15. Aufl., Stuttgart 1915, S. 111.

71 Emanuel Lasker, Schach. Strategisches zur Lage, in: Rheinische Volkszeitung, 32. Jg., 1914, Nr. 248 (Nachdruck aus der »Vossischen Zeitung«).

72 Neuheiten: Kriegsschach, in: DSZ, 1915, Nr. 12/13 (Juni).

73 Artilla, in: ebd.

74 Zum »Raumschach« vgl. Wilhelm Ahrens, Mathematische Unterhaltungen und Spiele, Leipzig 1901, S. 344f.

75 Der neue Wehr-Schach-Sport, in: Hamburger Nachrichten, 1938, Nr. 222 vom 13.8.1938.

76 Vgl. zu diesem Spiel u.a. Edmund Bruns, Das Schachspiel als Phänomen der Kulturgeschichte des 19. und 20. Jahrhunderts, Münster 2003, S. 164 ff.

77 Geschäftsleben und Krieg, in: DSZ, 1914, Nr. 18 (September).

78 Ebd.

79 Ubra, in: DSZ, 1915, Nr. 14 (Juli).

80 Schützengraben-Kämpfe, in: DSZ, 1916, Nr. 8 (März).

81 Zu diesem Abschnitt siehe u.a. Seekriegsspiel, in: DSZ, 1916, Nr. 16/17 (August).

82 Der Krieg im Weihnachtsspielzeug, in: Kleine Presse, 30. Jg., 1914, Nr. 289.

83 U-Boot-100, in: DSZ, 1917, Nr. 18 (August).

84 Ebd.

85 Leonid Andrejew, Das Joch des Krieges, Zürich 1918, S. 72.

86 Zitiert nach Galerie 70 (Hg.), Kriegsspielzeug. Ist das noch Spielzeug?, Berlin 1982, S. 40.

87 Kriegsspiel, in: Weilburger Anzeiger, 66. Jg., 1914, Nr. 197.

88 Die Eroberung von Marmstorf. Ein Kriegsspiel, in: Hamburgische Schulzeitung, 1916, Nr. 18.

89 Karl Scheffler, Kriegsspiele, in: Kunst und Künstler. Illustrierte Monatsschrift, 13. Jg., 1915, Nr. 7.

90 Fritz Giese, Kinderpsychologie, in: Gustav Kafka (Hg.), Handbuch der ver-

gleichenden Psychologie, Bd. 1: Entwicklungsstufen des Seelenlebens, München 1922, S. 496.

91 Frieda Ducht, Der Einfluss des Krieges auf das Spiel der Kinder, in: Wilhelm Müller, Wie Deutschlands Jugend den Weltkrieg erlebt, Mügeln 1918, S. 85–88, hier 86.

92 Brief an Wolfgang Panzer vom 18.2.1915, in: Museumsstiftung Post und Telekommunikation, Feldpost 1914–1918, Nr. 3.2012.2822 (Transkript. Fehler hier korrigiert).

93 Hahn, Buch der Spiele, S. 209 f.

94 Friedrich Ludwig Jahn, Deutsches Volksthum, Lübeck 1810, S. 315.

95 Groos, Spiele der Menschen, S. 231.

96 Siehe die Beispiele bei Marie Leske, Illustriertes Spielbuch für Mädchen. 1500 unterhaltende und anregende Belustigungen, Spiele und Beschäftigungen für Körper und Geist, 2. Aufl., Leipzig 1868.

97 Jan-Daniel Georgens u.a. (Hg.), Illustriertes Allgemeines Familienspielbuch, Leipzig 1882, S. 31; Magnus Schwantje, Grausamkeit im Spiel des Kindes, in: Kinderland. Monatsbeilage zu Ethischer Kultur, 1908, Nr. 1.

98 Siehe Th. Hoffmann, Deutsche militärische Jugenderziehung, in: Deutscher Wille des Kunstwarts, 31. Bd. (Kriegsausgabe, Oktober bis Dezember 1917), S. 149–154, hier S. 154; vgl. O. Frey, Soldatenspiel und Spielsoldat, in: DSZ, 1919, Nr. 15 (April).

99 Hellmut Stellrecht, Die Wehrerziehung der deutschen Jugend, 3. Aufl., Berlin 1938, S. 87.

100 Vgl. Eberhard Demm, Deutschlands Kinder im Ersten Weltkrieg: Zwischen Propaganda und Sozialfürsorge, in: Militärgeschichtliche Zeitschrift, 60. Jg., 2001, Nr. 1, S. 51–98, hier S. 87.

101 Karl Groos, Das Spiel als Katharsis, in: Zeitschrift für pädagogische Psychologie und Jugendkunde, 12. Jg., 1911, Nr. 12, S. 358.

102 Adolf Sellmann, Auf Posten, Jungdeutschland! Ein Wort an unsere liebe deutsche Jugend, Witten 1916, S. 13.

103 Schnellfeuerpistole Hindenburg, in: DSZ, 1915, Nr. 16/18 (August).

104 Werbung für die Produkte der Firma Paul Leonhardt aus Eppendorf, in: DSZ, 1915, Nr. 16/18 (August).

105 Zurückhaltung gegenüber Verwundeten, in: Volksstimme, 25. Jg., 1914, Nr. 215.

106 Paul Hildebrandt, Das Spielzeug im Leben des Kindes, Berlin 1904, S. 284.

107 Ebd. S. 300 f.

108 Wie sollen wir im Kriegsjahre Weihnachten feiern?, in: Daheim, 51. Jg., 1914, Nr. 12.

109 Werbeanzeigen von Käthe Kruse in: DSZ, 1915, Nr. 19/20 (September); ebd., Nr. 14 (Juli).

110 Käthe Kruse, Zu meinen Puppen, in: Deutsche Kunst und Dekoration. Illustr. Monatshefte für moderne Malerei, Plastik, Architektur, Wohnungskunst u. künstlerisches Frauen-Arbeiten, Bd. 29 (Oktober 1916–März 1927), S. 287–290, hier S. 290.

111 Werbeannonce von Steiff, in: DSZ, 1915, Nr. 25/26 (Dezember).
112 Der Krieg im Weihnachtsspielzeug, in: Kleine Presse, 30. Jg., 1914, Nr. 289.
113 Puppen im Kriegsjahr, in: Daheim, 53. Jg., 1916, Nr. 11.
114 Vom Kartenspiel »Der Schwarze Peter von Serbien«, erschienen 1915, befindet sich ein Exemplar heute im Wien Museum.
115 Vgl. Anzeigen für »Das Politische Kegelspiel« und »Schützengrabenspiel«, in: DSZ, 1916, Nr. 3/4 (Februar).
116 Familie Lügenmaul, in: DSZ, 1915, Nr. 1/2 (Januar) sowie Annoncen in folgenden Ausgaben. Zur Firmengeschichte vgl. kurz Jürgen u. Marianne Cieslik, Ciesliks Teddybären-Lexikon, Hamburg 1998, S. 61f.
117 Paul Groß, Spielzeug in der Kriegszeit, in: Die Arbeitssschule. Monatsschrift des Deutschen Vereins für Knabenhandarbeit und Werkunterricht und seiner Landesverbände, 28. Jg., 1914, Nr. 12.
118 Bericht in: Der Champagne-Kamerad. Feldzeitung der 3. Armee, 3. Jg., 1916, Nr. 52.
119 M. R. Gräf, Der feldgraue Kasper und Kasperle daheim, in: Die Arbeitsschule, 31. Jg., 1917, Nr. 2.
120 Vgl. Francesca Orestano, On the Italian Front: Salvator Gotta's Piccolo Alpino, in: Lissa Paul u.a. (Hg.), Children's Literature and Culture of the First World War, New York 2016, S. 48–60, hier 51; Sonja Müller, Toys, Games and juvenile Literature in Germany and Britain during the First World War. A Comparison, in: Heather Jones u.a. (Hg.), Untold War. New Perspectives in First World War Studies, Boston 2008, S. 233 ff., hier S. 239.
121 Eine interessante Zusammenfassung dieses und anderer französischer Brettspiele bietet Korinna Lutz, Ausgewählte Kriegsspiele in Frankreich im Ersten Weltkrieg, BA-Arbeit an der Universität Düsseldorf, 2013, in: Spielzeugmuseum der Stadt Nürnberg, Archiv.
122 Der Weihnachtsmann in Paris, in: DSZ, 1915, Nr. 12/13 (Juni).
123 Französisches Kinderkriegsspielzeug, in: Feldzeitung der K.-und-K.-Monarchie. 4. Armee, 11. Jg., 1917, Nr. 222.
124 Bericht in: DSZ, 1915, Nr. 25/26 (Dezember).
125 Unseren zurückgekehrten Freunden!, in: DSZ, 1918, Nr. 26 (Dezember).
126 Der Zinnsoldat auf der Friedenskonferenz, in: DSZ, 1919, Nr. 5 (Februar).
127 Kinderspiel und Kommunismus, in: Vorwärts, 42. Jg., 1925, Nr. 12.
128 Ilse Kattentidt, Spiel und Spielzeug, in: Der Volksschullehrer. Organ des Deutschen Volksschullehrervereins, 22. Jg., 1928, Nr. 31/32.
129 Anzeige in: DSZ, 1919, Nr. 15 (April).
130 Walter Benjamin, Berliner Spielzeugwanderung I, in: Rolf Tiedemann/Hermann Schweppenhäuser (Hg.), Walter Benjamin. Gesammelte Schiften, Bd. 7, Teil 1, Frankfurt a.M. 1989, S. 98–105, hier S. 101.
131 Ebd. 102.
132 Ders., Berliner Spielzeugwanderung II, in: ebd., S. 105–111, hier S. 105.
133 Ebd. S. 110.
134 Siegfried Kracauer, Aus einem französischen Seebad, in: Andreas Volk (Hg.),

Siegfried Kracauer: Berliner Nebeneinander. Ausgewählte Feuilletons 1930–33, Zürich 1996, S. 294–301, hier S. 298.

135 In großen Mengen, in: DSZ, 24. Jg., 1932, Nr. 11 (November); Yo-Yo patentamtlich geschützt, in: ebd.

136 Modespiel Jo-Jo, in: ebd., 1932, Nr. 9 (November).

137 Das neue Modespiel, in: ebd., 1933, Nr. 7 (Juli).

138 Anzeigen, in: ebd., 1921, Nr. 39 (September); Bestechungen, in: ebd., 1921, Nr. 11 (März).

139 A. Howard Cady, Backgammon. A glance into the early history and descriptions of the pasttime, in its varied and primitive forms, and a treatise of the game as it is played today, New York 1895, S. 5.

140 Hahn, Buch der Spiele, S. 256–266.

141 Sie spielen Back-Gammon, in: Uhu, 1931, Nr. 7.

142 Bericht über das Go-Spiel, in: DSZ, 1937, Nr. 2b (Februar); Eroberung auf dem Brett. Go. Das neue Spiel, in: Hamburger Anzeiger, 52. Jg., 1939, Nr. 89 vom 17.4.1939. Vgl. auch Hans-Joachim Bieber, SS und Samurai: Deutsch-japanische Kulturbeziehungen 1933–1945, München 2014, S. 477.

143 Karl Staudinger, Kind und Spielzeug, Leipzig 1923, S. 13.

144 Neuheiten und Fortschritte auf der Leipziger Herbstmesse, in: Berliner Börsen-Zeitung, 73. Jg., 1927, Nr. 558 vom 29.12.1927.

145 Zum gesamten Abschnitt vgl. Jeff Bowersox: Raising Germans in the Age of Empire. Youth and Colonial Culture, 1871–1914, Oxford 2013; siehe auch Die Lage der deutschen Spielwarenindustrie, 1919, Nr. 44 (November) und den Stahlhelm-Katalog »Geschenkartikel und Wehrsportpreise. ›Der Stahlhof‹-Versandgeschäft« von 1931 (Deutsche Nationalbibliothek Leipzig).

146 Zum Spiel vgl. Altes und Neues auf der Leipziger Frühjahrsmesse, in: DSZ, 1919, Nr. 21 (Mai) sowie Eintrag in der Datenbank von GameBoardGeek.com, Nr. 137370.

147 Ein Hindenburgspiel, in: DSZ, 24. Jg., 1932, Nr. 11 (November).

148 Zum folgenden Abschnitt vgl. David D. Hamlin, Work and ToyS. The Production and Consumtion of Toys in Germany, 1870–1914, Michigan 2007, S. 86–95.

149 Zitiert nach Urs Latus, Sächsische Miniaturspielwaren zwischen Volkskunst und Kunstgewerbe. Eine kultur- und wirtschaftshistorische Untersuchung, Erlangen 2017, S. 135.

150 Bernhard Westenberger, Holzspielwarenindustrie im sächsischen Erzgebirge. Unter besonderer Berücksichtigung der Hausindustrie, Leipzig 1911, S. 17.

151 Zu den Schriften siehe Hoffmann, Erziehung, S. 27–29 sowie Oskar Stillich, Die Spielwaren-Heimindustrie des Meininger Oberlandes, Jena 1899.

152 August Trinius, Aus der Heimat der Spielsachen, in: Jugendlust. Illustrierte Wochenschrift, 30. Jg., 1905, Nr. 50/51.

153 Handelskammer Sonneberg an das Reichsfinanzministerium, in: DSZ, 1919, Nr. 42 (Oktober).

154 Hofmann, Erziehung, S. 21–32 und 38; Hamlin, Work and Play, S. 78–86. Siehe auch G. von Pechmann, Bayerische Spielwarenindustrie, in: Die Form.

Zeitschrift für gestaltende Arbeit, 2. Jg., 1926, Nr. 2 sowie Stadt Nürnberg (Hg.), Die Stadt Nürnberg im Jubiläumsjahre 1906, Nürnberg 1906, S. 267.

155 Aus dem Nürnberg-Fürther Industriebezirk, in: DSZ, 1923, Nr. 35/36 (September).

156 Weihnachten und die deutsche Ausfuhr, in: Der Kunstwart und Kulturwart, 27. Bd., 1913 (Oktober bis Dezember), S. 458–551, hier S. 458; Reinhold Krüger, Spielwarenindustrie, in: Berliner Tageblatt, 56. Jg., 1927, Nr. 500 vom 22.10.1927. Vgl. Adolf Hoßfeld, Sonneberg und seine Spielzeugindustrie 1932–1939. Von der roten zur braunen Hochburg, Sonneberg 1998, S. 11; Hofmann, Erziehung, S. 2.

157 Die Entwicklung der japanischen Industrie, in: DSZ, 1919, Nr. 35 (August).

158 Deutsche Spielwaren im neutralen Ausland, in: DSZ, 1919, Nr. 24 (Juni).

159 Erwähnte Beispiele sind im Spielzeugmuseum der Stadt Nürnberg ausgestellt.

160 Schmücke Dich fein – Negerlein, in: BoardGameGeek.com, Nr. 153224.

161 Wilhelm Jähnel, Die Entwicklung und Bedeutung der Handelsmessen, Leipzig 1922, S. 33–45.

162 Leipziger Messe und Nürnberger Spielwaren-Industrie, in: Berliner Börsenzeitung, 70. Jg., 1924, Nr. 875 vom 12.8.1924.

163 Rückblick auf Leipzig, in: DSZ, 1923, Nr. 35/36 (September).

164 Hellmuth Falkenfeld, Das Spiel des Kindes, in: DSZ, 1917, Nr. 6/6 (März).

165 Walter Benjamin, Spielzeug und Spielen in: Hella Tiedemann Bartels (Hg.), Walter Benjamin. Gesammelte Schriften, Bd. 3, Berlin 1991, S. 127–132, hier S. 131.

166 F. A. L. Jakob, Deutschlands spielende Jugend. Eine Sammlung beliebter Jugend-, Turn-, Volks- und Gesellschaftsspiele, 5. Aufl., Leipzig 1911, S. 661 f.

167 Andrea Pühringer-Gräf, Richter, Friedrich Adolf, in: Neue Deutsche Biographie, Bd. 21, Berlin 2003, S. 521 f.

168 Oskar Frey, Vom Bauen der Erwachsenen und der Kinder, in: DSZ, 1919, Nr. 28 (August).

169 Woher kommen die Spielsachen?, in: Hamburger Nachrichten, 141. (259.) Jg., 1932, Nr. 585 vom 14.12.1932.

170 Theodor Rulemann, Die Wunder der Physik. Großes illustriertes Hand- und Experimentierbuch, Berlin 1910, S. 157.

171 Von unseren Jungens und ihrer Eisenbahn, in: DSZ, 1919, Nr. 40 (Oktober).

172 Silberner Sonntag, in: Vorwärts, 41. Jg., 1924, Nr. 590.

173 Pechmann, Bayerische Spielwarenindustrie, in: Die Form, 2. Jg., 1926, Nr. 12.

174 Hildebrandt, Spielzeug, S. 130.

175 Ebd. S. 135 f.

176 Vgl. zum gesamten Themenkomplex die Darstellung von Stefan Poser, Glücksmaschinen und Maschinenglück. Grundlagen einer Technik- und Kulturgeschichte des technisierten Spiels, Bielefeld 2016, S. 247–309 sowie Hoffmann, Erziehung, S. 269 f.

177 Zwei Tage Zusatz-Eisenbahnverkehr, in: Hamburger Anzeiger, 45. Jg., 1932, Nr. 232 vom 3.10.1932.

178 Vgl. Poser, Glücksmaschinen, S. 292-303 u. 259.
179 Pechmann, Bayerische Spielwarenindustrie, in: Die Form, 2. Jg., 1926, Nr. 12.
180 Regelheft von »Im Fluge durch die Welt«, Klee 1920, in: GameBoardGeek.com, Nr. 8375/7.
181 Zu den genannten Spielen vgl. Jörg Bohn, Verkehrsspiele, in: Trödler, 2011, Nr. 2 und Nr. 3.
182 25 Jahre Kinderauto, in: Wegweiser für das gesamte Spielwarenfach, 48. Jg., 1933, Nr. 2.Vgl. erste Anzeigen für Kinderautos von Nötzel & Drechsler aus Sachsen, in: ebd., 1907, Nr. 477.
183 Siehe Anzeige zum Gymnastikauto, in: Beiblatt der Fliegenden Blätter, 128. Jg., 1908, Nr. 3272 vom 10.4.1908.
184 Technik im Spielzeug, in: Berliner Morgenpost, 1933, Nr. 289 vom 3.12.1933.
185 Zu den Klee-Spielen vgl. Jörg Bohn, Weltraumspiele, in: Trödler, 2007, Nr. 5.
186 Der technische Weihnachtsmann, in: Illustrierte Technische Zeitung (Beilage der Berliner Volkszeitung, 77. Jg., 1929, Nr. 585 vom 12.12.1929).
187 Oskar Frey, Flugzeuge als Spielmittel, in: DSZ, 1919, Nr. 17 (April).
188 Zu Tupo siehe Anzeigen in der DSZ ab 1933, Nr. 8 (August), hier zitiert die Besprechung aus Nr. 9 (September).
189 Soldaten, Tanks und Flugzeuge. Jetzt werden die Wunschzettel geschrieben, in: Der Freiheitskampf, 5. Jg., 1935, Nr. 341 vom 8.12.1935.
190 Die Autobahn im Pappkarton, in: Heidelberger Neueste Nachrichten, 1936, Nr. 258 vom 3.11.1936.
191 Wilhelm Lotz, Das Kind, seine Welt, sein Spielzeug und seine Bücher, in: Die Form, 2. Jg., 1926, Nr. 12.
192 Der Sinn des Spielzeuges, in: DSZ, 1923, Nr. 37/38 (September).
193 Die künstlerische Erziehung der Jugend, in: Der Kunstwart, 6. Jg., 1893, Nr. 14.
194 E. Börlin, Geistige Pflege und Erziehung vor und während der Schulzeit, in: Philipp Biedert (Hg.), Das Kind. Seine geistige und körperliche Pflege bis zur Reife, Stuttgart 1906, S. 352–400, hier S. 356.
195 Karl Eugen Schmidt, Pariser Brief, in: Kunstchronik. Wochenschrift für Kunst und Kunstgewerbe, 16. Jg., 1904, Nr. 24.
196 Das erste Spielzeug des kleinen Kindes, in: Berliner Familien-Zeitung, 1924, Nr. 243 vom 15.10.1924.
197 Karl Gröber, Vom Wesen und Zweck des Kinderspielzeugs, in: Kunst und Handwerk, 78. Jg., 1928, Nr. 3.
198 Anton Simonie, Kindergartenpädagogik, Wien/Leipzig 1931, S. 75 f.
199 Siehe R. Schwarz, Entwurf einer Schule, in: Die Form, 7. Jg., 1933, Nr. 7; vgl. Hein Retter, Spielzeug. Handbuch zur Geschichte und Pädagogik der Spielmittel, Weinheim/Basel 1979, S. 154–168.
200 Dienststelle Kinderlandverschickung (Hg.), Spielzeugwerk der KLV-Lager. Schulungs- und Unterrichtsheft, Sonderheft A der Jungen Heimat, Berlin 1942, S. 13.
201 Hans-Friedrich Geist, Spielzeug. Eine bunte Fibel, Leipzig 1938 (ohne Seitenzahlen).

202 Siehe eine kurze zeitgenössische Darstellung bei F. M. Feldhaus (Hg.), Die Technik der Vorzeit. Ein Handbuch, Berlin/Leipzig 1914, S. 1056.
203 Vgl. hierzu und im Folgenden Retter, Spielzeug, S. 81–97.
204 Hierzu beispielsweise Geschäfts- und Handelsmitteilungen, in: Der Mechaniker. Zeitschrift für Förderung der Präzisionsmechanik und Optik, 15. Jg., 1907, Nr. 22; Sprechmaschinen und Spielwaren kombiniert, in: Der Kinematograph. Organ für die gesamte Projektionskunst, 10. Jg., 1907, Nr. 35.
205 Rainer Maria Rilke/Lotte Pritzel, Puppen, München 1921, S. 11.
206 Georg Hirschfeld, Neue Puppen von Lotte Pritzel, in: Deutsche Kunst und Dekoration, Bd. 31 (Oktober 1912–März 1913), S. 254–260.
207 Kasimir Edschmidt, Grotesk-Puppen von Erna Pinner, in: ebd., Bd. 39, 1916/17, S. 356 f.
208 Käthe Kruse über Spielzeug und Spielzeugfabrikation, in: DSZ, 1917, Nr. 5 (Februar).
209 Irene Miessner, Das Kinderschutzgesetz, seine Durchführung und seine Wirkung, Breslau 1918, S. 16.
210 Vgl. Karl Gröber, Alte Puppen, in: Jugend, 53. Jg., 1937, Nr. 1.
211 Max Enderlin, Das Spielzeug in seiner Bedeutung für die Entwicklung des Kindes, Langensalza 1907, S. 34.
212 Ebd.
213 Paul Hildebrand, Das Spielzeug im Leben des Kindes, Berlin 1904, S. 340.
214 Oskar Frey, Die Puppen der Messe, in: DSZ, 1919, Nr. 21 (Mai).
215 Vgl. Heike Hoffmann, Erziehung zur Moderne. Ein Branchenportrait der deutschen Spielwarenindustrie in der entstehenden Massenkonsumgesellschaft (Dissertation, 1998), S. 30, 109 und 204.
216 Vgl. Käthe Kruse, »Kruse-Puppen«, in: DSZ, 1923, Nr. 27/28 (Juli).
217 Siehe Bericht in: Deutsches Nachrichtenbüro, 4. Jg., 1937, Nr. 1669 vom 9.12.1937.
218 Vgl. Karl Gröber, Kinderspielzeug aus alter Zeit, Berlin 1928. Zur populären Verbreitung und dem Zitat siehe ders., Das Hohelied, in: Das Magazin, 1931, Nr. 88.
219 Siehe Käthe Kruse, »Kruse-Puppen«. Fortsetzung, in: DSZ, 1923, Nr. 29/30 (Juli).
220 Divergierende Zahlen bei Wolfgang Heger, Das Tor zur Kindheit: Die Welt der Margarete Steiff, Leipzig 2009, S. 118 und Hoffmann, Erziehung, S. 31.
221 Siehe hierzu die Werbeannonce von Margarete Steiff, in: Beiblatt der Fliegenden Blätter, 1913, Nr. 3564, wo sich die Firma als »Erfinder und Fabrikanten des weltberühmten ›Teddy-Bären‹« bezeichnet. Vgl. eine zeitgenössische Version der Geschichte bei Gertrud Fundinger, Stiefkinder des SchicksalS. Helfer der Menschen, Leipzig 1932 S. 66 f.
222 Werbeannonce, in: ebd., 1909, Nr. 3359.
223 Zick-Zack, in: Moderne Kunst. Illustrierte Zeitschrift, 27. Jg., 1913, Nr. 21.
224 Hoffmann, Erziehung, S. 237.
225 Jan Daniel Georgens, Illustriertes Allgemeines Familien-Spielbuch, 1. Bd., Leipzig/Berlin 1882, S. 233.

226 Siehe die Besprechung zum Produkt, in: DSZ, 1919, Nr. 24 (Juni).
227 B. Donath, Physikalisches Spielbuch für die Jugend. Zugleich eine leichtfassliche Anleitung zu selbstständigem Experimentieren und fröhlichem Nachdenken, Braunschweig 1902, S. 261.
228 Siehe hierzu beispielhaft die erhaltenen Kataloge der Fabriken Ernst Plank, 1924, und Bing: Optische Spielwaren und Lehrmittel, 1902 (Deutsche Nationalbibliothek Leipzig). Vgl. auch Detlev Hoffmann/Almut Junker, Laterna Magica. Lichtbilder aus Menschenwelt und Götterwelt, Berlin 1982.
229 Ferdinand Avenarius, Vom Schmerzenskind Kino, in: Deutscher Wille des Kunstwarts, 31. Jg., 1918, Nr. 19.
230 Ebd.
231 Ilse Kattentidt, Das Geheimnis des Baukastens, in: Die Arbeiterschule, 45. Jg., 1931, Nr. 7.
232 Retter, Spielzeug, S. 191.
233 Siegfried Bernfeld, Zerbrochenes Spielzeug – ganze Menschen!, in: Uhu, 3. Jg., 1926, Nr. 3.
234 Hildegard Hetzer, Spiel und Spielzeug für jedes Alter, 2. Aufl., Dresden 1935, S. 107.
235 Gerhard Benetka, Hildegard Hetzer, in: Brigitta Keintzel/Ilse Korotin (Hg.), Wissenschaftlerinnen in und aus Österreich. Leben. Werk. Wirken, Wien u.a. 2002, S. 285 ff. Vgl. zu einem anderen Fall auch André Postert/Christoph Hanzig, »Wir haben dafür zu sorgen, dass die Aussonderung differenziert geschieht.« Hans Thomae und die Begutachtung junger Menschen während des Zweiten Weltkriegs, in: Psychosozial, 39. Jg., 2016, Nr. 145, S. 83–95.
236 Hierzu und im Folgenden vgl. Hamlin, Work and play, S. 57–60.
237 Karl Schimpf, Über Kinderspielzeuge und eine Münchner Spielzeugausstellung, in: Die Deutsche Schule. Monatsschrift, 12. Bd. (1908), S. 100–105, hier S. 101.
238 Retter, Spielzeug, S. 155 f.
239 Aus dem Berichte der Spielzimmer des Leipziger Schulmuseums, in: DSZ, 1919, Nr. 34 (August).
240 Was heute Kinder wünschen, in: Vorwärts, 41. Jg., 1924, Nr. 605.
241 Zur Situation vgl. die Artikel: Ist die deutsche Spielwarenindustrie lebensfähig und lebensnotwendig?, in: Berliner Börsen-Zeitung, 71. Jg., 1925, Nr. 578 vom 10.12.1925 sowie Die Lage der Deutschen Spielwarenindustrie., in: ebd., 75. Jg., 1929, Nr. 150 vom 30.3.1929.
242 Werkzeug billiger als Spielzeug, in: Vorwärts, 48. Jg., 1931, Nr. 595.
243 Tiefstand des deutschen Spielwarenexports, in: DSZ, 1933, Nr. 3 (März).
244 1000 Schritte Mönckebergstraße, in: Hamburger Anzeiger, 46. Jg., 1933, Nr. 92 vom 20.4.1933.
245 Zur Jahreswende, in: Wegweiser, 38. Jg., 1933, Nr. 1.
246 Was braucht das Erzgebirge?, in: DSZ, 1933, Nr. 8 (August).
247 Vgl. zu den Filmen beispielsweise Tom Gunning, Fritz Lang's Dr. Mabuse, The Gambler (1922), in: Noah Isenberg (Hg.), Weimar Cinema, New York

2009, S. 95–114 sowie Dieter Dürrenmatt, Fritz Lang. Leben und Werk, Basel 1982, S. 100 ff.

248 Wilhelm Scherer, Poetik, Berlin 1888, S. 101.

249 Adolf Gelber, Die Urheber des Weltkriegs, Wien 1915, S. 132.

250 Oswald Spengler, Jahre der Entscheidung. Erster Teil. Deutschland und die weltgeschichtliche Entwicklung, München 1933, S. 7.

251 P. G. Woodhouse, Ballade vom kleinen Spieler, in: Der Querschnitt, 13. Jg., 1933, Nr. 8.

252 Deutsche Bäder: Zoppot, in: Das Magazin, 8. Jg., 1932, Nr. 93.

253 Vgl. Hans Willenberg, Das große Spiel: kriminologische und psychologische Aspekte der Spielbanken in der BRD, Heidelberg/Hamburg 1977, S. 27.

254 Wenn das Spiel gemacht ist…, in: Revue des Monats, 4. Jg., 1929, Nr. 10. Vgl. Peter Oliver Loew, Danzig: Biographie einer Stadt, München 2011, S. 199 f.

255 Groos, Spiele der Menschen, S. 270.

256 Felix Linke, Sollen wir Lotterie spielen?, in: Der freie Angestellte. Zeitschrift des Zentralverbandes der Angestellten, 29. Jg., 1925, Nr. 3.

257 Handbuch des deutschen StrafrechtS. Dritter Band: Die Lehre von den Verbrechensarten, Berlin 1874, S. 828.

258 Vgl. zur juristischen Definition bspw. Jakob Seinsche, Das strafbare Glücksspiel im engeren Sinne, Aachen 1920, S. 4–22; Ernst Pepperhoff, Glücksspiel und Lotterie. Rechtsprechung und Literatur, Göttingen 1922, S. 18–62. Siehe zum Ecarté den Artikel: Wenn das Spiel gemacht ist. Wallfahrt nach Dresden und Zappot, in: Vorwärts, 48. Jg., 1931, Nr. 365.

259 Vgl. Roland März, Otto Dix. Die Skatspieler (Kartenspielende Kriegskrüppel), 1920, in: Freunde der Nationalgalerie.de (Ankäufe); Gabriele Werner, Otto Dix – der Krieg, in: Jörg Duppler/Gerhard P. Groß (Hg.), Kriegsende 1918: Ereignis, Wirkung, Nachwirkung, München 1999, S. 299–315, hier S. 309 f.

260 Friedendorf, Die Geldspielautomaten, in: Archiv für Kriminal-Anthropologie und Kriminalistik, Bd. 31, Leipzig 1909, S. 30–36. Vgl. auch Günther G. Bauer (Hg.): Automatenspiele. Homo ludens – Der spielende Mensch IX. Internationale Beiträge des Instituts für Spielforschung und Spielpädagogik an der Hochschule »Mozarteum« Salzburg, München/Salzburg 1999.

261 Viktor Pöschl, Der Würfel als Bestandteil der Spielwaren. Eine waren- und verkaufskundliche Studie über Bau- und Glückswürfel, in: DSZ, 1933, Nr. 1 (Januar).

262 Pepperhoff, Glücksspiel und Lotterie, S. 9.

263 Berliner Spieler, in: Vorwärts, 44. Jg., 1927, Nr. 382.

264 Hsi-Huey Liang, Die Berliner Polizei in der Weimarer Republik, München 1977, S. 133.

265 Seinsche, Glücksspiel, S. 24; vgl. auch Albert Amend, Die Kriminalität Deutschlands 1919–1932, Leipzig 1937, S. 75.

266 Amend, Kriminalität, S. 75.

267 Vgl. Manfred Zollinger, Die Geschichte des GlücksspielS. Vom 17. Jahrhundert bis zum Zweiten Weltkrieg, Wien u.a. 1997, S. 260 ff.

268 Charlie Roellinghoff, Die Jagd nach dem Glück, in: Das Magazin, 6. Jg., 1930, Nr. 65.

269 Vgl. Patrick Wagner/Klaus Weinhauer, Tatarenblut und Immertreu. Wilde Cliquen und Ringvereine um 1930 – Ordnungsfaktoren und Krisensymbole in unsicheren Zeiten, in: Martin Dingens/Fritz Sack (Hg.), Unsichere Großstädte? Vom Mittelalter zur Postmoderne, Konstanz 2000, S. 265–290.

270 Zitiert nach Irmtraud Ubbens (Hg.), Moritz Goldstein. »Künden, was geschieht…« Berlin in der Weimarer Republik. Feuilletons, Reportagen und Gerichtsberichte, Berlin 2012, S. 429.

271 Hierzu vgl. Große Polizei-Razzia. Abriegelung um den Schlesischen Bahnhof, in: Vossische Zeitung, 1929, Nr. 26 (Morgen-Ausgabe vom 16.1.1929). Vgl. auch Wolfgang Schild, Berühmte Berliner Kriminalprozesse der zwanziger Jahre, in: Friedrich Ebel/Albrecht Randelzhofer (Hg.), Rechtsentwicklungen in Berlin. Acht Vorträge, gehalten anlässlich der 750-Jahrfeier Berlins, Berlin 1988, S. 121–193, hier S. 158.

272 Die Spielwut, in: Der Vorwärts, 39. Jg., 1922, Nr. 573. Zu frühen Razzien siehe: Spielklubs ausgehoben, in: ebd., 37. Jg., 1920, Nr. 336.

273 Hans Fallada, Wolf unter Wölfen, 23. Aufl., Berlin 2001, S. 20.

274 Bernd von Sirius, Lotterie und Spekulation. Totalisator und Roulette. Das gelöste Rätsel der Serie der kosmisch-rhythmischen Strömungen der erfolgreichen Spieler und Spekulanten, Berlin 1929, S. 3.

275 Erich Weser, Begriff, Wesen und Formen des strafbaren Glücksspiels, Leipzig 1930, S. 52 f.

276 Max Paufler, Kann der menschliche Wille den Lauf der rollenden Kugel dirigieren?, in: Spielbank von Bad Homburg (Hg.), Die rollende Kugel. Casino-Zeitung, Nr. 19 (1950), S. 280 f.

277 Neue Roulettes, in: DSZ, 1933, Nr. 2, Ausgabe B (Februar); weitere Anzeigen in: ebd., 1919, Nr. 17 (April).

278 Speziell zum angeblichen Gewinn in Monte Carlo siehe den kurzen Artikel, in: Fliegende Blätter, 88. Jg., 1932, Nr. 4515; vgl. Transportliste des K.L. Buchenwald vom 14.7.1941, in: Archiv der Gedenkstätte Pirna-Sonnenstein, Di-C, Blatt 755 sowie Boris Boehm, Tod eines HellseherS. Vor 75 Jahren wurde einer der ersten deutschen Yoga-Lehrer in Pirna ermordet, in: Sächsische Zeitung vom 14.7.2016.

279 Harry Norton, Der Spielteufel, in: Das Leben, 6. Jg., 1928, Nr. 6.

280 Vgl. Richard von Mises, Wahrscheinlichkeit, Statistik und Wahrheit. Einführung in die neue Wahrscheinlichkeitslehre und ihre Anwendung, 2. Aufl., Wien 1936, S. 166 ff.

281 Karl Marbe, Die Gleichförmigkeit in der Welt. Untersuchungen zur Philosophie und positiven Wissenschaft, München 1916, S. 371.

282 Ebd. S. 373.

283 Ebd. S. 371.

284 Vgl. zu Benjamins Erörterungen über Spiel und Glücksspiel hier und im Folgenden Kyung-Ho Cha, Die Hand des SpielerS. Zum Glücksspiel als Experiment bei Walter Benjamin, in: Regine Strätling (Hg.), Spielformen des Selbst.

Das Spiel zwischen Subjektivität, Kunst und Alltagspraxis, Bielefeld 2012, S. 245–259; Werner Fuld, Walter Benjamin. Eine Biographie, Hamburg 1990 und Bernd Widdig, Culture and Inflation in Weimar Germany, Berkeley u.a. 2001, S. 130 f.

285 Zitiert nach Manfred Zollinger, Organisierter Zufall. Lotterieunternehmer im 18. Jahrhundert, in: Herbert Matis u.a. (Hg.), Unternehmertum im Spannungsfeld von Politik und Gesellschaft. Unternehmerische Aktivitäten in historischer Perspektive, Wien/Berlin 2010, S. 11–37, hier S. 34.

286 Ernst Jünger, Zum Glücksspiel, in: Sämtliche Werke. Zweite Abteilung, Bd. 11, Essays 5, 3. Aufl., Stuttgart 1978, S. 430–433, hier S. 430.

287 Wenn das Spiel gemacht ist…, in: Vorwärts, 48. Jg., 1931, Nr. 365.

288 Berliner Spieler, in: Vorwärts, 44. Jg., 1927, Nr. 382.

289 Siegmund Messing, Wie Falschspieler arbeiten, in: Uhu, 7. Jg, 1930, Nr. 1.

290 Siehe Hans von Manteuffel, Falschspiel und Turfschwindel, 6. Aufl., Leipzig 1931; vgl. Bundeskriminalamt Wiesbaden (Hg.), Bekämpfung von Glücks- und Falschspiel. Arbeitstagung im Bundeskriminalamt Wiesbaden vom 23. Mai bis 28. Mai 1955 über unerlaubtes Glücksspiel, Falschspiel, Betrug mit Spielautomaten und Okkultschwindel, Wiesbaden 1955.

291 Hans von Manteuffel, Über Falschspieler und Falschspiel, in: Hans Ostwald (Hg.), Das Berliner Spielertum, 2. Aufl., Berlin 1907, S. 47–65, hier S. 64.

292 Hans von Manteuffel, Zur Technik des Betruges beim Glücksspiel, in: Archiv für Kriminal-Anthropologie und Kriminalistik, Bd. 4, Leipzig 1900, S. 49–95, hier S. 94.

293 Ebd. S. 83.

294 Aus den Erzählungen eines Falschspielers, in: Ostwald, Spielertum, S. 19–30, hier S. 23.

295 Hugo Friedländer, Interessante Kriminal-Prozesse von kulturhistorischer Bedeutung, Bd. 1, Berlin 1910, S. 46–56.

296 Vgl. hierzu Spectator, Ruhstrat. Die Geschichte eines Sensationsprozesses, Berlin 1905.

297 Friedländer, Kriminal-Prozesse, Bd. 2, Berlin 1914, S. 102–199.

298 Ein Blick in die Geheimnisse des Spielcasinos Zoppot, in: Uhu, 10. Jg., 1934, Nr. 4.

299 Gezinkte Karten, falsche Würfel, in: Vorwärts, 47. Jg., 1930, Nr. 457.

300 Emil Richter, Juden und Junker. Eine Beleuchtung des Spieler- und Wucherer-Prozesses in Hannover, Leipzig 1893, hier zitiert S. 49 und 50.

301 J. Keller/Hanns Anders, Der Jude als Verbrecher. Mit einem Geleitwort des Frankenführers Gauleiter Julius Streicher, Berlin u.a. 1937, S. 20.

302 Siehe Der Giftbaum. Kritische Betrachtungen über die Börse in Berlin, Berlin 1892, S. 6 (ohne Autorangabe).

303 Ferdinand Roderich-Stolzheim (Pseudonym), Das Rätsel des jüdischen Erfolges, 5. Aufl., Leipzig 1919, S. 82.

304 Institut zum Studium der Judenfrage (Hg.), Die Juden in Deutschland, 4. Aufl., München 1936, S. 387.

305 Keller/Anders, Der Jude als Verbrecher, S. 106 f.

306 Ebd. S. 117.
307 Siehe die entsprechenden Gesetze unter Einschluss des Gesetzes über die Zulassung öffentlicher Spielbanken im Reichsgesetzblatt, Teil, 1933, Nr. 81 vom 15.7.1933. Vgl. auch Gerhard Meyer/Meinolf Bachmann, Glücksspiel. Wenn der Traum vom Glück zum Alptraum wird, Berlin u.a. 1993, S. 6 f.
308 Lotterie wird wieder billiger, in: Vossische Zeitung, 1933, Nr. 337 (Morgen-Ausgabe). Vgl. zu Lotterie und Sportwetten u.a. Merten Haring, Sportförderung in Deutschland. Eine vergleichende Analyse der Bundesländer, Wiesbaden 2010, S. 60–76.
309 Karl Alexander, Die Reichsregierung beschließt: Deutschland erhält Spielbanken, in: Der moderne Systemspieler. Die Monatsschrift des ernsten Rouletteforschers, 1. Jg., 1933, Nr. 3.
310 Vgl. Manfred Zollinger, Geschichte des GlücksspielS. Vom 17. Jahrhundert bis zum Zweiten Weltkrieg, Wien u.a. 1997, S. 274–277.
311 Karl Alexander, Die Reichsregierung beschließt, in: Der moderne Systemspieler.
312 Baden-Baden, in: Fliegende Blätter, 89. Jg., 1933, Nr. 4593.
313 Vgl. hierzu und im Folgenden Achim Reimer, Stadt zwischen zwei Demokratien. Baden-Baden von 1930 bis 1950, München 2005, S. 60 ff.; Klaus Fischer, Faites votre jeu. Die Geschichte der Spielbank, Baden-Baden, 1983, S. 67–87; Zeitungsberichterstattung zur Spielbank u.a. in: Hamburger Nachrichten, 142. Jg., 1933, Nr. 393 vom 12.8.1933 und 145. Jg., 1936, Nr. 73 vom 13.3.1936.
314 Reise und Erholung. Spielbank Baden-Baden, in: Das Leben, 12. Jg, 1934, Nr. 2.
315 Zitiert nach Reimer, Stadt zwischen zwei Demokratien, S. 67.
316 Ebd. S. 65; Fischer, Spielbank, S. 86.
317 Fischer, Spielbank, S. 87; Zollinger, Geschichte des Glücksspiels, S. 27–282.
318 Vgl. Herbert, Geschichte Deutschlands im 20. Jahrhundert, München 2014, S. 353.
319 Aus den Weizsäcker-Papieren zitiert nach Andreas Hillgruber, Der Zweite Weltkrieg 1939–1945. Kriegsziele und Strategie der großen Mächte, Stuttgart u.a. 1982, S. 20.
320 Ian Kershaw, Hitler. 1936–1945, Stuttgart 2000, S. 322; ähnlich Herbert, Geschichte Deutschlands, S. 349.
321 Vgl. zu diesem Abschnitt in größerem Zusammenhang: Jörg Link, Schreckmomente der Menschheit: Wie der Zufall Geschichte schreibt, Marburg 2015.
322 Vgl. Willenberg, Das große Spiel, S. 27–29 sowie Ralph Tegtmeier, Casino. Die Welt der Spielbanken, die Spielbanken der Welt, Köln 1989, S. 229.
323 Otto Anthes, Erotik und Erziehung. Eine Abhandlung mit Zwischenspielen, Leipzig 1908, S. 22.
324 Sigmund Freud, Vorlesung: Gesichtspunkte der Entwicklung und Regression. Ätiologie, in: Vorlesungen zur Einführung in die Psychoanalyse, Frankfurt a.M. 1999, S. 324–341.
325 Hierzu und im Folgenden Erwin J. Haeberle, Die Sexualität des Menschen. Handbuch und Atlas, 2. Aufl., Berlin/New York 1985, S. 155 ff.

326 Wilhelm Stern, Anfänge der Reifezeit. Ein Knabentagebuch, Leipzig/Berlin 1925, S. 39; Psychologisches und Jugendliches vom ersten internationalen Kongress für Sexualwissenschaft, in: Zeitschrift für pädagogische Psychologie, experimentelle Pädagogik und jugendliche Forschung, Nr. 28, S. 69–104, hier S. 101. Vgl. auch Rebecca Heinemann, Das Kind als Person: Wilhelm Stern als Wegbereiter der Kinder- und Jugendforschung 1900 bis 1933, Bad Heilbrunn 2016, S. 292.

327 Siehe Sigmund Pfeifer, Äußerungen infantil-erotischer Triebe im Spiel, in: Imago. Zeitschrift für Anwendung der Psychoanalyse auf die Geisteswissenschaften, 1919, Nr. 4, S. 243–282, hier zitiert S. 266, 267 und 280. Vgl. auch Noack, Das Spiel, S. 97–131.

328 Zum Roman »Der Puppenjunge« von John Henry Mackay vgl. Martin Lücke, Beschmutzte Utopien. Subkulturelle Räume, begehrte Körper und sexuelle Identitäten in belletristischen Texten über männliche Prostitution, in: Sabine Grenz/Martin Lücke (Hg.), Verhandlungen im Zwielicht. Momente der Prostitution in Geschichte und Gegenwart, Bielefeld 2006, S. 301–319.

329 Ellis Havelock, The Play-Function of Sex, in: ders., Little Essays of Love and Virtue, New York 1922, S. 132.

330 Groos, Spiele der Menschen, S. 339.

331 Gedicht aus Rainer M. Rilke. Sämtliche Werke, Bd. 3, Frankfurt a.M. 1959, S. 538.

332 Artikel »Maskenbälle«, in: Berliner Volkszeitung, 70. Jg., 1922, Nr. 117 (10.3.1922).

333 Hahn, Buch der Spiele, S. 72.

334 Karl Krauss, Sittlichkeit und Kriminalität, 2. Aufl., Wien 1908, S. 342.

335 Vgl. hierzu und im Folgenden »erotische Gesellschaftsspiele«, in: Bilder-Lexikon der Erotik. Neuauflage, Hamburg 1961, Bd. 1, S. 410–414; Liebesthermoter als Spielzeug, in: DSZ, 1921, Nr. 10 (März).

336 Ulrike Wörner, Die Dame im Spiel. Spielkarten als Indikatoren des Wandels von Geschlechterbildern und Geschlechterverhältnissen an der Schwelle zur Frühen Neuzeit, Münster 2010, S. 395.

337 Die unzüchtigen Bilder aus der Biedermeier-Zeit, in: Sexual-Probleme. Zeitschrift für Sexualwissenschaft und Sexualpolitik, 7. Jg., 1911, S. 204 f.

338 Eduard Fuchs, Das erotische Element in der Karikatur, Berlin 1904, S. 130.

339 Elmar Faber, Verloren im Paradies: Ein Verlegerleben, Berlin 2014, S. 167 f.; zum Kartenspiel direkt siehe Faber & Faber (Hg.), Erotisches Kartenspiel des Biedermeier, Leipzig 1990 sowie zur Entdeckung in der Weimarer Republik Magnus Hirschfeld/Richard Linsert, Liebesmittel. Eine Darstellung der geschlechtlichen Reizmittel, Berlin 1930, S. 315.

340 Sybille Steinbacher, Wie der Sex nach Deutschland kam. Der Kampf um Sittlichkeit und Anstand in der frühen Bundesrepublik, München 2011; Elizabeth Heinemann, »Zu unzüchtigem Gebrauche bestimmt«. Natürlichkeit, Künstlichkeit und sexuelle Hilfsmittel in der BRD, 1949–1980, in: Peter-Paul Bänziger u.a. (Hg.), Sexuelle Revolution? Zur Geschichte der Sexualität im deutschsprachigen Raum seit den 1960er Jahren, Bielefeld 2015, S. 87–113.

341 Vgl. Stefanie Duttweiler, Von Kussmaschinen und Teledildonics, Oder: Verändern technische Sexual-Objekte das Sexuelle?, in: Bänzinger, Sexuelle Revolution?, S. 131–153, hier S. 124.
342 Carl August Böttger, Über eine Vasenabbildung, die den Cordax-Tanz vorstellt, in: Julius Sillig (Hg.), Carl August Böttgers kleine Schriften archäologischen und antiquarischen Inhalts, 2. Bd., Dresden/Leipzig 1838, S. 279–283, hier S. 280.
343 Siehe zu den hier leicht angepassten Zitaten im Original: Otto Crusius (Hg.), Die Mimiamben des Herodas. Deutsch mit Einleitung und Anmerkungen, Göttingen 1893, 37–44 sowie den einleitenden Kommentar.
344 Iwan Bloch, Das Sexualleben unserer Zeit in seinen Beziehungen zur modernen Kultur, Leipzig 1907, S. 461f.
345 Antique sex toys sells for £3,600, in: The Telegraph vom 25.3.2010.
346 Hans Rau (Pseudonym A. Sper), Der Marquis de Sade und der Sadismus, Berlin 1904, S. 7.
347 Bloch, Sexualleben, S. 461.
348 Iwan Bloch (Pseudonym Eugen Düren), Der Marquis de Sade und seine Zeit. Ein Beitrag zur Kultur- und Sittengeschichte des 18. JahrhundertS. Mit besonderer Beziehung auf die Lehre von der Psychopathia Sexualis, 8. Aufl., Berlin 1922, S. 129–132, hier S. 130.
349 Bloch, Sexualleben, S. 461.
350 Heinrich Ploss/Max Bartels, Das Weib in der Natur- und Völkerkunde. Anthropologische Studien, 9. Aufl., 1. Bd., Leipzig 1908, S. 583.
351 Hermann H. Ploss/Max Bartels/Paul Bartels, Women. Historical Gynaecologial and Anthropological Compendium, Bd. 2, London 1935, S. 76.
352 Für diese Klärung geht Dank an Dr. Felicity Meakins, Universität Queensland.
353 Max Marcuse, Wandlungen des Fortpflanzungs-Gedankens und -Willens, Bonn 1918, S. 6.
354 Bloch, Marquis de Sade, S. 179.
355 Bloch, Sexualleben, S. 459.
356 Vgl. Franz X. Eder, Kultur der Begierde: eine Geschichte der Sexualität, 2. Aufl., München 2009, S. 126 f.
357 Paragraph 184: Gesetz vom 25.6.1900.
358 Bloch, Sexualleben, S. 461.
359 Joh. Christophs Adelung's neuestes vollständiges Handwörterbuch der deutschen Sprache, Wien 1946, S. 110; siehe Zitate bei Wolfgang Müller, Rezension: Ulrike Haß-Zumkehr, Daniel SanderS. Aufgeklärte Germanistik im 19. Jahrhundert, in: Zeitschrift für deutsche Philologie, 119. Jg., 2000, S. 140–144.
360 Eintrag zur Pornographie, in: Max Marcuse (Hg.), Handwörterbuch der Sexualwissenschaft. Enzyklopädie der natur- und kulturwissenschaftlichen Sexualkunde des Menschen. (Neuausgabe der Fassung von 1926, eingeleitet durch Robert Jütte), Berlin 2001, S. 566.
361 Emil Lucka, Die drei Stufen der Erotik, 7.–8. Aufl., Berlin 1913, S. 271.

362 Aenne Weber, Die homosexuelle Frau, in: Die Freundin. Monatsschrift der BFM mit einem Sonderteil für Transvestiten, 1. Jg., 1924, Nr. 1.

363 Annonce, in: Ideal-Lebensbund. Ausgabe: Ehe-Schulung, 2. Jg., 1928, Nr. 6.

364 Bernhard Rathmayr, Geschichte der Liebe. Wandlungen der Geschlechterbeziehungen in der abendländischen Kultur, Paderborn 2016, hier u.a. S. 303.

365 Trude John, Spielzeuge für Erwachsene, in: Revue des Monats, 3. Jg., 1929, Nr. 2.

366 Georg Bakonyi, Erotik im Schaufenster, in: ebd., 3 Jg., 1929, Nr. 8.

367 Artikel mit Abbildungen »Allerei«, in: Das Magazin, 1929, Feriennummer 59 (Juli).

368 Anzeige für Vibrator gegen Schwerhörigkeit und Ohrenleiden, in: Berliner Volkszeitung, 60. Jg., 1912, Nr. 519 vom 3.11.1912.

369 Siehe die Anzeigen u.a. für Sanax-Vibrator, in: Beiblatt der Fliegenden Blätter, 1914, Nr. 3573 und Medico, in: ebd., Nr. 3394.

370 Vgl. Rachel Maines, The Technology of Orgasm: »Hysteria«, Vibrators and Women's Sexual Satisfaction, Baltimore 1999; Sabine Pollak, Leere Räume: Weiblichkeit und Wohnen in der Moderne, Wien 2005, S. 110 ff. sowie Hallie Liebermann, Selling Sex Toys: Marketing and the Meaning of Vibrators in Early Twentieth-Century America, in: Enterprise & Society, 2016, Nr. 2, S. 393–433.

371 Leo Friedmann, Erotik und KapitalismuS. Sexualität im »mechanischen Zeitalter«, in: VorwärtS. Der Abend. Spätausgabe, 48. Jg., 1931, Nr. 411 vom 26.8.1931.

372 Maria Faßbender, Die Ehe als Schicksal, in: ebd., 49. Jg., 1932, Nr. 300 vom 28.6.1932.

373 Aufstellungen der Abteilungen und Mitarbeiter bei Magnus Hirschfeld-Stiftung (Hg.), Institut für Sexualwissenschaft. Unsere Arbeit. Zweiter Bericht, Berlin 1924.

374 Ludwig Levy-Lenz, Erinnerungen eines Sexual-ArzteS. Aus den Memoiren eines Sexologen, Baden-Baden 1954, S. 373–375.

375 Bericht vom 21.5.1920 mit rahmenden Ausführungen abgedruckt bei Ralf Dose, Das verschmähte Erbe. Magnus Hirschfelds Vermächtnis an die Berliner Universität, Berlin 2015, S. 10–49. Herrn Dose gilt Dank für die kritische Lektüre des vorliegenden Textes.

376 Hirschfeld/Linsert, Liebesmittel, S. 274 und 281.

377 Ebd.

378 Ebd. S. 278 und 282.

379 Ebd. S. 282, zur Abbildung S. 287; siehe auch Eintrag »künstliches Glied«, in: Bilder-Lexikon, Bd. 1, S. 418–420 mit Abbildung.

380 Friedrich S. Krauss, Das Geschlechtsleben in Glauben, Sitte, Brauch und Gewohnheiten der Japaner, 2. Aufl., Leipzig 1911, S. 182. Vgl. Katrin Burtschell, Nobuyoshi Araki und Henry Miller – eine japanisch-amerikanische Analogie. Ein interdisziplinärer Ansatz über Absicht und Wirkung des Obszönen in Kunst und Literatur, Berlin 2009, S. 79–81.

381 Zur Deutung siehe Ploss, Das Weib, 9. Aufl., Bd. 1, S. 565; Fuchsgott, in:

Bilder-Lexikon, Neuauflage 1961, Bd. 1, S. 384; Krauss, Geschlechtsleben, S. 50 ff.

382 Groos, Spiele der Menschen, S. 257.

383 Hirschfeld/Linsert, Liebesmittel, Vorwort, S. VI.

384 Zur Person vgl. Volkmar Sigusch, Günter Grau (Hg.), Personenlexikon der Sexualforschung, Frankfurt a.M. 2009, S. 626 ff. sowie Matthias Marschik/Georg Spitaler, Leo Schidrowitz. Autor und Verleger, Sexualforscher und Sportfunktionär, Berlin 2015.

385 Anzeigen der Werke zur Sittengeschichte, in: Jugend, 35. Jg., Nr. 39 sowie zum Bilder-Lexikon der Erotik, in: Kriminal-Magazin, 1. Jg., 1929, Nr. 4. Siehe auch Abbildungen im Anhang bei Leo Schidrowitz (Hg.), Sittengeschichte des LasterS. Die Kulturepochen und ihre Leidenschaften, Wien 1927.

386 Zitiert nach Marschik/Spitaler, Schidrowitz, S. 28.

387 Ulrich E. Bach, Sittengeschichten der Weimarer Republik als kulturgeschichtliche Sammlung. Eduard Fuchs, Leo Schidrowitz und Magnus Hirschfeld, in: Aus dem Antiquariat, NF 12, 2014, Nr. 3/4, S. 148–155; Marschik/ Spitaler, Schidrowitz, S. 31–35.

388 Gesellschaftsspiele, in: Bilder-Lexikon, Neuauflage 1961, Bd. 1, S. 410–414. Vgl. hierzu auch Eduard Fuchs, Illustrierte Sittengeschichte. Vom Mittelalter bis zur Gegenwart, Bd. 1, München 1910, S. 464.

389 Vgl. die Einträge künstliches Glied, in: ebd., S. 418–420; sexuelle und mechanische Reizinstrumente, in: ebd., Bd. 2, S. 710–712; Olisbos, in: ebd., S. 647; Unzuchtspuppen, in: ebd., S. 864 f.; obszöne Kartenspiele, in: ebd., S. 796.

390 Schidrowitz, Sittengeschichte des Lasters, S. 197.

391 Hugo Bettauer, »Die erotische Revolution«, in: Er und Sie. Wochenschrift für Lebenskultur und Erotik, 1. Jg., 1924, Nr. 1.

392 Zu Biografie und Schaffen Murray G. Hall, Der Fall Bettauer, Wien 1978 und Melanie Hacker, »Er und Sie. Wochenschrift für Lebenskultur und Erotik«: Hugo Bettauers Zeitschrift und die Sexualmoral der 1920er Jahre, Saarbrücken 2009.

393 Marschik/Spitaler, Schidrowitz, S. 50 ff.

394 Diese und ähnliche konfiszierte Materialien zitiert bei Gustav Bingen, Die Organisation des geheimen Photohandels, in: Verlag für Kulturforschung (Hg.), Die Erotik in der Photographie. Die geschichtliche Entwicklung der Aktphotographie und des erotischen Lichtbildes und seine Beziehungen zur Psychopathia Sexualis, Wien 1931, S. 139–155, hier S. 142.

395 Zitiert nach Heinrich Ludwig, Die Erotik im Film, in: ebd., S. 233 ff., hier S. 250.

396 Anzeige: Standardwerke moderner Sexualwissenschaft, in: Jugend, 35. Jg., 1930, Nr. 33.

397 Winfried Speitkamp, Jugendschutz und kommerzielle Interessen. Schunddebatte und Zensur in der Weimarer Republik, in: Hartmut Berghoff (Hg.), Konsumpolitik. Die Regulierung des privaten Verbrauchs im 20. Jahrhundert, Göttingen 1999, S. 47–77.

398 Wilhelm Fronemann, Neue Zensur? Ein Rück- und Ausblick, in: Kunstwart, 40. Jg., 1926, Nr. 5, S. 296 ff., hier S. 301.

399 Zitiert nach Klaus Petersen, Zensur in der Weimarer Republik, Stuttgart 1995, S. 163.
400 Siehe Pornographie, in: Marcuse, Handwörterbuch der Sexualwissenschaft, S. 566.
401 Landesjugendamt der Rheinprovinz vom 9.7.1928, abgedruckt in einer Flugschrift des Ideal-Lebensbunds (Hg.), An die Mitglieder des Reichs- und Landtages, die Presse und unsere Leser! In letzter Stunde. Die geistige Freiheit in Gefahr!, Berlin 1928, (Nationalbibliothek Leipzig).
402 Vgl. zum Abschnitt in größerem Zusammenhang Petersen, Zensur, S. 50–71 und 155–175 sowie Christine Haug, Lesen und Reisen im Zeitalter der Industrialisierung. Die Geschichte des Bahnhofs- und Verkehrsbuchhandels von seinen Anfängen um 1850 bis zum Ende der Weimarer Republik, Wiesbaden 2007, S. 339 f.
403 Vgl. Heinemann, »Zu unzüchtigem Gebrauche bestimmt«, in: Bänziger u.a. (Hg.), Sexuelle Revolution?, S. 87–113; Stefanie Duttweiler, Von Kussmaschinen und Teledildonics, in: ebd. S. 131–153.
404 Zitiert nach Sex-Welle. Genosse Porno, in: Der Spiegel, 1970, Nr. 33 vom 10.8.1970.
405 Institut für Sexualwissenschaft (Hg.), Bericht über das erste Tätigkeitsjahr. 1. Juli 1919 bis 30. Juni 1920, Berlin 1920, S. 20 (Nationalbibliothek Leipzig).
406 Levy-Lenz, Erinnerungen, S. 401.
407 Petersen, Zensur, S. 178 f.
408 Institut zum Studium der Judenfrage (Hg.), Die Juden in Deutschland, 4. Aufl., München 1936, S. 375 f.
409 Ralf Dose, In memoriam Li Shiu Tong (1907–1993). Zu seinem 10. Todestage, in: Mitteilungen der Magnus-Hirschfeld-Gesellschaft, 2003, Nr. 35/36, S. 9–24.
410 Zitiert nach Ralf Dose (Hg.), Magnus Hirschfeld. Testament. Heft II, Berlin 2013, S. 58. Vgl. im Zusammenhang ders., Magnus Hirschfeld. Deutscher – Jude – Weltbürger, Teetz 2005 sowie Manfred Herzer, Magnus Hirschfeld. Leben und Werk eines jüdischen, schwulen und sozialistischen Sexologen, 2. Aufl., Hamburg 2001.
411 Hans F. K. Günther, Gattenwahl zu ehelichem Glück und erblicher Ertüchtigung, München/Berlin 1941, S. 65–71 und 113–137.
412 Martin Staemmler, Deutsche Rassenpflege, 4. Aufl., Berlin-Wien 1942, S. 43.
413 Ebd. S. 47.
414 Zum Abschnitt vgl. Wolfgang Bialas, Moralische Ordnungen des Nationalsozialismus, Göttingen 2014, S. 157–190.
415 Vgl. Helmut Schwarz/Marion Faber, Die Spielmacher. J. W. Spear & Söhne – Geschichte einer Spielefabrik, Nürnberg 1997, S. 76–85; Francis Spear, J.W. Spear & Soehne – Eine Spielefabrik in Nürnberg, in: Christa Pieske u.a. (Hg.), Arbeitskreis Bild Druck Papier. Tagungsband Chemnitz 1999, Münster 1999, S. 18–27.
416 Siehe die offiziellen Mitteilungen der »Vedes«, in: DSZ, 1933, Nr. 11 (November) sowie den Bericht der Spielwarenfirma aus Duisburg, in: ebd.

417 Hitler-Thermometer, in: Der Grossist. Offertenblatt, 1933, Nr. 23/24.
418 Neu und aktuell: Hitler-Puzzle-Spiel, in: DSZ, 1933, Nr. 3 (März) sowie Bericht zu »Hitler-Puzzlespielen«, in: ebd., Nr. 4 (April).
419 Werbeannonce »Musikdose: Das Horst Wessel Lied« der Fabrik Thomas Voelk, Fürth i. Bayern, in: DSZ, 1933, Nr. 11 (November) sowie Werbeartikel »Eine Spieldose, das Horst-Wessel-Lied spielend«, in: ebd. Vgl. auch Daniel Siemens, Horst Wessel. Tod und Verklärung eines Nationalsozialisten, München 2009, S. 144, der allerdings aus Archivmaterialien fälschlich schließt, das Produkt sei nicht genehmigt worden.
420 Bastelbogen für Hampelmänner, in: Deutsches Historisches Museum (DHM), Objektsammlung, Inventar-Nummer AK 2002/1024.
421 Die gestrigen Kabinetts-Beschlüsse: Schutz der nationalen Symbole, in: Berliner Morgenpost, 1933, Nr. 120 vom 20.05.1933; Großaufräumen in nationalen Kitsch. Dem Völkischen Beobachter entnehmen wir, in: DSZ, 1933, Nr. 11 (November).
422 Siehe die Beispiele über zulässiges und unzulässiges Spielzeug, veröffentlicht in der DSZ ab März 1934.
423 Waltraud Sennebogen, Zwischen Kommerz und Ideologie. Berührungspunkte von Wirtschaftswerbung und Propaganda im Nationalsozialismus, München 2008, S. 283.
424 Nationaler Kitsch, in: Wegweiser für das gesamte Spielwarenfach, 1933, Nr. 6 (Juni) sowie »Nationaler Kitsch« und Nürnberg-Fürther Erzeugnisse, in: DSZ, 1933, Nr. 5 (Mai).
425 Spielfiguren in SA-Uniform, in: Wegweiser (neuer Obertitel: Der Spielwaren-Markt), 1933, Nr. 11 (November).
426 Verkitschung nationaler Symbole. Wieder 100 Fabrikate für unzulässig erklärt, in: DSZ, 1934, Nr. 1 (Januar).
427 Ebd.
428 Zitiert nach Heinrich Uhlig, Die Warenhäuser im Dritten Reich, Köln/Opladen 1956, S. 133.
429 Ebd.
430 Bella Guttermann/Avner Shalev, Zeugnisse des Holocaust. Gedenken in Yad Vashem, Yad Vashem 2005, S. 41–43.
431 Der Siegeslauf des Hakenkreuzes, in: Wegweiser (Der Spielwaren-Markt), 1933, Nr. 10 (Oktober).
432 Sennebogen, Kommerz und Ideologie, S. 395–399.
433 Spielbrett, Prüfsiegel und Anleitung zu »SA-Kampf« sind überliefert in: Digitales Archiv der Wolfsonian-Florida International University, Katalog-Signatur: XC1994.4225. Vgl. auch SA-Kampfspiel, in: Wegweiser (Spielwaren-Markt), 1933, Nr. 12 (Dezember).
434 Durch Kampf zum Sieg, in: Archiv des Stadtmuseums Berlin, Inventarnummer VA08/129 LA; Besprechung zum Spiel, in: Wegweiser (Spielwaren-Markt), 1933, Nr. 12 (Dezember).
435 Würfelspiel »Dein KdF-Wagen« im Bestand des DHM, Inventarnummer AK 95/178.

436 Stellrecht, Wehrerziehung, S. 49.

437 Sennebogen, Kommerz und Ideologie, S. 403–406. Siehe auch die Auflistung: Großaufräumen mit nationalem Kitsch. 15 zugelassene, 47 verbotene Erzeugnisse, in: Hamburger Nachrichten, 142. Jg., 1933, Nr. 495 vom 22.10.1933.

438 Das Führer-Quartett-Spiel, in: Der Grossist. Offertenblatt, 1934, Nr. 7 (Juli).

439 Klaus Mann, Tagebücher 1934–1935. Herausgegeben von Joachim Heimannsberg, Peter Laemmle und Wilfried F. Schoeller, München 1989, S. 85.

440 Zu genannten Beispielen vgl. die Quartett- und Familienkarten-Spiele der Firma Hausser-Spiele im Firmenkatalog von 1939/40, S. 32.

441 Siehe hierzu »Kennst Du Sie? … die Daten der deutschen Geschichte«, in: DHM, Inventarnummer 1987/295.

442 SA-und SS-Puppen, in: Wegweiser, 1933, Nr. 7 (Juli).

443 Siehe den Artikel mit Werbefotografie zu »Nicaput«-Puppen, in: DSZ, 1933, Nr. 6 (Juni).

444 Richard Benzing, Grundlagen der körperlichen Erziehung des Kleinkindes im nationalsozialistischen Kindergarten (Schriftenreihe der NSV), Berlin 1942, S. 40.

445 Emy Pischel, Käthe Kruse, in: NS-Frauenwarte. Die einzige parteiamtliche Frauenzeitschrift, 12. Jg., 1943, Nr. 2, S. 21.

446 Hitler-Bub und Mitglieder-Mädel, in: Wegweiser (Spielwaren-Markt), 1933, Nr. 9 (September).

447 Siehe die Annoncen von Käthe-Kruse-Puppen. Das deutsche Kind, in: DSZ, 1933, Nr. 8 (August) und in folgenden Ausgaben bis Anfang 1934.

448 Steiff, in: DSZ, 1933, Nr. 9 (September).

449 Vgl. Günther Pfeiffer, Steiff-Sortiment 1892–1943, Taunusstein 2002, S. 443; Birthe Kundrus/Sybille Steinbacher, Einleitung, in: DieS. (Hg.), Kontinuitäten und Diskontinuitäten. Der Nationalsozialismus in der Geschichte des 20. Jahrhunderts, Göttingen 2013, S. 9–29, hier S. 9.

450 Günther Pfeiffer, 125 Jahre Firmengeschichte. Die Margarethe Steiff GmbH, Königswinter 2005, S. 119.

451 Siehe beispielsweise Not im Erzgebirge, in: Wegweiser (Spielwaren-Markt), 1933, Nr. 2 (Februar).

452 Waffe des Boykotts, in: Wegweiser für Spielzeug, Korbwaren und Kinderwagen. Amtliches Organ (erneute Umbenennung der Zeitschrift), 1938, Nr. 2 (Februar).

453 Ungeheure Drosselung der französischen Spielzeugeinfuhr, in: DSZ, 1934, Nr. 2 (Februar).

454 Zur Geschichte der Organisation Richard A. Hawkins, The internal politics of the Non-Sectarian Anti-Nazi League to Champion Human Rights, 1933–1939, in: Management & Organizational History, Bd. 5, 2010, Nr. 2, S. 251–278 sowie Fotografie vom 6.12.1938, in: Associated Press (AP Images), Bild-ID: 381206033.

455 Ausfuhr deutscher Spielzeuge. Ergebnisse der amtlichen Reichsstatistik, in: Wegweiser, 1938, Nr. 2 (Februar).

456 Die Zeiten haben sich geändert. Der Verband deutscher Zinnfiguren-Fabrikanten e.V. mit Sitz in Nürnberg, in: DSZ, 1933, Nr. 10 (Oktober).
457 Geschütze und Handgranaten, in: DSZ, 1933, Nr. 10, Heft 2 (Oktober); Knallendes, verstellbares Maschinengewehr, in: ebd.
458 Der Einkäufer. Notieren Sie bitte, in: DSZ, 1934, Nr. 1 (Januar).
459 Weitere Möglichkeiten für militärische Figuren, in: ebd., 1933, Nr. 7 (Juli).
460 Zinnfiguren-Bleisoldaten, in: ebd., 1933, Nr. 8 (August).
461 Jugend und Olympische Spiele in Berlin 1936, in: Die Mittelschule. Zeitschrift der Reichsfachschaft Mittelschule im Nationalsozialistischen Lehrerbund, 50. Jg., 1936, Nr. 27, S. 394.
462 Für die Olympiawerbung, in: Wegweiser, 1937, Nr. 2 (Februar).
463 Wehrspielzeug von Holz, in: Wegweiser, 1941, Nr. 1 (Januar).
464 L. Postner, Spiel, Spielzeug und Schule, in: Die Arbeitsschule. Zeitschrift für Arbeitserziehung und Werkunterricht, 53. Jg., 1939, Nr. 1, S. 34 f.
465 Julius Menzel, Wehrspielzeug und seine erzieherische Aufgabe, in: DSZ, 1943, Nr. 3 (März).
466 Nationale Symbole im Spielzeugfach, in: Wegweiser, 1937, Nr. 9 (September).
467 Vgl. hierzu Kerstin Merkel/Constance Dittrich, »Spielzeug für Jungs«. Einleitung, in: Dies (Hg.), Spiel mit dem Reich. Nationalsozialistische Ideologie in Spielzeug und Kinderbüchern, Wiesbaden 2011, S. 177–192; Reggie Polaine, Spielzeugsoldaten. Nr 1: Die Geschichte von Hausser-Elastolin, Cavendish 1978; und Nachdrucke der Firmenkataloge von Fritz W. Preibsch (Hg.), Hausser-Elastolin Spielzeug. Firmenkataloge 1936–45, Dresden 2008.
468 Hitlers Landhaus, in: Wegweiser (Spielwaren-Markt), 1933, Nr. 12 (Dezember).
469 Hein Retter, Spielzeug. Handbuch zur Geschichte und Pädagogik der Spielmittel, Basel 1979, S. 199.
470 Vorsitz der V.S.M., in: DSZ, 1933, Nr. 3 (März); Gleichschaltung des Reichsverbandes Deutscher Spielwaren-Industrieller e.V., Sitz München, in: ebd., 1933, Nr. 6 (Juni).
471 Noch eine neue Spielwaren-Fachorganisation, in: ebd., 1933, Nr. 5 (Mai).
472 Einzelhandelsverbände und jüdische Firmen, in: ebd., 1933, Nr. 6 (Juni).
473 Aufruf an alle Spielwaren-Fabrikanten!, in: ebd.
474 Zweck und Aufgabe der Spielwaren-Fachgruppe, in: ebd., 1934, Nr. 1 (Januar).
475 Bericht mit Bild: 30-Jahre VEDES, in: ebd., 1934, Nr. 2b (Februar).
476 Allgemeine Aufgaben des ReichsverbandeS. Rede des 1. Vorsitzenden Hermann Poehls, in: ebd., 1933, Nr. 7 (Juli); Bericht über die erste Versammlung des Reichsverbandes der Deutschen Spielwaren-, Korbwaren- u. Kinderwagenhändler e.V., in: ebd., 1933, Nr. 7 (Juli).
477 Zum Geleit!, in: ebd., 1943, Nr. 1 (Januar).
478 Zusammenarbeit verpflichtet. Die neue Leitung der Fachgruppe 10. Spielzeug, Korbwagen, Kinderwagen, in: Wegweiser, 1936, Nr. 2a (Februar); Amtliches der Fachgruppe 10. Bestimmungen, in: ebd., Nr. 2b (Februar).
479 Siehe den bemerkenswerten Artikel zur »Arisierung«, in: DSZ, 1939, Nr. 3 (März): »Die Firma Eisenmann & Co., Fürth i. Bay, ist […] in der Arisie-

rung begriffen und wird von der Firma John Heß, Hamburg, übernommen werden, die, sobald die Genehmigung der amtlichen Stellen eingetroffen ist, die seit 58 Jahren bestehende Spielwarenspezialfirma in Fürth weiterführen wird. Die Firma John Heß, die sich seit über 50 Jahren mit Spielwarenvertretungen für Export und Inland befasst, wurde 1936 von den Herren Krüger und Möller von den bisherigen nicht-arischen Inhabern übernommen. Herr Möller ist seit 1924 im Spielwaren-Exportgeschäft spezialisiert, während Herr Krüger viele Jahre hindurch Direktor eines sehr großen Inlandunternehmens war. [...] Bezüglich des Deutschland-Geschäftes der Firma E. & Co., Fürth, ist noch zu erwähnen, dass die Firma [...] auch sämtliche bisherige Geschäfte der Floresta bzw. der Firma Seligmann & Mayer, Fürth, weiterführt.«

480 Dokumentation zur «Arisierung" und Liquidation der Spielwarenfabrik Franz Frankl, Wien, 1940, in: Yad Vashem Archives, Signatur M.38/100.

481 Siehe Kommentar zum Kaufvertrag, in: DSZ, 1938, Nr. 5 (Mai).

482 Schwarz/Faber, Spear, S. 81.

483 Zu den folgenden Passagen vgl. ebd. S. 80–87.

484 Siehe hierzu das Vorwort, in: Stadt und Kreis Sonneberg Thür. (Hg.), Führer durch die Spielzeugschau mit Sonderausstellung. Mai–Oktober 1933, S. 3 (Spielzeugmuseum Sonneberg); hierzu auch Sonneberger Spielzeugschau, in: Wegweiser, 1933, Nr. 4 (Mai).

485 Die Sonneberger Spielzeugschau in Berlin, in: DSZ, 1934, Nr. 1 (Januar); Sonneberger Spielzeugschau, in: Wegweiser, 1933, Nr. 6 (Juni).

486 Joseph Goebbels, Tagebücher, 11.11.1935 und 16.11.1938, S. 908 und 1287.

487 Ebd., 1.5.1933, S. 797.

488 Zu den folgenden Passagen siehe Eine Meisterleistung. Die Eisenbahnanlage Hermann Görings in Karinhall, in: Wegweiser, 1940, Nr. 2a (Februar). Hier abgedruckt ein Interview mit dem leitenden Konstrukteur der Anlage. Vgl. außerdem die Darstellung bei Volker Knopf/Stefan Martens, Görings Reich. Selbstinszenierungen in Carinhall, Berlin 1999, S. 58 f. und 94; Nancy H. Yeide, Beyond the Dreams of Avarice. The Hermann Goering Collection, Dallas 2009, S. 3 f.

489 BArch Berlin, Bildarchiv, Bild-ID 146-1979-178-12 vom 12.1.1943.

490 Goebbels, Tagebücher, 2.3.1943, S. 1903.

491 Meisterleistung, in: Wegweiser, 1940, Nr. 2a (Februar).

492 Siehe hierzu und im Folgenden Alexander Aljechin, Jüdisches und Arisches Schach. Eine psychologische Studie, die – gegründet auf die Erfahrungen am schwarz-weißen Brett – den jüdischen Mangel an Mut und Gestaltungskraft nachweist, in: Pariser Zeitung, 16.3.1941 und 18.–23.3.1941; vgl. auch Nachdrucke als Broschüre mit Einleitung hrsg. von Herbert Griesshammer, Jüdisches und arisches Schach. Propagandaartikel, 2. Aufl., 1985.

493 Griesshammer, Propagandaartikel, S. 28. Vgl. auch Michael Dreyer, Jüdisches und Arisches Schach, in: Wolfgang Benz (Hg.), Handbuch des AntisemitismuS. Judenfeindschaft in Geschichte und Gegenwart, Bd. 6: Publikationen, Berlin/Boston 2013, S. 381 ff.

494 Ebd. S. 9.
495 Ebd. S. 20.
496 Zu Zitat und Zusammenhang siehe Bernadette Edtmaier, Schach im »Dritten Reich«, in: Dies./Rainer Buland/Georg Schweiger (Hg.), Das Gästebuch der Schachweltmeisterschaft 1934 in Deutschland. Faksimile, Forschungsergebnisse, Geschichte und Umfeld, Wien/Berlin 2004, S. 35–51, hier 47. Siehe auch Franz Gutmeyer, Das unbedingte Torpedo im Schach, Innsbruck-Mühlau 1916 und ders., Die große Offensive am Schachbrett, ebd. 1916.
497 Ebd., S. 35–51; Martin Krauss, »Arischer Angriff« und »jüdisches Remis«. Wie der Antisemitismus Einzug in die Schachtheorie hielt, in: Jüdische Allgemeine vom 20.1.2009; Ralf Woelk, Schach unterm Hakenkreuz, Pfullingen 1996, S. 101 ff.
498 Victoria Kumar, Das Ausbildungs- und Fluchtprogramm der Jugend-Alijah. Retrospektiven österreichischer Jüdinnen und Juden, in: Francesca Weil/André Postert/Alfons Kenkmann (Hg.), Kindheiten im Zweiten Weltkrieg, Halle 2018, S. 212–226.
499 Vgl. hier und im Folgenden Ulrich Schädler, »Juden raus!« (Jews Out!) – History's most infamous board game, in: Board Game Studies Journal, 2003, Nr. 6, S. 47–58; Michel-von Dungern, Mensch ärgere Dich nicht, S. 48 f.
500 Judenproblem im Knobelbecher, in: Das Schwarze Korps, 1938, Nr. 52 vom 29.12.1938.
501 Vgl. Schädler, Jews Out, S. 47 ff.
502 Vgl. Georg Schott, Die Puppenspiele des Grafen Pocci. Ihre Quellen und ihr Stil, Frankfurt a.M. 1911.
503 Gina Weinkauff, Der rote Kasper. Das Figurentheater in der pädagogisch-kulturellen Praxis der Arbeiterbewegung von 1918–1933, Bochum 1982.
504 Kasperle, in: Vorwärts, 44. Jg., Nr. 13 vom 8.1.1927.
505 Richard Benzing, Grundlagen der körperlichen und geistigen Erziehung des Kleinkindes im nationalsozialistischen Kindergarten, Berlin 1942, S. 38.
506 Aus einem Leserbrief von Kindern an den ›Stürmer‹, in: Der Stürmer, 1936, Nr. 16; vgl. zu Zitat und im Zusammenhang Joseph Wulf, Theater und Film im Dritten Reich. Eine Dokumentation, Gütersloh 1964, S. 150.
507 Amt Feierabend der NSV Kraft durch Freude. Abteilung Volkstum/Brauchtum (Hg.), Das deutsche Puppenspiel, Leipzig 1938, S. 23 ff.
508 Ebd. S. 92.
509 Richard Schimmrich (Hg.), Das Hohnsteiner Handpuppenspiel, Jena 1937, S. 12, zitiert nach Alexander Wessely, »Wie überall kommt es auch beim Puppenspiel auf Haltung und Gesinnung an«. Zur Frage eines Zusammenhanges zwischen Handpuppenspiel und Propaganda im Dritten Reich. Eine Annäherung, Wien 2009, S. 190 f.
510 Vgl. hierzu Kraft durch Freude (Hg.), Die Deutsche Arbeitsfront. NS-Gemeinschaft »Kraft durch Freude«. Gau Niederdonau, 1939, Nr. 11, S. 18.
511 Bernd-Ulrich Hergemöller (Hg.), Mann für Mann. Biographisches Lexikon zur Geschichte von Freundesliebe und mannmännlicher Sexualität im deutschen Sprachraum, Bd. 2, Berlin 2010, S. 1114.

512 Gerd Bohlmeier, Das Reichsinstitut für Puppenspiel. Ein Beitrag zur Geschichte des Figurentheaters, Bochum 1993, S. 104 ff.

513 Ders., Puppenspiel 1933–1945 in Deutschland. Das Puppenspiel im Dienste der nationalsozialistischen Ideologie in Deutschland, Bochum 1985, S. 135.

514 Siehe hierzu und für folgende Abschnitte Hermann Schultze, Der Jude im Dorn. Herausgegeben vom Reichsinstitut für Puppenspiel, Berlin 1938.

515 Ida Schmidt, Das Heimatrecht des Puppenspiels in der Schule, in: NS-Lehrerbund (Hg.), Die deutsche Schulfeier, 3. Jg., 1938, Nr. 2.

516 Puppenspiel als geistiges Kampfmittel. Soldaten lieben den Kasperle. Gespräch mit dem Leiter des Reichsinstituts Siegfried Raeck, in: Berliner illustrierte Nachtausgabe, 1940, Nr. 251 vom 25.10.1940; siehe auch Simone Michel-von Dungern, Tri Tra Trullala. »… oder von der Bedeutung einer ganz unbedeutenden Sache«, Marktbreit 2011, S. 46.

517 Harro Siegel, Vom Puppenspiel in Deutschland 1933–1945 (Erinnerungen an die NS-Zeit), in: Hans R. Purschke (Hg.), Archiv für Puppentheatergeschichte, Nr. 2, Frankfurt a.M. 1981, S. 21.

518 Lotte Reiniger, Scherenschnittfilme – Märchenfilme, in: Volksgemeinschaft. Heidelberger Beobachter, 1936, Nr. 107 vom 18.4.1936.

519 Umwandung der Bezeichnung »Laienspiel« in »Volksspiel«. Verordnung des Reichsministers für Wissenschaft, Erziehung und Volksbildung vom 27. Mai 1939, in: Deutsche Wissenschaft, Erziehung und Volksbildung. Amtsblatt des Reichsministeriums für Wissenschaft, Erziehung und Volksbildung und der Unterrichtsverwaltungen der Länder, 5. Jg., 1939, Nr. 12, S. 362.

520 Mitteilungen der Schriftleitung, in: NS-Frauenwarte, 4. Jg., 1936, Nr. 22.

521 Otto Huth, Die kultischen Wettspiele der Indogermanen, in: Germanien. Monatshefte für Vorgeschichte zur Erkenntnis deutschen Wesens, Bd. 1936, S. 235–239, hier S. 239.

522 Vgl. Rudolf Ströbel, Germanische Leibesübungen durch 15 Jahrtausende, in: Reichsorganisationsleiter der NSDAP (Hg.), Der Schulungsbrief, 5. Jg., 1938, Nr. 12, S. 411–416 sowie sein Buch Sport der Germanen, Berlin 1936. Zur Biografie siehe Michael Hütt, Rudolf Ströbel. Vom Reichsamt für Vorgeschichte der NSDAP ins Heimatmuseum Schwenningen, in: Museumsblätter. Mitteilungen des Museumsverbandes Brandenburg, Nr. 21, Dezember 2012, S. 50 ff.

523 Matthias Fieder, Von Kaspertheater bis Bolschewistische Volkskunde. Die Zeitschrift Deutsche Volkskunde (1939-1944), Göttingen 2008, S. 15 ff. und 154–163.

524 Hansjoachim Kluge, Spielzeug, in: Deutsche Volkskunde, 1. Jg., 1939, Nr. 1, S. 285–292.

525 Künstlerische Erziehung des Kindes, in: Wegweiser (Spielwaren-Markt), 1933, Nr. 5 (Mai).

526 Kluge, Spielzeug, S. 287 und 290.

527 A. Walther, Weihnachtsgans und Spielzeug, in: Die Arbeitsschule. Zeitschrift für nationalsozialistische Arbeitserziehung und Werkunterricht, 54. Jg., 1940, Nr. 12, S. 186–188.

528 Wilhelm Stumpe, Modellbootbau, in: ebd., 54. Jg., 1940, Nr. 6, S. 73–75, hier S. 73.
529 Kluge, Spielzeug, S. 290.
530 Willy Illigen, Spielzeug für das Winterhilfswerk, in: Die Arbeitsschule, 50. Jg., 1936, Nr. 1, S. 289–308, hier S. 291.
531 Bruno Kollak, Der lebende Puppenkopf, in: ebd., 51. Jg., 1937, Nr. 2, S. 33–42, hier S. 33.
532 Erich Parnitzke, Bewegliches Spielzeug, in: ebd., 56. Jg., 1942, Nr. 10/11, S. 145–151, hier S. 145.
533 James R. Dow/Ulrike Kammerhofer-Aggermann, Austrian Volkskunde and National Socialism. The case of Karl Haiding, born Paganini, in: Indiana State University (Hg.), The Folklore Historian, Bd. 22, 2005, S. 35–57; Ursula Mindler, »...obwohl ich überhaupt keine Zugeständnisse gemacht habe und meine gesamtdeutsche Einstellung den Fachkollegen durchaus bekannt ist...« Anmerkungen zu Karl Haiding (1906–1985), in: Österreichische Zeitschrift für Volkskunde, 113. Jg., 2010, Nr. 2, S. 179-202; Doris Sauer, Erinnerungen: Karl Haiding und die Forschungsstelle »Spiel und Spruch«, Wien 1993.
534 Nachlass Karl Haiding (H), in: Institut für Volkskunde, Salzburg, 80 Archivboxen.
535 Rose Ewald, Die Pest als Kinderspiel, in: Frauenstimme, Beilage des Vorwärts, 44. Jg., 1927, Nr. 11.
536 Siehe hierzu Mittelstelle für Spielforschung (Hg.), Fragebogen über Kinderspiel, Leipzig 1938.
537 Karl Haiding, Kinderspiel und Volksüberlieferung, München 1939, S. 154 f.
538 R. Grahmann, Lag die Urheimat der nordischen Rasse in Sibirien?, in: Rasse. Monatsschrift der Nordischen Bewegung, 1936, Nr. 9, S. 337–346.
539 Haiding, Kinderspiel, S. 155.
540 Irene Jaskulski, Das darstellende Spiel und das Fehlen des Rollen-Spiels bei geistesschwachen Kindern, in: Zeitschrift für Kinderforschung. Organ der Gesellschaft für Heilpädagogik und des Deutschen Vereins zur Fürsorge für jugendliche Psychopathen, 41. Bd., 1933, Nr. 1, S. 50–97, hier S. 50.
541 Ebd. S. 63.
542 Ebd. S. 65.
543 Ebd. S. 67.
544 Anna Leiter, Zur Vererbung von asozialen Charaktereigenschaften, in: Zeitschrift für die gesamte Neurologie und Psychiatrie, 1939, Nr. 167 (Kongressbeiträge zur 1. Sitzung Gesellschaft Deutscher Neurologen und Psychiater am 26. März 1939), S. 157–160. Vgl. auch Rolf Castell, Geschichte der Kinder- und Jugendpsychiatrie in Deutschland in den Jahren 1937 bis 1961, Göttingen 2003, S. 60 ff.
545 Patientenakte Christa K., aufgenommen am 17.6.1943, in: Sächsisches Hauptstaatsarchiv Dresden, 10822 (Fachkrankenhaus Großschweidnitz), Nr. F5140.
546 Patientenakte Joachim B., aufgenommen am 8.7.1944, in: ebd., Nr. 8661.
547 Patientenakte Siegried L., Aufnahmedatum unbekannt, in: ebd., Nr. M5035.

Zum Komplex Moritzburg siehe André Postert/Christoph Hanzig, »Wir haben dafür zu sorgen, dass die Aussonderung differenziert geschieht.« Hans Thomae und die Begutachtung junger Menschen während des Zweiten Weltkriegs, in: Psychosozial, 39. Jg., Heft 5 (Nr. 146), S. 83–95.

548 Ebd.

549 Erika Mann, Zehn Millionen Kinder: die Erziehung der Jugend im Dritten Reich, Reinbek 1997, S. 62.

550 Elwira Bauer, Trau keinem Fuchs auf grüner Heid und keinem Jud bei seinem Eid. Ein Bilderbuch für Groß und Klein, Nürnberg 1936, S. 34 f.

551 Ebd. S. 41.

552 Vgl. Markus Roth/Andrea Löw, Das Warschauer Getto. Alltag und Widerstand im Angesicht der Vernichtung, München 2013, S. 65–72.

553 Ebd. S. 113–124.

554 Ruta Sakowska, Menschen im Ghetto. Die jüdische Bevölkerung im besetzten Warschau 1939–1943, Osnabrück 1999, S. 63–66, hier S. 65.

555 Der Reichsbeauftragte für Glas, Keramik und Holzverarbeitung Schlederer: Bekanntmachung Nr. 3 zur Anordnung VI/43, in: Deutscher Reichsanzeiger und Preußischer Staatsanzeiger, 1943, Nr. 65 vom 19.3.1943.

556 Vgl. zu Mitteilungen der deutschen Spielwarenhersteller die jeweiligen Annoncen in der DSZ ab 1942/43; hier zitiert die Ausgaben vom 2.3.1943.

557 W. Bernard, Schaufenster und Krieg. Zum Kapitel »Werbung«, in: Wegweiser, Beilage zu Heft 5/1940 sowie Praktische Vorschläge für die Schaufenstergestaltung im Spielwarenhandel, in: Wegweiser, 1940, Nr. 5 (Mai).

558 Wir arbeiten Spielzeug aus alten Streichholzschachteln, in: Rheinsberger Zeitung, 1941, Nr. 299 vom 20.12.1941.

559 Anleitungen zum Basteln, in: NS-Frauenwarte, 10. Jg., 1941, Nr. 10.

560 Wir schaffen Spielzeug, in: Wettrüsten der Hitler-Jugend für das Kriegs- und Winterhilfswerk (»Junger Wille« – Sonderdruck für die Hitler-Jugend), S. 3.

561 »Kriegseinsatz der Deutschen Jugend«, in: Bundesarchiv Bildarchiv, Signatur 003-011-014; vgl. auch Die Deutsche Jugend im Kriege. Reichsminister Dr. Goebbels und Reichsjugendführer Axmann zur Eröffnung der Hitlerjugend-Filmstunden 1942/43, Berlin 1943, S. 4.

562 Heinrich Hartmann, Kriegseinsatz der Werkarbeit, in: Reichsjugendführung der NSDAP (Hg.), Die Werkarbeit im Kriegseinsatz der Hitler-Jugend. Anweisung für DJ, HJ, JM, MB, BDM-Werk »Glaube und Schönheit«, Berlin 1952, S. 5.

563 Kameradinnen und Kameraden! Aufruf der Gebietsmädelführerin und des K-Gebietsführers Sachsen, in: Wettrüsten der Hitler-Jugend für das Kriegs- und Winterhilfswerk (»Junger Wille« – Sonderdruck für die Hitler-Jugend), S. 2

564 Wettrüsten für das Kriegswinterhilfswerk, in: Befehlsblatt der Mädelführerin des GebieteS. NSDAP-Hitler-Jugend, Gebiet Sachsen (16), 1942, Nr. 11 vom 1.11.1942.

565 Ebd. S. 10; verschiedene Baupläne auch in: Die Werkarbeit im Kriegseinsatz, S. 4ff.

566 Dienstplangestaltung, in: Junger Wille. Führerdienst der HJ Gebiet Sachsen/16, 8/40 (Oktober), Ausgabe: DJ, S. 7.
567 Interview von Francesca Weil mit Margarethe S., Sprachmemo vom 20.3.2015 (Transkription), in: Archiv des Hannah-Arendt-Instituts für Totalitarismusforschung e.V. an der TU Dresden.
568 Arbeitsanweisungen zum Spielzeugwerk der Hitler-Jugend 1943 für die Jugend in den Betrieben, in: Gebietsbefehl der Hitlerjugend: Wien, 1943, Nr. 13 vom 1.11.1943.
569 Sven Keller (Hg.), Kriegstagebuch einer jungen Nationalsozialistin. Aufzeichnungen Wolfhilde von Königs 1939–1946, Göttingen 2015, Eintrag vom 24.12.1941, S. 100
570 Artur Axmann, »Das kann doch nicht das Ende sein«. Hitlers letzter Reichsjugendführer erinnert sich, Koblenz 1995, S. 365.
571 Vgl. Kathrin Kollmeier, Ordnung und Ausgrenzung. Die Disziplinarpolitik der Hitler-Jugend (Kritische Studien zur Geschichtswissenschaft, Bd. 180), Göttingen 2007.
572 Wir schaffen Spielzeug, in: Wettrüsten der Hitler-Jugend, S. 9.
573 Axmann 1995, S. 364.
574 Hitlerjugend, Bann Weimar 359, gez. Bannmädelführerin Scherf an den Rat der Stadt vom 4.1.1944, in: Stadtarchiv Weimar, Signatur: 100-06, Nr. 5.
575 Vgl. Zum nationalsozialistischen Kunstraub, in: Vierteljahrshefte für Zeitgeschichte, 13. Jg., 1965, Nr. 3, S. 285–337; Michael Anton, Illegaler Kulturgüterverkehr. Rechtshandbuch Kulturgüterschutz und Kunstrestitutionsrecht, Berlin/New York 2010, S. 318–336; Gerard Aalders, Geraubt! Die Enteignung jüdischen Besitzes im Zweiten Weltkrieg, Köln 2000, S. 221–228.
576 Der Reichsminister für die besetzten Ostgebiete an den Leiter der Dienststelle Westen Herrn DRK-Oberstführer von Bohr v. 11.11.1943, abgedruckt in: Wolfgang Dreßen (Hg.), Betrifft: »Aktion 3«. Deutsche verwerten jüdische Nachbarn. Dokumente zur Arisierung ausgewählt und kommentiert, Berlin 1998, S. 54–61, hier S. 58.
577 Bundesarchiv Bildarchiv, Signatur: B 323-311-31: ERR-Lager in einem Pariser Kaufhaus, Magazin mit Spielzeug.
578 Als Beispiel siehe Vermögenserklärung, abgedruckt bei Dreßen, »Aktion 3, S. 95–103.
579 Telefoninterview mit Uri ben Rehav, geführt von Mirjam Triendl am 13.11.2001, zitiert nach: Österreichische Historikerkommission (Hg.), »Arisierung« von Mobilien. Mit Beiträgen von Gabriele Anderl, Edith Blaschitz, Sabine Loitfellner, Mirjam Triendl, Niko Wahl, Wien/München 2004, S. 372.
580 Ebd. S. 370.
581 Judith Kerr, Als Hitler das rosa Kaninchen stahl, Ravensburg 1987, S. 42.
582 Stolzes Ergebnis des KWHW im Generalgouvernement, in: Pressedienst des Generalgouvernements, 1943, Folge 326 v. 03.12.1943. Vgl. in größerem Zusammenhang Bogdan Musial (Hg.), »Aktion Reinhardt«. Der Völkermord an den Juden im Generalgouvernement 1941–1944, Osnabrück 2004, S. 165–197.

583 Götz Aly, Hitlers Volksstaat. Raub, Rassenkrieg und nationaler Sozialismus, Frankfurt a. M. 2006, S. 156 u. Aalders, Geraubt, S. 44 ff.

584 Isaiah Trunk, Judenrat. The Jewish Councils in Eastern Europe under Nazi Occupation, Lincoln 1996, S. 80.

585 Testimony of Mendel Teichtal, in: Yad Vashem Archives, O. 62, Nr. 145.

586 Jack Brauns, Recollections and ReflectionS. How I Turned Despair into an Appreciation of Life, Portland 2007, S. 42, 80.

587 Yves Plasseraud, Irena Veisaitė: Tolerance and involvement, Leiden 2015, S. 60.

588 Vgl. die Interviews mit Jack Brauns, Abraham Malnik, Chanan Akavia, Miriam Gershwin, Esther Lurie, George Salton, Hanni Krispin, in: United States Holocaust Memorial Museum (USHMM), Oral-History-Collection, Signaturen: RG-50.641/0008, RG-50.030/0145, RG-50.120/0271, RG-50.471/0008, RG-50.471/0015, RG-50.030/0200, RG-50.029/0035.

589 Martin Gilbert (Hg.), Surviving the Holocaust. The Kovno Ghetto Diary, Harvard 1990, S. 81 ff., hier S. 84 f. und S. 156; Harry Gordon, The Shadow of Death: The Holocaust in Lithuania, Lexington 1992, S. 70.

590 Jank Erik Schulte, Rüstungsunternehmen oder Handwerksbetrieb? Das KZ-Häftlinge ausbeutende SS-Unternehmen »Deutsche Ausrüstungswerke GmbH«, in: Ulrich Herbert/Karin Orth/Christioph Dieckmann (Hg.), Die nationalsozialistischen Konzentrationslager. Entwicklung und Struktur. Band 1, Göttingen 1998, S. 558–584, hier S. 570 f.

591 Inventurlisten vom 31.12.1942 und 31.12.1943 der »Zentrale Spielzeug«, in: Bundesarchiv Berlin, NS 3: SS-Wirtschafts-Verwaltungshauptamt, DAW-Zentrale, Nr. 372, Bd. 2 und Nr. 373, Bd. 3.

592 Frank Vossler, Propaganda in die eigene Truppe. Die Truppenbetreuung in der Wehrmacht 1939–1945, Paderborn u.a. 2005, S. 104.

593 Vgl. André Postert/Gadi Kfir, Kein Kinderspiel, in: Francesca Weil/André Postert/Alfons Kenkmann (Hg.): Kindheiten im Zweiten Weltkrieg, Leipzig 2017, S. 357–373. Der Verfasser dankt Gadi Kfir für Hinweise und Übersendung der Interviews, die am Hannah-Arendt-Institut für Totalitarismusforschung an der TU Dresden in deutsche Sprache übertragen wurden.

594 Wehrmachtsgefolge beschenkt Hamburger Kinder, in: Pressedienst des Generalgouvernements, 1943, Folge 328 v. 10.12.1943.

595 Interview mit Alfred Lessing vom 26.1.1993, in: The Voice/Vision Holocaust Survivor Oral History Archive, Mardigian Library Michigan.

596 Zitiert nach George Eisen, Children and Play in the Holocaust: Games Among the Shadows, Massachusetts 1988, S. 70 (dt. Spielen im Schatten des TodeS. Kinder im Holocaust, München/Zürich 1993, S. 108).

597 Ebd. S. 20

598 Vgl. auch Helga Schwarz/Gerda Szepansky (Hg.), … und dennoch blühten Blumen. Dokumente, Berichte, Gedichte und Zeichnungen vom Lageralltag 1939–1945, Potsdam 2000, S. 160.

599 Das Brettspiel wird heute in Beit Terezin, Israel, ausgestellt. Original in Yad Vashem, Artifacts Collection. Vgl. zu diesem Abschnitt auch: Vojtěch Blodig (Hg.), Kultur gegen den Tod, Prag 2002

600 Das Regelheft ist abgedruckt bei H. G. Adler (Hg.), Die verheimlichte Wahrheit. Theresienstädter Dokumente, Tübingen 1958, Dokument 176, S. 253.
601 Zum Spiel siehe knapp Daniel Feldman, Reading Games in Auschwitz: Play in Holocaust Youth Literature, in: The Lion and the Unicorn, Bd. 38, 2014, Nr. 3, S. 360–380, hier S. 376 ff.
602 Zitiert und frei übersetzt nach Rifka K., »Hear, O Israel…«, in: Azriel Eisenberg (Hg.), The Lost Generation. Children in the Holocaust, New York 1982, S. 112–115, hier 114.
603 Bericht von Shimon Srebnik, abgedruckt in: Inge Deutschkron (Hg.), … denn ihrer war die Hölle. Kinder in Gettos und Lagern, Köln 1985, S. 91–93.
604 Vgl. zur Folter in Auschwitz bspw. Hermann Langbein, Menschen in Auschwitz, Wien 1972, S. 129-157 u. 315-332; Sonja Knopp, »Wir lebten mitten im Tod.« Das »Sonderkommando« in Auschwitz in schriftlichen und mündlichen Häftlingserinnerungen, Frankfurt a.M. 2009, S. 45-56.
605 Transkript, Interview mit Helen Horowitz, in: USHMM, 1995.A.1284.5, Slate 153/1, S. 11.
606 Überlieferte Skat-Karten, in: ebd., Objektsammlung, 2013.379.10 a – bl. Vgl. im Zusammenhang Angelina Awtuszewska-Ettrich, Plaszow – Stammlager, in: Wolfgang Benz/Barbara Distel (Hg.), Der Ort des TerrorS. Geschichte der nationalsozialistischen Konzentrationslager. Bd. 8: Riga. Warschau. KaunaS. Vaivara. Płaszów. Klooga. Chelmo. Belzec. Treblinka. Sobibor, München 2008, S. 235–287.
607 Langbein, Menschen in Auschwitz, S. 157.
608 Erich Fried, Fast alles Mögliche: wahre Geschichten und gültige Lügen, Berlin 1975, S. 104–116. Vgl. auch Insa Fooken, Puppen – heimliche Menschenflüsterer: Ihre Wiederentdeckung als Spielzeug und Kulturgut, Göttingen 2012, S. 19.
609 Martin Broszat (Hg.), Kommandant in Auschwitz. Autobiografische Aufzeichnungen des Rudolf Höß, 14. Aufl., München 2016, S. 163–165.
610 Vgl. Aleksander Lasik, Auschwitz 1940–1945: Central issues in the History of the Camp. The Establishment and Organization of the Camp, Bd. 1, Auschwitz-Birkenau State Museum 2000, S. 260; Wacław Długoborski, Sinti und Roma im Kl Auschwitz-Birkenau 1943–44: Vor dem Hintergrund ihrer Verfolgung unter der Naziherrschaft, ebd. 1998, S. 321.
611 Staatliches Museum Auschwitz-Birkenau in Zusammenarbeit mit dem Dokumentations- und Kulturzentrum Deutscher Sinti und Roma (Hg.), Gedenkbuch: Die Sinti und Roma im Konzentrationslager Auschwitz-Birkenau, München u.a. 1993, S. 1495.
612 Broszat (Hg.), Kommandant in Auschwitz, S. 163–165.
613 Ebd. S. 170–173.
614 Vgl. Eisen, Spielen im Schatten, S. 104–112; Kitty Hart, I am alive, London 1961, S. 92 f.
615 Bericht von Hanna Hoffmann-Fischel über den Kinderblock in Birkenau, in: Deutschkron (Hg.), … denn ihrer war die Hölle, S. 49–55, hier S. 54; Aussage von Dow Kulka am 30.7.1964 im Auschwitz-Prozess, in: ebd. S. 56–61, hier

S. 60. Vgl. auch Eve Nussbaum Soumerai/Carol D. Schulz, Daily Life during the Holocaust. Second Edition, Westport/London 2009, S. 101–112.

616 Jehuda Bacon, Mit der Neugier von Kindern, in: H. G. Adler/Hermann Langbein (Hg.), Auschwitz. Zeugnisse und Berichte, Köln/Frankfurt a.M. 1962, S. 123–126.

617 Das Schachbrett befindet sich in der Sammlung von Yad Yashem. Vgl. Chess pieces carved by Elhanan Ejbuszyc in Auschwitz from his block leader's club, in: Bearing WitnesS. Stories behind the Artifacts in the Yad Yashem Museum Collection (Online).

618 Primo Levi, Geschichte von zehn Tagen, in: Adler/Langbein, Zeugnisse, S. 245–261, hier S. 260.

619 Broszat (Hg.), Kommandant in Auschwitz, S. 198.

620 Frei übersetzt nach Irving Abella/Harold Troper, None is too many. Canada and the Jews of Europe 1933–1948, Toronto 2010, S. 188.

621 Siehe Film Maidanek vom Juli 1944, in: USHMM, RG-60.2333, Film Nr. 895. Vgl. Barbie Zelizer, Remember to Forget: Holocaust Memory Through the Camera's Eye, Chicago 1998, S. 50 ff.

622 Interview mit William A. Scott, in: USHMM, Oral History Collection, RG-50.234/0025.

623 Siehe Filmszene von Lest We Forget, in: ebd., RG-60/4914, Film Nr. 2881. Vgl. zu Lebensgeschichte und Interview Stewart Ain, »Life Is Beautiful«. Child Breaks 50-Year Silence, in: The New York Jewish Week vom 2.4.1999; außerdem Bill Niven, The Buchenwald Child. Truth, Fiction, and Propaganda, New York 2007, S. 48 ff.

624 Gespräch mit Fern Loty am 17.4.1986, zitiert nach Eisen, Spielen im Schatten, S. 181.

625 Frei übersetzt nach Edwarda Rorat, in: USHMM, Oral History Collection, Nr. RG-50.030.0319.

626 Zum Lager vgl. Oswald Burger, Der Stollen, Überlingen 2015 sowie zum Kartenspiel ders., Das Lager-Tarockspiel von Boris Kobe, in: Verein Dokumentationsstätte Goldbacher Stollen und KZ Aufkirch in Überlingen e.V. (Hg.), Gedenkstättenrundbrief, Nr. 105, S. 3–7.

627 Ebd.

628 Vgl. Johannes-Dieter Steinert, Nach Holocaust und Zwangsarbeit. Britische humanitäre Hilfe in Deutschland. Die Helfer, die Befreiten und die Deutschen, Osnabrück 2007, S. 101.

629 Frei übersetzt nach George Woodbridge, The Story of UNRRA. United Nations Relief and Rehabilitation Administration, New York 1950, S. 40.

630 Zitiert und frei übersetzt nach Madeleine Yaude Stephenson/Edwin »Red« Stephenson, Journey Of The Wild Geese. A Quaker Romance in War-Torn Europe, Pasadena 1999, S. 180.

631 Vgl. zum Beispiel Anke Quast, Nach der Befreiung. Jüdische Gemeinden in Niedersachsen seit 1945 – das Beispiel Hannover, Göttingen 2001, S. 238 ff.

632 Zitiert und frei übersetzt nach Mark William Falzini, Letters Home: The

Story of an American Military Family in Occupied Germany 1947–49, Lincoln 2004, S. 124 f.

633 Dieses Bild und weitere hier erwähnte Fotografien in: USHMM, Collection, Bildsignatur u. a. 45898

634 James Edward Young, Nachbilder des Holocaust in zeitgenössischer Kunst und Architektur, Hamburg 2002, S. 62; Ulf Buschmann, Spielzeug und Modellbau in zeitgenössischer Kunst zum Holocaust, in: Inge Stephan/Alexandra Tacke (Hg.), NachBilder des Holocaust, Köln u.a. 2007, S. 284–289, hier 295.

635 Edward Hogan u.a., Wochenbericht, 27. Dezember 1945, in: Brewster S. Chamberlin (Hg.), Kultur auf Trümmern: Berliner Berichte des amerikanischen Information Control Sect. Juli-Dezember 1945, Stuttgart 1979, S. 242.

636 Ulrich Heimlich, Einführung in die Spielpädagogik, 3. Aufl., Bad Heilbrunn 2015, S. 132 ff.

637 Vgl. Karin Falkenberg (Hg.), Notspielzeug. Die Phantasie der Nachkriegszeit. Bürgerausstellung des Spielzeugmuseums 26. Juni 2015 bis 1. Februar 2016. Begleitpublikation, Nürnberg 2015. Siehe auch Bundesarchiv, Bildarchiv, Signatur 183-S79171.

638 Erika Wagner, Die Puppe, in: Jürgen Kleindienst (Hg.), Nachkriegs-Kinder. Kindheit in Deutschland 1945–1950. 67 Geschichten und Berichte von Zeitzeugen, Berlin 1998, S. 47 f., hier S. 50.

639 Marlies Schröder, Weihnachten 1945, in: ebd., S. 198 f., hier S. 199.

640 Plenarprotokoll Nr. 01/72 vom 23.6.1950, in: Deutscher Bundestag, 72. Sitzung, Bonn, 23.6.1950 (digitalisierte Protokolle), S. 2622.

641 Ebd.

642 Ebd.

643 Ebd.

644 Dritter Entwurf eines Gesetzes über das Verbot der Herstellung und des Vertriebes von Kriegsspielzeug, BMWi, 109. Kabinettsitzung vom 7.11.1950, in: Die »Kabinettsprotokolle der Bundesregierung«, Online-Fassung.

645 Vgl. Matthias Rogg, Armee des Volkes? Militär und Gesellschaft in der DDR, Berlin 2008, S. 179 f. sowie das Kartenspiel »Auf Friedenswacht«, in: DHM Berlin, Inventarnummer 1017872

646 Plenarprotokoll Nr. 09/11 vom 17.12.1980, in: Deutscher Bundestag, 11. Sitzung, Bonn, 17.12.1950 (digitalisierte Protokolle), S. 343.

647 Walter Fredericia, Wir spielen Regierung, in: Die Zeit, 1953, Nr. 1 vom 1.1.1953.

648 Heimlich, Spielpädagogik, S. 128.

Dank

Warum bastelten Kinder und Jugendliche während des Zweiten Weltkriegs auf staatliche Anweisung zehntausendfach Spielzeug? Die Frage, aufgekommen in einem Projekt über die Hitlerjugend, war rasch beantwortet. Aber zugleich hatte sich ein neues faszinierendes Themenfeld aufgetan, das zur Erkundung einlud. Dieses Buch ist das Ergebnis. Für die Unterstützung von vielen Seiten, die Expertise kundiger Fachleute und den Rückhalt des Verlags möchte ich an dieser Stelle herzlich danken.

Dank gebührt jenen, die Materialien und Hinweise beigesteuert sowie Textabschnitte geprüft haben: Dr. Urs Latus vom Spielzeugmuseum Nürnberg, der viel Zeit geopfert und wichtige Kritik am Text geübt hat; ebenso Ralf Dose von der Magnus-Hirschfeld-Gesellschaft und Prof. Dr. Ulrike Kammerhofer-Aggermann vom Institut für Volkskunde in Salzburg. Dank geht auch an Dr. Andrea Wörle vom dtv. Die Idee, ein Buch über Spiel und Spielzeug zu schreiben, hat sie sofort mit Interesse aufgenommen. Dem geschulten Blick, der treffsicheren, stets hilfreichen Kritik und der Unermüdlichkeit von Brigitte Hellmann, die das Buch als Lektorin betreut hat, ist zu verdanken, dass es hoffentlich mit Freude gelesen werden kann. PD Dr. Simone Michel-von Dungern, Christoph Hanzig, Prof. Elizabeth Heineman, Martin Häffner, Gadi Kfir, Fritz Preibsch, Michael Thoß, Silvia Thyzel, Monika Uthe und Dr. Thomas Widera haben die Recherche unterstützt und an verschiedenen Stellen wichtige Hinweise gegeben. Eine große Hilfe waren zudem öffentliche Datenbanken – sowohl von Museen wie auch von privaten Sammlerkollektiven – sowie diverse Digitalisierungsprojekte, insbesondere der Universitätsbibliothek Heidelberg sowie der SLUB Dresden. Auf manches, was in dieses Buch Eingang gefunden hat, wäre ich ohne den Reichtum des Internets und die Sammelleidenschaft von zahllosen Unbekannten kaum gestoßen.

Den Mitarbeiterinnen und Mitarbeitern der Deutschen Nationalbibliothek Leipzig gilt ebenso Dank. Dort lagern die Fachblätter der Spielwaren-Branche, auf die sich dieses Buch maßgeblich stützt. Ohne die Ermutigung und das Verständnis meiner Frau hätte ich das Buch vielleicht nicht begonnen und wahrscheinlich nicht beendet.

Dem Hannah-Arendt-Institut für Totalitarismusforschung e.V. an der TU Dresden ist für die Förderung und Aufgeschlossenheit gegenüber dem Vorhaben zu danken – umso mehr, weil es aus dem Feld der Diktaturforschung und dem, was man klassische Politikgeschichte nennt, ein Stück weit doch herausfällt. Diese Reise in die Welt des Spielens, die als Erkundung und Essay zu lesen ist, mag zugleich anderen als Ermutigung und Anstoß zur Forschung dienen. Auch Themen, die für die Wissenschaft ungewöhnlich scheinen, bergen mitunter Potenzial genug, um ihnen nachzuspüren.

Bildnachweis

Abb. 1: »Schwarzer Peter«, Kartenspiel 1915. Wien Museum
Abb. 2: Plakat »Kohlenklau«. ullstein bild – ullstein bild
Abb. 3: Kinder des Kaisers beim Kriegsspiel. Grafik aus der Zeitschrift ›Moderne Kunst‹, 1889. Spielzeugmuseum Nürnberg
Abb. 4: Kinder salutierend, Schneemann mit Pickelhaube und Gewehr, Winter 1915. Bundesarchiv, Bildnr.: 146-1982-032-37, Foto o. Ang.
Abb. 5: Reklame der Fa. Weiss für die Mundharmonika »Brummer«. Deutsches Harmonikamuseum
Abb. 6: Weltkriegsspiel »Ringo«. Foto: Dieter Mensenkamp. Mit freundlicher Genehmigung von Dieter Mensenkamp.
Abb. 7: Puppen der Firma Steiff: Deutsche Soldaten mit gefangenen Franzosen, 1.10.1914. ullstein bild - ullstein bild
Abb. 8: Werbeanzeige Richters Anker-Steinbaukasten, aus: Daheim, 1911
Abb. 9: Anker-Steinbaukasten, Foto: Uwe Niklas; uwe-niklas.com/2017
Abb. 10: Eröffnung der Leipziger Frühjahrsmesse, 1927. Bundesarchiv, Bildnr. 102-13205A, Foto: Georg Pahl, März 1927
Abb. 11: Werbeanzeige für Stabil-Metallbaukasten, aus: Deutsche Spielwarenzeitung, 1929
Abb. 12: Werbeanzeige für Tupo, Der Schraubenmensch, aus: Deutsche Spielwarenzeitung, 1933
Abb. 13: Werbung für eine Kindernähmaschine, aus: Wegweiser, 1938
Abb. 14: Spielcasino von Zoppot, 1.1.1934. ullstein bild – ullstein bild
Abb. 15: Rennspiele, ca. 1919/1933. Bundesarchiv, Bildnr. 183-1988-0623-500, Foto o. Ang.
Abb. 16: Kinder spielen mit Inflationsgeld, Oktober 1923. akg-images
Abb. 17: Kartenspieler nachts, Oktober 1924. Bundesarchiv, Bildnr. 102-11650, Foto: Georg Pahl
Abb. 18: Japanisches Dildo-Kästchen, Institut für Sexualwissenschaft, Berlin
Abb. 19: Plünderung des Instituts für Sexualwissenschaft in Berlin, 1933
Abb. 20: Brettspiel »Der Siegeslauf des Hakenkreuzes«, Wiener Library, Tel Aviv University

Abb. 21: Werbeanzeige Moritz Gottschalk, aus: Wegweiser, Deutsche Spielwarenzeitung, 1933

Abb. 22: »Original Hakenkreuz-Gesellschaftsspiel« der Verlags- und Vertriebsgesellschaft August Haug, um 1932. Stiftung Stadtmuseum Berlin, Inventarnr. VA 08/129 LA, Foto: k. Ang.

Abb. 23: Puppen in SA-Uniform, Berlin 1933. Scherl/Süddeutsche Zeitung Photo, Bildnr. 00364913

Abb. 24: Werbeanzeige Käthe-Kruse-Puppe, 1933

Abb. 25: Elastolin-Soldatenfiguren der Firma Hausser, aus: Katalog 1936/37, Nachdruck von Fritz W. Preibsch, Hausser-Elastolin-Spielzeug, Firmenkataloge 1936-45, Dresden 2008

Abb. 26: Hermann Göring mit Gästen, Vorführung Trix-Eisenbahn, 12. Januar 1943. Bundesarchiv, Bildnr. 146-1979-178-17, Foto o. Ang.

Abb. 27: Hohnsteiner Kasper, Holzschnitt von Rolf Trexler, um 1928. Puppentheatersammlungen, Staatliche Kunstsammlungen Dresden, Foto: SKD

Abb. 28: Die Figur des Juden, von Harro Siegel, Reichsinstitut für Puppenspiel, um 1939. Puppentheatersammlungen, Staatliche Kunstsammlungen Dresden, Foto: SKD

Abb. 29: Szene vor dem Spielwarenladen, aus: Elvira Bauer, Trau keinem Fuchs auf grüner Heid und keinem Jud bei seinem Eid, Stürmer-Verlag München 1936

Abb. 30: Junge beim Bemalen eines Spielzeugautos im Ghetto Warschau, um 1941. Yad Vashem, ref.no. CAS-183329

Abb. 31: Spielzeug im Ghetto hergestellt, um 1941. Yad Vashem , Archivsignatur 3119/145

Abb. 32: Aufbau einer Spielzeugausstellung im Kasino der Reichsjugendführung Berlin, November 1942. Bundesarchiv, Bildnr. 183-JO4432, Foto: Ernst Schwahn

Abb. 33: Frankreich, Paris – »Möbel-Aktion«, Beschlagnahmeaktion u.a. von Spielzeug, ca. 1942/43. Bundesarchiv, Bildnr. B 323 Bild-0311-050, Foto o.Ang.

Abb. 34: »Ghetto-Monopoly« von Oswald Pöck, um 1941/44. Beit Theresienstadt Archive, Kibbutz Givat Hayim-Ihud, Israel

Abb. 35: Zwei Jungen im Paddelboot aus einem Flugzeugtank. Bundesarchiv, Bildnr. 183-S79171, Foto o. Ang.

Personenregister